U0451415

中国兵法名言选编

吴如嵩 ◎ 主编

SELECTED QUOTES FROM
ANCIENT CHINESE ART OF WAR

商务印书馆
The Commercial Press
创于1897

《中国兵法名言选编》编委会

主　　编：吴如嵩
副 主 编：霍印章　张文才
编　　者：邱心田　冯东礼　孔德骐　余大吉
　　　　　范中义　王兆春
特邀编审：黄朴民　魏　鸿

前言

1988年，我们编写了一本《中国古代兵法精粹类编》，由军事科学出版社出版，如今市面上早已脱销，辗转求书者时有所闻。2022年，我们决定对原书加以修订，更名为《中国兵法名言选编》，由商务印书馆再版。

三十多年过去了，我们原来的编写人员均已80多岁，垂垂老矣。古语说："老骥伏枥，志在千里。"我们之所以在耄耋之年仍能鼓起余勇，不惜烛薪之耗，各自按分工重加校核，因为我们这个团队乃是新中国第一支从事古代兵法研究的专业队伍，也就是军事科学院战略研究部中国历代战略研究室（原称中国古代兵法研究室）的研究人员，研究和弘扬中国传统兵学，是我们的毕生志业，也是我们应尽的一份历史责任。

现将编写组同志个人情况及编写分工略述如下：

主编吴如嵩，1962年贵阳师院中文系毕业并分配入伍，《中国军事通史》第一常务副主任。

副主编霍印章，1956年入伍，1966年吉林函授学院中文系毕业，著有《秦代军事史》等，负责本书第四章、第五章。

副主编张文才，1962年吉林大学历史系毕业并分配入伍，著有《隋代军事史》等，负责本书第一章。

邱心田，1964年山东大学中文系毕业并分配入伍，《清代军事史》作者之一，负责本书第二章。

冯东礼，1964年吉林大学中文系毕业，《宋代军事史》作者之一，负责本书第三章。

孔德骐，1962年山东大学历史系毕业并分配入伍，《清代军事史》作者之一，负责本书第六章。

余大吉，1962年北京大学中文系毕业，著有《三国军事史》，负责本书第七章。

在选文和注释过程中，1962年毕业于吉林大学历史系的范中义和1964年毕业于南京大学物理系的王兆春也参与了工作，后因有其他任务未终其事。

关于古代兵法研究，我们曾承担《中国大百科全书》《中国军事百科全书》部分古代兵书条目的撰写和全部兵书条目的审修。每位同志都有古代兵法方面的书出版，诸如《孙子兵法》《孙膑兵法》《六韬》《唐李问对》《太白阴经》《百战奇法》《何博士备论》《纪效新书》《练兵实纪》《阵纪》《兵法百言》，等等。《中国兵法名言选编》是我们开拓兵学领域的筚路蓝缕之作，也希望它能为后来者架起走近古代兵学的津梁。

此次编校《中国兵法名言选编》，我们原作者毕竟年迈苍苍，力不从心，特别约请人民大学黄朴民教授为特约编审，黄教授是秦汉军事史、思想史、《孙子兵法》研究方面的专家，治学严谨，成绩斐然。更特别约请兵学素养深厚的英年女史魏鸿博士校核全书，统一体例，襄助各项出版事宜。他们二位曾是我们研究室的成员，既是战友，也是承接古代兵法研究的薪火传人，能与他们共同完成编校工作，我们大家都很欣慰，也很感谢他们。

当初《中国古代兵法精粹类编》出版时，军事科学院高锐副院长曾写序言，现将原序仍然附上。又，为了方便读者，原书的《凡例》也依据重新编校情况做了修订，一并附上。

编者
2023年3月

原版序言

中国古代军事学,是中华民族灿烂的古代文化宫殿中的一座耀眼而又神秘的"宝殿"。这座"宝殿"历时几千年,是用亿万人的鲜血凝成的赤玉紫珀,经过无数能工巧匠之手建筑起来的。在这座"宝殿"里,珍藏着无数"雕弓宝剑",也贮藏着不少"残钺折戟"。由于它长期被禁卫森严地闭锁着,更增加了神秘的色彩。它的堂奥始终只向少数人开启,一般人无缘窥视。新中国成立后,这座"宝殿"的大门虽已打开,但它那浩瀚的宝藏还需要经过繁重的清理才能识得其庐山真面目。仅以其中"兵法"门类的军事理论著述而言,见诸著录者就不下千百种之多。由此可见,清理这座"宝殿"还有大量的工作要做,需要广大军事科学工作者,特别是军事历史学研究工作者分工合作,努力地坚持进行下去。现在,出版这本《中国古代兵法精粹类编》不过是这项工程的一角而已。

《中国古代兵法精粹类编》搜集了上自商周,下至清末鸦片战争之前的一千余条古人论兵语录,区分门类,编为七章,逐条注译,并对一些重要观点和军事理论原则作了简要的评述。编纂这样一部兵法类编,虽然对浩繁的古兵法著述来说,只是管窥一斑,但也是去粕取精的一项必要工作。对广大希望了解中国古兵法基本内容的读者来说,也是一本不可缺少的读物。

中国古代军事学中称作"兵法"的部分,是军事学的理论部分,它囊括了关于战争和军队的全部理论。如果按照现代军事科学的分类加以区分,它的内容包括:关于战争的性质及其基本规律的理论,关于指导战争的准备和实施的战略(谋略)、战法理论,关于国防建设和军队建设的理论,关于保障和辅助战争行动的各种专门知识的理论等。在如此广博的范围内,经过千百年战争实战检验并不断得到补充发展的内容,大体说来,主要是以下几个方面：

关于战争性质问题。早在中国古代兵法理论形成和兴盛的春秋战国时期，人们便从政治上加以考察和论述了。认为战争是关系国家生死存亡的大事，是"不得已而用之"的凶暴手段，并且已经领悟到战争从属于政治，如说："兵者，以武为植，以文为种；武为表，文为里。"（《尉缭子》）军事（武）较之于政治（文），是从属（植）的，是现象（表）；政治较之于军事，是主导（种）的，是内容（里）。"义战"和"非义战"也从政治上区分出来了，如说："兵苟义，攻伐亦可，救守亦可。兵不义，攻伐不可，救守不可。"（《吕氏春秋》）尽管当时关于政治、关于"义"与"不义"的内容有其阶级的含义，但在二千多年前已懂得从政治上认识战争和划分战争性质，却是难能可贵的。

关于决定战争胜负的因素问题，在古兵法中反映出若干值得重视的正确观点。它既把政治、经济、军事、天文、地理、国际关系等各种客观因素作为决定胜负的条件，并把政治列为首要因素，同时又把战争主观指导——所谓"将能"、"将才"——作为基本因素，并由此而引出了能动地争取战争胜利的一系列战法。

关于战略（谋略）、战法的论述，可以说是中国古兵法中内容最丰富的部分，它所揭示的许多带有规律性的原则，至今仍是战争、战役、战斗指挥上所必须遵守的。流传至今的许多名言粹语，已成为脍炙人口的军事格言，诸如："知彼知己，百战不殆；知天知地，胜乃可全"，"居安思危"，"有备无患"，"修道而保法"，"先为不可胜，以待敌之可胜"，"先计后战"，"上兵伐谋，其次伐交，其次伐兵，其下攻城"，"远交近攻"，"攻其无备，出其不意"，"避实击虚"，"尽敌为上"，"因敌制胜"，"以正合，以奇胜"，"致人而不致于人"，"我专敌分"，"以众击寡"，"兵贵胜，不贵久"，"兵贵神速"，"存乎聚财，而财无敌；存乎论工，而工无敌；存乎制器，而器无敌"，"足食足兵"，"取用于国，因粮于敌"，"兵贵其和，和则一心"，"三军一人，胜"，"择人而任势"，"三军可夺气，将军可夺心"，"密察敌人之机，而速乘其利，复疾击其不意"，等等。这些名言与现代战略战术所运用的一些基本原则,如"知彼知己,因势制敌"、"集中兵力,各个歼敌"、主动、灵活、准备、突然、迅速、团结、协同、后勤保障、瓦解敌军,等等,不仅基本精神是一致的,而且在语言上也有着明显的渊源关系,得到广泛的使用。这说明,古兵法中凡是反映一般军事规律的论述,都是指导战争应当遵守的基本原则。不同的是,随着战争的发展,其内容已极大地丰富和发展了。

关于国防和军队建设,中国古兵法中有许多正确的观点和主张值得重视。两千多年来,许多政治家和军事家不断地继承、丰富和发展这方面的理论。虽然它论述的对象是封建制度的国家和军队,但其中有不少超出阶级局限的一般原则,至今仍有参考价值。例如,《左传》所引魏绛的话:"《书》曰:'居安思危。'思则有备,有备无患。"至今仍被引为国家和平时期必须保持战备的格言。在军队建设上,许多兵书都主张精兵主义,以《吴子》为例,它就主张"简募良材",提倡把五种不同特长的人分别编组,训练成精锐的"练锐",并认为"有此三千人,内出可以决围,外入可以屠城"。这种精兵主张,历代政治家、军事家无不大力提倡,从而形成"兵贵精,不贵多"的传统思想。为建设一支精锐的军队,古代军事家们提出许多正确的主张,如:按"智、信、仁、勇、严"选拔将领,要求将领文武双全,德才兼备。对军队要"教戒为先",把教育训练摆到首要地位。在管理教育上,要赏罚严明,亲卒爱兵。将领要以身作则,与士卒同甘苦,求得上下同心,内部团结。在军民关系上,主张不扰民、不掠民,要求军队"冻死不拆屋,饿死不掳掠"(岳飞语)。对于敌国敌军要"无暴神祇,无行田猎,无毁土功,无燔墙屋,无伐林木,无取六畜、禾黍、器械。见其老幼,奉归勿伤。虽遇壮者,不校勿敌。敌若伤之,医药归之"(《司马法·仁本》)。不论这些主张是否能在封建社会军队中实现,这些治军思想还是具有进步性的正确思想。

朴素的唯物论和辩证法,在中国古兵法中得到了突出的发展,形成独具特色的中国古典军事哲学,在中国哲学史上占有重要地位。在宇宙观上,许多进步的兵学家都是朴素唯物主义的无神论者,他们反对天命,注重人事，明确地表示：要取得战争的胜利，必须依靠"明君贤将"，认为"间于天地之间，莫贵于人"(《孙膑兵法·月战》)。不仅如此，他们还把人的能动作用和战争的客观条件——诸如"五事"、"七计"联系起来进行综合分析，要求战争指导者必须根据敌我双方各种客观物质条件去"索其情"——探索胜负之情，也就是探索战争规律和胜负的可能性。为求索敌人之情，强调"不可取于鬼神，不可象于事，不可验于度，必取于人"(《孙子兵法·用间》)。这种唯物主义观点，于二千多年前提出，确实值得称道。古兵法中，一再强调的"战道"(《孙子兵法·地形》)，已有了战争规律的含义。《孙膑兵法》中的名言"以决胜败安危者，道也"，也正是告诉人们战争的胜负是不依人们的主观愿望决定的，而是决定于战争的客观条件及其所蕴藏的"道"(规律性)。从这一朴素的唯物论观点出发，古兵法中很注重全面地、辩证地看待战争问题，要求战争指导者"知彼知己"，"知天知地"；认为战争双方力量众寡、大小、强弱，在一定条件下是可以互相转化的。寡不敌众、小不敌大、弱不敌强是一般规律，但如善于利用客观条件，发挥主观能动性，寡也能胜众，小也可胜大，弱也可胜强。古代军事家们还从战争历史经验中总结出一系列军事斗争中矛盾统一的概念，诸如攻守、进退、虚实、劳逸、利害、奇正、分合等等，并对这些概念作了辩证的论述，从而把军事斗争的方法提高到哲学的高度，这无疑是古兵法的光辉成就之一。

顺便还要提到的是，中国古兵法中还包含着许多关于治国、修身、处世等方面的有益言论，对于历代从政、从军乃至从事其他社会活动的人们起到过一定的教诫作用。

中国古兵法之所以有如此丰富而深刻的内容，是和中华民族灿烂的古代文明分不开的。它的许多精辟名言，至今不仅仍在军事生活和军事斗争中广为流传，而且在非军事领域内也被广泛引用着，不断地拨动着、启迪着人们创造智慧的心灵。同时也必须看到，长期停滞的封建社会窒息了人们的思想，阻碍了科学文化的发展，而且封建统治阶级不断地把封建迷信、愚昧、腐败、落后的东西强加到社会生活和意识形态领域中去。作为封建文化一部分的古代军事学自然也不能不深深地打上那个时代的阶级烙印。这本《中国古代兵法精粹类编》，名曰"精粹"，不过是相对于那些明显的封建糟粕而言的。对那些封建糟粕，无疑是应当剔除的；对这些"精粹"，也还有一个用马克思主义的立场、观点和方法进行批判继承的问题。这是我们对包括古兵法在内的一切传统文化的根本态度。当代中国从事军事工作和有志于发展中国军事科学的人们，一定会本此态度，从古老悠久的兵法遗产中，找到创造中国现代军事科学的有用思想材料，推陈出新，让中华民族优秀的军事思想传统发出新的光彩，结出新的硕果，为国防现代化做出新的贡献！

高锐

1987 年 8 月 1 日

凡例

一、选条范围

1.《中国兵法名言选编》遴选鸦片战争（1840年）以前中国历代兵法要籍之精言粹语，分类编排。采选之书共150部，收1068条。

2. 选材范围涵盖经、史、子、集四部，以历代军事理论著作为主，如《孙子兵法》、《纪效新书》等；兼及军事文论，如《管子·兵法》、《荀子·议兵》等；历代军事统帅及著名将领之军事名言亦在搜集之列，如岳飞"阵而后战，兵法之常；运用之妙，存乎一心"等。

二、编排顺序

1. 全书共分7章49节（详见目录），第六章"治军篇"第三、四、五节共设10目。选条依类相从。同类言论，按照人物年代先后或成书时间早晚依次排列，并在正文前加顺序号，用阿拉伯数字标明。

2. 选条按正文、注释、译文的顺序排列，正文之后附注时代、作者、书名、卷次、篇目，先秦典籍、二十四史、文章总集等习见古籍不标时代、作者。为便于读者进一步理解文义，每节或每目之后辟有"评述"和"例证"，以备参考。

三、选本、注释、译文、评述、例证

1. 选本。所录各书的正文，均以所能掌握的善本为工作本，一般不作校勘，个别字词的订补删乙则用方括号"[ ]"表示或加注说明。《孙膑兵法》因系出土文献，篇目厘定上存在特殊性，采用文物出版社1975年版，但《上编》个别文字的更动，则依文物出版社1985年版。

2. 注释力求简明，一般不作字源、词源考证。但对重要军事范畴适当加以申说，如"奇正"、"主客"等。对重要的军事典章制度略加诠释，如"八阵"、"营哨"等。为便于阅读，一章之中，注释不避重复。

3. 译文以直译为主，力求符合军事用语，尽量准确、通畅。原文成分残缺，为补足文意而增之译文，用圆括号"（　）"标明。

4. 评述旨在概述和评论该节或该目内容在军事学术上的主要论点，力求提要钩玄，言简意赅。

5. 例证。为了帮助读者加深对本书所列军事原则的理解，从战争史实中撷取与之相应的典型史例，略加叙述，点明题旨。

目录

第一章　战争篇

第一节　战争的目的和性质 —— 001
第二节　对待战争的态度 —— 013
第三节　战争与政治 —— 021
第四节　战争与经济 —— 032
第五节　战争与人民 —— 042
第六节　战争与天时地利 —— 056
第七节　战争与主观指导 —— 069

第二章　国防篇

第一节　安不忘战 —— 082
第二节　富国强兵 —— 097
第三节　边防海防 —— 110
第四节　屯田实边 —— 126

第三章　谋略篇

第一节　兵贵定谋 —— 143
第二节　先计后战 —— 150
第三节　知彼知己 —— 159
第四节　预知胜负 —— 171

第五节　伐谋伐交 ……………………………………………… 178

第六节　不战而屈人之兵 ……………………………………… 189

第四章　作战篇（上）——制胜之道

第一节　先为不可胜 …………………………………………… 199

第二节　料敌察机 ……………………………………………… 209

第三节　造势任势 ……………………………………………… 224

第四节　兵不厌诈 ……………………………………………… 234

第五节　出奇制胜 ……………………………………………… 244

第六节　批亢捣虚 ……………………………………………… 253

第七节　因敌制胜 ……………………………………………… 266

第八节　众寡分合 ……………………………………………… 282

第九节　将权贵一 ……………………………………………… 298

第十节　致人而不致于人 ……………………………………… 306

第十一节　攻守之宜 …………………………………………… 319

第十二节　先发制人 …………………………………………… 325

第十三节　进攻速胜 …………………………………………… 333

第十四节　后发制人 …………………………………………… 342

第十五节　防御持久 …………………………………………… 351

第十六节　尽敌为上 …………………………………………… 359

第十七节　兵机贵密 …………………………………………… 362

第五章　作战篇（下）——作战之法

第一节　行军布阵 ……………………………………………… 365

第二节　野战战法 ……………………………………………… 378

第三节　城战战法 ……………………………………………… 389

第四节　特种条件下的战法 ... 401

第五节　兵种战法 ... 416

第六章　治军篇

第一节　以治为胜 ... 436

第二节　兵役 ... 445

第三节　将帅 ... 455

　　一、选将任将 / 455　二、将帅修养 / 468

第四节　训练 ... 489

　　一、教戒为先 / 489　二、明耻教战 / 498

　　三、练武习阵 / 505

第五节　理兵 ... 516

　　一、军心士气 / 516　二、和军爱兵 / 525

　　三、信赏明罚 / 535　四、严明军纪 / 552

　　五、恤民善俘 / 562

第七章　后勤篇

第一节　以粮为先 ... 569

第二节　无委积则亡 ... 582

第三节　以通为利 ... 592

第四节　因粮于敌 ... 599

第五节　军械 ... 604

附：引用书目 ... 619

第一章 战争篇

第一节　战争的目的和性质

1.师贞①，丈人②，吉，无咎。

《周易·师》

【注释】

①贞：正，指正道、正义。一说贞，贞卜。

②丈人：古时对老人的尊称，这里指德高威重之人。

【译文】

兴兵打仗合乎正义，又有德高威重的人临阵指挥，就能顺利取胜而无祸咎。

2.以道①佐人主者，不以兵强天下。其事好还②：师之所处，荆棘生焉③；大军④之后，必有凶年。

《老子》三十章

【注释】

①道：老子哲学的最高范畴。在老子道家思想中，"道"体现在政治上是"无为而治"，在军事上是"以柔克刚"，在本章含有不逞强、反战的思想。

②其事好还：指"以兵强天下"之事甚为凶危。据高亨《老子正诂》：好者，甚

也；还与闵（xuán 悬）古音近，通用，意谓凶危。

③ 荆棘生焉：本谓荆棘丛生，这里指田园荒芜，社会经济遭到破坏。

④ 大军：这里指大战。据高亨《老子正诂》：军，疑本作"单"，"单"借为"战"。古金文、甲骨文均以"单"为"战"。

【译文】

用道辅佐国君的人，不靠兵力逞强于天下。靠兵力逞强这件事是非常危险的：军队驻扎的地方（取用于民，役民无已），致使田园荒芜，荆棘丛生；大战之后，必定出现荒年。

3. 故抗兵①相加②，哀者③胜矣。

《老子》六十九章

【注释】

① 抗兵：举兵，兴兵。

② 相加：意谓欺凌他人。加，施加，侵凌。

③ 哀者：指被侵凌一方。哀，悲愤。

【译文】

所以，举兵侵凌他人，充满悲愤心情的被侵凌一方必定取得胜利。

4. 师直①为壮②，曲为老。

《左传·僖公二十八年》

【注释】

① 直：与下文"曲"为对文，本义正直，这里指正义。曲，本义不正，这里指不正义。

② 壮：与下文"老"为对文，本义强盛，这里指士气高昂。老，本义年纪大，引申为衰，这里指士气衰落。

【译文】

军队为正义而战,就理直气壮;为不义而战,就理屈气衰。

5. 夫武^①,禁暴、戢^②兵、保大、定功、安民、和众、丰财者也。

《左传·宣公十二年》

【注释】

① 武:古代泛称干戈军旅之事,这里指军事征伐等暴力行动。
② 戢(jí 及):消弭,止息。

【译文】

战争是用来禁止强暴、消弭战争、保持强大、巩固功业、安定民众、调和诸国、丰富财物的。

6. 兵^①者,国之大事,死生之地,存亡之道,不可不察^②也。

《孙子兵法·计篇》

【注释】

① 兵:原指兵器,引申为士兵、军队、作战等,这里指战争。
② 察:本义指细看、详审,这里引申为考察、研究。

【译文】

战争是国家的大事,关系着民众的生死,国家的存亡,是不能不认真加以考察的。

7. 吴子曰:"凡兵之所起者有五:一曰争名^①,二曰争利^②,三曰积恶^③,四曰内乱^④,五曰因饥^⑤。其名又有五:一曰义兵,二曰强兵,三曰刚兵,四曰暴兵,五曰逆兵。禁暴救乱曰义,恃众以伐曰强,因怒兴师曰刚,弃礼贪利曰暴,国乱人疲,举事动众曰逆。五者之服,各有其道。义必以礼服,强必以谦服,刚必以辞服,暴必以诈服,逆必以权服。"

《吴子·图国》

【注释】

① 争名:争夺名分。春秋战国时代,诸侯列国为争夺霸主地位而进行战争。

② 争利:争夺经济利益。

③ 积恶:国家、民族或政治集团之间的历史积怨。

④ 内乱:国内的政治动乱。

⑤ 因饥:因饥荒导致国内民众起义或敌国乘机而入的战争。

【译文】

吴起说:"大凡战争爆发有五种原因:一是争夺名分,二是争夺利益,三是仇恨积累,四是政治动乱,五是严重饥荒。战争的名称又有五种:一是义兵,二是强兵,三是刚兵,四是暴兵,五是逆兵。禁暴除乱、拯救危难的叫义兵,依仗兵多而征伐他国的叫强兵,因个人愤怒而兴师的叫刚兵,背弃礼义、贪图财货而兴兵的叫暴兵,不顾国乱民疲而发动战争的叫逆兵。对于这五种性质不同的战争,各有相应的制服之法。对义兵,必以礼义折服;对强兵,必以谦让克服;对刚兵,必以言辞说服;对暴兵,必以诡诈制服;对逆兵,必以威权压服。"

8. 得道①者多助。失道者寡助。寡助之至,亲戚畔②之;多助之至,天下顺之。以天下之所顺,攻亲戚之所畔,故君子③有不战,战必胜矣。

《孟子·公孙丑下》

【注释】

① 道:本义指道路,引申为法则、规律、本原、方法、正义,等等。

这里指正义。

② 畔：通"叛"，违背，背叛。

③ 君子：先秦时期对贵族男子的通称，其后对"有德者"亦称"君子"。这里指仁君圣主。

【译文】

合乎正义的，得到的援助就多；不合乎正义的，得到的援助就少。所得援助少到极点的，连亲戚也要反对他；所得援助多到极点的，普天之下都会顺从他。用天下皆顺从的力量，去攻打连亲戚都反对的一方，那么，仁君圣主要么不进行战争，倘若进行战争，则必定能够取得胜利。

9. 战胜而强立，故天下服矣。

《孙膑兵法·见威王》

【译文】

打了胜仗，国家强盛起来，所以天下才能归服。

10. 凡兵，不攻无过之城，不杀无罪之人。夫杀人之父兄，利①人之货财，臣妾②人之子女，此皆盗也。故兵者，所以诛暴乱、禁不义也。

《尉缭子·武议》

【注释】

① 利：用作动词，掠夺，贪图。

② 臣妾：用作动词，奴役，霸占。

【译文】

凡是用兵打仗，不进攻无过错的城邑，不杀戮无罪的百姓。杀害别人的父兄，掠夺别人的财物，奴役别人的子女，这些都是强盗行为。所以，战争是用以镇压暴乱、禁止不义行为的。

11. 用兵有五：有义兵，有应兵，有忿兵，有贪兵，有骄兵。诛暴救弱，谓之义；敌来加己，不得已而用之，谓之应；争小故，不胜其心，谓之忿；利人土地，欲人财货，谓之贪；恃其国家之大，矜①其人民之众，欲见贤于敌国者，谓之骄。义兵王，应兵胜，忿兵败，贪兵死，骄兵灭。此天道也。

《文子·道德》

【注释】
① 矜（jīn今）：自夸，炫耀。

【译文】
整治动乱讨伐强暴的军队，叫做义兵，义兵能成就王业；敌人来犯，被迫起而应战的军队，叫做应兵，应兵能获得胜利；为小事忿争，不胜愤怒的军队，叫做忿兵，忿兵会遭遇失败；贪占别国土地和财货的军队，叫做贪兵，贪兵会被攻破；依恃国家大、人口多而随意发动战争的军队，叫做骄兵，骄兵会招致灭亡。这五种情况，不但是人情之理，也是天道法则。

12. 凡兵，天下之凶器也；勇，天下之凶德①也。举凶器，行凶德，犹②不得已也。举凶器必杀；杀，所以生之也。行凶德必威；威，所以慑之也。敌慑民生，此义兵③之所以隆也。

《吕氏春秋·仲秋纪·论威》

【注释】
① 凶德：即武德，这里指军人的勇敢杀敌精神。勇为武德，但战争又是流血的凶事，故称凶德。
② 犹：通"由"，由于。
③ 义兵：这里指正义战争。

【译文】
武器，是天下的凶器；勇敢，是天下的凶德。拿起凶器实行凶德，是出于迫不得已。拿起凶器就必然要消灭敌人，消灭敌人是为了使百姓生存下去。实行凶德就必然要产生威力，运用这种威力，是为了慑服敌人。敌人被慑服，百姓得以生存，这就是正义战争受到尊崇的原因。

13. 兵苟①义，攻伐②亦可，救守③亦可。兵不义，攻伐不可，救守不可。

《吕氏春秋·孟秋纪·禁塞》

【注释】

① 苟：如果。

② 攻伐：进攻和讨伐。攻，指进攻。伐，"声罪致讨曰伐"，古人把对别国进行战争时鸣金击鼓、大张声势的做法称为伐。

③ 救守：救援和防守。救，指救援别人。守，指自己防守。

【译文】

战争如果是正义的，进攻和讨伐是可取的，救援和防守也是可取的。战争如果是非正义的，进攻和讨伐都是不可取的，救援和防守也是不可取的。

14. 古之用兵者，非利土壤之广而贪金玉之略①，将以存亡继绝②，平天下之乱而除万民之害也。

《淮南子·兵略训》

【注释】

① 略：略取，掠夺。

② 存亡继绝：使灭亡之国复存，断绝之嗣得续。指用武力恢复已被推翻的政权。

【译文】

古代进行（正义）战争的人，不是企图扩张土地和掠夺财富，而是要用战争手段来存亡国，继绝世，平定天下的暴乱，消除万民的祸患。

15. 得道之兵，……因民之欲，乘民之力，而为之去残除贼①也。故同利相死，同情相成，同欲相助。顺道而动，天下为向②；因民而虑，天下为斗。

《淮南子·兵略训》

【注释】

① 去残除贼：消灭凶暴、邪恶的势力，即除暴灭害。
② 向：向往，归向。

【译文】

为正义而战的军队，……是顺应民众的愿望，凭借民众的力量，为民众除暴灭害的。所以，（兵民之间）有共同的利益，能同生共死；有共同的感情，能互相协同；有共同的愿望，能互相帮助。为正义而战，天下都会归向；为民众利益着想，人人都会赴敌参战。

16. 圣王之用兵，非乐之也，将以诛暴讨乱也。夫以义①诛不义，若决江河而溉爝火②，临不测而挤欲堕，其克必矣。

《黄石公三略·下略》

【注释】

① 义：正义。这里指正义之师或正义战争。
② 爝火：小火把。爝（jué 爵），古人烧苇把以除不祥，谓之爝。

【译文】

古代圣王兴兵打仗，不是出于好战，而是要用它讨伐暴乱，（拯世救民）。用正义之师讨伐不义之众，就像决开江河之水去淹灭微弱的火把，就像在深渊的边缘推落一个摇摇欲坠的人，其胜利是必然的。

17. 兵非道德仁义者，虽伯①有天下，君子②不取。

唐·李筌《神机制敌太白阴经》卷二，《善师篇》

【注释】

① 伯：通"霸"，意谓称霸。
② 君子：这里指仁君圣主。

【译文】

不符合道德仁义的战争，即便能够称霸天下，也为仁君圣主所不取。

18. 武有七德①，禁暴诛乱为首。……帝王之武以止杀，非行杀也。

《明太宗宝训》卷四，《谕将帅》

【注释】

① 武有七德：指《左传·宣公十二年》所言"禁暴、戢兵、保大、定功、安民、和众、丰财"等七个方面，参见本节第 5 条。

【译文】

使用武力有七个方面的战略目的，禁暴除乱是首要的。……帝王使用武力是为了禁止杀伐，而不是为了滥施杀伐。

19. 国家出师以行吊伐①，将帅卒②死必严纪律。吊伐以施仁义，纪律以戢③贪暴。如贪暴不戢，则仁义不行。

《明太宗宝训》卷四，《谕将帅》

【注释】

① 吊伐：即吊民伐罪，意谓抚慰受害百姓，讨伐罪魁祸首。
② 卒：终了。
③ 戢（jí 及）：消弭，止息。

【译文】

国家兴兵是为了吊民伐罪，将帅至死也必须严明军队的纪律。吊民伐罪为的是推行仁义的政治，严明纪律为的是消除贪婪暴虐的行为。如果贪婪暴虐的行为不消除，那么仁义的政治也实行不了。

20. 发兵为诛暴，诛暴为保民。

《明太宗宝训》卷四，《谕将帅》

【译文】

兴兵作战是为了诛伐暴虐，诛伐暴虐是为了保卫民众。

21. 兵以销兵，然后兴兵；战以止战，然后合战。

明·西湖逸士《投笔肤谈》上卷，《本谋》

【译文】

（要能做到）用军队消灭敌方军队，然后才可使用军队；用战争制止战争，然后才可与敌交战。

22. 凡兵之兴，不得已也。国乱之是除，民暴之是去，非以残民而生乱也。

明·西湖逸士《投笔肤谈》上卷，《本谋》

【译文】

大凡兴兵作战，是不得已的事情。它是用来根除国家的祸乱，消除民众的暴乱的，不是用来残杀民众、制造混乱的。

23. 自古明君贤将，谋之于未战之先者，岂专谋敌求胜哉？亦冀保民而康国耳。

明·西湖逸士《投笔肤谈》上卷，《本谋》

【译文】

自古以来的明君贤将，在战争未发生以前就进行精心筹划，难道只是为着谋算敌人以求胜利吗？同时也是期望保护民众，安定国家。

评　述

　　战争的目的和性质是什么，这是战争论中首要的问题。我国古代兵家对此问题早有较为明确的认识。随着战争实践的发展，人们对此问题经历了一个由浅及深的认识过程。夏、商、周奴隶制时代的战争指导者们，对战争的认识更多是直观性的，尚未上升到理论性的高度。他们在进行战争动员时，还不能不借助于上天，提出了所谓"惟恭行天之罚"（《尚书·牧誓》）的口号。显然，这种认识非但不能正确揭示出战争的真实目的和性质，而且还带有浓厚的上天主宰人世的唯心神秘色彩。到了春秋战国以后，由于奴隶制的崩溃和新兴封建制的确立，在社会不断前进和战争不断发展的基础上，人们对战争问题的认识，逐步由感性认识上升到理性认识，总结和反映战争经验的军事论著有如雨后春笋，层出不穷。浩如烟海的中国古代军事论著，集中地反映了我国历代兵家关于战争问题认识的思想精华。从本节所选的历代论兵语录，完全可以窥见我国古代兵家关于战争目的和性质的基本观点。

　　第一，从对战争直接起因的论述，已经触及战争爆发的根源。《吴子》指出战争的五种起因是："一曰争名，二曰争利，三曰积恶，四曰内乱，五曰因饥。"（《图国》）透过这五种战争起因的表象，给人看到的恰是统治阶级为争夺经济的、政治的利益而发动战争的真实目的。

　　第二，从对战争目的的论述，提出了战争性质有"义"与"不义"之别。《吕氏春秋》指出"兵苟义，攻伐亦可，救守亦可。兵不义，攻伐不可，救守不可。"（《孟秋纪·禁塞》）这里所说的"义"与"不义"，是指正义与非正义，这就明确地把战争区分为正义的与非正义的两种不同性质。古代兵家还根据战争的历史经验，进一步阐明了正义战争是"以义诛不义"（《黄石公三略·下略》），目的是为了"诛暴救弱"（《文子·道德》）、"平天下之乱，而除万民之害"（《淮南子·兵略训》）。相反，非正义战争是"恃其国家之大，矜其人民之众"而随意发动的战争，其目的是为了"利人土地，欲人财货"(《文子·道德》),侵掠他国土地和财富。这种从战争目的去揭示不同战争性质的观点,已经触及战争问题的实质。这是十分可贵的。

第三,从对战争实践经验的总结,论述了不同性质的战争有着不同的客观效果和作用。《左传》强调指出:"师直为壮,曲为老。"(僖公二十八年)意思是说,军队为正义而战就理直气壮,为非正义而战就理屈气衰。为正义而战,就可以"因民之欲,乘民之力,而为之去残除贼",军民可以"同利相死,同情相成,同欲相助"(《淮南子·兵略训》)。正义战争是"得道者多助",而"多助之至"则"战必胜矣"。反之,为非正义而战,是"失道者寡助",而"寡助之至,亲戚畔(叛)之"(《孟子·公孙丑下》)。为贪占别国土地、财富和依恃国大民众而肆意发动侵略战争的"贪兵"、"骄兵",必将遭到强烈反击而败亡。

战争是人类社会发展到产生私有制和对立的阶级以后的产物,它是用来解决阶级与阶级、民族与民族、国家与国家、政治集团与政治集团之间,在一定发展阶段上的矛盾的一种最高斗争形式。我国古代兵家对战争的目的和性质的认识,虽然已经触及战争问题的实质,但不能不看到,其论点还不够完整系统。由于时代和阶级的局限,古人所论及的正义战争与非正义战争的内涵,虽然或隐或现地触及战争爆发的阶级关系问题,但却不可能全面地、深刻地揭示战争的阶级根源,更不可能认识到战争是随着阶级的产生而产生,因而只有消灭阶级才能最后消灭战争这一唯物主义的客观真理。

例 证

周灭商的牧野之战,是我国古代体现正义战争性质和效果的明显例证。殷商末期,以纣王为首的奴隶主统治集团,在内外矛盾交织中逐渐走向崩溃。纣王极其暴虐淫侈,对内残酷压榨,对外疯狂掠夺,过着"以酒为池,悬肉为林"(《史记》卷三,《殷本纪》,下同)的穷奢极欲的腐化生活。为了镇压奴隶和平民的反抗,"乃重刑辟,有炮烙之法",致使民众处于水深火热的灾难之中。约公元前1046年正月,周武王乘商纣统治集团分崩离析、国内空虚之隙,率军大举伐纣。二月四日,周军进至牧野(今河南淇县南),次日凌晨举行誓师,武王声讨纣王听信谗言、残害百姓的暴行,以"吊民伐罪"相号召,并郑重宣告此战"非敌百姓"(《孟子·尽心下》)。这不仅坚定了将士胜利的信心,也争取了殷商军民的同情和支持。双方一经交战,商军即刻"瓦解而走,遂土崩而下"(《淮南子·泰族训》)。武王以正义之师取得了灭商战争的决定性胜利。

第二节 对待战争的态度

1. 兵者,不祥之器,非君子①之器,不得已而用之,恬淡②为上。胜而不美③,而美之者,是乐杀人。夫乐杀人者,则不可得志于天下矣。

《老子》三十一章

【注释】
① 君子:先秦时期对贵族男子的通称,后亦指人格高尚的人。
② 恬淡:即淡然,意谓清静淡泊。
③ 美:自以为了不起,洋洋得意之貌。

【译文】
兵器是不吉利的东西,不是君子所使用的,不得已而使用它,最好淡然处之。即使胜利了,也不要洋洋得意。如果洋洋得意,这就是以杀人为快乐。以杀人为快乐的人,就不可能得志于天下。

2. 提①正名②以伐,得所欲而止。

《经法·称》

【注释】

① 提：举，这里谓统率。

② 正名：本指辨正名分，这里可作"正义"理解。

【译文】

统率正义（之师）讨伐（不义之兵），达到了预期的目的就要适可而止。

3. 是故杀人安人，杀之可也；攻其国，爱其民，攻之可也；以战止战①，虽战可也。

《司马法·仁本》

【注释】

① 以战止战：用战争制止战争。根据文意，前一个"战"字指正义战争，后一个"战"字指非正义战争。

【译文】

因此，如果杀掉坏人是为了保护好人，杀人是可以的；如果进攻别国是为了解救其民众，进攻是可以的；如果用战争来制止战争，纵然兴兵打仗也是可以的。

4. 故以战去战，虽战可也；以杀去杀，虽杀可也；以刑去刑，虽重刑可也。

《商君书·画策》

【译文】

所以，用战争消灭战争，即使进行战争也是可以的；用杀人制止杀人，即使杀人也是可以的；用刑罚消除刑罚，即使使用重刑也是可以的。

5. 然夫乐兵①者亡，而利胜②者辱。兵非所乐也，而胜非所利也。

事备③而后动。

《孙膑兵法·见威王》

【注释】

① 乐兵：好战。乐（yào 药），爱好。兵，指战争。
② 利胜：贪图胜利。利，贪求。
③ 事备：做好战争准备。

【译文】

轻率好战的人会导致亡国，一味贪求胜利的人会受挫被辱。战争不是可以随意喜好的，胜利不是可以随意贪求的。只能事先做好准备，而后才能采取行动。

6. 寝兵①之说胜②，则险阻不守；兼爱③之说胜，则士卒不战。

《管子·立政》

【注释】

① 寝兵：废止用兵。寝，停止，停息。"寝兵之说"是战国时期稷下学派宋钘、尹文一派的主张，反对诸侯间的兼并战争。
② 胜：占优，胜过。
③ 兼爱：天下人普遍相爱。"兼爱之说"是战国时期墨子的主张，提倡平等的、不分厚薄亲疏的相爱。这是一种超阶级的"兼爱"观点，但在当时含有反抗贵族道德的意义。

【译文】

废止用兵的言论占上风，即使有险阻之地也守不住；不分敌我的"兼爱"言论占上风，士兵就会丧失战斗意志。

7. 争斗之所自来者久矣，不可禁，不可止。故古之贤王有义兵而无有偃①兵。

《吕氏春秋·孟秋纪·荡兵》

【注释】

① 偃：停，止息。这里是废弃不用的意思。

【译文】

战争的由来已经很久远了，既不能禁绝它，也不能制止它。因此，古代英明的君主，提倡正义战争，而不主张废止战争。

8. 有以用兵丧其国者，欲偃天下之兵，悖①。夫兵不可偃也，譬之若水火焉，善用之则为福，不能用之则为祸。

《吕氏春秋·孟秋纪·荡兵》

【注释】

① 悖（bèi 背）：荒谬，反常。

【译文】

因有战争而亡国的情况，就想废止天下的战争，这是荒谬的。战争是不可以避免的，正像水和火一样，善于运用它就是福，不善于运用它就是祸。

9. 夫兵甲者，国之凶器也。土地虽广，好战则民彫①；邦境虽安，忘战则民殆②。彫，非保全之术；殆，非拟寇③之方。不可以全除，不可以常用。故农隙以讲武，习威仪④也；三年治兵，辨等列⑤也。

唐·李世民《帝范·阅武篇》

【注释】

① 彫：同"凋"，萎谢，损伤。这里指贫弱。

② 殆：通"怠"，怠惰，懈怠。

③ 拟寇：御寇，抗击敌寇。

④ 习威仪：意谓学习军事礼仪规约。威仪，本指古代典礼中的威武严肃的仪节，这里可作"军事礼仪规约"理解。

⑤ 辨等列：意谓掌握各种队列和战术变化。辨，分辨，引申为掌握。等列，各类队列及战法。

【译文】

兵器铠甲，是国家的凶器。（一个国家）即使土地辽阔，如果爱好战争，百姓就会贫弱；国防即使安全，如果忘记战争，百姓就会怠惰松懈。百姓贫弱，就会失去保卫国家安全的手段；百姓怠惰松懈，就会失去抵御敌人的办法。战争不可以完全废止，也不可以经常使用。所以，农闲时节讲习武事，让百姓学习军事礼仪规约；三年练兵，使百姓掌握各种队列和战法变化。

10. 先王之道，以和为贵①。贵和重人，不尚战也。

唐·李筌《神机制敌太白阴经》卷二，《贵和篇》

【注释】

① 和为贵：语出《论语·学而》。这里指以和平为可贵。和，与"战"为对文，意谓和平。

【译文】

古代圣王治国安邦之道，以维护和平为可贵。倡导和平、珍重生命，而不是一味地崇尚战争。

11. 夫兵者，凶器也；战者，逆德也，实不获已而用之。不可以国之大，民之众，尽锐征伐，争战不止，终致败亡，悔无所追。然兵犹火也，弗戢①，将有自焚之患。黩②武穷兵，祸不旋踵③。法曰："国虽大，好战必亡。"④

宋·佚名《百战奇法·好战》

【注释】

① 弗戢：不止息。戢（jí 及），消弭，止息。

② 黩（dú 独）：轻慢不敬，引申为滥用。
③ 祸不旋踵：灾祸很快会发生。旋踵，旋转脚跟。
④ 国虽大，好战必亡：语出《司马法·仁本》。

【译文】

兵器是凶险的器具，战争是违背德治的行动，只有在迫不得已时才使用它。因此，不能以国家大、人口多，就竭尽精锐征伐，争战不休，最后导致败军亡国，后悔也来不及了。战争如同烈火，不息灭它，将会有玩火自焚的危险。穷兵黩武，灾祸就会很快到来。正如兵法所说："国家即使强大，但若好战不止，必然导致败亡。"

12. 国家用兵犹医之用药，蓄药以治疾病，不以无疾而用药。国家未宁，用兵以戡定祸乱。及四方承平，只宜修甲兵，练士卒，使常有备也。盖兵能弭①祸亦能召乱，若恃其富强，喜功生事，结怨启衅，适足以召乱耳。正犹医家妄以瞑瞑②之药强进无病之人，纵不残躯陨命，亦伤元气。故为国者但当常讲武事，不可穷兵黩武尔。

《明太祖宝训》卷五，《谕将士》

【注释】

① 弭（mǐ 米）：停止，消除。
② 瞑（míng 名）瞑：形容昏花迷乱。这里指药性不明。

【译文】

国家兴兵打仗如同医生看病用药一样，储备药品是为了医治疾病，不要无病而用药。国家动荡不安，用兵是为了平定祸乱。待到四方安宁时，只应当修缮武器装备，训练士兵，使国家保持常备不懈。军队既能消除祸乱也能招来祸乱，如果依仗国力富强，就好大喜功挑起战事，结下怨恨开启战端，恰恰足以招来祸乱。这正像医生胡乱使用药性不明的药物，强迫无病之人服用，纵然没有造成残废或死亡，也会使人大伤元气。因此，治理国家的君主只应当常讲战备，不可以穷兵黩武啊。

13. 兵以戢乱非为乱也，若假兵以逞志，仁者不为也。

《明太祖宝训》卷五，《谕将士》

【译文】

军队是用来平息祸乱而不是制造祸乱的，如果凭借军队来实现炫耀武力的企图，这是仁德之君所不做的。

14. 夫兵不可以黩，黩则玩①，玩则败。苟不察国之虚实，不谋敌之强弱，而唯战是务，则国危矣。

《明太宗实录》卷九十二，永乐七年五月庚寅

【注释】

① 玩：不严肃对待。这里指以战争为儿戏。

【译文】

军队不可以滥用，滥用军队就会视战争为儿戏，视战争为儿戏就会招致失败。如果不审察国力的虚实，不谋算敌军的强弱，而一味致力于战争，那么，国家就危险了。

评　述

对待战争究竟持何种态度，千百年来，不同的阶级、不同的民族、不同的政治集团有不同的回答。我国古代不少革新进步的兵家在这个问题上是不乏真知灼见的。

首先，他们支持正义战争，而反对非正义战争。《吕氏春秋》强调指出："古之贤王有义兵而无有偃兵。"（《孟秋纪·荡兵》）如果为着正义的目的，那么"杀人安人，杀之可也；攻其国，爱其民，攻之可也；以战止战，虽战可也"（《司马法·仁本》）。

古代兵家在支持正义战争的同时，也反对穷兵黩武。例如，《老子》认为，以

杀人为乐事的好战者，是"不可得志于天下"（三十一章）的；孙膑尖锐地指出："乐兵者亡。"(《孙膑兵法·见威王》)《百战奇法》则进一步指出：依仗国大民众而肆意发动战争的，如同玩火者一样，随时"将有自焚之患"(《好战》)。他们直观地看到"兵甲者，国之凶器也"（唐·李世民《帝范·阅武篇》），因而主张"慎战"，以"不尚战"为武德。

其次，他们明确看到兵"不可偃"，忘战必危，因而主张要常备不懈。战争是阶级社会的产物，只要还存在着阶级，战争总是不可避免的。我国古代兵家从历史的经验中已经比较明确地认识到战争的不可避免性和忽视战备的危害性。正如《管子》所指出："寝兵之说胜，则险阻不守；兼爱之说胜，则士卒不战。"(《立政》)《吕氏春秋》认为，如果以为有因用兵不当而亡国的现象存在，就"欲偃天下之兵"，那是十分荒唐的。它强调指出：战争是"不可偃"的，就像水与火一样，"善用之则为福，不能用之则为祸"(《孟秋纪·荡兵》)。唐太宗李世民在《帝范》一书中，从分析好战的危险性和忘战的危害性入手，阐明了战争"不可以全除，不可以常用"(《阅武篇》)的辩证道理。明太祖朱元璋结合创立大明帝国的实践经验，比较深刻地阐明了战时兴兵与平时备战的关系，指出："国家未宁，用兵以戡定祸乱。及四方承平，只宜修甲兵，练士卒"，使国家在和平时期保持常备不懈。他认为，一个国家的领导者，只有"常讲武事"，而又"不可穷兵黩武"(《明太祖宝训》卷五，《谕将士》)，才能使国家立于不败之地。

战争作为一种特殊的社会活动形态，是随着人类历史的发展而发展的。我国古代兵家对不同性质的战争所采取的不同态度，以及和平时期要保持常备不懈的主张，等等，对于今天仍有十分有益的借鉴作用。

例　证

对待战争，不同的阶级、不同立场的人，其态度是迥然不同的。以武王伐纣之战为例，处在商纣王残暴统治之下而亟待解救的人民，是给予极大欢迎和支持的。因此交战之后,"纣师皆倒兵以战"(《史记》卷四,《周本纪》),反对纣王。这正是武王得以迅速灭商的重要原因。然而,站在殷纣奴隶主立场上的孤竹方国的伯夷、叔齐二人却持坚决反对的态度。他们始则阻拦武王出兵,称这场战争是"以臣弑君"(《史记》卷六十一,《伯夷列传》)的"不仁"之举;及至殷乱已平,天下归周之后,他们又耻食周粟,逃匿山野,遂饿死于首阳山(今山西永济南),成为殷商王朝的卫道者。唐代文学家韩愈撰写题为《伯夷颂》的散文,表彰伯夷"耻食周粟"的气节。但是,毛泽东站在无产阶级革命者的角度,对此却有不同评价。他在《别了,司徒雷登》一文中指出:韩愈"颂的是一个对自己国家的人民不负责任、开小差逃跑、又反对武王领导的当时的人民解放战争的、颇有些'民主个人主义'思想的伯夷,那是颂错了"。

第三节　战争与政治

1. 天下有道①,却走马②以粪③;天下无道,戎马生于郊④。

《老子》四十六章

【注释】

① 有道:本指国家政治清明,这里指天下清平无事。
② 走马:善于奔跑的马,这里指战马。
③ 粪:粪治田畴,即耕种。
④ 戎马生于郊:意即兵连祸结,连怀胎母马也被征用,在战场上产仔。戎马,战马。郊,邑外谓之郊,这里指两国交兵的战场。

【译文】

天下有道,(清平无事),将战马退役用来耕田;天下无道,(兵连祸结),就连怀胎母马也征来作战,在战场上产仔。

2. 师克在和，不在众。

《左传·桓公十一年》

【译文】

军队打胜仗在于团结一致，而不在于兵力之多。

3. 道者，令民与上同意也。故可以与之死，可以与之生，而不畏危。

《孙子兵法·计篇》

【译文】

所谓"道"，就是要使民众和君主的意愿相一致。这样，可以叫民众在战争中为君主出生入死地战斗，而不怕危险。

4. 善用兵者，修道①而保法②，故能为胜败之政③。

《孙子兵法·形篇》

【注释】

① 修道：这里指从各个方面修治"不可胜"之道，诸如政治、军事、经济等各方面制胜条件的准备。

② 保法：确保必胜的法度。

③ 政：通"正"，主宰。

【译文】

善于指导战争的人，修治"不可胜"之道，确保必胜的法度，他就能成为战争胜负的主宰者。

5. 守国①而恃其地险者削，用国②而恃其强者弱。兴兵失理，所伐不当，天降二殃③。逆节④不成，是谓得天。逆节果成，天将不盈其命而重其刑。赢极⑤必静，动举必正。赢极而不静，是谓失天⑥。动举而不正，［是］谓后命。大杀服民，戮降人，刑无罪，祸皆反自及也。所伐当罪，其福⑦五之，所伐不当，其祸什之。国受兵而不知固守，下邪恒⑧以地界私者□。救人而弗能存，反为祸门，是谓危根。

《经法·亡论》

【注释】

① 守国：处于防守地位的国家。

② 用国：指用兵之国，即处于进攻地位的国家。

③ 二殃：双重的祸殃。

④ 逆节：违背天理，不合正义。

⑤ 赢极：达到极限。赢，通"盈"，满。

⑥ 失天：失去天助。

⑦ 福：原文为"祸"，据上下文义，并参《说苑·谈丛》"所伐而当，其福五之"，"祸"当为"福"之误。

⑧ 邪恒：盖即"斜横"，谓横竖划界，据为私有。

【译文】

处于防守地位的国家，仅仅凭借其地形险要，就会受到损削；处于进攻地位的国家，仅仅凭借其兵力强大，就会衰弱。兴兵的一方如果师出无名，所攻击的对象不当其罪，上天就会降临双重的祸殃。违理的用兵如果没有成为事实，就是合乎天道。违理的用兵如果成为事实，上天就不会使它国运圆满，而要加重惩罚。发展到了极限，必然走向静止。一举一动，都必须遵行正道。发展到了极限而不收敛静止，就会失去天助。举动不遵行正道，就叫不合乎天命。如果大肆杀戮归顺之民，屠杀已经投降之人，惩处无罪的良民，那么祸殃反会降临到自己身上。所攻伐的对象罪有应得，就会得到五倍的福运；所攻伐的对象不当其罪，就会受到十倍的祸殃。自己的国家遭到攻击却不顽强固守，属下只知划分管界自保，拯救别国而不能使之免于灭亡，反而给自己打开招祸之门，这就是危亡的根由。

6. [王者]① 不埶② 偃兵，不埶用兵。兵者，不得已而行。

《经法·称》

【注释】

① 王者：马王堆汉墓出土帛书《经法》原为缺文，据文义似为"王者"，故补。

② 埶：通"蓺"，"蓺"同"艺"。《广韵》云："艺，常也。"

【译文】

圣王不经常进行止兵不战的说教，也不经常采取用兵打仗的行动。用兵打仗，是万不得已才做的事情。

7. 古者，以仁①为本，以义治之之谓正②。正不获意则权③。权出于战，不出于中人④。

《司马法·仁本》

【注释】

① 仁：仁爱。

② 以义治之之谓正：采取合乎正义的措施治理国家，这是正常的方法。义，合理的行为，这里指合乎正义的措施。

③ 正不获意则权：正常的方法不能达到目的就采取特殊的手段。意，意愿，目的。权，权变，特殊的手段。

④ 中人：谓居中调停人，这里喻指和平。

【译文】

古时候，以仁爱为根本，采取合乎正义的措施治理国家，这是正常的方法。用正常的方法达不到目的就采取特殊的手段。特殊的手段表现为战争，而不是以和平方式表现出来。

8. 凡战法必本于政胜①，则其民不争。不争则无以私意，以上为意。故王者之政②，使民怯于邑斗③，而勇于寇战④。

《商君书·战法》

【注释】

① 政胜：政治优越。胜，这里指优越。
② 王者之政：古代圣王的政治，这里用以泛指良好的政治措施。
③ 邑斗：邑内私人之间的械斗，亦即民众内部的争斗。邑，古代的国、京城、城镇、聚落等皆可称为邑，这里泛指民间。
④ 寇战：对敌作战。这里与上文"邑斗"相对，意即公战。

【译文】

指导战争的原则，必须以政治优良为根本。这样，民众之间才不会互相争斗。民众之间不互相争斗，就不会以个人的私意为意志，而以君主的意志为意志。因此，良好的政治措施，能使民众不敢在内部互相争斗，而勇于为国家对敌作战。

9. 兵者，以武为植①，以文为种②。武为表，文为里。能审此二者，知胜败矣。文所以视利害、辨安危，武所以犯强敌、力攻守也。

《尉缭子·兵令上》

【注释】

① 以武为植：以军事为骨干。武，指军事。植，指主干。《周礼·夏官·大司马》："属其植。"郑玄注："植，筑城桢也。"由筑墙时两端所竖的木柱，引申为主干、骨干。
② 以文为种：以政治为根本。文，指政治。种，指根本。意为政治是基本的，军事是从属的。

【译文】

战争问题，以军事为骨干，以政治为根本。军事是表象，政治是本质。能分清这两者的关系，就懂得胜败的道理了。政治是观察利害、辨别安危的，军事是打击强敌、致力攻守的。

10. 上下不和，虽安必危。

《管子·形势》

【译文】

上下级不团结，即使表面上安定，也必然会发生危险。

11. 夫王者，能攻人者也；而安，则不可攻也。强，则能攻人者也；治，则不可攻也。治强不可责于外，内政之有①也。

《韩非子·五蠹》

【注释】

① 有：专有。陈奇猷《韩非子集释》指出："有，读如《礼·坊记》'父母在不敢有其身'之有，有，犹言专有之。此文谓国家之治与强不可求之于外，内政中已专有之也。"

【译文】

企图称王天下的，能进攻它国；而国家安定稳固，敌人就不敢侵犯。军事力量强，就能进攻别国；而国家治理得好，敌人就不敢侵犯。治和强不能求之于外力，关键在于搞好内政。

12. 不侵大国之地，不耗①小国之民，故诸侯皆欲其尊；不劫人②以兵甲，不威人以众强，故天下皆欲其强。

《晏子春秋》卷三，《内篇问上第三》之第五

【注释】

① 耗：损耗，损害。

② 劫人：要挟人。劫，威胁，要挟。

【译文】

不侵占大国的土地，不损害小国的百姓，所以诸侯都愿意他得到尊位；不用武力要挟别人，不恃众逞强威胁别人，所以天下人都希望他强盛。

13. 故割地、宝器、卑辞、屈服不足以止攻，惟治为足。

《吕氏春秋·有始览·应同》

【译文】

所以，（向敌人）割让领土、赠送珍宝、卑辞求和、忍辱屈服，都不能制止敌人进攻。只有把自己的国家治理好，才足以制止敌人的进攻。

14. 用武则以力胜，用文则以德①胜。文武尽胜，何敌之不服！

《吕氏春秋·慎大览·不广》

【注释】

① 德：恩德，仁德。

【译文】

使用军事手段，要依靠力量取胜；使用政治手段，要依靠仁德取胜。政治和军事两个方面都胜过敌人，还有什么敌人不可以制服呢！

15. 决策于不仁①者险，阴计外泄者败，厚敛薄施者雕②，战士贫、游士③富者衰。

旧题汉·黄石公著，
宋·张商英注《素书·遵义章》

【注释】

① 不仁：意谓不行仁政。

② 雕：通"凋"，萎谢，损伤。这里指经济凋敝。
③ 游士：指战国以及秦汉之际在诸侯间从事游说的策士。

【译文】
制定政策不以行仁政为基础的，后果就危险。秘密计划被泄露的，行动就要失败。对百姓征敛多施惠少的，经济就要凋敝。战斗之士待遇低而贫穷、游说之士待遇高而富足的，国力就要衰弱。

16. 文武①并用，长久之术。

《史记》卷九十七，《陆贾列传》

【注释】
① 文武：指政治与军事。
【译文】
政治与军事并举，是长治久安之策。

17. 兵之胜败，本在于政。政胜其民①，下附其上，则兵强矣；民胜其政，下畔②其上，则兵弱矣。

《淮南子·兵略训》

【注释】
① 政胜其民：政治统治能控御民众。胜，制，克。
② 畔：通"叛"，叛离。
【译文】
军事上的胜败，从根本上说取决于政治。政治统治能控御民众，臣下拥护君主，那么，军事力量就强大；民众抵制政治统治，臣下反对君主，那么，军事力量就弱小。

18. 地广人众，不足以为强；坚甲利兵，不足以为胜；高城深池，不足以为固；严令繁刑，不足以为威。为存政①者，虽小必存；为亡政者，虽大必亡。

《淮南子·兵略训》

【注释】

① 为存政：意谓实行安邦定国的政治，犹言实行仁政。

【译文】

地广人众，不能算做强大；装备精良，不能算做胜利；高城深池，不能算做巩固；峻法严刑，不能算做有威力。实行仁政的，国家即使小也能生存；实行暴政的，国家即使大也会灭亡。

19. 修政于境内，而远方慕其德；制胜于未战，而诸侯服其威，内政治也。

《淮南子·兵略训》

【译文】

在自己的国家修明政治，远方民众就会仰慕其德治；未经交战就取得了胜利，别的国家就会慑服其声威，这都是内政治理得好的缘故。

20. 文武二途，舍一不可；与时优劣，各有其宜。武士儒人①，焉可废也！

唐·李世民《帝范·崇文篇》

【注释】

① 儒人：与"武士"为对文，指文人。

【译文】

文与武两种手段，缺一不可；二者随着时势的不同而表现优劣，各有其适宜的条件。武士文人两种人才，怎么可以偏废呢！

21. 不可以武而废文教①，亦不可以文而弛武备。文武并用，久长之术。

《明太宗实录》卷九十二，永乐七年五月庚寅

【注释】

① 文教：与"武备"为对文，指礼乐法度、文章教化。

【译文】

国家不可以因为强调武备而废弃文教，也不可以因为重视文教而放松武备。文教与武备同时并举，才是长治久安的方法。

评　述

战争作为阶级社会的一种特殊活动形态，总是与政治紧密关联的。战争（军事）与政治究竟是怎样的关系，历来是兵家所重视的问题。我国古代兵家对这个问题提出了许多精辟的见解。

第一，他们已经初步认识到战争是政治的继续这一重要原理。十九世纪初德国著名军事理论家克劳塞维茨在《战争论》中有一句名言："战争是政治通过另一种手段（即暴力）的继续"，列宁曾给予极高的评价，认为这一原理是马克思主义者"考察每一战争的意义的理论基础"（《社会主义与战争》，《列宁选集》第2卷）。然而，早在公元前四世纪中叶的战国时期，我国古代兵家就朴素地认识到战争是政治的继续这一战争本质问题。《司马法》指出："古者，以仁为本，以义治之之谓正，正不获意则权。权出于战，不出于中人。"（《仁本》）所谓"以义治之之谓正，正不获意则权"，是说以实行仁政为正常的治国措施，而一旦正常的措施达不到目的时，就要采取特殊的战争手段了。这实际是讲战争是政治的另一种手段（即暴力）的继续。《尉缭子》认为，所谓战争，乃是"以武为植，以文为种；武为表，文为里"。这就进一步揭示了政治（文）是内在本质，军事（武）是外在表象，政治与军事互为表里的主属关系，并且深刻指明："能

审此二者，知胜败矣。"(《兵令上》)

第二，揭示了加强军政建设是治国安邦的根本之策。《尉缭子》指出："文所以视利害、辨安危，武所以犯强敌、力攻守也。"(《兵令上》)《吕氏春秋》认为："用武则以力胜，用文则以德胜。文武尽胜，何敌之不服！"(《慎大览·不广》)可见，政治与军事是治国安邦、攻取战胜缺一不可的。正如唐太宗李世民所说："文武二途，舍一不可；与时优劣，各有所宜；武士儒人，焉可废也！"(《帝范·崇文篇》)明成祖朱棣也指出：治国安邦"不可以武而废文教，亦不可以文教而弛武备。文武并用，久长之术。"(《明太宗实录》卷九十二，永乐七年五月庚寅)这些观点无疑都是正确的。

第三，论述了政治是决定战争胜负的根本因素。《孙子兵法》把"道"列为决定胜负的"五事"（五种因素）之首，又说："修道而保法，故能为胜败之政。"(《形篇》)战国时期的兵家则更为明确地指出："凡战法必本于政胜"(《商君书·战法》)，"治强不可责于外，内政之有也"(《韩非子·五蠹》)，"兵之胜败，本在于政"(《淮南子·兵略训》)，等等，深刻地阐明了战争的胜负从根本上取决于政治的优劣的道理。

他们还看到了政治对军事的主导作用，认为一个国家的强大与否，并不在于"地广人众"、"坚甲利兵"，而在于是否有良好的政治，实行"仁政"，国家"虽小必存"；不行"仁政"，国家"虽大必亡"。在政治上得到人民的拥护，就会"下附其上，则兵强矣"；否则，就会"下畔（叛）其上，则兵弱矣"(《淮南子·兵略训》)。《韩非子》还认为，挫败敌人的进攻，不仅需要有强大的军事力量，更重要的要靠政治上的安定团结和国家得到良好治理，它说："夫王者，能攻人者也；而安，则不可攻也。强，则能攻人者也；治，则不可攻也。"(《五蠹》)可见，政治上的强大，是可以弥补军事力量的不足的。

例　证

　　战争是政治的继续，政治给战争以影响。春秋初期的齐鲁长勺之战，便是充分体现战争与政治关系的一个战例。周庄王十三年（前684年）春，即位不久的齐桓公自恃国大兵强，急于向外扩张争霸。他不听主政大夫管仲内修政治、外结与国、伺机而动的正确建议，发兵攻鲁，企图一举征服鲁国。鲁庄公在武士曹刿的陪同下，率军迎击齐军于长勺（今山东曲阜东北）。曹刿根据齐强鲁弱的形势，建议鲁庄公采取后发制人、待机破敌的防御方针。当战场态势呈现"彼竭我盈"（《左传·庄公十年》）的变化时，鲁军立即实施反攻，一举击溃齐军，取得了自卫反击作战的胜利。鲁国之所以能以弱小之军击败强大的齐军，作战指导的正确固然是重要原因，但从根本上讲，则是鲁国内修政治、取信于民的结果。正如曹刿所指出的："知夫苟中心图民，智虽弗及，必将至焉。"（《国语》卷四，《鲁语上》）

第四节　战争与经济

　　1.凡用兵之法，驰车千驷①，革车千乘②，带甲③十万，千里馈粮④，则内外⑤之费，宾客之用⑥，胶漆之材⑦，车甲之奉⑧，日费千金，然后十万之师举矣。其用战也胜⑨，久则钝兵挫锐⑩，攻城则力屈⑪，久暴师⑫则国用不足。……故兵闻拙速，未睹巧之久也。夫兵久而国利者，未之有也。

《孙子兵法·作战篇》

【注释】

　　①驰车千驷：轻车千辆。驰车是古时载乘甲士用以攻击敌人的轻便战

车，亦称"攻车"。驷（sì 四），指同驾一辆车的四匹马。

②革车千乘：重车千辆。杜牧注《孙子》认为革车就是辎重车，用来运载器械、财货、衣装，亦称"守车"。乘（shèng 剩），辆，古时一车四马为一乘。

③带甲：穿戴盔甲的士卒。

④馈粮：运送粮食。馈（kuì 溃），运送，供应。

⑤内外：这里指前方和后方。

⑥宾客之用：指招待各诸侯国来宾使节的费用。

⑦胶漆之材：胶漆是制作、保养弓箭器械的物资，这里泛指制作、保养车甲器械所需的各种物资。

⑧车甲之奉：指车辆、盔甲等武器装具的供给。奉，供给。

⑨胜：根据前后文义，胜指速胜。

⑩钝兵挫锐：使兵器不锋利，使锐气挫伤。

⑪力屈：力量耗尽。屈（jué 决），竭，尽。

⑫暴师：指军队在外，蒙受风霜雨露。暴（pù 瀑），暴露。

【译文】

大凡兴兵作战的一般原则，要动用战车千辆，辎重车千辆，军队十万，要千里运送粮食，那么前方后方的经费，招待各诸侯国来宾使节的用度，胶漆器材的补充，车辆盔甲的供给，每天要花费千金，然后十万军队才能出动。用这样的军队去作战，在于求得速胜。如果旷日持久，就会使武器装备损耗，部队锐气挫伤；用于攻城，就会使战斗力耗尽；军队长期在外作战，就会使国家财政发生困难。……所以，用兵只听说宁拙但求速胜，没见过一味弄巧而求持久的。战争久拖不决而对国家有利，是没有的事。

2. 凡兴师十万，出征千里，百姓之费，公家之奉，日费千金。内外骚动，怠于道路，不得操事者七十万家。

《孙子兵法·用间篇》

【译文】

　　大凡兴兵十万,出征千里,百姓的耗费,公室的开支,每天要花费千金。前方后方动乱不安,民伕戍卒奔波疲惫,不能操持耕作的有七十万家。

3. 故仓无备粟,不可以待凶饥①;库无备兵,虽有义不能征无义。

《墨子·七患》

【注释】

① 凶饥:灾荒之年。凶,饥荒。

【译文】

　　所以,粮仓里没有储备的米粟,不能对付荒年饥馑;武库里没有储备的兵器,即使是正义的一方,也不能征伐非正义的一方。

4. 夫土广而任①则国富,民众而制②则国治。富治者,民不发轫③,甲不出橐④,而威制天下。故曰:兵胜于朝廷。

《尉缭子·兵谈》

【注释】

① 任:充分利用的意思。
② 制:原作"治",从竹简本、《群书治要》本改。
③ 民不发轫:不必动员民众参战。轫(rèn 认),阻碍车轮转动的木头,车启行时须抽去。因此,发轫即指启程。这里引申为发动、动员。
④ 甲不出橐:军队不必出征。甲,原作"车",从竹简本、《群书治要》本改。橐(gāo 高),原作"暴"。竹简本作"䎱"。"暴"似为"䎱"形近致误。"䎱"当为"橐"之借字。橐,收藏甲衣或弓箭的袋。本句以"甲不出橐"比喻军队不须出动即可取得胜利。

【译文】

　　土地广阔而又能充分利用,国家就富足;人口众多而又能健全制度,国家就安定。国家富足安定,民众不须动员,军队不必出征,就能威震天下。所以说,军事的胜利取决于朝廷对国家和民众的治理。

5. 地不辟,则六畜不育;六畜不育,则国贫而用不足;国贫而用不足,则兵弱①而士不厉②;兵弱而士不厉,则战不胜而守不固;战不胜而守不固,则国不安矣。……为兵之数③:存乎聚财④,而财无敌;存乎论工⑤,而工无敌;存乎制器⑥,而器无敌。

《管子·七法》

【注释】

① 兵弱:兵器低劣。
② 士不厉:军队没有锐气。厉,勇猛。
③ 数:指自然之理,这里可作"规律"、"道理"理解。
④ 存乎聚财:在于积聚财富。
⑤ 论工:讲求工艺技术。
⑥ 制器:制造武器装备。

【译文】

田地不耕种,六畜就不兴旺;六畜不兴旺,国家就会贫困,财用就会不足;国家贫困、财用不足,兵器就会低劣,军队就没有锐气;兵器低劣、军队没有锐气,就会进攻不能取胜,防守不能巩固;攻不胜而守不固,国家就有危险了。……治军之理,在于积聚财富,使财富天下无敌;在于讲求工艺技术,使工艺技术天下无敌;在于制造武器装备,使武器装备天下无敌。

6. 仓廪空虚,财用不足,则国毋以固守。

《管子·重令》

【译文】

仓库没有储备,财政困难不支,国防就不能巩固。

7. 故一期①之师，十年之蓄积殚②；一战之费，累代③之功尽。

《管子·参患》

【注释】
① 一期（jī 机）：一年。
② 殚（dān 丹）：竭尽，用完。
③ 累代：连续几代。

【译文】
所以，军队出征一年，十年的蓄积就会用完；一次战争的费用，几代人的储备就会耗尽。

8. 甲兵之本，必先于田宅①。

《管子·侈靡》

【注释】
① 田宅：本指田地和屋舍等农业生产、生活资料，这里指农业经济。

【译文】
武装力量建设的根本，在于必须首先发展农业。

9. 王者之法，民三年耕而余一年之食，九年而余三年之食，三十岁而民有十年之蓄。……国无九年之蓄谓之不足，无六年之蓄谓之急，无三年之蓄曰国非国也。

《贾谊集·新书·忧民》

【译文】
古代明君的做法是：百姓耕种三年要节余一年的粮食，九年要节余三年的粮食，三十年就会有十年的储备。……国家如果没有九年的粮食储备就是不足，如果没有六年的储备就是紧急，如果没有三年的储备，就是国非其国了。

10. 夫积贮者，天下之大命①也。苟粟多而财有余，何为而不成？以攻则取，以守则固，以战则胜。

《汉书》卷二十四上，《食货志上》引贾谊语

【注释】
① 大命：命脉。

【译文】
储备物资这件事，是国家命脉之所系。如果粮食充足而财用有余，那还有什么办不成的事情呢？（这样，在战争中）就能攻必取，守必固，战必胜。

11. 甲坚兵利，车固马良，畜①积给足，士卒殷轸②，此军③之大资也。

《淮南子·兵略训》

【注释】
① 畜（xù 序）：积储。
② 殷轸（zhěn 诊）：盛多。
③ 军：指军队，这里亦可作"战争"理解。

【译文】
盔甲坚实，兵器锐利，兵车牢固，战马精壮，储备丰富，士兵众多，乃是进行战争的强大的物质基础。

12. 夫兵义者胜，守位①以财，宜奉天子②以令不臣，修耕植，畜军资，如此则霸王之业可成也。

《三国志》卷十二，《魏书·毛玠传》

【注释】

① 守位：保持地位。

② 天子：古称统治天下的帝王，这里指东汉献帝刘协。

【译文】

战争正义就能胜利，保持地位则靠财富，应该奉迎天子以号令不肯臣服的人，发展农业生产，储备军用物资，这样，称王称霸的事业就可以成功。

13. 夫地所以养人，城所以守地，战所以守城。务耕者其人不衰，务守者其地不危，务战者其城不围。四海①之内，六合②之中，有奚③贵？曰：贵于土。奚贵于土？曰：人之本。奚贵于人？曰：国之本。是以兴兵伐叛而武爵④任，武爵任则兵胜；按兵⑤务农则粟富，粟富则国强。人主⑥恃农战而尊，三时⑦务农，一时讲武，使士卒出无余力⑧，入有余粮。所谓兴兵而胜敌，按兵而国富也。

唐·李筌《神机制敌太白阴经》卷五，《屯田篇》

【注释】

① 四海：古人以为，中国四境有海环绕，故有"四海之内"之谓，犹言天下，意指全国范围。

② 六合：此与"四海"为对文。古以天、地、东、西、南、北为"六合"，亦泛指天下。

③ 奚（xī 希）：疑问词，意谓"什么"。

④ 武爵：按武功的大小而授以不同等级的爵位。

⑤ 按兵：止兵不动。按，止住，压住。

⑥ 人主：即君主，指封建帝王。

⑦ 三时：指春、夏、秋三个农耕时节。

⑧ 无余力：不遗余力，全力以赴。

【译文】

土地是用来养育百姓的，城邑是用来固守土地的，战争是用来保卫城邑的。注重农业生产，百姓就不会衰困；注重城邑守备，国土就不会危险；注重战事，城邑就不会被围。全国之内，天地之间，什么最宝贵？回答是：土地最宝贵。为什么土地最宝贵？回答是：土地是百姓的根本。为什么百姓最宝贵？回答是：百姓是国家的根本。所以，兴师讨伐叛逆，就要奖励军功，奖励军功，军队就能打胜仗；不打仗时，从事农业生产，粮食就会富足，粮食富足，国家就会强盛。君主需要依靠农业和战争来获得尊崇，每年春、夏、秋三季搞农业生产，冬季农闲时搞军事训练，使军队战时能全力出战，使国家平时有富足的粮食储备。这就是（商鞅）所说的：出兵打仗就能战胜敌人，按兵不战能使国家富足。

14. 兵矢者，军之神灵①也；甲胄者，人之司命②也。

宋·李觏《李觏集·强兵》

【注释】
① 神灵：威灵。
② 司命：星名，主知生死。这里引申为主宰。

【译文】
刀兵弓箭这些兵器，是军队的威灵所在；铠甲头盔这些防护装具，是兵士生死的主宰。

15. 工欲善其事，必先利其器，凡事皆然，况战阵乃国家安危、人命死生所系者乎？尤不可不利其器也。

《明经世文编》卷七十四，《丘文庄公集·兵器议》

【译文】
工匠要做好他的活儿，必须先使他的工具锋利，一切事情都是如此，何况战争是关系国家安危、人命生死的大事呢？尤其不可不使武器装备精良锋利。

评 述

  战争无不为物质的经济的条件所制约。我国古代兵家对于战争与经济的关系的认识，是颇有见地的。

  首先，阐明了经济对战争的保证作用。经济条件是进行战争的重要物质保障，有了充足的物质储备，才能确保战争胜利。西汉政论家贾谊指出："夫积贮者，天下之大命也。苟粟多而财有余，何为而不成？以攻则取，以守则固，以战则胜。"（《新书·忧民》）《淮南子》认为："甲坚兵利，车固马良，畜积给足，士卒殷轸"，这是战争得以进行并取得胜利的最大物质基础（《兵略训》）。《尉缭子》则指出：只要国家经济富庶且安定团结，纵然"民不发轫，甲不出橐，而威制天下"（《兵谈》）。相反，国家一旦经济贫弱、财政困难，就没有巩固的国防，不能赢得战争的胜利。正如《管子》所说："国贫而用不足，则兵弱而士不厉；兵弱而士不厉，则战不胜而守不固；战不胜而守不固，则国不安矣。"（《七法》）

  强大的军事力量，是以雄厚的经济力量为基础的；而雄厚的经济力量，又是通过发展生产创造的。古代兵家在阐述经济对战争的保证作用的同时，也非常强调发展生产的问题。《尉缭子》认为："土广而任则国富。"（《兵谈》）《管子》认为："甲兵之本，必先于田宅。"（《侈靡》）又说："地不辟，则六畜不育；六畜不育，则国贫而用不足。"（《七法》）可见，大力开发利用土地，努力发展农业经济，这是搞好武装力量建设和保证战争胜利的根本性措施。

  其次，论述了经济对军事技术水平的决定作用。恩格斯曾经深刻指出："暴力的胜利是以武器的生产为基础的，而武器的生产又是以整个生产为基础，因而是以'经济力量'，以'经济情况'，以暴力所拥有的物质资料为基础的。"（《反杜林论》）这就是说，军事技术发展的水平是由经济发展的水平决定的。我国古代兵家已经朴素地认识到经济对军事技术水平的决定作用。《管子》在阐述发展经济与增强国防的关系时，特别强调要发展手工工业和兵器制造业的问题。它说："为兵之数，……存乎论工，而工无敌；存乎制器，而器无敌。"（《七法》）这里所说的"论工"和"制器"，无疑是指发展工艺技术和制造兵器的问题。《管子》把发展兵器制造作为富国强兵的重要内容提出来，并且是以发展整个经济，特别是以发展工艺技术为前提的，已经认识到经济对军事技术的决定作用，这是难能可贵的。

第三，他们通过对战争消耗的实际观察，论证了战争对经济力量（包括人力、资源、财物等）的依赖关系。《孙子兵法》认为，战争的实施是以充足的物资保障为基本条件的。它指出：出动十万军队作战，需要"驰车千驷，革车千乘，带甲十万"，加上粮秣、装备、器材等各种作战物资，战争的消耗将是"日费千金"，看到了战争久拖"则国用不足"的严重问题（《作战篇》）。《管子》也指出："一期之师，十年之蓄积弹；一战之费，累代之功尽。"（《参患》）可见，战争消耗之巨是何等惊人！他们认为，要进行战争并且要取得胜利，根本的办法在于发展社会经济，搞好战略储备。《墨子》指出："仓无备粟，不可以待凶饥；库无备兵，虽有义不能征无义。"（《七患》）这正说明搞好战略储备的重要性。三国时期的毛玠向曹操献策时指出："修耕植，畜军资，如此则霸王之业可成也。"（《三国志》卷十二，《魏书·毛玠传》）也是很懂得经济与战争的关系的。

关于怎样进行战略储备的问题，西汉的贾谊指出："民三年耕而余一年之食，九年而余三年之食，三十岁而民有十年之蓄。"（《贾谊集·新书·忧民》）总之，年年都要抓储备工作。唐代兵学家李筌在《神机制敌太白阴经》中继承了商鞅的农战思想，指出，在"兴兵伐叛"的战争时期，要奖励军功；在按兵不动和平时期，令部队从事农业生产，从而做到"使士卒出无余力，入有余粮"。只有这样，国家才能实现富国强兵的繁荣强盛局面。

毛泽东同志指出："战争不但是军事的和政治的竞赛，还是经济的竞赛。"（《游击区也能够进行生产》）这是已为千百年来的历史经验所一再证明了的客观真理。古今战争虽情况不同、条件各异，但战争以经济实力为基础的规律却没有改变。在军事技术空前进步的今天，战争依赖经济的特点越来越突出，认真地研究我国古代军事家、政治家关于战争与经济关系的论述，对于正确认识经济建设与国防建设的关系，是不无意义的。

例　证

　　经济的发展是战争赖以进行并取得胜利的物质基础。隋灭陈之战，正是在隋朝经济发展的基础上进行并获得胜利的。隋文帝杨坚代周建隋以后，即"阴有并江南之志"（《隋书》卷五十二，《贺若弼传》）。为此，杨坚建国伊始，即着手进行灭陈的各项准备，在大力改革政治、加强军事建设的同时，着重抓好经济建设，实行均田、减轻赋役、兴修水利、发展生产、广建仓廪、备战备荒等一系列重大措施，使隋初社会经济得到迅速恢复和发展。经济的发展，为制造大批战舰、加强水军建设提供了雄厚的物质条件。在努力发展本国经济的同时，杨坚还根据左仆射高颎的建议，多次派遣间谍潜入江南，烧毁和破坏陈朝的物资储备，使其"财力俱尽"（《隋书》卷四十一，《高颎传》），军心民气动摇。经过七、八年的积极准备，终于创造了南下灭陈的雄厚条件。开皇八年（588年）冬至九年春，隋朝出动水陆军五十余万，分兵八路攻陈，仅用个把月时间，就灭亡陈朝，统一了大江南北。

第五节　战争与人民

1. 百姓皆是[①]吾君而非[②]邻国，则战已胜矣。

《吴子·图国》

【注释】

① 是：赞成，拥护。

② 非：非难，反对。

【译文】

百姓都拥护自己的国君而反对邻国,那么就等于已经战胜了。

2. 是以有道之主,将用其民,先和而造大事①。

《吴子·图国》

【注释】

① 大事:这里指战争。

【译文】

英明的国君,准备使用其民众去作战的时候,必先搞好内部团结,然后再进行战争。

3. 内得爱焉,所以守也;外得威焉,所以战也。

《司马法·仁本》

【译文】

对内得到民众的爱戴,才能巩固国防;对外保持强大的威力,才能战胜敌人。

4. 战道:不违时,不历民病①,所以爱吾民也。不加丧,不因凶②,所以爱夫其民也。冬夏不兴师,所以兼爱其民也。

《司马法·仁本》

【注释】

① 不历民病:意谓不在民众疾病流行时兴兵作战。历,选择。病,疾病。

② 凶:即凶年,指饥荒之年。

【译文】

兴兵打仗的原则是：不违背农时，不选在疾病流行时出兵，是为了爱护本国的民众。不乘敌国举丧时发动进攻，也不乘敌国灾荒时出兵打仗，是为了爱护敌国的民众。不在冬夏两季兴师动众，是为了爱护敌我双方的民众。

5. 有土者不可以言贫，有民者不可以言弱。地诚任①，不患无财。民诚用②，不畏强暴。德③明教行④，则能以民之有为己⑤用矣。

《商君书·错法》

【注释】

① 任：利用。
② 用：役使。
③ 德：本义为道德，这里借指国家的政治。
④ 教行：教令通行。这里指以爵禄劝民之法畅行无阻。
⑤ 己：这里指国君，亦借指国家。

【译文】

有土地就不能说贫穷，有民众就不能说弱小。土地果真被利用起来，就不愁没有财富。民众果真被动员役使起来，就不怕强大而凶暴的敌人。（只要）政治修明，教令通行，就能将民众所有的人力物力动员起来为国家所用。

6. 民勇者战胜，民不勇者战败。能壹民①于战者民勇，不能壹民于战者民不勇。

《商君书·画策》

【注释】

① 壹民：亦作"一民"，使民心一致。

【译文】

民众勇敢的,就打胜仗;民众不勇敢的,就打败仗。能够使民众一心一意从事战争的,民众就勇敢;不能够使民众一心一意从事战争的,民众就不勇敢。

7. 天时^①不如地利^②,地利不如人和^③。三里之城、七里之郭^④,环^⑤而攻之而不胜。夫环而攻之,必有得天时者矣,然而不胜者,是天时不如地利也。城非不高也,池^⑥非不深也,兵革^⑦非不坚利也,米粟非不多也,委^⑧而去之,是地利不如人和也。

《孟子·公孙丑下》

【注释】

① 天时:指天候条件。
② 地利:指有利的地形条件。
③ 人和:指人心所向和内部团结。
④ 三里之城、七里之郭:言其城郭之小。城是内城,郭是外城。
⑤ 环:环绕,这里指四面包围。
⑥ 池:指城下之池,即城壕。
⑦ 兵革:武器装备。兵,武器。革,皮革所制之甲胄等,泛指装备。
⑧ 委:放弃。

【译文】

天时条件不如地利条件,地利条件不如人和条件。三里内城、七里外郭的小城,四面围攻却打不下来。采取四面围攻,必然是占有好的天时条件了,然而却打不下来,这是天时条件不如地利条件的缘故。城墙并不是不高,城壕并不是不深,武器装备并不是不坚韧锐利,粮食并不是不多,却弃城而走,这是地利条件不如人和条件的缘故。

8. 间于^①天地之间,莫贵于人。……天时、地利、人和,三者不得，虽胜有殃。

《孙膑兵法·月战》

【注释】

① 间（jiàn 见）于：介于。

【译文】

在天地之间，没有比人更宝贵的了。……天时、地利、人和这三个条件如果不具备，即使打了胜仗也会有灾祸。

9. 使民扬臂①争出农战，而天下无敌矣。

《尉缭子·制谈》

【注释】

① 扬臂：振臂，奋勇的意思。

【译文】

能使民众奋勇争先地参加生产和投入作战，这样就可以天下无敌了。

10. 兵之所加者，农不离其田业，贾①不离其肆宅②，士大夫③不离其官府，由其武议④于一人⑤，故兵不血刃而天下亲焉。

《尉缭子·武议》

【注释】

① 贾（gǔ 古）：商人。行曰商，坐曰贾。

② 肆宅：坐商的店铺。

③ 士大夫：指官僚阶层。

④ 武议：本指议论用兵之道或军事决策，这里指用兵的目的。

⑤ 一人：指暴君或不义的国君。

【译文】

对于军队所进攻的地方,要使农民不离开他们的土地,商人不离开他们的店铺,官吏不离开他们的官府,这是因为用兵的目的,只在于惩罚暴君一人,所以能不经过流血战斗就可得到天下的拥护。

11. 凡国之重①也,必待兵之胜也,而国乃重。凡兵之胜也,必待民之用也,而兵乃胜。

《管子·重令》

【注释】

① 重:指威望重。

【译文】

大凡国家有威望,必定依靠军队能打胜仗,这样国家才有威望。大凡军队取得胜利,必定依靠民众力量的发挥,这样军队才能胜利。

12. 用国者,得百姓之力者富,得百姓之死者强,得百姓之誉者荣。三得者具而天下归之,三得者亡①而天下去之。天下归之之谓王,天下去之之谓亡。

《荀子·王霸》

【注释】

① 亡(wú 无):通"无"。

【译文】

领导国家的人,能使得百姓努力生产的,国家就富庶;能使得百姓勇于牺牲的,国家就强盛;能使得百姓称颂赞誉的,国家就荣耀。具备了这三个条件的,天下的人都会归附他;失去了这三个条件的,天下的人都会背离他。天下归附的称之为帝王,天下背离的就叫灭亡。

13. 爱民者强，不爱民者弱。

《荀子·议兵》

【译文】

爱护百姓的就强盛，不爱护百姓的就衰弱。

14. 凡用兵攻战之本，在乎壹民。弓矢不调，则羿①不能以中微②；六马③不和，则造父④不能以致远；士民⑤不亲附⑥，则汤武⑦不能以必胜也。故善附民者，是乃善用兵者也。故兵要在乎善附民而已。

《荀子·议兵》

【注释】

① 羿（yì 艺）：古代传说中的善射者后羿。
② 中微：射中细小的目标。
③ 六马：古代帝王乘坐的车驾用六马。
④ 造父：人名。西周穆王时善于驾车的人。
⑤ 士民：士子（士大夫）与庶民（平民百姓）的合称。这里可理解为全民。
⑥ 亲附：亲近而依附。
⑦ 汤武：汤，指商朝的汤王；武，指周朝的武王，两人都是历史上著名的贤君。

【译文】

用兵打仗的根本问题，在于使民众团结一致。弓箭不协调，就是善于射箭的后羿，也不能用它射中细小的目标；六马不和谐，就是善于驾车的造父，也不能驾驭它走遥远的路程；全民不拥护，就是号称贤君的商汤王、周武王，也不能必定打胜仗。因此，善于依靠和团结民众的人，就是善于用兵的人。所以，用兵的重要问题，就在善于依靠和团结民众。

15. 君①者，民之原②也。原清则流清，原浊则流浊。故有社稷③者而不能爱民、不能利民，而求民之亲爱己，不可得也。民不亲不爱，而求其为己用、为己死，不可得也。民不为己用、不为己死，而求兵之劲、城之固，不可得也。兵不劲、城不固，而求敌之不至，不可得也。敌至而求无危削④、不灭亡，不可得也。

《荀子·君道》

【注释】

① 君：国君。
② 原："源"的古字。
③ 社稷：古代"国家"的代称。社，指土神。稷，指谷神。古代建国要封社立稷进行祭祀，故以"社稷"代表国家。
④ 危削：危险而削弱。

【译文】

君主如同民众的源头，源清则水流清澈，源浊则水流混浊。所以，握有国家政权的统治者，如果不能爱护民众、不能为民众谋福利，而要求民众拥护爱戴自己，是不可能的。民众不拥护爱戴自己，而要求他们为自己所用、为自己牺牲，是不可能的。民众不愿为自己所用、不肯为自己牺牲，而要求军队强大、城防巩固，是不可能的。军队不强大、城防不巩固，而希求敌人不来侵犯，是不可能的。敌人一旦来犯，而希求无危险、不亡国，是不可能的。

16. 故善为国者，驭民如父母之爱子，如兄之爱弟，见其饥寒则为之忧，见其劳苦则为之悲，赏罚如加于身，赋敛如取己物。此爱民之道也。

《六韬·文韬·国务》

【译文】

善于治理国家的君主，统驭民众要像父母爱护子女、兄长爱护弟妹那样，见其饥寒就为他们忧虑，见其劳苦就为他们悲痛，对他们实行赏罚如同自己受赏罚一样，征收赋税如同夺取自己财物一样。这些就是爱民的道理。

17. 善用兵者，诸边之内莫不与战，虽厮舆白徒①，方数百里皆来会战，势使之然也。

《吕氏春秋·仲秋纪·决胜》

【注释】

① 厮舆白徒：指没有受过军事训练的一般民众。厮，即厮役，旧称执劳役供使唤的人。舆，古代奴隶中的一种，这里泛指地位低下的劳动者，即舆众。白徒，白衣之徒，旧指平民百姓。

【译文】

善于指导战争的人，能够使全国边境之内的人没有不积极同敌人战斗的。即使没有受过军事训练的普通民众，也会主动地从战场周围几百里之外跑来参战。这是由形势决定的。

18. 夫乘众人之智，则无不任也；用众人之力，则无不胜也。

《淮南子·主术训》

【译文】

发挥众人的智慧，就没有办不好的事情；依靠众人的力量，就没有战胜不了的敌人。

19. 举事①以为人者，众助之；举事以自为者，众去之。众之所助，虽弱必强；众之所去，虽大必亡。

《淮南子·兵略训》

【注释】

① 举事：这里指进行战争。

【译文】

进行战争是为了民众的利益，民众就拥护；进行战争是为了国君的私利，民众就反对。有民众拥护，即使暂时弱小也必定会强大；遭到民众的反对，即使貌似强大也必定会灭亡。

20. 善用兵者，用其自为用也；不能用兵者，用其为己①用也。用其自为用，则天下莫不可用也；用其为己用，所得者鲜②矣。

《淮南子·兵略训》

【注释】

① 己：这里指战争的最高指导者——国君。
② 鲜（xiǎn 险）：少，不多。

【译文】

善于领导战争的人，使民众为他们自身的利益而战；不善于领导战争的人，迫使民众为国君的私利而战。使民众为他们自身的利益而战，全国的力量就没有不可以动员起来的；迫使民众为国君的私利而战，所能得到的支持就很少了。

21. 故与众同好靡①不成，与众同恶靡不倾。治国安家，得人也；亡国破家，失人也。

《黄石公三略·上略》

【注释】

① 靡（mǐ 米）：无，没有。

【译文】

（国君）与民众有共同的爱好，就没有办不成的事业；与民众有共同的憎恶，就没有不可战胜的敌人。国家治理，家庭安定，因为得人心；国家覆灭，家庭破亡，因为失人心。

22. 夫为国之道，恃贤与民。信贤如腹心，使民如四肢，则策无遗。

《黄石公三略·上略》

【译文】

治理国家的原则，在于依靠贤人和民众。信任贤人如同腹心，使用民众如同手足，那么，就不会有失策之误。

23. 英雄者，国之干；庶民者，国之本。得其干，收其本，则政行而无怨。

《黄石公三略·上略》

【译文】

英雄人物，是国家的骨干；普通民众，是国家的根本。（一个国家）获得了骨干，掌握了根本，政令就能得到贯彻而不会引起民众不满。

24. 畜[①]兵所以卫民，劳民所以养兵，兵民相资，彼此相利。

《明太祖宝训》卷五，《谕将士》

【注释】

① 畜（xù 序）：容留，收养。

【译文】

养兵是为了卫民，劳民是为了养兵，兵民互相保障，彼此互利。

25. 军需不备，取败之道也。行伍不充，取败之道也。备军需、充行伍而灾及吾民，以败致败之道也。

明·西湖逸士《投笔肤谈》上卷，《本谋》

【译文】

军需不储备，是自取失败。兵员不充实，也是自取失败。为了储备军需、充实兵员，而给本国民众造成灾害，更是由失败走向失败。

26. 是以民劳而兴兵者疲，民贫而兴兵者匮，民玩而兴兵者散，内有谗臣①而兴兵者殆，天灾流行而兴兵者乱，有内难而兴兵者疑，上下离心而兴兵者亡。

明·西湖逸士《投笔肤谈》上卷，《本谋》

【注释】

① 谗臣：毁善害能、喜进谗言的奸臣。

【译文】

因此，民众劳苦而出兵打仗，就会疲弊；民众贫穷而出兵打仗，就会匮竭；民众苟且偷安而出兵打仗，就会溃散；内有谗臣而出兵打仗，就会危险；天灾流行而出兵打仗，就会生乱；有内部灾难而出兵打仗，就会疑忌；上下离心离德而出兵打仗，就会灭亡。

评 述

在人类历史上漫长的阶级社会中，作为被统治阶级的人民群众，在战争中究竟起着怎样的作用？这是一个关系到社会历史观的重大问题。虽然在马克思主义产生以前，英雄史观占据统治地位，但是，我国古代一些进步的军事家、政治家已经具有一定程度的重民思想，反映在军事领域，就是比较重视人民群众在战争中的重要作用。

首先，他们从"民本"思想出发，阐明了民心向背关系战争胜负的道理。例如，《黄石公三略》在论证"英雄"与"庶民"在国家中所处的地位时指出："英雄者，国之干；庶民者，国之本。"一个国家如能做到以英雄人物为骨干，以人民群众为根本，就能"政行而无怨"（《上略》）。又如《吴子》指出："百姓皆是吾君而非邻国，则战已胜矣。"（《图国》）《管子》认为："凡兵之胜也，必待民之用也，而兵乃胜。"（《重令》）《荀子》指出："用国者，得百姓之力者富，得百姓之死者强，得百姓之誉者荣。三得者具而天下顺之，三得者亡而天下去之。"（《王霸》）《三略》指出："治国安家，得人也；亡国破家，失人也。"（《上略》）由此可见，治国安邦，取决于民心的向背；战胜攻取，也取决于民心的向背。

其次，强调发挥"民力"在战争中的作用。争取民心是为了更好地争取民力、利用民力，特别是当战争的政治目的与民众意愿有较大一致性的时候，民众的力量就能更好地发挥出来，《商君书》所说的"有民者不可以言弱"（《错法》），正是这个道理。《尉缭子》认为：只有把人民群众动员和组织起来，"使民扬臂争出农战，而天下无敌矣"（《制谈》）。《淮南子》指出："乘众人之智，则无不任也；用众人之力，则无不胜也。"（《主术训》）又说："众之所助，虽弱必强；众之所去，虽大必亡。"（《兵略训》）可见，民众是关系国家存亡、战争胜负的决定性力量。

再次，论述了怎样争取民心和利用民力的问题。其主要观点是：一要"爱民"、"利民"。《荀子》指出："有社稷者而不能爱民、不能利民，而求民之亲爱己，不可得也。民不亲不爱，而求其为己用、为己死，不可得也。民不为己用、不为己死，而求兵之劲、城之固，不可得也。"因此，当敌人来犯时，"而求无危削、不灭亡，不可得也"（《君道》）。荀子又强调指出："爱民者强，不爱民者弱。"（《议兵》）这是非常正确的。二要使民众明确参战目的。《淮南子》指出："举事以为人者，众助之；举事以自为者，众去之。"所以，"善用兵者，用其自为用也；不能用兵者，用其为己用也。用其自为用，则天下莫不可用也；用其为己用，所得者鲜矣"（《兵略训》）。这在古代兵法中是不可多见的宏论。三要不违农时，兼爱其民。

《司马法》认为，进行战争要以爱护敌我两国的民众为基本出发点。为此，它主张进行战争应当做到"不违时，不历民病，所以爱吾民也。不加丧，不因凶，所以爱夫其民也。冬夏不兴师，所以兼爱其民也"（《仁本》）。《尉缭子》则主张，对于被进攻的国家，目的只在于惩罚其暴君，而对广大民众，则应使其"农不离其田业，贾不离其肆宅"，只有这样，才能取得"兵不血刃而天下亲焉"的胜利（《武议》）。四要"爱民如子"，甘苦共众。《六韬》指出："善为国者，驭民如父母之爱子，如兄之爱弟，见其饥寒则为之忧，见其劳苦则为之悲，赏罚如加于身，赋敛如取己物。"（《文韬·国务》）《黄石公三略》认为，只要国君真正做到"与众同好"、"与众同恶"（《上略》），就没有干不成的事业，没有打不败的敌人。五要团结民众，共同奋战。《荀子》认为："凡用兵攻战之本，在乎壹民"，只有把民众动员起来，使其团结一致，才能赢得战争胜利。否则，纵然有商汤、周武那样有才能的君主，也"不能以必胜也"，"故兵要在乎善附民而已"（《议兵》）。六要正确处理养兵与卫民的关系。明太祖朱元璋认为，养兵的目的在于保卫民众。他说："畜兵所以卫民，劳民所以养兵，兵民相资，彼此相利。"（《明太祖宝训》卷五，《谕将士》）这里不仅阐明了养兵与卫民的相辅相成的辩证关系，而且朴素地认识到兵民乃是胜利之本的道理。这是十分可贵的。

"战争的伟力之最深厚的根源，存在于民众之中。"（毛泽东《论持久战》）"人民，只有人民，才是创造世界历史的动力。"（毛泽东《论联合政府》）毛泽东同志的这些科学论断，深刻地揭示了人民群众对于社会发展和战争胜负具有决定作用这一客观真理。我国古代兵家，虽然不可能从唯物史观的高度，深刻揭示人民群众是创造世界历史的动力的真理，但他们在战争与人民问题上的精言粹语，却是唯物的、辩证的，因而也是符合客观实际的。

例　证

　　人民群众是战争的直接参加者和主体力量，这不仅在无产阶级革命时代是如此，在古代战争实践中亦是如此。唐朝平定安史之乱的战争就体现了这一点。唐玄宗天宝十四载（755年）十一月，身居三镇节度使要职而"阴有逆谋"（《旧唐书》卷二百上，《安禄山传》）的安禄山伙同史思明等人，乘唐朝统治日趋衰落之时，于范阳（治所幽州，在今北京城西南）起兵反唐。这场旨在分裂国家、专事残杀劫掠的叛乱，一开始就遭到民众的反对。人民群众为了保卫生命财产，纷纷起来抗击叛军，有的给唐军送情报，有的参加唐军，有的自动组织起来，"多至二万人，少者万人，各为营以拒贼"（《资治通鉴》卷二百一十七，《唐纪三十三》，至德元载三月）。如张巡坚守睢阳、颜真卿保卫河北等，都得到人民的广泛支持和参加。这正是唐王朝经过艰难曲折的斗争，最后消灭叛军，取得平叛战争胜利的重要原因之一。

第六节　战争与天时地利

　　1. 夫地形者，兵之助也。料敌制胜，计险阨[①]远近，上将之道也。知此而用战者必胜，不知此而用战者必败。

《孙子兵法·地形篇》

【注释】
① 阨（è 饿）：险要。

【译文】
　　地形，是用兵的辅助条件。判断敌情，制敌取胜，考察地形险易，计算路程远近，这是高明将领所必须遵循的原则。懂得这些原则去指挥作战的，就必定胜利；不懂得这些原则去指挥作战的，就必定失败。

2. 知彼知己，胜乃不殆①；知天知地，胜乃不穷②。

《孙子兵法·地形篇》

【注释】

① 殆（dài 待）：危险。

② 胜乃不穷：此据《十一家注孙子》本，《武经七书》本作"胜乃可全"。

【译文】

了解敌人又了解自己，胜利就不会有危险；懂得天时又懂得地利，胜利就可以无穷尽。

3. 凡兵主①者，必先审②知地图，轘辕③之险，滥车之水④，名山、通谷、经川⑤、陵陆、丘阜之所在，苴⑥草、林木、蒲苇之所茂，道里之远近，城郭之大小，名邑⑦、废邑⑧、困殖之地⑨，必尽知之。地形之出入相错者，尽藏⑩之。然后可以行军袭邑，举错⑪知先后，不失地利，此地图之常也。

《管子·地图》

【注释】

① 兵主：军队的将帅。

② 审：详细，周密。

③ 轘（huán 环）辕（yuán 袁）：本为关名，在今河南偃师东南，因其山路有十二曲，盘旋往返，环曲如辕而得名。这里用以喻指险要的道路。

④ 滥车之水：水深足以阻碍车辆通行。滥，浸。

⑤ 经川：四季常流的溪水。

⑥ 苴（jū居）：枯草。

⑦ 名邑：著名的城邑。

⑧ 废邑：废弃的城邑。

⑨ 困殖之地：即困地和殖地，亦即不可耕种的瘠薄土地和可以耕种的肥沃土地。

⑩ 藏：记载。

⑪ 错：通"措"。

【译文】

凡是军队的将帅，必须首先详细研究地图。对险要的道路、阻碍车辆通行的泛滥地区，名山、深谷、河流、丘陵起伏地带的方位，枯草、丛林、蒲苇生长茂密的地方，道路的远近，城郭的大小，著名的都会、废弃的城邑，以及利于和不利于耕种的土地，都要全部了解清楚。对地图与实际地形有出入的地方，都要加以记载，然后才可以指挥军队袭击城邑，知道各项举措谁先谁后，不失地利，这是地图通常所起的作用。

4. 凡深入敌人之地，必察地之形势，务求便利，依山林、险阻、水泉、林木而为之固，谨守关梁①，又知城邑、丘墓地形之利。如是，则我军坚固，敌人不能绝我粮道，又不能越我前后。

《六韬·虎韬·绝道》

【注释】

① 关梁：关隘和桥梁。

【译文】

大凡深入敌国境内作战，必须勘察地理形势，务求控制有利地形，依托山林、险阻、水泉、树木等，设置巩固的阵地，严守关隘和桥梁，还要了解和掌握城邑、丘墓等地形之利。这样，我军阵地就能坚不可摧，敌人既不能切断我军粮道，又不能迂回到我军后方，从前后两面对我实施夹击。

5.将必上知天道①，下知地理，中知人事。

《六韬·虎韬·垒虚》

【注释】

①天道：指天文气象。

【译文】

作为将帅，必须上知天文气象的变化，下知地形地势的险易，中知人间世事的得失。

6.凡战之道，以地形为主，虚实为佐，变化为辅，不可专守险以求胜也，仍须节之以金鼓，变之以权宜，用逸待劳，掩迟为疾。不明地利，其败不旋踵①矣。

清·汪宗沂辑《卫公兵法》上卷，《将务兵谋》

【注释】

①不旋踵：来不及旋转脚跟，意谓时间很短。旋踵，旋转脚跟。

【译文】

大凡作战的原则，以地形为主要条件，应以虚实手段的运用和战法的变化为辅助条件，不可单纯凭据险要地形来求得胜利，还必须用金鼓进行指挥，根据敌情变化而变换战法，以逸待劳，以慢为快。如果不明地利，很快就会招致失败。

7.《军志》①云："失地之利，士卒迷惑，三军困败。饥饱劳逸，地利为宝。"不其然②矣！

清·汪宗沂辑《卫公兵法》上卷，《将务兵谋》

【注释】

①《军志》：古代最早兵书之一。原书已佚，《左传》等书中存录部分

内容。

② 不其然：即果不其然，意谓果然如此。

【译文】

《军志》说："（作战中）丧失有利地形条件，士兵就迷惑不定，全军就危困失败。部队是饥饿还是饱食，是疲劳还是安逸，有利之地是宝贵的条件。"这话果然不错啊！

8. 地之形，险易殊也；地之气，寒热异也。用形与气，在知逆顺①焉。昧此道者，不能得地利必矣。

宋·许洞《虎钤经》卷一，《地利》

【注释】

① 逆顺：原指行星的顺行与逆行。行星朝东运动称为"顺行"，朝西运动称为"逆行"，引申为不利或有利。

【译文】

地形，有险峻与平坦的差别；地气，有寒冷与炎热的不同。（作战）利用地形和地气，要了解它的不利与有利。不懂得这个道理的，是一定不能掌握地利条件的。

9. 夫用兵之道，有地利焉。我先据胜地，则敌不能以制我；敌先据胜地，则我不能以制敌。若择地顿①兵，不能趋利避害，是驱百万之众而自投死所，非天地之灾，将之过也。

宋·曾公亮等《武经总要》前集卷九，《制度九》

【注释】

① 顿：止宿，屯驻。

【译文】

用兵的原则，有利用地形条件的问题。我先占领了有利地形，敌人就不能用地形条件来控制我;敌人先占领了有利地形,我就不能用地形条件去控制敌人。假若选择屯兵地点,而不能趋利避害,这实际等于驱赶百万之众自投死地,此种恶果不是天降的灾难,而是将帅指挥的过错。

10. 凡与敌战,三军必要得其地利,则可以寡敌众,以弱胜强。所谓"知敌之可击,知吾卒之可以击,而不知地利,胜之半也"①。此言既知彼又知己,但不得地利之助,则亦不全胜。法曰:"天时不如地利。"②

宋·佚名《百战奇法·地战》

【注释】

① 知敌之可击,知吾卒之可以击,而不知地利,胜之半也:语出《孙子兵法·地形篇》,原文"地利"作"地形之不可以战"。参见第三章第三节第3条。

② 天时不如地利:语出《孟子·公孙丑下》,参见本章第五节第7条。又见《尉缭子·战威》。此云"法曰",当指后者。

【译文】

凡与敌人作战,全军必须占据有利地形,这样,就能以少数兵力抗击多数敌人,以弱小军队战胜强大的敌人。(兵法)所说"了解敌人有可被击败的条件,也了解我军具备了打胜仗的条件,然而不了解利用有利地形条件,那么,获得胜利的可能性只有一半"。这话是说,既了解敌人,又了解自己,但得不到有利地形的佐助,也不能获得全胜。正如兵法所说:"天候条件不如地形条件对作战更为有利。"

11. 凡与敌战,山川之夷险,道路之迂直,必用乡人引而导之,乃知其利,而战则胜。法曰:"不用乡导者,不能得地利。"①

宋·佚名《百战奇法·导战》

【注释】

① 不用乡导者,不能得地利:语出《孙子兵法·军争篇》,又见该书

《九地篇》。参见第三章第三节第4条。乡，通"向"。

【译文】

大凡对敌作战，要了解山川是平坦还是险要，道路是迂曲还是直捷，必须使用熟悉地形的当地人做向导，才能了解哪里的地形有利，这样，打起仗来才能取得胜利。正如兵法所说："不使用向导引路，就不能得到地利之助。"

12. 凡与敌战，若有形势便利之处，宜争先据之，以战则胜。若敌人先至，我不可攻，候其有变则击之，乃利。法曰："争地勿攻。"①

宋·佚名《百战奇法·争战》

【注释】

① 争地勿攻：语出《孙子兵法·九地篇》，原文为"争地则无攻"。

【译文】

大凡对敌作战，如果遇到有利地形地势，应当抢在敌人之先占领它，凭据有利地形作战，就能够打胜仗。倘若敌人先我占领有利地形，我不可以急于发起进攻，要等到敌情发生变化时再进攻，这就有利于取胜。正如兵法所说："敌我双方必争的地形，（一旦为敌先期占领），我不可急于强攻。"

13. 凡与敌战，若遇风顺，致势而击之；或遇风逆，出不意而捣之，则无有不胜。法曰："风顺致势而从之，风逆坚阵以待之。"①

宋·佚名《百战奇法·风战》

【注释】

① 风顺致势而从之，风逆坚阵以待之：语出《吴子·治兵》，但前句原文为"风顺致呼而从之"。

【译文】

大凡对敌作战，如果遇到顺风天气，就要乘着风势进击敌人；若是遇到逆风天气，可利用敌人麻痹大意去偷袭它，这样作战就没有不获胜的。

正如兵法所说："顺风时就乘势进击，逆风时就坚守阵地以待敌变。"

14. 凡与敌人相攻，若雨雪①不止，觇②敌无备，可潜兵击之，其势可破。法曰："攻其所不戒。"③

宋·佚名《百战奇法·雪战》

【注释】
① 雨雪：下雪。雨（yù誉），这里作动词。
② 觇（chān掺）：窥视，引申为侦察。
③ 攻其所不戒：语出《孙子兵法·九地篇》。参见第四章第十三节第2条。

【译文】
凡是同敌人交战的时候，如果遇到下雪不停的天气，一旦侦察发现敌人没有战斗准备，就可秘密派兵袭击它，这样，敌人的攻势一定会被打破。正如兵法所说："进攻敌人要选择它们放松戒备的地方。"

15. 夫将者，贵明三才①之道。天文杳茫，尚可少缓。至于地理，若不素明，夷险不知，远近莫辨，则何以料敌而设谋？

明·王鸣鹤《登坛必究》卷六，《辑舆地图说》

【注释】
① 三才：古指天、地、人。《易·系辞下》云："有天道焉，有人道焉，有地道焉，兼三材而两之。"才，亦作"材"。

【译文】
作为将帅，贵在明了天、地、人三种因素运用的原则。天文深奥难晓，还可以慢慢去了解。至于地理条件，如果平时不掌握，不了解地形的险易，分不清道路的远近，那么，用什么来判断敌情进而设谋制敌呢？

16. 凡地之大势有六：一曰要地，二曰营地，三曰战地，四曰守地，五曰伏地，六曰邀地①。要地者，山川之上游，水陆之都会，可以跨据控引者也。营地者，背高而面下，进阔而退平，利水草，可依傍者也。战地者，平原广野之冲，草浅土坚之处，可驰骋突击者也。守地者，川流环抱之区，山坂峻险之塞，相为联络而不断者也。伏地者，层山广谷之中，茂林蓊薿②之所，可以藏匿诱引者也。邀地者，间道歧路之乡，关塞要津之扼，可阻绝而横击之者也。此六者，兵家之善地也。得之者胜，失之者败。得失之机，将当先知也，而地之利害不与焉。

明·西湖逸士《投笔肤谈》下卷，《地纪》

【注释】

① 邀地：便于截击之地。邀，阻拦，截击。

② 蓊（wěng 翁_{上声}）薿（yì 义）：草木茂盛的样子。

【译文】

凡是地形之势大略有六种：一是"要地"，二是"营地"，三是"战地"，四是"守地"，五是"伏地"，六是"邀地"。所谓"要地"，是指山地的高处，江河的上游，水陆交通发达的城邑，可以作为凭恃而能控制各方的地形。所谓"营地"，是指后面高前面低，进则开阔退则平坦，水草便利，可以作依托而便于扎营布阵的地形。所谓"战地"，是指平原旷野的交通要道，野草不高土地坚硬的地方，可以奔驰突击而便于攻战的地形。所谓"守地"，是指江河环绕的地区，山坡险峻的关塞，互相连接而不间断而便于防守的地形。所谓"伏地"，是指重山阔谷之中，茂密森林之处，可以隐蔽诱敌而便于设伏的地形。所谓"邀地"，是指有小路、岔道的地区，关塞、河川的必经要道，可以阻绝敌军而便于截击的地形。这六种地形，都是兵家用兵作战的好地形。得到它就能胜利，失掉它就会失败。得失的关键，将帅应当事先掌握，而地形的利与不利，这里还没有论及。

17. 天文可以佐吾之用兵，而非可恃以为必胜也。

明·西湖逸士《投笔肤谈》下卷，《天经》

【译文】

天文可以用来帮助我军作战，但不可依赖它作为必胜的条件。

18. 大都屯营置阵，得地者强。所谓善战者，立于不败之地，而不失敌之败也。

明·佚名《草庐经略》卷三，《地形》

【译文】

大凡屯兵设阵，能够得到地利之助者强。所谓善于指挥作战的人，使自己立于不败之地，而不放弃任何使敌人失败的机会。

19. 两军交战，地不两利。我先得之，敌为我制。虽可利人，实由人择。固分险易，还务通权。

明·佚名《草庐经略》卷三，《地形》

【译文】

两军交战，地形不能同时对双方有利。我军先敌占据有利地形，敌人必为我军所制。地形虽可利于作战，但怎样利用却由人来选择。选择地形固然需要区分险易，也还必须根据敌情通权达变。

20. 天子内抚万国①，外莅四夷②，枝干③强弱之分，边腹④重轻之势，不可不知也。宰相佐天子以经邦，凡边方利病之处，兵戎措置之宜，皆不可不知也。

清·顾祖禹《读史方舆纪要·总叙三》

【注释】

① 万国：指天子治内的各诸侯国。这里可作"各地方"理解。
② 四夷：指周边的少数民族。这里可作"周边邻国"理解。

③ 枝干：指地方和中央。"强干弱枝"，削弱地方势力，加强中央集权，是中国古代的重要政治原则。

④ 边腹：边疆和内地。

【译文】

国君内治国家，外处四邻，（在行使权力上）如何区分中央和地方的强弱关系，（在军事布防上）怎样掌握边疆与内地的不同地理形势，这是不可不了解的大事。宰相辅助国君治理国家，大凡境内四方地理形势的利弊，以及据此做出的兵力部署等事宜，都是不可不了解的。

21. 凡行兵①取胜，须量兵②、相地③。兵多务易，兵少务险。要在兵与地相称。

清·佚名《武备辑要》卷五，《制胜要策》

【注释】

① 行兵：兴兵打仗。

② 量（liáng 凉）兵：计算兵力。

③ 相（xiàng 向）地：勘察地形。

【译文】

大凡兴兵打仗要取得胜利，必须首先计算兵力、勘察地形。大部队作战时，务必选择和利用平易的地形；小部队作战时，一定选择和利用险要的地形。关键在于使兵力的多少与地形的险易相适应。

评　述

战争总是在一定的空间和时间中进行的，任何战争无不受一定的地形和天候等自然条件的影响和制约。因此，怎样认识战争与天时、地利的关系，便成为军事上的一个重要问题。我国古代兵家对这一问题提出了不少有价值的观点：

第一，阐明了"地利"在战争中的地位和作用。《孙子兵法》认为："夫地形者，兵之助也。"又说："知天知地，胜乃不穷。"(《地形篇》)这就充分肯定了地形条件是组织指挥作战的重要因素，它直接影响着作战的胜负。《百战奇法》则进一步指出："凡与敌战，三军必要得其地利，则可以寡敌众，以弱胜强。"它还认为，在敌人有可能被击败和我军有可能打胜仗的情况下，"但不得地利之助，则亦不全胜"(《地战》)。可见，掌握"地利之助"，乃是实现"以寡敌众，以弱胜强"和获得"全胜"的重要客观条件。《登坛必究》认为，平时掌握地理形势，乃是战时"料敌而设谋"(《辑舆地图说》)的重要前提。

第二，论述了在战争中怎样发挥天时、地利作用的问题。地形和天候条件的利弊是因地、因时而异的，要充分发挥其在战争中的有利作用。在利用地形和天候条件时，必须首先做到趋利避害。这是古代兵家在阐述利用地形和天候问题上所着重强调的论点。《虎钤经》指出："地之形，险易殊也；地之气，寒热异也。用形与气，在知逆顺焉。"它认为，不懂得正确区分天时、地利条件的"逆顺"和利弊，"不能得地利必矣"(《地利》)。《武经总要》则进一步指出：在利用地形条件上，"不能趋利避害，是驱百万之众而自投死所，非天之灾，将之过也。"(前集卷九，《制度九》)由此可见，在利用天时、地利问题上，不能做到趋利避害，乃是自取失败之道。

在作战中占有了有利的地形和天候条件，只是具备了胜利的可能性，而要把这胜利的可能变成现实，还需要将帅对客观条件的巧妙运用。古代兵家是十分强调这一点的。《卫公兵法》认为："凡战之道，以地形为主，虚实为佐，变化为辅，不可专守险以求胜也。"(上卷，《将务兵谋》)《草庐经略》指出：地形条件"虽可利人，实由人择。固分险易，还务通权。"(卷三，《地形》)这里所说的"虚实为佐，变化为辅"和"还务通权"，都是强调在利用地形条件时，必须随时根据敌情变化而正确地部署兵力和灵活地变换战法。否则是不能战胜敌人的。《百战奇法》也强调作战中要根据不同的天候条件，采取不同的战法。例如，在有风天气作战，如遇顺风时，要"致势而击之"；如遇逆风时，则"出不意而捣之"(《风战》)。在大雪天气作战，"觇敌无备，可潜兵击之"(《雪战》)，以奇袭取胜，等等。这就充分体现了从实际出发灵活用兵的军事原则。

第三，提出了在战争中利用天时、地利的主要原则和方法。一是先据要地。《百战奇法》提出："凡与敌战，若有形势便利之处，宜争先据之，以战则胜。"如果双方必争的要地先为敌人所占领，不要急于进攻，而要"候其有变则击之"(《争战》)。二是利用向导。《孙子兵法》指出："不用乡导者，不能得地利。"(《军争篇》、《九地篇》)《百战奇法》则进一步指出："凡与敌战，山川之夷险，道路之迂直，必用乡人引而导之，乃知其利，而战则胜。"(《导战》)三是现地勘察。《六韬》提出："凡深入敌人之地，必察地之形势，务求便利。"它认为，只有实施现地勘察，才能了解和掌握有利地形条件，从而使"我军坚固，敌人不能绝我粮道，又不能越我前后"(《虎韬·绝道》)。四是研究地图。利用地图研究地形，是我国古代兵家所提倡的利用地形条件的常法之一。《管子》明确提出："凡兵主者，必先审知地图。"只有首先研究地图，"然后可以行军袭邑，举错（措）知先后，不失地利"(《地图》)。可见，我国古代兵家早已懂得绘制和利用地图对作战的重要作用，这标志着至迟在战国初期，军事地形学已在我国初步形成。

古今战争虽因军事技术装备发展水平不同，在利用地形、天候等的能力上呈现很大差别，但是，天时、地利是影响军队作战行动的客观因素，也是各级指挥员定下决心的重要依据，这一点古今作战都无例外。我国古代兵家重视天时、地利对作战的重要作用及其与人的主观能动性的关系的论点，迄今仍有现实意义。

例　证

得地利者得胜利，失地利者遭失败，这在战争史上是不乏其例的。十六国时期，南燕因弃险不守而败于东晋，就是突出的一例。东晋义熙五年（409年）四月，刘裕率领十万晋军北攻南燕。南燕帝慕容超召集群臣研究对策。征虏将军公孙五楼和太尉慕容镇等人提出"阻守大岘"（《晋书》卷一百二十八，《慕容超载记》）、遏敌深入、持久疲敌、伺机反击的计策。这是一个比较稳妥可靠、攻守兼备的方略。大岘山是晋军北进必经的险要地带，山势险峻，上有穆陵关，路狭仅容一车通行，向称"齐南天险"（清·顾祖禹《读史方舆纪要》卷三十）。这里无疑是南燕抗御晋军北进的战略要地。如按此策，以兵扼守大岘山，不仅可以阻遏晋军长驱直入，而且通过持久疲敌，还有伺机反攻取胜的可能。但慕容超舍此不纳，却采取了弃险不守、纵敌深入的错误战略方针，致使晋军顺利通过大岘山险，长驱北进，仅用八个月时间就灭亡了南燕。

第七节　战争与主观指导

1. 故经①之以五事，校②之以计，而索其情：一曰道，二曰天，三曰地，四曰将，五曰法。道者，令民与上同意也，故可以与之死，可以与之生，而不畏危。天者，阴阳③、寒暑、时制④也。地者，远近、险易、广狭、死生⑤也。将者，智、信、仁、勇、严也。法者，曲制⑥、官道⑦、主用⑧也。凡此五者，将莫不闻，知之者胜，不知者不胜。故校之以计而索其情，曰：主孰⑨有道？将孰有能？天地孰得？法令孰行？兵众⑩孰强？士卒孰练？赏罚孰明？吾以此知胜负矣。

《孙子兵法·计篇》

【注释】

① 经：度量，研究。

② 校（jiào 较）：比较，衡量。

③ 阴阳：初指月光的向背，向日为阳，背日为阴，后引申为气候的寒

暖。这里指昼夜、晴雨等相反相成的天象变化。

④时制：指四时节令的更替，春夏秋冬的推移。时，时令。制，节制。

⑤死生：指死地、生地。死地是指难以进退、不迅速奋勇作战就只有死亡的地区；反之就是生地。

⑥曲制：曹操注："部曲、旛帜、金鼓之制也。"即指部队组织编制和指挥号令的规定。

⑦官道：梅尧臣注："裨校首长统率必有道也。"即指将吏的统兵法度。

⑧主用：军需财物的掌管处置。

⑨孰：谁。

⑩兵众：指部队。一说指兵器装备。

【译文】

所以，（指导战争）要从五个方面去研究它，比较双方条件，来探讨战争胜负的情势：一叫做"道"，二叫做"天"，三叫做"地"，四叫做"将"，五叫做"法"。所谓"道"，就是让民众同君主的意愿一致，这样可以叫他们为君主死，为君主生，而不害怕危险。所谓"天"，就是指昼夜、阴晴、寒冷、暑热、春夏秋冬的时令更替。所谓"地"，就是指路途的远近、地形的险易、地域的广狭、交战中的死地生地。所谓"将"，就是指将帅的才智、诚信、仁慈、勇敢、威严等品格。所谓"法"，就是指部队组织编制和指挥信号的规定，将吏的统兵法度，军需财物的掌管处置等制度。凡属这五个方面的情况，将帅都不能不知道，深刻认识这些情况才能打胜仗，不能深刻认识这些情况就不能打胜仗。所以，从（对双方优劣条件的）分析比较，来探讨战争的情势：哪一方君主政治开明？哪一方将帅更有才能？哪一方天候地形有利？哪一方法令能贯彻执行？哪一方军事实力更强大？哪一方兵卒训练有素？哪一方赏罚公正严明？我们根据这些，就可以判断谁胜谁负了。

2. 计利以听，乃为之势，以佐其外。势者，因利而制权也。

《孙子兵法·计篇》

【译文】

筹谋有利的方略已被采纳，然后就要造成一种势，作为外在的辅助条件。所谓势，就是凭借有利于己的条件，灵活机变，掌握作战的主动权。

3. 顺天①，阜财②，怿众③，利地④，右兵⑤，是谓五虑。

《司马法·定爵》

【注释】

① 顺天：顺应天道。
② 阜财：广集财富。阜，丰富。这里用作动词，意为大量积聚。
③ 怿众：取悦人心。怿（yì 益），喜悦。这里用作动词，意为悦服。
④ 利地：利用地形。
⑤ 右兵：重视兵器。古以右为尊，引申为重视。

【译文】

顺应天道，广集财富，悦服民众，利用地形，重视兵器，这是准备战争必须考虑的五件事情。

4. 孙子①曰：恒胜②有五：得主专制③，胜。知道，胜。得众，胜。左右和，胜。量敌计险，胜。孙子曰：恒不胜有五：御将④，不胜。不知道，不胜。乖将⑤，不胜。不用间，不胜。不得众，不胜。

《孙膑兵法·篡卒》

【注释】

① 孙子：这里指孙膑。
② 恒胜：经常打胜仗。
③ 专制：独立指挥，临机决断，不受制约。
④ 御将：指将领受君主的掣肘。
⑤ 乖将：将帅之间不和。乖：违背。

【译文】

孙膑说：经常打胜仗有五个条件：将领得到君主信任且有独立指挥权的，能胜利。将领懂得用兵之道的，能胜利。将领得到士兵拥护的，能胜利。将帅之间同心协力的，能胜利。将领善于分析判断敌情且熟悉地形险易情况的，能胜利。孙膑说：经常打败仗的因素有五个：将领受君主掣肘的，不能胜利。将领不懂得用兵之道的，不能胜利。将帅之间不和的，不能胜利。将领不会使用间谍的，不能胜利。将领得不到士兵拥护的，不能胜利。

5. 欲强多①国之所寡，以应敌国之所多，速屈②之兵也。

《孙膑兵法》下编③，《[兵失]》

【注释】

① 强多：勉强增加。

② 屈（jué决）：竭，尽。

③《孙膑兵法》下编：文物出版社1975年版《银雀山汉墓竹简（壹）》，将《十阵》、《十问》等十五篇"佚文"编为《孙膑兵法》下编，而在该社1985年修订版《银雀山汉墓竹简（壹）》中，不再将此部分视为孙膑之书。但是，学界对于原下编诸篇是否孙膑所著仍有争议，加之这部分内容有不少名言粹语，且已流行中外多年，故本书仍依文物出版社1975年本《孙膑兵法》下编选取若干条目，标注为"《孙膑兵法》下编"。下同。

【译文】

企图勉强增多自己国家所缺乏的东西，去对付敌国所富有的东西，就是加速失败的军队。

6. 众者胜乎？则投算①而战耳。富者胜乎？则量粟而战耳。兵利甲坚者胜乎？则胜易知矣。故富未居安也，贫未居危也；众未居胜也，少[未居败也]。以决胜败安危者，道也。

《孙膑兵法》下编,《客主人分》

【注释】

① 投筹：意即投掷筹枚计算。筹，古代计数用的算筹。以竹制，长六寸，宽一分，二百七十一枚而成六觚为一握，纵横算之。

【译文】

兵多就能战胜吗？那样只要算一算双方的兵力多少就可以决定胜负了。国家富就能战胜吗？那样只要量一量双方的粮食多少就可以决定胜负了。武器装备精良就能取胜吗？那样胜利也就太容易预知了。因此，国家富足不一定就安全，国家贫穷不一定就危险；军队多不一定就能胜利，军队少也不一定就失败。决定胜败安危的，是战争指导者是否掌握了用兵之道。

7. 必明其情①，必明其将，必明其政，必明其士。四者备，则以治击乱，以成击败。

《管子·幼官》

【注释】

① 情：原文作"一"，疑误，今从郭沫若等《管子集校》改。

【译文】

（用兵打仗）必须摸清敌人的情况，必须掌握敌将的特点，必须了解敌国的政情，必须知道敌军的素质。这四点都做到了，就能以治击乱，以成击败。

8. 计敌与①，量上意，察国本②，观民产③之所有余不足，而存亡之国可知也。

《管子·八观》

【注释】

① 敌与：指敌国和盟国。

② 国本：国家的根本，这里指农业生产或社会经济。

③民产：指民众的财产状况，亦可作"生计"、"生活"理解。

【译文】

计算一下敌国和盟国的力量，估量一下国君的企图意向，考察一下国家的经济状况，看看百姓生活是富裕还是不足，这样，国家的存亡便可清楚了。

9. 夫欲臣伐君，正①四海者，不可以兵独攻而取也。必先定谋虑，便地形，利权称②，亲与国，视时而动，王者之术也。

《管子·霸言》

【注释】

① 正：通"征"，征服。
② 权称：权衡，比较。

【译文】

想要以臣伐君征服天下的，不可只依靠军队进攻来取得。必须先确定计谋，占据有利的地形，权衡有利的形势，亲近同盟国，看清时机再采取行动，这是称王天下者的谋略。

10. 故计必先定而兵出于竟①。计未定而兵出于竟，则战之自败，攻之自毁者也。

《管子·参患》

【注释】

① 竟：通"境"。

【译文】

所以，必须首先制定作战计划，尔后才能派兵出境。倘若未定计划就派兵出境征伐，就等于自取失败和毁灭。

11. 用兵之术，战胜不可专①，专胜有必败之理；战败不可专，专败有反胜之道。

宋·许洞《虎钤经》卷三，《胜败》

【注释】

① 专：专注，执着。

【译文】

指导战争的艺术，在于不可单纯依赖能够取胜的有利条件，而应注重研究胜利之中包含有失败因素的道理；不可单纯强调难以取胜的不利条件，而应注重研究失败之中蕴藏有胜利因素的道理。

12. 战胜而败者有五：急难定谋，狐疑不决，一败也；机巧万端，失于迟后，二败也；机事不密，三败也；似勇非勇，似怯非怯①，四败也；主将不一，五败也。此五者，皆战胜而反败也。

宋·许洞《虎钤经》卷三，《胜败》

【注释】

① 似勇非勇，似怯非怯：好像勇敢前进，而实际不是勇敢前进；好像怯敌后退，而实际不是怯敌后退。意为：该前进而不前进，该后退而不后退。

【译文】

先胜后败的情况有五种：紧急危难中制定计谋，却犹豫不定，这是第一种失败情况；有利战机虽然很多，却因行动缓慢落后而丧失，这是第二种失败情况；军机大事保密不严，这是第三种失败情况；该前进而不前进，该后退而不后退，这是第四种失败情况；主将之间兵权不统一，这是第五种失败情况。以上这五种情况，都会导致战胜之后反而失败。

13. 战胜而欲必胜者，定谋贵决，机巧贵速，机事贵密，进退贵审，兵权贵一。

宋·许洞《虎钤经》卷三，《胜败》

【释文】

如果想战胜之后仍能必胜，（就必须做到），制定计谋贵在决断，伺机施巧贵在迅速，军机大事贵在保密，进攻退守贵在审慎，指挥之权贵在统一。

14. 和好为权宜，战守①为实事。

宋·范仲淹、韩琦《奏陕西河北和守攻备四策》

【注释】

① 战守：作战和防守。这里可理解为战争准备。

【译文】

与敌人和好是一种斗争策略，而搞好战争准备才是切实可靠的。

15. 夫敌情叵测，常胜之家必先悉敌之情也。其动其静，其强其弱，其治其乱，其严其懈，虚虚实实，进进退退，变态万状，烛照数计，或谋虑潜藏而直钩其隐伏，或事机未发而预揣其必然。盖两军对垒，胜负攸悬，一或不审，所失匪细。必观其将而察其才，因其形而用其权①。凡军心之趋向，理势②之安危，战守之机宜，事局之究竟，算无遗漏，所谓"运筹帷幄，决胜千里也"③。

明·佚名《草庐经略》卷二，《料敌》

【注释】

① 权：权宜机变，即因时因事而采取的变通战法。
② 理势：法则，规律，发展趋势。

③ 运筹帷幄，决胜千里也：语出《史记》卷八，《高祖本纪》，意思是，筹划谋略于军帐内，而决胜负于千里之外。运筹，策划。帷幄，军中帐幕。

【译文】

敌情变化莫测，常打胜仗的将帅必定要首先洞悉敌情变化。敌人的动与静，兵力的强与弱，队伍的治与乱，戒备的严与懈，部署的虚与实，行动的进与退等情况变化万端，都要明明白白地研究清楚，对敌人隐密的作战企图能够揭示出来，对未发事机能够预测其发展的必然趋势。敌我双方一经交战，就是胜负攸关的大问题，一着不慎，损失巨大。因此，必须缜密地观察敌将才能的优劣，根据具体情况采取相应的战法。大凡军心士气的动向，战场态势的安危，进退攻守的机宜，战局发展的结果等等问题，都应无一遗漏地研究清楚。所谓"运筹帷幄，决胜千里"，就是说的这个道理。

16. 作战之略有五：一曰量，二曰按，三曰觇①，四曰料，五曰因。量者，量彼己之主、之将、之兵、之食、之天地也；按者，按彼己之山川、之屯聚、之长技也；觇者，觇彼之本谋②、之亲任③、之动静也；料者，料彼之出何策、结何局也；因者，就四者而因其势、因其机、因其利而导之也。君明将良，食足兵强，天地孔昌④，在我速乘，在彼且藏。因其险易，为趋为避；因其屯聚，或焚或据；因其长技，善逞⑤善御；因其谋任，可伐可离。动则乖之，静则挠之，设策则破之。而彼之局，我岂必待战而知之耶！

明·庄应会《经武要略》正集卷五,《兵法》

【注释】

① 觇（chān 掺）：窥视，引申为侦察。

② 本谋：根本企图。

③ 亲任：亲信而重用的人。

④ 天地孔昌：天候地形很有利。孔，甚。昌，昌盛。

⑤ 逞：施展，炫耀，引申为发挥。

【译文】

作战的方略有五种：第一是"量"，第二是"按"，第三是"觇"，第四是"料"，第五是"因"。"量"是衡量敌我双方的国君、将帅、军队、粮食、天时和地利诸条件；"按"是研究敌我双方的山川形势、物资储备和军队的特长；"觇"是探察敌方的根本企图、亲信重用之人和军队动静；"料"是判断敌人采取什么策略、要达到什么目的；"因"是根据上述四个方面，就形势、时机和有利的因素而引导战局朝着胜利的方向发展。国君明智，将帅贤良，粮食充足，兵员强盛，天候和地形很有利，这些条件如为我方所具备，就应迅速乘势发起进攻，如为敌方所具备，就应暂取守势，谨慎行动。根据地形的险易，决定如何趋利避害；根据敌人物资储备的情况，决定用火焚毁或是夺取；根据敌人的特长，善于发挥自己的特长以制服敌人的特长；根据敌人的任将情况，决定讨伐或离间的手段。敌人行动，我就妨害它；敌人驻止，我就扰乱它；敌人设策定计，我就破坏它。这样，敌人的结局，我何必等待交战后才能知道呢！

17. 善兵者，审国势己力，师武财赋①，较于敌以立计。

清·揭暄《兵法百言·术篇·麽》

【注释】

① 师武财赋：指军事和经济。

【译文】

善于用兵的人，要详细研究国家的威势和自己的力量，以及军事经济等各方面的因素，并与敌人进行比较，以此来制定作战计划。

18. 我可以此制人，即思人可以此制我，而设一防；我可以此防人之制，人即可以此防我之制，而思一破人之防；我破彼防，彼破我防，而又设一破彼之破。……递①法以生，踵②事而进，深乎，深乎！

清·揭暄《兵法百言·智篇·累》

【注释】

① 递：顺次，一个接一个。

② 踵：跟着，接着。

【译文】

我可以用这种办法制服敌人，就要设想敌人也可以用这种办法来制服我，因而应准备一种防备敌人的办法；我可以用这种办法防备为敌人所制服，敌人也就可以用这种办法防备为我所制服，因而应想一种打破敌人防备我的办法；我打破敌人的防备，敌人又打破我的防备，因而还应准备一种打破敌人破除我的防备的办法。……新的办法层出不穷，随着情况的变化而发展，（指导战争的艺术）是何等深奥啊，深奥！

19. 用兵所关甚巨，宜周详筹画，期于必克。

《清圣祖实录》卷一百一十九，康熙语

【译文】

用兵作战关系非常重大，应该周密筹划，寄期望于必胜。

评　述

战争的胜负，除了取决于军事、政治、经济、自然等客观条件外，还取决于人的主观能动作用的发挥。人在战争中的能动作用，表现为军心士气、军政素质等各个方面，而战争指导的正确与否，则具有头等的意义。重视对战争指导的研究，在我国古代军事学中有着优良的传统和丰富的内容。

首先，战前必须进行正确的战略指导。享誉中外的《孙子兵法》明确提出：战前要"经之以五事，校之以计，而索其情"(《计篇》)。这里所说的"经"、"校"、"索"、"情"，正是在对比敌我双方客观物质条件的基础上，探索战争胜负之规律。《孙膑兵法》在《客主人分》中深刻地批判了那种单纯根据谁的兵多粮足武器好就能决定胜负的机械论，指出："以决胜败安危者，道也。"这里所说的"道"，即指战争的指导规律。它还说："欲强多国之所寡，以应敌国之所多，速屈之兵也。"(下编，《[兵失]》)可见，指导战争，只有从实际出发，按照客观规律办事，才能赢得战争胜利；否则，就会失败。

在认真分析研究敌我双方诸种客观条件的基础上，充分发挥主观能动作用，定谋设计，做好战争准备，是实施战争进而夺取胜利的重要环节。诚如《管子》所说：征服天下，不可单纯依靠军队强攻硬取，"必先定谋虑，便地利，利权称，亲与国，视时而动"，唯其如此，才是"王者之术"（《霸言》)。又如《兵法百言》所指出："善用兵者，审国势己力，师武财赋，较于敌以立计。"（《术篇·戢》)

其次，既战之后，进一步发挥主观指导的能动作用，乃是夺取战争胜利的决定性因素。《孙子兵法》在透彻分析战争的诸种客观条件之后，紧接着提出了一个极其重要的命题："计利以听，乃为之势，以佐其外。势者，因利而制权也。"（《计篇》) 这就告诉我们，有了有利的客观条件、正确的战略方针，只是具备了取得胜利的可能性，而要把这种可能性变为现实性，还必须依靠主观能动作用，创造有利的作战态势。孙子这里所说的"因利而制权"，是指根据敌情变化的实际情况，采取克敌制胜的有效手段，夺取战争的主动权。历代兵家在继承孙子这一唯物辩证思想的基础上，提出了不少颇有新意的见解。例如，《虎钤经》认为："用兵之术，战胜不可专，专胜有必败之理；战败不可专，专败有反胜之道。"（《胜败》)可见，一个好的战争指导者，只有充分发挥主观能动性，辩证地研究胜与败这对矛盾相反相成的关系，才可以在有利的条件下防止失败，在不利的条件下争取胜利。《虎钤经》还提出，在战争指导上要做到"五贵"：即

"定谋贵决，机巧贵速，机事贵密，进退贵审，兵权贵一"（《胜败》）。认为，只要按照这"五贵"思想去指导战争，就必定能够胜利；否则，即使具备了胜利的客观条件，也要遭到失败。

毛泽东同志曾经指出："军事家不能超过物质条件许可的范围外企图战争的胜利，然而军事家可以而且必须在物质条件许可的范围内争取战争的胜利。军事家活动的舞台建筑在客观物质条件的上面，然而军事家凭着这个舞台，却可以导演出许多有声有色威武雄壮的活剧来。"（《中国革命战争的战略问题》）这无疑是从辩证唯物论高度阐发主观指导在战争中作用的精辟论断。我国古代兵家对战争与主观指导的论述，虽然还不够全面、系统，但同样闪烁着朴素唯物论和辩证法的思想光华，为中国乃至世界文化宝库增添着异彩。

例　证

在战争史上，因主观指导正确取得胜利的战例不胜枚举，而因主观指导错误遭到惨败的亦比比皆是。春秋初宋襄公败于楚军的泓水之战，便是因瞎指挥而失败的典型战例。周襄王十四年（前638年）夏，宋襄公为争霸而率军进攻臣服楚的郑国，楚国发兵攻宋以救郑。宋襄公闻讯回师，与楚军战于泓水（今河南柘城北）。当时宋军虽少于楚军，但凭恃泓水之险且已布好阵势，处于可对楚军"半渡而击"的有利态势。但根本不懂战争规律和作战指导艺术的宋襄公，竟以所谓古之君子"不以阻隘"、"不鼓不成列"（《左传·僖公二十二年》）等为由，拒绝司马子鱼提出的先机制敌的正确建议，接连丧失有利战机，导致宋军失败，他本人也中箭受伤，不久死去，成为战争史上的千古笑谈。宋军失败固然有其国内原因，但宋襄公"那种蠢猪式的仁义道德"（毛泽东《论持久战》）及其作战的瞎指挥，乃是造成宋军泓水之败的主要原因。

第二章 国防篇

第一节 安不忘战

1. 危者,安其位者也;亡者,保其存者也;乱者,有其治者也。是故君子安而不忘危,存而不忘亡,治而不忘乱。是以身安而国家可保也。

《周易·系辞下》

【译文】
 国家发生危险,是由于统治者安于统治地位;国家灭亡,是由于统治者只知保持现状;国家发生祸乱,是由于统治者沉醉于长期的太平局面。所以,统治者在国家安定的时候不忘记可能有危险,国家存在的时候不忘记可能会灭亡,国家太平的时候不忘记可能出祸乱。因此,他们自身得以平安,而国家也可以保全。

2. 有文事①者,必有武备;有武事②者,必有文备。

《孔子家语》卷一,《相鲁》

【注释】
① 文事:指以文治为内容从事政治斗争。
② 武事:指以武功为内容从事军事斗争。

【译文】

搞政治斗争,必须以军事为后盾;搞军事斗争,必须以政治为基础。

3. 国无小,不可易①也。无备,虽众不可恃也。

《左传·僖公二十二年》

【注释】

① 易:轻视。

【译文】

国家不论大小,不可轻视它。没有战争准备,即使人多也是靠不住的。

4.《书》①曰:"居安思危。"思则有备,有备无患。

《左传·襄公十一年》

【注释】

①《书》:一般指《尚书》,但《尚书》和传统上认为儒家整理《尚书》所逸部分集成的《逸周书》均有此文意,此《书》指何书,失考。

【译文】

《书》说:"处在安定环境中,要想到可能出现的危难祸害。"考虑到危难就会有所准备,有了准备就能免除祸患。

5. 虑①不先定,不可以应卒②;兵不闲③习,不可以当敌。

《邓析子·无厚篇》

【注释】

① 虑:思考,谋划。
② 卒:通"猝",突然。

③ 闲：通"娴"，熟习。

【译文】

谋划不预先策定，就不能应付突然事变；武器不熟练掌握，就不能用来对敌。

6. 审备则可战。审备慎守，以待不虞①；备设守固，必可应难。

《吴越春秋》卷六，《勾践伐吴外传》，范蠡语

【注释】

① 不虞：没有意料到的事。

【译文】

有了周密准备，就可以对敌作战。周密准备，小心防守，以备发生意外；准备完善，防守坚固，必定能应付祸难。

7. 故仓无备粟，不可以待凶①饥；库无备兵，虽有义不能征无义；城郭②不备全，不可以自守；心无备虑，不可以应卒。

《墨子·七患》

【注释】

① 凶：谷物不收的荒年。
② 城郭：指城防设施。

【译文】

所以，粮仓里没有储备的米粟，就不能防备饥荒；武库里没有储备的兵器，即使出师正义，也不能征服非正义的一方；城防设施不完备，就不能进行自卫；心头没有周密完善的作战谋划，就不能应付突然事变。

8. 夫安国家之道，先戒为宝①。

《吴子·料敌》

【注释】

① 宝：珍贵之物，引申为重要。

【译文】

保障国家安全的方法，预先搞好戒备是最重要的。

9. 天下虽安，忘战必危。

《司马法·仁本》

【译文】

国家即使安定，忘掉了爆发战争的可能性，就必然遭受危险。

10. 用兵，无备者伤，穷兵者亡。

《孙膑兵法·威王问》

【译文】

进行战争，没有准备的必受损伤，穷兵黩武的定会灭亡。

11. 城郭沟渠，不足以固守；兵甲强力，不足以应敌；博地多财，不足以有众。惟有道者，能备患于未形也，故祸不萌①。

《管子·牧民》

【注释】

① 萌：萌生。

【译文】

城墙壕沟，不足以坚守；坚甲利兵和强大军队，不足以应敌；广阔地域和充足财富，不足以招致民众。只有有道的君主，才能够防备战患于没有形成之前，因而不会发生灾祸。

12. 兵者，百岁不一用，然不可一日忘也。

《鹖冠子》卷上，《近迭》

【译文】

战争一百年不见得用上一次，却一天也不可以忘记。

13. 于安思危，危则虑安。

《战国策·楚策四》

【译文】

在国家处于和平安定环境的时候，要想到爆发战争的危险。想到有战争危险，就会考虑如何捍卫国家的安全。

14. 事不豫辨①，不可以应卒。内无备，不可以御敌。

汉·桓宽编《盐铁论》卷八，《世务》

【注释】

① 豫辨：预先治理，这里指事先做好准备。豫，同"预"。辨（bàn半），治理，处理。

【译文】

事情不预先做好准备，就不能应付突然事变。国内没有战争准备，就不能抵御入侵的敌人。

15. 有备则制人，无备则制于人。

汉·桓宽编《盐铁论》卷九，《险固》

【译文】

有准备就能制服敌人，没有准备就会被敌人所制服。

16. 若乃①居安而不思危，寇至而不知惧，此谓燕巢于幕，鱼游于鼎②，亡不俟③夕矣。

旧题三国·诸葛亮《将苑④·戒备》

【注释】

① 若乃：至于。
② 鼎：古代一种烹饪器，一般三足两耳。
③ 俟（sì 似）：等待。
④《将苑》：又称《诸葛亮将苑》、《武侯将苑》、《心书》等。旧题三国军事家诸葛亮所著，明人编诸葛亮文集，予以收录。但该书直至宋尤袤《遂初堂书目》始见著录，不少学者疑其为伪作。

【译文】

至于居安而不思危，敌人来犯却不知道担忧，这就像燕子在帐幕上筑巢，鱼儿在鼎锅里游泳，灭亡就在旦夕之间了。

17. 思所以危则安矣，思所以乱则治矣，思所以亡则存矣。

《新唐书》卷九十七，《魏徵传》

【译文】

经常想一想发生危险的原因就能够确保安全了，经常想一想发生祸乱的原因就能够保持太平了，经常想一想导致灭亡的原因就能够生存下去了。

18. 夫君人①之柄，在明其德威②；立国之权，在审其轻重③。德与威不可偏废也，轻与重不可倒持也。蓄威以昭德，偏废则危；居重以驭轻，倒持则悖④。恃威则德丧于身，取败之道也；失重则轻移诸己，启祸之门也。

唐·陆贽《陆宣公奏议》卷一，
《奏草一·论关中事宜状》

【注释】

① 君人：统治民众。君，这里作动词，统治，治理。
② 德威：指仁政之德与刑法之威，意为恩威并施。
③ 轻重：这里指兵力部署的轻重强弱。
④ 悖（bèi背）：逆，乱。

【译文】

统治民众的根本之术，在于明悉恩威并施的统治策略；建立强国的权变之法，在于详审居重驭轻的兵力部署。德恩与刑威不可偏废，兵力部署的轻重不可颠倒。蓄积刑威以光大德恩，二者偏废其一，国家就有危险；兵力部署居重驭轻，二者相互颠倒，逆乱就会发生。单纯依靠刑威，就会丧失德恩，这是导致败亡的途径；失去对重兵戍守地区的控制，自己就处在轻的地位，这是洞开祸患的门户。

19. 备边足戎①，国家之重事；理兵足食，备御之大经②。兵不理则无可用之师，食不足则无可固之地。理兵在制置③得所，足食在敛导④有方。

唐·陆贽《陆宣公奏议》卷九，
《中书奏议三·论缘边守备事宜状》

【注释】

① 足戎：充足的军队。
② 大经：常道，根本之道。
③ 制置：谓对部队的管理和部署。
④ 敛导：谓粮食的筹集和消耗。敛，聚敛，聚集，这里指粮食的筹集。导，疏通，流通，这里指粮食的使用和消耗。

【译文】

守备边防，建立强盛的军队，是关系国家安危的重大事情；治理军队，储备粮食，是加强战备抗击敌人的根本之道。军队不治理，就没有可用的兵力；粮食不充足，就没有巩固的防地。治理军队在于管理与部署适当，储足粮食在于筹集与使用有方。

20. 善用兵者，防乱于未乱①，备急于未急②。

宋·许洞《虎钤经》卷一，《三才随用》

【译文】

善于指导战争的人，能防止战乱于未发生之时，防备突然事变于未到来之前。

21. 未乱易治也，既乱易治也。有乱之萌，无乱之形①，是谓将乱，将乱难治。不可以②有乱急，亦不可以无乱弛。

宋·苏洵《嘉祐集》卷十四，《张益州画像记》

【注释】

① 形：显露，表现。
② 以：因为。

【译文】

没有变乱的时候容易治理，已经发生了变乱也容易治理。只有变乱的迹象，尚未酿成变乱，这样的情形叫做"将乱"，"将乱"是难于治理的。不能因为有了变乱就惊慌失措，也不能因为暂时没有变乱就松懈麻痹。

22. 是故天下虽平，不敢忘战，致民田猎①以讲武。

宋·苏轼《苏东坡全集》卷四十七，《策别十一》

【注释】

① 田猎：打猎。田，通"畋"，打猎。古代把打猎作为军事演习的一种方式。

【译文】

所以，国家即使太平无事，也不能忘掉备战，要适时组织民众进行狩猎，借以练兵习武。

23. 凡安不忘危，治不忘乱，圣人之深戒也。天下无事，不可废武，虑①有弗庭②，无以捍御。必须内修文德，外严武备，怀柔③远人，戒不虞也。四时讲武之礼，所以示国不忘战。不忘战者，教民不离乎习兵也。法曰："天下虽平，忘战必倾。"④

宋·佚名《百战奇法·忘战》

【注释】

①虑：担忧，忧虑。

②弗庭：谓不归顺朝廷。这里指邻国与我不友好，处于敌对状态。弗，不。庭，通"廷"，朝廷。

③怀柔：指用政治手段笼络其他民族或国家。

④天下虽平，忘战必倾：语出《司马法·仁本》，原文为"天下虽安，忘战必危"。

【译文】

国家处于和平安定时期，不要忘记还有发生战争的危险；国家处于政治清平时期，不要忘记还有发生祸乱的可能，这是古代圣人留传下来的深刻教诲。天下即使太平无事，也不可废弃军备，因为担忧有的国家与我为敌，（废弃武备）将无法抗御敌人。必须对内修明政治，对外加强战备，注意搞好睦邻关系，以防意外事变的发生。一年四季都要坚持讲习武备的制度，以此表明国家时刻不忘记战备。不忘记战备，就是教育全民经常习兵练武。正如兵法所说："国家即使和平安定，若忘记战备，就有覆灭的危险。"

24. 惟当于国家闲暇之时，明政刑，治军旅，选将帅，修车马，备器械，峙糗粮①，积金帛②，敌来则御，俟时而奋。

佚名《李忠定公辅政本末》，宋高宗绍兴四年十二月条

【注释】

① 峙糗粮：储备干粮。峙（zhì 志），通"庤"，储备。糗（qiǔ 丘_{上声}）粮，干粮。

② 金帛：金钱和布帛，泛指财物，这里指军费。

【译文】

应当在国家太平无事的时候，修明政策法令，训练军队，选拔将帅，修整车马，制备军械，储备粮食，积蓄军费，敌人来了就抵抗，等待有利时机而奋起反击。

25. 用兵之道，必先固其本，本固而战，多胜少败。何谓本？内是也。内欲其实，实则难破。何谓实？有备之谓也。后世不知务此，至有战胜之余，遂亡①武备，往往至于取败。人孰不曰：天下平定之时，可以息兵偃武。殊不知，治兵然后可言息兵；讲武而后可言偃武。若晋彻②州郡之备，卒召五胡之扰③；唐彻中国④之备，终致安史之乱⑤，此无备之验也。夫当天下无虞之时，正须常守不虞之戒，然则武备其可一日而忘哉！

《明太祖宝训》卷六，《武备》

【注释】

① 亡：通"忘"。

② 彻：通"撤"。

③ 五胡之扰：西晋末年，我国北方各民族纷纷武装举事，匈奴、鲜卑、羯、氐、羌、汉等民族先后建立十六个政权，史称"五胡十六国"。

④ 中国：这里指以河洛为中心的中原地区。

⑤ 安史之乱：唐玄宗天宝十四载（755 年），平卢、范阳、河东三镇节

度使安禄山乘唐廷兵备松弛之际，起兵反唐，攻占洛阳，次年称帝，入据长安。同时令其部将史思明占领河北十三郡地。玄宗逃往四川。后安禄山被杀，史思明又称帝。史称"安史之乱"。至代宗广德元年（763年），叛乱始被平定，历时七年多，唐王朝的统治从此由盛转衰。

【译文】

用兵的原则是，必须首先巩固根本，根本巩固了再去打仗，就可以多取得胜利，少招致失败。什么是根本呢？就是把国内治理好。国内要做到充实，充实了敌人就难以攻破。什么是充实呢？就是有充分的准备。后世的人不知道在这方面下功夫，以至于胜利之后就忘记了武备，结果往往招致失败。人们谁不说：天下和平安定的时候，就可以休兵止战了。他们根本不懂得，只有先练兵，然后才可以谈休兵；只有先加强武备，然后才可以谈停止武事。像西晋撤掉了州郡的武备，最终招致五胡的侵扰；唐朝撤掉了中原的武备，终于导致了安史之乱，这都是没有武备（而招致失败）的凭证啊。当天下没有忧患的时候，正需要经常记取没有戒备的教训，那么，武备的事怎么可以忘记一天呢！

26. 天下既平，不可不思患而豫①防之。盖乱生于治，何也？非治之能生乱也，以其久安而不知戒，故乱生于所忽也。是故，天下虽有盘石②之安，当常怀陧机③之惧。守满持盈，居高思危，谨其始，虑其终，则可以保其位而安其身也。

《明太宗实录》卷九十二，永乐七年五月庚寅

【注释】

① 豫：同"预"，事先有所准备。
② 盘石：即磐石，厚重的石头。比喻坚固不动。
③ 陧（niè 聂）机（wù 务）：倾危不安。

【译文】

国家已经安定太平，不可以不考虑到祸患而采取预防的措施。一般来

说，乱生于治，为什么呢？并不是因为治能产生祸乱，而是因为长久安定而不知戒备，所以祸乱就从疏忽中产生了。因此，国家纵然像磐石那样安稳，也应当经常怀有倾危不安的担忧。保守成业（而务求谨慎），身居高位而不忘危险，始终慎重小心而谋虑深远，这样就可以保住国君的地位和自身的安全了。

27. 善为国家者，安不忘危，治不忘乱。盖祸乱之机起于不测，不戒不虞，何以保邦？是故圣人致严于武备：为之城郭，为之关防，严甲兵以守其国。规画精密，训练有方，强御①以遏，兆民以宁，天下久安长治之道也。不然，狃②于晏安③，忘忽大计，祸乱猝兴，何以御之？

《明宣宗实录》卷三十八，宣德三年二月，《御制帝训·武备篇》

【注释】

① 强御：谓横暴有势力者，这里指入侵的敌人。
② 狃（niǔ 纽）：习以为常。
③ 晏安：安逸享乐。晏，同"宴"，安乐。

【译文】

善于治理国家的君主，安定的时候不忘记危险，太平的时候不忘记祸乱。祸乱发生是不可测度的，事先不加戒备，用什么来保卫国家？因此，明君都非常重视国家的武备：兴修城郭，建立要塞，严格治理军队以守卫国家。规划精细严密，训练军队得法，于是强敌被阻止，亿万民众得安宁，这是国家长治久安的根本措施。否则，沉溺于安逸享乐，忘记了保卫国家的大计，一旦祸乱突然爆发，用什么来抵挡呢？

28. 天下虽安，不可忘武。今国家无事，正须训兵练将。

《明宣宗宝训》卷四，《武备》

【译文】

天下即使安定了,也不可忘记武备。现在国家没有战争,正应当利用机会对官兵进行训练。

29. 天下幸而无事,则所重在文;不幸而有事,则所重在武。……古之圣王安不忘危,治不忘乱,无事常为有事之备。

明·王鸣鹤《登坛必究》卷十六,《辑经武说》

【译文】

国家有幸处于没有战争的和平时期,就要重点抓好文事;不幸处于战争时期,就要重点抓好武备。……古代的圣贤君主身处安全而不忘危险,天下治理而不忘战乱,和平时期常为战争时期做好准备。

30. 国家大计所重者,莫过于武备。朕看汉唐宋以来,武备一至废弛,其国事即不可问。尔督抚宜留心营伍训练,将弁仍当念兵丁之甘苦,察技勇①之优劣。进止有成法,甲械贵整齐,火器弓马皆操演精熟,庶②有备无患也。

清世宗《硃批谕旨》第十二册

【注释】

① 技勇:武艺与勇力,即军事技能。
② 庶:庶几,差不多。

【译文】

国家大计中最重要的事情,没有超过武备问题的。我看汉、唐、宋以来,武备一旦废弛,国家的政事就不堪过问了。你们当总督、巡抚的应当留心军队的训练,各级将领武官,都应当想到士兵的甘苦,考察士兵军事技能的好坏。军队的进退要有法可循,盔甲器械贵在整齐划一,火器弓马等都要能操练精熟。这样,差不多就可以有备无患了。

31. 乃知守中国者，不可徒言偃武修文①以自示弱也。彼②偃武修文之不已，必至弃其故有③而不能守，是亦不可不知耳。

《清六朝御制诗文集》乾隆第三集卷八，《十全记》

【注释】

① 偃武修文：停止武事，修明文治。

② 彼：发语词，无义。

③ 故有：固有。

【译文】

由此可知，保卫中国，不能只讲停止武备、修明文治以自示软弱。一直强调停止武备、修明文治，必定会丢掉固有的东西而不能保卫它，这也是不可不了解的啊！

评　述

为了捍卫国家安全，防备外来侵略，必须加强国防建设。有国则有防，国防问题的存在与国家的产生一样古老。《周易·系辞》提出的"安而不忘危，存而不忘亡，治而不忘乱"的主张，反映出早在春秋时期，我国就有重视国防的思想。到了战国时期，人们从亡国绝世不可胜数的惨痛事实中，更加深切感受到国防的重要性，从而认识到："夫安国家之道，先戒为宝。"（《吴子·料敌》）"先戒"，首先是思想上要重视，要"居安思危"。这就是说，在和平安定的条件下，要时刻想到还可能发生战争，要安不忘战，决不可麻痹大意，掉以轻心。那种盲目地认为"无敌国外患"，天下太平了，可以"息兵偃武"，马放南山，刀枪入库的思想，是要不得的。古人懂得，"兵者百岁不一用，然不可一日忘也"（《鹖冠子》卷上，《近迭》）。因此，"居安思危"、"安不忘战"，是和平时期国防建设的根本指导思想。

思想上重视了，行动上就会有所体现。因此古人说："居安思危。思则有备。"(《左传·襄公十一年》)"有备"就是进行国防建设的准备;有备,就可以随时抗击敌人的突然袭击和应付各种突然事变;有备,就能够"身安而国家可保"。一句话,"有备无患"。相反,无备则后患无穷。古人说,"无备者伤"(《孙膑兵法·威王问》);"无备,虽众不可恃"(《左传·僖公二十二年》);"内无备,不可以御敌"(汉·桓宽编《盐铁论》卷八,《世务》)。可以说,无备就无国防可言。"有备则制人,无备则制于人"(《盐铁论》卷九,《险固》),这句话从正反两个方面辩证地阐述了加强国防、搞好战备的重要性。

更为可贵的是,古代兵学家一方面主张加强武备,另一方面又反对穷兵黩武。他们明确提出:"治兵然后可言息兵,讲武而后可言偃武。"(《明太祖宝训》卷六,《武备》)又说:"无备者伤,穷兵者亡。"(《孙膑兵法·威王问》)他们不但主张文事、武备兼重,而且提出:"天下幸而无事,则所重在文;不幸而有事,则所重在武。"(明·王鸣鹤《登坛必究》卷十六,《辑经武说》)这就是说,随着客观形势的发展变化,对"文"和"武"两个方面应有不同的侧重。

例　证

居安思危、安不忘战,是一个平凡的真理。然而,历史上因忘战而亡国的事,却并不少见。

春秋时候,卫懿公喜欢鹤。他养的鹤享有官位官禄,乘坐华贵的车子。但是他对国家的武备却不放在心上。狄国来进攻卫国,卫国的士兵不愿为当官的打仗,他们说:"我们不如鹤,让鹤去打仗吧!"结果,卫国灭亡了。

至于五代十国的李煜,更是一个典型的史例。李煜是南唐最后一个皇帝,世称李后主。他嗣位之时,宋赵匡胤已经称帝,先后灭了后蜀、南汉,南唐亦岌岌可危。面对宋军咄咄逼人的攻势,李煜遣使朝宋,岁贡方物,乞怜于宋廷,以图苟延残喘。他酷爱诗文,迷恋声色,笃信佛教,"谱曲度僧,略无虚日"(清·吴任臣《十国春秋》卷十七,《南唐三》)。对于武备之事,他毫无兴趣,一概委之于亲信大臣。所任大臣又多是平庸误国之辈,以至国势衰弱。宋军大举南伐,南唐才仓猝成军,但士兵素不习战,一触即溃。宋军已攻至金陵(今南京)城下,国家危在旦夕,李煜竟茫然不知。后来又听信大臣"敌人将自行遁去"的谎言,晏然自安,照旧去净室听沙门讲经。宋开宝八年(975年)十一月二十七日,宋军攻城益急,李煜正在作"樱桃落尽"一词,词未成而城已破。李煜和他的大臣们都做了阶下囚,追悔莫及,只落得"恰似一江春水向东流"的哀怨。

第二节　富国强兵

1.子曰:"足食,足兵,民信之矣。"

《论语·颜渊》

【译文】

孔子说:"使粮食充足,使军备充实,百姓对国家就有信心了。"

2.府库实满,足以待不然①;兵革不顿②,士民不劳,足以征不服。故霸王之业可行于天下矣。

《墨子·辞过》

【注释】

① 不然:不是通常的情况,这里指非常之变。
② 顿:通"钝",不锋利。

【译文】

国库充实,足以防备非常的事变;武器装备精良,兵民不劳顿,足以征服不愿归顺的敌人。这样，霸王的大业就可以推行于天下了。

3. 吴王问孙子曰："六将军①分守晋国之地，孰先亡？孰固成？"孙子曰："范、中行氏先亡。""孰为之次？""智氏为次。""孰为之次？""韩、魏为次。赵毋失其故法，晋国归焉。"吴王曰："其说可得闻乎？"孙子曰："可。范、中行氏制田②，以八十步为畹③，以百六十步为畛④，而伍税之⑤。其〔割〕田狭⑥，置士多，伍税之，公家富。公家富，置士多，主骄臣奢，冀功数战⑦，故曰先〔亡〕。……⑧公家富，置士多，主骄臣奢，冀功数战，故为范、中行氏次。韩、魏制田，以百步为畹，以二百步为畛，而伍税〔之〕。其〔割〕田狭，其置士多，伍税之，公家富。公家富，置士多，主骄臣奢，冀功数战，故为智氏次。赵氏制田，以百廿步为畹，以二百卌⑨步为畛，公无税⑩焉。公家贫，其置士少，主金臣收⑪，以御⑫富民，故曰固国。晋国归焉。"吴王曰："善。王者之道，〔宜以〕厚爱其民者也。"

《银雀山汉墓竹简·孙子兵法》下编，《吴问》⑬

【注释】

①六将军：指晋国的六卿，即韩、赵、魏、范、中行（háng 杭）、智。他们各统军队，分守晋地，互相攻夺。

②制田：谓规划耕地。

③畹（wǎn 碗）：古代土地面积单位。一畹的面积，历来说法不一。本篇所说的畹相当于半畛，实为五十亩，参见下注。

④畛（zhěn 诊）：田间疆界；以一畛为界的一块田也称为畛。古代制田，本以百步为亩，百亩之田是百步见方的一块地。后来加大亩制，田块的纵横二边，一边百步不变，另一边加大步数。此处简文谓百六十步为畛，一畛当是一边百步、一边百六十步的一块地。

⑤伍税之：实行五分抽一的税率。

⑥其[割]田狭：此句与下文"其[割]田狭"句中"田"前一字皆残损。竹简整理小组认为，"据残划推测，似是'割'字。"割田，犹言制田。

⑦冀功数战：好大喜功，频繁地发动战争。冀，希求，希望。数（shuò 朔），屡次。

⑧竹简整理小组推定："此段缺文，除首一字当为'亡'字，属前一句外，其余二十八字，似可据上下文补为：'智氏制田，以九十步为畹，以百八十步为畛，其[割]田狭，其置士多，伍税之'。本篇补足此二十八字后，前后文字连贯，当无缺简。"

⑨卌（xì 细）：四十。

⑩公无税：指卿大夫不收农民的田亩税。周代农民除交纳田亩税外，还有"赋"和"役"。赋是军赋，役是力役。

⑪主金臣收：疑当读为"主敛臣收"。"主敛臣收"与"主骄臣奢"相对，意思是卿大夫及其臣僚能够节制，比较节俭。

⑫御：治理，统治。

⑬银雀山汉墓竹简整理小组将《孙子兵法》十三篇之外的《吴问》、《[四变]》、《黄帝伐赤帝》、《地形二》、《[见吴王]》诸篇列为下编，认为是《孙子兵法》佚文。此据文物出版社 1976 年版《银雀山汉墓竹简·孙子兵法》。

【译文】

吴王问孙子说："韩、赵、魏、范、中行和智氏六将军，分别占有晋国的一部分土地，你看哪个会先灭亡？哪个会成功？"孙子说："范氏和中行氏先灭亡。""哪个其次灭亡呢？""智氏其次灭亡。""哪个再其次灭亡呢？""韩氏和魏氏再其次灭亡。赵氏没有改变传统的制度，晋国最后会归属他。"吴王说："你这样估计的道理，可以说给我听听吗？"孙子说："可以。范氏和中行氏规划耕地，以八十方步为一畹，以一百六十方步为一畛，征收五分之一的田亩税。他们制田的面积小，建立的军队多。征收五分之一的田亩税，公家很富有。公家富有，军队很多，卿大夫骄傲而臣僚奢侈，好大喜功而不断地发动战争，所以说范氏和中行氏要先灭亡。……公家很富有，军队很多，卿大夫骄傲而臣僚奢侈，好大喜功而不断发动战争，所以智氏会继范氏和中行氏之后灭亡。韩氏、魏氏规划耕地，以一百方步为一畹，以二百方步为一畛，征收五分之一的田亩税。他们制田的面积小，建立的军队多，征收五分之一的田亩税，公家很富有。公家富有，军队很多，卿大夫骄傲而臣僚奢侈，好大喜功而不断发动战争，所以韩氏、魏氏将继智氏之后灭亡。赵氏规划耕地，以一百二十方步为一畹，以二百四十方步为一畛，公家不征收田亩税，公家的财富比较少，建立的军队少。卿大夫节制而臣僚节俭，以此治理富足的百姓，所以说，这是巩固的国家。晋国最后会全部归属于赵氏。"吴王说："您说得很好。作为国君的根本原则，应该很好地爱护自己的百姓。"

4. 国之所以兴者，农战也。

《商君书·农战》

【译文】
国家能够兴盛，就是依赖农耕和战争。

5. 国待农战而安，主待农战而尊。

《商君书·农战》

【译文】
国家依靠农耕和战争获得安全，国君依靠农耕和战争得到尊荣。

6. 故为国者，边利①尽归于兵，市利②尽归于农。边利归于兵者强，市利归于农者富。故出战而强，入休③而富者，王也。

《商君书·外内》

【注释】

① 边利：边境贸易与关税之利。一说为战场之利。

② 市利：市场交易之利。

③ 入休：回兵休整，指没有战争。

【译文】

总之，治理国家的人，要把边境贸易和关税之利全部给予部队，把市场交易之利全部转归农业。把边利给予部队的，军队就强；把市利转归农业的，国家就富。因此，出兵打仗时军队就强，没有战争时国家就富，这样的国家就可以称王于天下了。

7. 彼①民不归其力于耕，即食屈②于内；不归其节③于战，则兵弱于外。入而食屈于内，出而兵弱于外，虽有地万里，带甲百万，与独立平原一贯④也。

《商君书·慎法》

【注释】

① 彼：发语词，无义。

② 屈（jué 决）：竭，尽。

③ 节：气节，节操。这里指忠义、勇敢。

④ 一贯：一事，一类，同样。

【译文】

百姓不致力于耕田，国内粮食就不足；不忠勇于战争，对外作战时军队的战斗力就弱。国内粮食不足，对外作战军队战斗力弱，（这样的国君）即使有领土万里，军队百万，也像独自一人站立在平原旷野中一样毫无依托。

8. 民之欲利者，非耕不得；避害者，非战不免。境内之民莫不先务耕战，而后得其所乐。故地少粟多，民少兵强。能行二者于境内，则霸王之道毕矣。

《商君书·慎法》

【译文】

百姓要得到利益，不去耕田就得不到；要避免刑罚，不去打仗就不能避免。国内百姓都因致力于耕战而后才能得到安乐。这样，就能做到土地虽少而粮食多，百姓虽少而兵力强。能够在国内推行这两项政策，那么成就霸王之业的方针大计也就完备了。

9. 威王①问孙子②曰："……齐士③教寡人强兵者，皆不同道。……[有]教寡人以政教④者，有教寡人以……敛者，有教寡人以散粮⑤者，有教寡人以静⑥者，……"[孙子曰]："皆非强兵之急者也。"威[王]……。孙子曰："富国……。"威王曰："富国。"……厚，威王、宣王以胜诸侯⑦，至于……

《孙膑兵法·[强兵]⑧》

【注释】

① 威王：即齐威王。

② 孙子：指孙膑。

③ 齐士：指齐国稷下学宫的各派学士。战国时期，齐国在都城临淄（今属山东淄博）稷门（西边南首门）附近设置学宫，招揽天下贤士，以备顾问。至齐宣王时，学宫达于鼎盛，儒、墨、道、法、阴阳等各派士人数千人荟萃于此，聚徒讲学，著书立说，并逐渐形成了"稷下学派"。

④ 政教：政治和教化。指通过加强仁政、德教而使军队强大。这是儒家的主张。

⑤ 散粮：把粮食散发给民众。指用"散粮"的办法争取民众的拥护，进而使军队强大。这是墨家的主张。

⑥ 静：清静无为。指无为而治，使军队自然强大。这是道家的主张。

⑦ 威王、宣王以胜诸侯：指齐威王、齐宣王实行孙膑富国强兵的主张，齐国因此强大起来，打败魏、赵、燕、楚等国，取得"诸侯东面朝齐"的胜利。参见《史记》卷七十四，《孟子荀卿列传》。

⑧ [强兵]：篇题为竹简整理小组所加，编者注："本篇主要内容是齐威王与孙膑之间有关富国强兵的问答。但篇中又提到齐宣王，文章风格亦与他篇有异，不像是孙膑书本文，可能是后人抄附在孙膑书后的。"

【译文】

齐威王问孙膑："……齐国的士人教我如何使军队强大，他们的主张都不相同。……[有]教我用政治教化的，有教我用……敛的，有教我把粮食散发给民众的，有教我清静无为的，……"[孙膑说]："……这些都不是使军队强大的最紧要的事情。"威[王]……。孙膑说："使国家富有。"威王说："使国家富有……。"……厚，威王、宣王以此战胜诸侯，至于……

10. 国富则民众，民众则兵强，兵强则土广，土广则主尊，[主尊]①则令行，[令行]则敌人制，[敌人制]则诸侯宾服，[诸侯宾]服则[威]②立，[威]立则王者之翘③治也，不可不审也。

《银雀山汉墓竹简·守法守令等十三篇·七》

【注释】

① [主尊]：竹简整理小组根据原竹简书写规范和上下文意所补出的文字。

② [威]：此字原简文残损，竹简整理小组注曰："似是'威'字。"

③ 翘（qiáo 桥）：特出，茂盛。

【译文】

国家富裕，百姓就众多；百姓众多，军队就强大；军队强大，国土就广阔；国土广阔，国君就尊荣；国君尊荣，命令就得到贯彻执行；命令得到贯彻执行，敌人就被战胜；敌人被战胜，天下诸侯就归顺；诸侯归顺，就可以立威于天下；立威于天下，就能使王者之政兴盛大治，这是不能不认真研究的问题。

11. 凡治国之道,必先富民。民富则易治也,民贫则难治也。奚以知其然也?民富则安乡重家。安乡重家,则敬上畏罪。敬上畏罪,则易治也。民贫则危乡轻家。危乡轻家,则敢陵①上犯禁。陵上犯禁,则难治也。故治国常富,而乱国常贫。是以善为国者,必先富民,然后治之。

《管子·治国》

【注释】
① 陵:侵犯,欺侮。

【译文】
凡是治理国家的根本原则,一定要首先使民众富裕起来。民众富裕就容易治理,民众贫困就难以治理。怎么知道这个道理呢?民众富裕就安于家乡而看重家庭。安于家乡又看重家庭,就会敬重上司而害怕犯罪。敬重上司又害怕犯罪,那么国家就容易治理。民众贫困就不安于家乡而看轻家庭。不安于家乡又看轻家庭,就敢于侵侮上司而触犯禁令。侵侮上司又触犯禁令,国家就难以治理。所以说,政治清明安定的国家往往是富裕的,而动荡不定的国家往往是贫穷的。因而,善于治理国家的人,一定要首先使民众富裕,然后再好好管理。

12. 国富者兵强,兵强者战胜,战胜者地广。是以先王知众民、强兵、广地、富国之必生于粟也,故禁末作①,止奇巧②,而利农事。

《管子·治国》

【注释】
① 末作:指工商业。古人以农为本,视农业之外的工商业为"末作"、"末业"。

②奇巧：即奇技淫巧，指过于精巧而无益的技艺或事物。

【译文】

国家富足的军队就强大，军队强大的作战就能取胜，作战取胜的领土就广阔。因此，古代圣王懂得，增长人口、加强军队、扩大土地、富裕国家，都必须依赖于粮食的生产。所以禁止工商业和各种奇技淫巧，以利于农业生产的发展。

13. 存亡在虚实①，不在于众寡。

《韩非子·安危》

【注释】

① 虚实：国家实力的弱与强。

【译文】

国家存亡（的关键），在于实力的弱与强，不在于军队数量的多与少。

14. 战士怠于行阵者，则兵弱也；农夫惰于田者，则国贫也。兵弱于敌，国贫于内，而不灭亡者，未之有也。

《韩非子·外储说左上》

【译文】

战士对于打仗不积极的，军队的战斗力就弱；农民对于种田懒惰的，国家就会贫困。军队弱于敌人，国内又贫困，（这样的国家）不灭亡的，从来没有过。

15. 是境内之民，其言谈者①必轨②于法，动作者③归之于功④，为勇者⑤尽之于军。是故无事则国富，有事则兵强。此之谓王资⑥。

《韩非子·五蠹》

【注释】

① 言谈者：长于辞令的人，指纵横家。
② 轨：法则，法度。引申为遵循、符合。
③ 动作者：从事各种活动的人，指工商业者。
④ 功：功业，事业，这里指农业。
⑤ 为勇者：从事勇力的人，指游侠、刺客。
⑥ 王资：称王的资本。

【译文】

这样，国内的百姓，长于辞令的人一定遵守法令，从事各种活动的人都回归农业，从事勇力的人都在军队中尽力。因此，没有战争的时候，国家的财力就富足，一旦爆发战争，军事实力就强大。这就是成就王业的资本。

16. 国之所急，惟农与战。国富，则兵强；兵强，则战胜。然农者，胜之本也。

《三国志》卷二十八，《魏书·邓艾传》

【译文】

国家最迫切的问题，只有农耕和战争。国家富足，军队就强大；军队强大，就能打胜仗。然而农耕，则是胜利之本。

17. 国之所以富强者，审权以操柄①，审数②以御人。课③农者，术④之事，而富在粟⑤；谋战者，权之事，而强在兵。故曰：兴兵伐叛则武爵⑥任，武爵任则兵强；按兵⑦而劝农桑，农桑劝则国富。国不法地，不足以成其富，兵不法谋，不足以成其强。

唐·李筌《神机制敌太白阴经》卷一，《国有富强篇》

【注释】

① 操柄：把持权柄，即掌握政权。柄，权柄。
② 数：情势。
③ 课：劝课，意谓鼓励与督责。
④ 术：技术。
⑤ 粟：粮食的通称。
⑥ 武爵：武官职位。
⑦ 按兵：止兵不动，这里指不打仗的时候。

【译文】

国家之所以能够富强，在于细究权变来掌握政权，详审情势而使用人力。劝课农耕，是发展生产技术的问题，而国家富庶取决于粮食充足；谋划战争，是运用权谋胜敌的问题，而国家强盛取决于军队强大。所以说：出兵讨伐叛逆，就要选任各级武官，武官选任得法，军队就强大；不打仗时就大力发展农业生产，农业生产发展了，国家就富庶。国家不注重发展生产，就不能成为富国；军队不注重研究谋略，就不能成为强兵。

18. 为国之道，以足食为本。……若年谷①丰登，衣食给足，则国富而民安，此为治之先务②，立国之根本。

《明太祖宝训》卷三，《勤民》

【注释】

① 年谷：一年中收获的谷物。
② 先务：首要事务。

【译文】

治理国家的法则，以保证充足的粮食为根本。……如果庄稼丰收，百姓衣食充足，就会出现国家富裕而百姓安定的局面，这是治国的首要任务，立国的根本大计。

评　述

　　富国强兵是我国传统的国防政策。军事力量是一个国家经济、社会、政治、文化、科技和民众组织诸条件的集中反映。因此，要加强国防力量的建设，离不开国家经济的发展。我国古代兵家已认识到这一点，他们把"富国"看作"强兵"之本。孙膑在与齐威王讨论"强兵"问题时，否定了"政教"、"散粮"、"静"等儒、墨、道家的主张，认为这些"皆非强兵之急"，并明确提出了"富国"是"强兵之急"的正确主张（《孙膑兵法·[强兵]》）。

　　"富国强兵"的主张之所以在春秋战国时代响亮地提出来，是因为当时新兴地主阶级的诸侯国家为了在封建兼并战争中巩固政权，扩张势力，竭力提倡发展封建生产力，增强国家武装力量，从而朴素地辩证地看到了富国与强兵的关系。他们看到：一方面，国不富，不可以养兵，更谈不上"强兵"，国富为"强兵"提供了必要的物质前提，正是在这个意义上，他们说："国富者兵强"。另一方面，"强兵"又对"富国"产生了巨大的影响。兵不强，不可以摧敌，更不能立国，"强兵"对"富国"具有保证和促进作用，所以他们又说："兵强者战胜，战胜者地广"（《管子·治国》）。总之，"富国"与"强兵"是相辅相成的，发展经济与加强国防建设是统一的，决不能把二者割裂开来，既不能离开"富国"而"强兵"，也不能把"富国"直接等同于"强兵"，模糊了国防观念。历史上无数"富国强兵"的事例无不证明了这一原理。

　　古人往往把"富国"与"爱民"、"富民"联系起来。如提出"王者之道，[宜以]厚爱其民者也"（《银雀山汉墓竹简·孙子兵法》下编，《吴问》）；"凡治国之道，必先富民"（《管子·治国》）等主张。开明的君主为了加强其统治地位，在一定程度上能够把这些主张付诸实践，收到了很好的效果。

　　不同的生产方式决定不同的社会形态。在封建社会的条件下，中国古代表现出以农业立国、以兵卫国的特点。商鞅说:"国之所以兴者,农战也。"(《商君书·农战》)强调农耕,在当时的历史条件下,无疑是正确的。但是,也应该看到,由于历史和阶级的局限,中国古代思想家往往过分强调农耕而贬低工商业,"禁末作,止奇巧"(《管子·治国》),这就抑制了商品经济的发展和资本主义的萌芽,阻碍了社会的发展。特别是在封建社会的后期,这种阻碍作用更加严重。

例　证

战国初期,秦国原是一个经济落后、国力衰弱的国家。从秦献公时起,开始实行一系列改革。后来孝公时,任用商鞅变法,加快了这一改革的进程,使秦国走上了富国强兵的道路。

商鞅,又名卫鞅、公孙鞅,卫国贵族的后裔。少年时期,他就"好刑名之学"(《史记》卷六十八,《商君列传》,下同)。所谓"刑名之学",也就是法家的一套学说。后来,他在魏国进一步研究了法家思想。正在这时,一心想变法图强的秦孝公发布求贤令,招聘人才。在魏国不得志的商鞅,来到秦国,向秦孝公宣传他的主张,终于得到支持。秦孝公六年(前356年),商鞅开始变法。其主要内容是:废除井田制,建立封建土地制;废除分封制,实行郡县制,加强封建的中央集权;废除或削弱奴隶主贵族的特权;奖励耕战,等等。奖励耕战,即以重赏重罚来实现重农重战的政策。重农,是为了发展封建的国家经济;重战,是为了鼓励人们为国家作战,以加强国家的武装力量。商鞅变法的结果,促进了秦国奴隶制的瓦解,确立了封建的政治、经济制度,秦国逐渐富强起来,出现了"家给人足"、"兵革大强,诸侯畏惧"(《战国策·秦策一》)的局面。这就为后来秦始皇统一中国奠定了基础。

第三节　边防海防

1. 武侯①浮西河②而下，中流③，顾④而谓吴起曰："美哉乎，山河之固，此魏国之宝也！"起对曰："在德⑤不在险。……若君不修德，舟中之人尽为敌国也。"

《史记》卷六十五，《孙子吴起列传》

【注释】
① 武侯：战国时魏国国君，文侯之子，名击，谥武。
② 西河：指今山西、陕西两省之间的那一段黄河。
③ 中流：在水流之中，半途。
④ 顾：回头。
⑤ 德：即德政，指有利于百姓的政治措施和政绩。

【译文】
魏武侯乘船在西河里顺流而下，途中，回头对吴起说："真美啊，山河如此险固，这是魏国所以能够巩固的根本啊！"吴起回答说："（国家的巩固）在于国君的德政，而不在于山河的险要。……假若大王您不修明德政，那么，与您同船的人都可能成为您的敌人。"

2. 请问为①边若何？对曰：夫边日变，不可以常知观也。民未始变而是变②，是为自乱。请问③诸边而参④其乱，任之以事，而因其谋。方百里之地，树表⑤相望者，丈夫走祸，妇人备食，内外相备。春秋一日，败费⑥千金，称本⑦而动。候人⑧不可重⑨也，唯交于上⑩，能⑪必⑫于边之辞⑬。

《管子·侈靡》

【注释】

①为：治理，保卫。

②是变：认为是变乱。是，认定的意思。

③问：疑为"伺"字，形近而误。伺，察。

④参：检验。

⑤树表：树立标志。《墨子·号令》："士候无过十里，居高便所树表。表三人守之。"

⑥费：一作"曰"，一作"事曰"。"事曰"当即"费"字之误，据郭沫若等《管子集校》改。

⑦本：此指农业。

⑧候人：指边境上的执勤人员。候，守望，放哨。

⑨重：通"动"，这里指离开哨所。

⑩交于上：指通报边情给上级。交，通。

⑪能：犹"而"。

⑫必：通"毕"，尽。

⑬辞：据郭沫若等《管子集校》，训为"治"。

【译文】

请问治理边疆应当怎么做？回答说：边境上的情况天天有变化，不能用通常的见解来看待它。边民还没有开始变乱就认为是变乱，这就是为自己添乱。请观察四方边境的情况来验证他们会不会发生变乱，给他们事情做，并且依靠他们来谋划边事。在边境一百平方里的土地上，树立标志使大家都能看得见，（一旦敌人入侵，）男人奔赴战场，妇女供应食物，相互辅助做好戒备。春天和秋天（是耕种收获的季节），作战一天，就要破费千金，要衡量农业生产的情况而动兵。边境上的执勤人员不可擅离岗位，要将边情通报给上级，而尽职于边境之事。

3.秦已并天下，乃使蒙恬将三十万众北逐戎狄①，收河南②。筑长城，因地形，用制险塞，起临洮，至辽东，延袤万余里。

《史记》卷八十八，《蒙恬列传》

【注释】

① 戎狄：亦作"戎翟"，古民族名。先秦时华夏地区称西方少数民族曰"戎"，北方少数民族曰"狄"。后泛指西北少数民族。

② 河南：黄河以南地区。

【译文】

秦始皇兼并天下后，就派蒙恬率领三十万大军，向北驱逐戎狄，收复黄河以南的土地。（他）修筑长城，凭借地理形势，来控制险要的关塞，西起临洮，东到辽东，绵延万余里。

4. 边陲之戍，用保封疆①；禁卫之师，以备巡警，二者或阙②，则生戎心③。国之大防，莫重于此。

唐·陆贽《陆宣公奏议》卷二，
《奏草二·论叙迁幸之由状》

【注释】

① 封疆：疆界，边界。

② 阙：缺。

③ 戎心：敌人入侵的野心。戎，古代泛指我国西部的少数民族，这里指敌人。

【译文】

边防部队，是用来保卫疆界安全的；禁卫部队，是用来巡行警备京师的，二者如果缺一，就容易给敌对势力发动战乱造成可乘之隙。国家的最大防务，没有比这两方面更重要的了。

5. 边之大事，在食与兵。今食则无储，兵则乏帅，谓之有备，其可得乎？

唐·陆贽《陆宣公奏议》卷八，
《中书奏议二·请减京东水运收脚价于缘边州镇储蓄军粮事宜状》

【译文】

边防大事,在于粮食和军队。而今粮食没有足够的储备,军队缺乏得力统帅,如此还称之为有边备,这怎么能行呢?

6. 是以修封疆,守要害;堑^①蹊隧^②,垒军营;谨禁防,明斥候^③。务农以足食,练卒以蓄威。……寇小至,则张声势以遏其入;寇大至,则完守备以邀其归。据险以乘之,多方以误之,使其勇无所加,众无所用,掠则靡^④获,攻则不能,进有腹背受敌之虞,退有首尾难救之患。所谓乘其弊,不战而屈人之兵^⑤,此中国之所长也。

唐·陆贽《陆宣公奏议》卷九,
《中书奏议三·论缘边守备事宜状》

【注释】

① 堑(qiàn 欠):本指挖掘,这里可理解为阻绝或毁坏。
② 蹊(xī 希)隧(suì 遂):小路,间道。
③ 斥候:又作"斥堠",侦察,候望。
④ 靡(mǐ 米):无。
⑤ 不战而屈人之兵:语出《孙子兵法·谋攻篇》,意思是不经交战而使敌人屈服。

【译文】

因此,要整修边防,严守要害;阻绝间道,构筑营垒;严密警戒,注意侦察。发展农业以充足粮食,训练部队以积蓄威力。……如果敌人小部队进犯,就大张声势地阻止它侵入;如果敌人主力进犯,就严密守备并截断它的归路。要凭据险要地形以待敌人的可乘之机,采用种种方法以造成敌人的错误,使它有勇无所使,有兵无所用,劫掠无所获,进攻不可能,前进有腹背受敌的顾虑,后退有首尾难救的危险。所谓乘敌之弊和"不战而屈人之兵",这就是中原王朝作战的长处。

7. 兵之所屯①，食最为急。若无储蓄，是弃封疆。自昔败乱之由，多因馈饷②不足。……将欲安边，先宜积谷。

唐·陆贽《陆宣公奏议》卷十，
《中书奏议四·请边城贮备米粟等状》

【注释】

① 屯：聚集，储存。这里指边防储备。

② 馈饷：谓军粮供应。馈（kuì 溃），运送，供应。饷，军粮。

【译文】

边防储备，粮食是最迫切需要的。如果没有粮食储备，那就等于放弃了疆界。自古以来边境战乱失败的原因，多是由于军粮供应不足。……要想巩固边防，首先应该储备粮食。

8. 今兹之费①虽百万贯②，然功一成则边防固而戍兵可减半，岁省三百万贯，且宽民转输之力，实为永利。

《金史》卷九十四，《完颜襄传》

【注释】

① 今兹之费：现在这笔费用。这里指修筑长城及构筑壁垒的花费。

② 贯：旧时用绳索穿钱，每一千文为一贯。

【译文】

现在修筑长城这笔费用虽耗资百万贯，但是一朝大功告成，就会边防巩固，又可减少一半的边防军，每年可节省军费三百万贯，并且可以缓解民众辗转运送粮秣的负担，实在是永久之利。

9. 备边之道，守险为要。若朔州①、大同、开平②、宣府③、大宁④，乃京师之藩垣⑤，边徼⑥之门户。土可耕，城可守。宜盛兵防御，广开屯田，修治城堡，谨烽火⑦，明斥堠⑧。毋贪小利，毋轻远求，坚壁清野,使无所得。俟其惫而击之,得利则止,毋穷追深入。此守边大要也。

《明史》卷一六四,《范济传》

【注释】

① 朔州:治所在今山西省朔州市朔城区。
② 开平:即开平卫,治所在今内蒙古正蓝旗东北闪电河北岸。明宣德五年(1430年)移治独石堡(今河北省张家口市赤城县独石口镇)。
② 宣府:即宣府卫,治所在今河北省张家口市宣化区。
④ 大宁:即大宁卫,治所在今内蒙古赤峰以南、河北省平泉以北。
⑤ 藩垣:屏障。藩,篱笆。垣,墙。
⑥ 徼(jiào 叫):边界。
⑦ 烽火:古时边防报警的烟火。
⑧ 斥堠(hòu):又作"斥候",侦察,候望。一指瞭望敌情的堡垒。

【译文】

守备边防的方法,最重要的是守住险要的地方。如朔州、大同、开平、宣府、大宁等地,是京师的屏障,边境的门户。(那里的)土地可以耕种,城镇可以防卫。应当派重兵防守,广泛地开展屯田,修筑城堡,严密警戒,加强侦察。不要贪图小利,不要轻率出击,实行坚壁清野,使敌人一无所获。等到敌人疲惫再出兵攻击,获得一定的战果就停止,不要穷追敌人而深入敌境。这就是守卫边防的要旨。

10. 御戎固在守边,而守边尤在得人。故凡择良将以重委托,设文臣以资参辅,选士马以备攻守,运粮草以供馈饷,修器械以御冲突。是数者皆守关要务,而实本于任用得人。

《明英宗实录》卷一八五,正统十四年十一月辛卯,

《少保兼兵部尚书于谦等奏》

【译文】

抵御外族的侵扰固然在于守卫边防,而守卫边防尤其在于有合适的人。所以选择良将委以重任,派设文臣作为参谋辅助,挑选兵马用来准备打仗,运送粮草用来供给军饷,修缮器械用来防御敌人的进犯。这几件事都是守卫边关的重要事务,而核心在于任用合适的人选。

11. 夫摆边①之说,须驻重兵以当其长驱②,而又乘边墙以防其出没,方为完策。

明·戚继光等《重订批点类辑练兵诸书》卷二,《请兵破虏疏》

【注释】

① 摆边:陈兵于边境。
② 长驱:军队以不可阻挡之势向远方挺进。

【译文】

陈兵于边境的主张,必须驻扎大军以阻挡敌兵长驱直入,而且又要凭借边墙来防止敌人进出,这才是完备的策略。

12. 备边之策:坚城垒,浚沟堑,扼险要,谨斥堠,广侦探,多间谍,选将帅,练士卒,积粮饷,明赏罚,精器械,示恩信,开屯田,搜弊蠹①,禁启衅。兹十余策,从古论边者所不废也。

明·佚名《草庐经略》卷十二,《备边》

【注释】

① 弊蠹:意即隐藏的破坏分子。弊,通"蔽",隐藏,埋伏。蠹(dù 妒),本指木中之蛀虫,这里喻指破坏分子。

【译文】

边防守备之策是:修筑坚固的城垒,疏浚护城的堑壕,扼守险要的地形,谨慎地设置斥堠,广泛地侦探敌情,大量地使用间谍,选拔得力的将帅，训练精锐的部队，储备丰厚的粮饷，实行严明的赏罚，制造精良的武器，昭示恩德与信义，积极开展屯田，搜捕隐藏的坏人，严禁边衅的发生。以上这十余项守边之策，都是自古研究边防问题的人所不能废弃的谋策。

13. 今我惟多贮粮食，永戍官兵，则我兵得逸，而鄂罗斯①兵为劳矣。如此，则鄂罗斯轻兵来犯，断所不能。欲大队侵入，则彼粮食何能挽运耶？若黑龙江我兵不行永戍，自松花江、黑龙江以外所居民人，皆非吾有矣。

《清圣祖实录》卷一百三十一，康熙二十六年十月己巳

【注释】

① 鄂罗斯：即俄罗斯。

【译文】

现在我国只有（在边境地区）多贮存粮食，派出官兵永久驻屯戍守，才能使我军安逸，而俄罗斯军疲劳。这样一来，如果俄罗斯用小部队来犯，是一定不能得逞的。如果它想用大部队入侵，它的粮食又怎么运送呢？如果我军在黑龙江不采取永久戍守的方针，那么松花江、黑龙江以外居住的老百姓，就都要不归我国所有了。

14. 昔秦兴土石之功，修筑长城。我朝施恩于喀尔喀①，使之防备朔方②，较长城更为坚固。

《清圣祖实录》卷一百五十一，康熙三十年五月壬辰

【注释】

① 喀尔喀：即喀尔喀蒙古。

② 朔方：北方。

【译文】

从前秦朝大兴土木，修筑长城。我（清）朝布施恩惠给喀尔喀蒙古，

让他们防备北方,这比长城更为坚固。

15. 帝王治天下,自有本原①,不专恃险阻。秦筑长城以来,汉唐宋亦常修理,其时岂无边患?明末,我太祖②统大兵长驱直入,诸路瓦解,皆莫敢当。可见守国之道,惟在修德安民。民心悦则邦本③得,而边境自固,所谓众志成城是也。

《清圣祖实录》卷一百五十一,康熙三十年五月丙午

【注释】

① 本原:根源,这里指根本的法则。原,"源"的古字。
② 太祖:即建州女真首领、后金的建立者努尔哈赤,庙号清太祖。
③ 邦本:国家的根本。

【译文】

帝王治理天下,自有其根本的法则,并不专恃险阻立国。从秦朝修筑长城以来,汉、唐、宋各朝也都不断整修,那时难道就没有边患?明朝末年,我朝太祖统率大兵长驱直入,各路明军土崩瓦解,都不敢阻挡。可见保卫国家的方法,主要是修明政治,安抚民众。如果民众心悦诚服,也就抓住了治国的根本,边境自然就巩固了,所谓"众志成城",就是这个道理。

16. 盖闻守边之要,首在熟悉夷情,然非特知其长技,察其习尚已也。其部落之强弱,形势之夷险,以及承袭之世次,官制之维系,尤必周知之,而后足以得其心以制其命。

清·徐松《新疆识略》卷十二,《外裔》

【译文】

听说防守边疆的关键,首先在于熟悉邻国的情况,然而并不只是了解他们的长技,察明他们的习俗就够了。他们各部的强弱,地理形势的夷

险，以及他们谱牒世系的源流，职官制度及其维系的方法，尤其需要周详地了解，然后才能真正深知其内情而控制其命脉。

17. 防海之制谓之海防，则必宜防之于海，犹江防者必防之于江，此定论也。

明·郑若曾《筹海图编》卷十二，《御海洋》，胡宗宪语

【译文】

防守海洋的制度叫做海防，海防就必须防敌于海，如同江防一定要防敌于江一样，这是定论。

18. 海防之要，惟有三策：出海会哨，毋使入港者，得上策；循塘①拒守，毋使登岸者，得中策；出水②列阵，毋使近城者，得下策；不得已而至守城，则无策矣。

明·郑若曾《筹海图编》卷六，《直隶事宜》，翁大立语

【注释】

① 塘：筑土防水的堤岸、堤防。这里指海塘，即为阻挡海潮侵袭而修筑的人工堤岸。

② 水：指护城河。

【译文】

海防的关键，只有上中下三策：（我兵船主动）出海巡哨会剿，不使敌人侵入港口的，是上策；沿海塘堤岸防守，不使敌人上岸的，是中策；在护城河之外列阵拒敌，不使敌人接近城池的，是下策；不得已而守城，就不是可取之策了。

19. 平倭长策，不欲鏖战于海上①，直欲邀击于海中，比之制御北狄②，守大边而不守次边③者，事体相同，诚得先发制人之意。国初

更番出洋之制极为尽善。至于列船港次,犹之弃门户而守堂室,浸[4]失初意。宜复祖宗出洋之制。

明·郑若曾《筹海图编》卷十二,《御海洋》,杨博语

【注释】

① 海上:这里指近海,下文的"海中"则指外海。

② 北狄:古代北方少数民族的通称,明代主要指鞑靼。

③ 大边、次边:明王朝北部有两道防线,在外的称"大边",在内的称"次边"。

④ 浸:逐渐。

【译文】

平定倭寇的好办法,是不要与敌人在近海激战,而应力求截击敌人于外海。这好比防御北方的鞑靼,要守大边而不守次边,道理是一样的,(这样才)真正符合先发制人的原则。本朝初期轮番出兵御敌于外海的制度是非常完善的。至于把兵船驻泊港内,就像放弃门户而只守堂室,逐渐违背了原来的意图。应当恢复祖宗外海御敌的制度。

20. 古人云:"守险者必先设险于险之外守之。"其所谓海战之重兵,……当设战舰,备火攻,而谨斥堠,以迎击于淞海[1]之上。贼未泊岸则当夹水而阵,以遮击[2]之。贼既及岸,则当随其贼艘所泊之处而直捣之。此则海上格斗之兵也。

明·郑若曾《筹海图编》卷十二,《御海洋》,茅坤语

【注释】

① 淞海:指吴淞口一带的海域。

② 遮击:截击。遮,拦住。

【译文】

古人说:"守险的人,一定要先在险要的外面设置险要,并严密防守

它。"所谓海战的重兵，……应当设置战舰，预备火攻器材，严密侦察警戒，以迎击敌人于吴淞口一带的海面上。如果倭寇尚未停船靠岸，就应当夹水布阵，以截击它。如果倭寇已经到岸，就应当向敌船停泊的地方发动攻击。这就是在海上与敌格斗的部队。

21. 哨[①]贼于远洋而不常厥[②]居，击贼于近洋而勿使近岸，是之谓善体立法[③]之意，而悠久可行矣。

明·郑若曾《筹海图编》卷十二，《御海洋》

【注释】

① 哨：本指警戒防守的地方。这里用作动词，侦察、巡逻之意。
② 厥：其，那。
③ 立法：即御海洋之法。胡宗宪说："防海之制谓之海防，则必宜防之于海。"御海洋之法即指此。

【译文】

在外海侦察敌人，而不在那里设防；在近海打击敌人，而不使敌人靠岸，这才是真正懂得海防作战的要领，可以长期地实行下去。

22. 贼至不能御之于海，则海岸之守为紧关[①]第二义。贼新至，饥疲，巢穴未成，击之犹易。延入内地，纵尽歼之，所损多矣。

明·郑若曾《筹海图编》卷十二，《固海岸》，唐顺之语

【注释】

① 紧关：最重要的，最要紧的。

【译文】

敌人来了，如不能在海上阻截敌人，那么海岸防守就成为海防的第二件大事。敌人刚到，饥饿疲惫，据点还未建成，这时打击它还比较容易。敌人一旦侵入内地，纵使将其全歼，所付出的代价就太大了。

23. 为今之计，宜于春汛、小汛①先期一月，将各道②兵士督发各海口要害之处，……安营操练，与兵船相表里，以为防守万全之计。设或贼船潜入海口，则水兵星罗于其外，陆兵云布于其内。其将至也，击其困惫；既至也，击其先登；既登也，击其无备。以疲惫仓遑之贼，而当我养盛豫备之兵，一鼓成擒，可不血刃而收其全功矣。

明·郑若曾《筹海图编》卷十二，《固海岸》，蔡汝兰语

【注释】

① 春汛、小汛：汛本指江河中由于流域内季节性降雨或融冰、化雪等而发生的定期涨水现象。这里春汛（大汛）指三、四、五月，小汛（秋汛）指九、十月。在此期间，利于倭寇船只航行，入侵我国东南沿海地区。

② 道：即兵备道。明代在各省重要地方设整饬兵备之按察司分道。

【译文】

当今的大计，应该在春汛、小汛汛期到来之前一个月，将各兵备道所属部队调往各海口的要害处，……安营扎寨，加紧操练，与海上兵船里外配合，以此作为防守的万全之策。假若倭寇船只潜入海口，就可以使兵船密布于海上，陆上部队云集于海岸。当敌船将要到达时，乘其疲惫打击它；敌船已经到达，打击它先登陆的人员；敌人已经登陆上岸，乘其不备打击它。以疲惫仓皇的敌人，来对我养精蓄锐预有准备的部队，我可一战而胜，不用经过激战就能取得完全的胜利了。

24. 自广至辽，迢迢数千里，贼舟无处不可登泊，港堡无处不当设备。若一一而照拂之，则将帅之精神有限，分用于无关系之地，则其有关系者，反有遗而不到者矣。惟谅倭所从来之道，哨之于远洋，剿之于近洋。倭在洋先后而来，星散而行，风涛警其心，局蹐①苦其形，吾以众而待其寡，以逸而待其劳，以饱而待其饥，以备而待其所未备，至简至易之道也。若其近岸也，惟择总要之处，为水

寨、陆寨，以遏其冲，以遏其入，其余港堡坚营清野，贼进不得攻，退无所掠，计自穷矣。

明·郑若曾《筹海图编》卷十二,《严城守》

【注释】

① 局蹐：这里指船上空间狭小，因而人的身体不舒展的样子。局，曲身，弯腰。蹐（jí 吉），小步行走。

【译文】

自广东至辽东，海岸迢迢数千里，贼船无处不可停泊登陆，港口堡垒无处不应当设备。若是一一都照顾到，那么将帅的精力有限，把有限的精力分用到无关紧要的地方，关键的地方反而照顾不到了。只有估计倭寇来犯的路线，在远洋进行侦察，在近海实施围剿。倭寇从海上先后而来，分散而行，海上的风涛使他们精神紧张，船上的生活使他们身体疲累，我以众待寡，以逸待劳，以饱待饥，以有备待无备，这是最简易的办法。若是倭寇靠近海岸，只有选择关键的地方，设水寨、陆寨，先阻击其前锋，再堵截其深入，其余的港口堡垒则坚壁清野，这样，倭寇进不能攻，退无所掠，也就无计可施了。

25. 盖天下东南之形势在海而不在陆。陆地之为患也有形，易于消弭；海外之藏奸也莫测，当思杜渐①。

清·施琅《靖海纪事》下卷,《海疆底定疏》

【注释】

① 杜渐："杜渐防萌"或"杜渐防微"的省语，指防患于未然。

【译文】

国家东南地理形势（的关键）在于海洋而不在于陆地。陆地的祸患是有形的，容易被消除；海外心怀恶意而又隐匿不露的敌人是无法预料的，应当想到防患于未然。

评　述

　　边海防是古代国防的重要内容，是国家为防止外敌入侵而采取的边境防御设施。沿国境设防的问题，并不是国家一产生就出现的，而是随着社会生产力和国家的发展、战争规模的扩大而逐渐出现的。大约在战国时代，边防问题已引起当时各诸侯国的重视。《管子》中就有专门论述治理边疆的篇章。秦汉以后，修长城、筑边堡，屯田实边，直到明代设置九边、部署海防，边防问题无论在实践上还是理论上，都已成为国防上的重大战略问题。

　　古人对于巩固和加强边防，提出了不少有益的主张，主要有：一、要有足够的边防部队和充足的粮食，如唐代政治家陆贽说，"边之大事，在食与兵"(《陆宣公奏议》卷八，《中书奏议二·请减京东水运收脚价于缘边州镇储蓄军粮事宜状》)；"兵之所屯，食最为急"(同上，卷十，《中书奏议四·请边城贮备米粟等状》)。二、"用制险塞"(《史记》卷八十八，《蒙恬列传》)，构筑工事设防。三、要有战略机动部队适时策应主要方向的作战，并与边防工程相配合。戚继光说得好："夫摆边之说，须驻重兵以当其长驱，而又乘边墙以防其出没，方为完策。"(《重订批点类辑练兵诸书》卷二，《请兵破虏疏》)四、要选派得力的将领治理边防，"御戎固在守边，而守边尤在得人"(《明英宗实录》卷一八五，正统十四年十一月辛卯，《少保兼兵部尚书于谦等奏》)。五、在一定程度上看到了人民群众的力量，认识到人心的向背，既是国家存亡最重要的因素，也是赢得战争胜利的力量源泉。这就是吴起所谓"在德不在险"(《史记》卷六十五，《孙子吴起列传》)。康熙帝也指出："帝王治天下，自有本原，不专恃险阻。……守国之道，惟在修德安民。民心悦则邦本得，而边境自固，所谓众志成城是也。"(《清圣祖实录》卷一百五十一，康熙三十年五月丙午)历史证明，"在德不在险"、"民为邦本"的思想是正确的，把争取民心、依靠民众作为加强边防建设的一项基本政策，也是值得称道的。

　　我们还要看到，清代地理学家徐松提出的"守边之要，首在熟悉夷情"(《新疆识略》卷十二,《外裔》)在近代显示出特殊意义。从十九世纪初叶开始,清王朝逐渐面临沙俄帝国和西方资本主义列强侵略扩张的威胁。但是,统治阶级仍然盲目地以"天朝"大国自居,继续实行闭关锁国的政策,以至对国外的情况茫然无知。"熟悉夷情"思想的提出,对边防以至整个国防建设的意义是非常明显的。

我国海疆辽阔,有漫长的海岸线,但在宋元以前,从未受到来自海上的严重威胁。到了明代,由于倭寇不断地从海上入侵,海防问题变得突出起来,关于海防的议论也越来越多。但直到近代,海防问题才因列强的海上入侵而异常严重起来,海防在国防中的地位也更加突出了。综观明清两代的海防理论,大致有以下几点:

一是"御海洋"。即所谓:"防海之制谓之海防,则必宜防之于海。"(明·郑若曾《筹海图编》卷十二,《御海洋》,胡宗宪语)敌人从海上来,防之于海可以首先在海上予敌以打击,歼灭敌人的有生力量,并为尔后海岸歼敌创造必要的条件,从而确保内地的安全。如果一开始就放弃海上歼敌而"列船港次,犹之弃门户而守堂室"(同上,卷十二,《御海洋》,杨博语),敌人对我内地的威胁就大得多了。

二是"固海岸"。即在海岸设防,组织抗登陆作战。所谓"贼至不能御之于海,则海岸之守为紧关第二义","贼新至,饥疲,巢穴未成,击之犹易",如"延入内地,纵尽歼之,所损多矣"(同上,卷十二,《固海岸》,唐顺之语)。"固海岸",不是处处设防,而是要有重点,即"惟择总要之处,为水寨、陆寨,以遏其冲,以遏其入"(同上,卷十二,《严城守》)。

三是"严城守"。即加强沿海城镇的防御,使敌不得近城,不能占城,构成海防的最后一道防线。如《筹海图编》指出的:寇至,先行"出水列阵"(卷六,《直隶事宜》,翁大立语),依托护城河寻敌野战,不让敌军靠近沿海城镇;一旦野战失利,则依托城垣作战,攻守结合,挫败入侵之敌。

"御海洋"、"固海岸"、"严城守",组成了一个完整的防御思想体系。这在当时历史条件下,不失为一种可行的海防理论。

例 证

　　战国时期，我国北方的匈奴族不断南下，掠夺牲畜、财物和人口，赵国深受其害。为了加强边防，消除边患，赵国实行军事改革，建立起骑兵这一新的兵种，并采取了修筑长城、设立边郡、徙民实边等一系列措施。但这仍然阻挡不住匈奴强大骑兵的侵扰。就是在这样的情况下，李牧被赵王派往代郡（今河北蔚县一带）、雁门郡（今山西宁武一带）守边御敌。

　　李牧沉稳持重，有韬略。他根据敌强己弱的客观情况，审时度势，采取了积极备战、以守制敌的方针。一方面，在辖区内设置地方官员，征收赋税，充实府库，作为军费；加强部队军事训练，率领士卒练习骑射；严密警戒，加强烽火管理，每当匈奴进犯，立即举烽火报警；大量派遣情报人员，侦察敌情，随时掌握敌人动向。另一方面，充分利用长城和雁门关险要，坚壁自守，不与敌人硬拼。经过数年的准备，稳定了边境形势，提高了部队的军事素质和军心士气，与敌决战的条件与时机已经成熟。于是，李牧集中步骑兵十五万大军，利用匈奴骄傲轻敌的心理，诱敌来攻，一举歼敌十余万骑。接着，又消灭了襜褴，击破了东胡，降服了林胡，迫使匈奴单于远逃漠北。由于李牧守边有方，"其后十余岁，匈奴不敢近赵边城"（《史记》卷八十一，《廉颇蔺相如列传》）。

第四节　屯田实边

　　1. 陛下[①]幸忧边境，遣将吏发卒以治塞，甚大惠也。然令远方之卒守塞，一岁而更[②]，不知胡人[③]之能，不如选常居者，家室田作，且以备之。

《汉书》卷四十九，《晁错传》

【注释】

① 陛下：指汉文帝刘恒。

② 更：更换，代替。这里指西汉初期的边防制度，从内地派兵戍边，每年轮换一次。

③ 胡人：这里指匈奴。

【译文】

陛下忧虑边境，派遣将领官吏，调发军队去治理边塞，这有极大的好处。然而让远方的士兵去戍守边塞，一年一换，不熟悉匈奴的特性，不如选派在边塞长久居住的人，让他们在边塞安家落户，耕田种地，同时用以防备匈奴。

2. 以陛下之时，徙民实边，使远方无屯戍之事，塞下之民父子相保，亡①系虏②之患，利施③后世，名称圣明，其与秦之行怨民④，相去远矣。

《汉书》卷四十九，《晁错传》

【注释】

① 亡：通"无"。

② 系虏：被绑走当俘虏。系，缚。

③ 施（yì 义）：蔓延，延续。

④ 秦之行怨民：指秦代强征百姓北筑长城、南戍五岭，民不聊生，"行者深怨"，故称"怨民"。

【译文】

在您当皇帝的时候，迁徙民众充实边塞，使遥远的内地百姓免去了屯戍边防的差役，边塞上的民众父子相保，避免了被匈奴掳走的祸患。这一措施有利于后世，皇上将博得英明的赞誉。这同秦代强行戍边、民众怨怨相比，真有天壤之别啊。

3. 屯田，内有亡费①之利，外有守御之备。

《汉书》卷六十九，《赵充国传》

【注释】
① 亡费：没有耗费。亡，通"无"。

【译文】
实行屯田，对内有不耗费国家积蓄的好处，对外有守御边疆的准备。

4. 先圣制法①，亦务实边，盖以安中国也。

汉·王符《潜夫论·实边》

【注释】
① 法：法则，法度，规章。

【译文】
先圣制定规章制度，也是致力于充实边疆，目的是安定中原。

5. 夫定国①之术，在于强兵足食。秦人以急农兼天下②，孝武以屯田定西域③，此先代之良式④也。

《三国志》卷一，《魏书·武帝纪》裴松之注引《魏书》，曹操语

【注释】
① 定国：安定国家。
② 秦人以急农兼天下：指秦国实行商鞅变法，把大力发展农业放在首位，壮大了实力，终于兼并了山东六国。
③ 孝武以屯田定西域：指汉武帝刘彻在西域实行屯田，就地解决了军粮问题，从而巩固了西域。西域，汉以后对玉门关（今甘肃敦煌西北）以西地区的总称。
④ 良式：楷模，好榜样。

【译文】

安定国家的办法，在于使军队强大，使粮食充足。秦国以农耕为急务而兼并了天下，汉武帝通过屯田巩固了西域，这些都是前代的好榜样。

6. 今徐州良田十万余顷，水陆肥沃，清、汴①通流，足以溉灌。若以兵绢市牛，可得万头。兴置屯田，一岁之中，且给官食。半兵芸殖②，余兵屯戍，且耕且守，不妨捍边。一年之收，过于十倍之绢，暂时之耕，足充数载之食。于后兵资皆贮公库，五稔③之后，谷帛俱溢，非直④戍卒丰饱，亦有吞敌之势。

《资治通鉴》卷一百三十五，
《齐纪一》，高帝建元三年，薛虎子语

【注释】

①清、汴：水名。清，泗水的别名，一作清泗。汴，魏晋之际，自荥阳汴渠东循狼汤渠至今开封，又自开封东循汳水、获水至今徐州转入泗水，是当时从中原通向东南的水运干道。晋以后，遂将这一运道全流各段统称为汴水。

②芸殖：指农业生产。芸，通"耘"，除草。殖，种植。

③稔（rěn 忍）：古代谷物一年一熟，因称"年"为"稔"。

④直：仅，只是。

【译文】

现在徐州有良田十万余顷，水产丰富，土地肥沃，清水、汴水通贯其境，足以灌溉田地。若用给兵士的绢费买牛，可以得到万头。兴办屯田，一年之内，暂且由国家供给粮食。用一半的兵力耕耘垦殖，剩余的兵力戍守，且耕且守，不妨碍捍卫边疆。一年的收获，可以超过（国家给兵士）绢费的十倍，短时间的耕种，完全可以提供几年的粮食。从此之后，兵士的资费都储备在国家的仓库里，五年以后，粮食、布帛多得仓库都装不下了，不只是戍守的兵士可以丰衣足食，还有了消灭敌人的气势。

7. 对①曰："尽听臣言，不减戍兵，军食必办，府兵②亦集。"上③曰："如何？"对曰："关东之师约三年而代，今始一年矣。给荒地牛种农具而官为之籴④，每人所获不啻⑤绢百匹。年将满，下诏有愿住者，给所地开为永业⑥。家口愿来，令州府给长牒⑦续⑧食。不二三更代，则关中已实，不假⑨征戍矣。因遂以为府兵，移旧府名即而置之，分隶京师诸军诸卫。有寇则以符契⑩发付边将，无寇分番宿卫。府兵成矣。"上曰："此乃神谋也。"

宋·王应麟《玉海》卷一三八,《邺侯家传》

【注释】

① 对：应答。这是李泌回答唐德宗李适（kuò 扩）的话。

② 府兵：古代兵制。创建于北朝西魏大统年间，经北周到隋、唐，一直沿用并有所变革。府兵平日务农，农隙教练，征发时自备兵器资粮，分番轮流宿卫京师，防守边境。至唐玄宗天宝年间，府兵制已仅存虚名。

③ 上：皇帝。这里指德宗李适。

④ 籴（dí 敌）：买进粮食。

⑤ 啻（chì 赤）：只，仅。

⑥ 永业：即永业田。隋、唐行均田制，分给男子植桑、枣等树木作为世业的土地，因可世代承耕，故名永业田。

⑦ 牒：文书或证件。

⑧ 续：接济。

⑨ 假：借。

⑩ 符契：犹符节，古代朝廷调动军队或发布命令的信物。用竹、木或金属制成，上写文字，分成两半，一半存朝廷，一半给外任官员或出征将帅，使用时以两片相合为验。

【译文】

（李泌）回答说："如果完全听从我的意见，可以不减少戍守的部队，军粮一定能够筹办，府兵也可以招集到。"德宗说："怎么办呢？"回答说：

"关东的军队大约三年一轮换,现在才一年。如果分给他们荒地、耕牛、种子、农具,由国家买进收获的粮食,每个人所获得的不止一百匹绢的价值。将满一年,可下诏宣布,有愿意长住的,把所耕之地给他作为永业田。家属愿意来的,下令让州府发给证明,接济食粮。这样,不用两三次轮换的时间,关中就已经兵力充足,不用借助于征发戍兵了。于是,就把它变为府兵,变更旧府名就地设置,分属于京师的各军各卫。有敌人来犯就用符契发令给边将,没有敌人进犯就分批轮流宿卫京师。(这样),府兵就建立起来了。"德宗说:"这真是神妙的谋划啊!"

8.《军志》曰:"虽有石城①十仞②,汤池③百步,无粟不能守者。"故晁错④论安边之策,要在积谷;充国⑤破羌之议,先务屯田。

唐·陆贽《陆宣公奏议》卷八,
《中书奏议二·请减京东水运收脚价于缘边州镇储蓄军粮事宜状》

【注释】

① 石城:谓垒石为城,至为坚固。

② 仞(rèn 任):古代长度单位,据陶方琦《说文仞字八尺考》称:周制一仞为八尺,汉制为七尺,东汉末则为五尺六寸。

③ 汤池:本指护城河,以汤喻沸热不可接近,后用以指防守严密的城池。

④ 晁错(前 200—前 154):西汉著名政论家。汉景帝时,任御史大夫。曾提出募民实边,积极备御匈奴,以及逐步削夺诸侯王国封地,以加强中央集权等建议,为景帝所采纳。

⑤ 充国:即赵充国(前 137—前 52),西汉著名将领。汉宣帝时,在反击羌族变乱的斗争中,提出在西北屯田的建议,对巩固西北边防,发展当地生产起了积极作用。

【译文】

《军志》上说:"即使有坚城十仞之高,护城河百步之宽,但是,没有粮食也是不能坚守到底的。"所以，西汉晁错提出的巩固边疆的政策，关键在于储备粮谷；赵充国提出的击败羌兵的建议，首要任务是实行屯田。

9. 臣愚谓宜罢诸道①将士番替防秋②之制，率因旧数而三分之：其一分，委本道节度使募少壮，愿住边城者以徙焉；其一分，则本道但供衣粮，委关内、河东诸军州，募蕃汉子弟，愿傅③边军者以给焉；又一分，亦令本道但出衣粮，加给应募之人，以资新徙之业。又令度支④散于诸道，和市⑤耕牛，雇召工人，就诸军城，缮造器具。募人至者，每家给耕牛一头，又给田农水火之器，皆令充备。初到之岁，与家口二人粮，并赐种子，劝之播殖。待经一稔，俾⑥自给家。若有余粮，官为收籴，各酬倍价，务奖营田。既息践更⑦征发之烦，且无幸灾苟免之弊。寇至则人自为战，时至则家自力农。是乃兵不得不强，食不得不足。与夫倏⑧来忽往，其可同等而论哉？

唐·陆贽《陆宣公奏议》卷九，
《中书奏议三·论缘边守备事宜状》

【注释】

①道：唐代的行政区划。

②防秋：唐时突厥、吐蕃等多在秋季入寇，故秋季要调兵守边，谓之防秋。

③傅：通"附"。

④度支：官名。掌管全国财赋的统计和支调，故名度支。唐朝在户部下设有度支郎中。

⑤和市：官府向百姓议价购买货物。

⑥俾（bǐ 比）：使。

⑦践更：秦汉时成年男子按规定要轮番戍边服兵役，亲自服更役称为践更。

⑧倏（shū 书）：迅速，极快。

【译文】

我认为，应该停止各道将士轮番替换的防秋制度，一概按照旧数分作三部分：其中一部分，委命本道节度使招募愿在边城居住的少壮者迁往边城；其中一部分，本道只提供服装和粮食，委命关内、河东各军州，招募愿参加边军的少数民族和汉人子弟，供给他们；另外一部分，也令本道只供给服装和粮食，发给应募的人，用来资助他们迁移新居的家业。再令度支分散在各道，议价收买耕牛，召雇工匠，在各军城修造武器农具。招募的人来到之后，每家发给耕牛一头，再发给农耕及生活用具，使他们都充足完备。刚来的那一年，每家发给两口人的粮食，并分给种子，勉励他们种植。等一年之后，就叫各家自给。如果还有余粮，国家收购，各付给加倍的价钱，以奖励屯田。这样既免去了践更和征发的麻烦，又没有苟且幸免服役的弊病。敌寇来了就人自为战，农时到了则家家尽力务农。这样，军队不能不强，粮食不能不足。这和那种忽然召来忽然又离去的情况，难道可以相提并论吗？

10. 边郡之兵，自禁旅之外，别置屯军。凡天下厢①之冗役者，法之流移②者，民之愿从者，合而籍③之，以隶于屯官，则不患无人矣。田既入，人既聚，然后辨其夫亩，列之庐舍，授之耒耜④，教之稼穑，明立功课，时加督察。勤则有赏，惰则有刑。然而农功集矣。既又为之什伍⑤，立其长帅，赋⑥以兵器，与其甲胄，乘其闲暇，习之战斗，是谓因内政以寄军令⑦也。然而武事兴矣。食既足，兵既练，禁旅未动而屯军固以锐矣。以红腐⑧之积，济虎貔⑨之师，利则进战，否则坚守，国不知耗，民不知劳，而边将高枕矣。

宋·李觏《李觏集·强兵策》

【注释】

①厢：即"厢兵"。宋朝诸州的镇兵。宋太祖赵匡胤鉴于唐末藩镇跋扈之弊，诏令选州兵壮勇者送京师充禁军。其余留本城，称为厢兵。厢兵一

般只充劳役，至宋仁宗时始训练部分厢兵以备战守。

② 流移：流放。这里指因犯法而被流放边地的人。

③ 籍：登记。

④ 耒（lěi 磊）耜：（sì 四）：古代耕地翻土的农具，其柄叫耒，其铲叫耜。后泛指农具。

⑤ 什伍：古代户籍与军队的基层编制。这里指屯军军政合一的什伍制，即把军屯者登记造册，五家为"伍"，伍有伍长；十家为"什"，什有什长。

⑥ 赋：授予，给予。

⑦ 因内政以寄军令：语出《国语·齐语》，原文为"作内政而寄军令"。《管子·小匡》则为"作内政而寓军令"。大意是制定和整顿内政之法的同时，又把制定和整顿军队之法寓于其中。实际上是一种军政合一的什伍制度。

⑧ 红腐：又称红粟，泛指粮食。

⑨ 虎貔（pí 皮）：虎与貔皆凶猛之兽，喻士兵勇猛，部队有战斗力。

【译文】

边疆地区的部队，在禁军之外，另外组建屯军。凡是国内厢军中服冗杂差役的，因犯法而被流放边地的，百姓中志愿去边地的，把这几种人合在一起造册登记，使他们隶属于屯官，就不用担心没有屯田的人了。田已经归了官，人已经聚集起来了，然后给他们分配田亩，建造房屋，发给农具，教授农业生产技能，确立奖励农耕与征税的规章制度，按时督促检查。勤劳的就奖赏，懒惰的就处罚。这样农业生产就可以搞好了。然后再把他们按什伍制进行编组，任命官将，发给兵器，授以甲胄，利用闲暇，练习攻战，这就是所谓"因内政以寄军令"。这样，军事训练就开展起来了。粮食已经充足了，兵士已经训练了，禁军尚未行动而屯军已经锐不可当了。用积蓄的粮食，补益勇猛的部队，对我有利就进攻，对我不利就坚守，国家不觉得耗费，百姓不感到劳苦，驻守边疆的将领可以高枕无忧了。

11. 其便莫如稍徙缘边之民不能战守者于空闲之地，而以其地益①募民为屯田。屯田之兵稍益，则向②之戍卒可以稍减，使数岁之后，缘边之民尽为耕战之夫。

宋·苏轼《苏东坡全集》卷四十五，《御试制科策》

【注释】

① 益：增加。
② 向：原来。

【释文】

最便利的方法，莫如把沿边一带不能攻守的百姓迁移到空闲的地方去，而用原来的地方多招募一些百姓进行屯田。屯田的民兵逐渐增加，那么原来戍守的兵卒可以逐渐减少，这样数年之后，边境一带的百姓全都成为既能耕种又能作战的人了。

12. 用兵制胜，以粮为先；转饷给军，以通为利也。必欲使粮足而饷无间绝之忧，惟屯田为善。

宋·辛弃疾《美芹十论·屯田》

【译文】

用兵制胜，以粮食为先决条件；转送粮饷供给军队，以道路通畅为有利。要想使粮食充足，军饷没有断绝的忧患，只有屯田才是最好的办法。

13. 备边固在乎兵实①，兵实又在乎屯田。……陛下宜选其有智谋勇略者数人，每将以东西五百里为制②，随其高下③，立法分屯④。所领卫⑤兵以充国⑥兵数斟酌损益⑦，率五百里一将，布列缘边之地，远近相望，首尾相应，耕作以时，训练有法，遇敌则战，寇去则耕，此长久安边之法也。

明·宋讷《西隐文稿》卷十，《守边策略》

【注释】

① 实：充足。

② 制：法式，标准。

③ 高下：地势的高低变化。

④ 立法分屯：确立防御之法，分别屯守。

⑤ 卫：即卫所，明初军队的编制。

⑥ 充国：指西汉名将赵充国。参见本节第8条。

⑦ 损益：增减，改动。损，减少。益，增加。

【译文】

边防守备固然在于兵力充足，兵力充足又在于屯田。……陛下应当在将领中挑选几个有勇有谋的人，每个将领以东西五百里为标准，随地势的高低变化，相应地划出防区，分别屯驻。每个将领所率领的卫所部队，都要按汉代赵充国统率的军队数量酌情增减，一般五百里设一将，把部队部署在靠近边境的地带，使各个分屯单位之间远近相互看得见，前后能相互照应，按照农时耕作，军事训练得法，遇到敌人来犯就作战，敌寇退走就耕田，这就是使边防长久安定的办法。

14. 古者寓兵于农，有事则战，无事则耕，暇则讲武。今兵争之际，当因时制宜。所定郡县，民间岂无武勇之材？宜精加简①拔，编辑为伍，立民兵万户府领之。俾农时则耕，闲则练习，有事则用之，事平，有功者一体升擢②，无功令还为民。如此则民无坐食之弊，国无不练之兵，以战则胜，以守则固，庶几寓兵于农之意也。

《明太祖实录》卷六，戊戌岁十一月辛丑

【注释】

① 简：选择，选拔。

② 擢（zhuó浊）：提拔，选拔。

【译文】

古时寓兵于农，有战争就打仗，没有战争就耕田，农闲时就讲习武备。现在正处于战争期间，应当因时制宜。在已经占领的郡县，民间难道没有会武艺而又勇敢的人才？应该认真地加以选拔，将他们编组成军，设民兵万户府进行管理。使他们在农忙时耕田，农闲时练习武艺，有战争就用他们去打仗，战争结束后，有战功的一律晋级升官，没有战功的让他们还乡为民。这样，老百姓没有坐吃闲饭的弊病，国家也没有不经训练的军队，这样的军队用来进攻就能够取胜，用来防御就能够固守，这差不多就是寓兵于农的意思了。

15. 太祖坐白虎殿与孔克仁①论天下形势，因曰："……吾欲以两淮、江南诸郡归附之民，各于近城耕种，练则为兵，耕则为农，兵农兼资，进可以取，退可以守。仍于两淮之间馈运可通之处，积粮以俟，兵食既足，观时而动，以图中原，卿以为何如？"克仁对："积粮训兵，待时而动，此长策也。"

《明太祖宝训》卷六，《武备》

【注释】

① 孔克仁：明太祖朱元璋麾下谋士。元至正二十四年（1364年）正月，与朱元璋作上述形势问对。

【译文】

明太祖在白虎殿与孔克仁议论天下形势，他说："……我要把两淮和江南各郡县已经归附的百姓组织起来，分别在各城池附近耕种，训练时为兵，耕种时为农，军事与农耕兼顾，这样，进可以攻，退可以守。同时，仍旧于两淮之间交通方便之处，积聚粮草以等待时机，兵精粮足之后，看形势如何再采取行动，以便图谋中原，你以为如何？"孔克仁回答说："积聚粮草，训练精兵，等待时机而行动，这是最好的计策。"

16. 屯田者，储蓄之本也，必耕种以时①，然后公私充足。其②加意督劝。若完城堡、修器械、勤训练、谨斥堠、慎哨备，皆军政所急，不可废弛。

《明太宗宝训》卷四，《谕将帅》

【注释】

① 以时：按时，这里指按照农时耕种，亦即不误农时。
② 其：指武臣。

【译文】

屯田是储蓄的根本，必须耕种不误农时，然后国家和百姓才会粮食充足。你们要注意督促劝导（士兵）。至于加固城堡工事、修缮兵器军械、勤于训练技艺、严密侦察敌情、慎重哨守战备，这些都是军政急务，不可荒废松弛。

17. 用兵之久者，当以转运为权宜，以屯田为长策。庶几可以息百姓之肩，军无枵腹①之忧也。

明·佚名《草庐经略》卷三，《屯田》

【注释】

① 枵腹：空腹，饥饿。枵（xiāo 消），原指中心空虚的树根，引申为空虚。

【译文】

进行持久作战的军队，应当把转运粮秣看作临时的办法，而以屯田为长远的筹策。这样做，差不多可以免除百姓的劳役负担，而军队又没有饥饿的忧虑。

18. 屯田之政，可以纾①民力，足民食。边方之计，莫善于此。

明·佚名《草庐经略》卷三，《屯田》

【注释】

① 纾（shū 舒）：意谓宽舒。

【译文】

实行屯田的政策，可以减轻百姓的负担，满足百姓的食用。巩固边疆的办法，没有比这更好的了。

19. 目前国用匮乏，最为吃紧，则屯种当议举行。……勿先计收获多寡，实意行之，自有功效，亦可助朝廷些须①之费，而亦不旷乎兵务。

清·于成龙《于清端公政书》卷四，
《上蔡制台南征方略》

【注释】

① 些须：少许，一点儿。

【译文】

目前国家财用匮乏，最为紧张，屯垦耕种的问题就应当议决实行。……不必先计较收获的多少，只要真心实意去做，自然就会有功效，也可以补助朝廷一些费用，而且并不会荒废军务。

20. 驻防余丁①兵农交习，屯守兼资，洵②于生计有益。但边防重务，必须随时讲求，方足以资经久。

清·徐松《新疆识略》卷六，《屯务·旗屯》

【注释】

① 余丁：清朝有旗籍而未当兵的成年男子。八旗制度开始时人尽为兵，后来规定，每三个成年男子里有一人当兵，其余两人便是余丁。入关以后，八旗人口不断增加，而兵有定额，余丁越来越多。

② 洵（xún 旬）：诚然，确实。

【译文】

驻防八旗的余丁同时学习军事和农业生产，屯田和防守都担当起来，确实对于生计有好处。但是，边防大事，必须随时讲究，才可以使边境保持长久安定。

评　述

屯田实边是中国古代国防建设的一项重要政策。古代边疆地区人口稀少，经济落后。所谓"实边"，一是解决人口和兵员问题，二是发展经济，保证军需物资就地供给。这是"实边"最基本的内容。增强边防，目的在于拱卫内地。从这个意义上说，实边就是固内，所以古人说："先圣制法，亦务实边，盖以安中国也。"（汉·王符《潜夫论·实边》）

"备边固在乎兵实"（明·宋讷《西隐文稿》卷十，《守边策略》），加强兵力是第一位的。但是，由于边疆人口稀少，大都只得从内地调派部队戍守，定期轮换。这当然是非常必要的。然而，要在边疆经常保持一支足够数量的边防部队，耗费是相当大的，国家将不胜负担。而且，经常轮换的部队，对边疆的情况不熟悉，单纯依靠轮换部队戍守，难以真正担当起保卫边疆的重任。为了解决这个矛盾，古人提出了"徙民实边"的主张：一是"选常居者，家室田作，且以备之"（《汉书》卷四十九，《晁错传》，下同）；二是从内地迁徙民众到边疆地区安家落户。这样一方面增加了边疆地区人口，另一方面使边防部队固定化，军民一体化，好处是"使远方无屯戍之事，塞下之民父子相保，亡系虏之患，利施后世"。自汉以后，各朝都采取了这个政策，也都收到了比较好的效果。当然，仅有"徙民实边"一种办法，也还不足以使边防完全巩固。因此，古代在实行"徙民实边"的同时，还采取"遣将吏发卒以治塞"的办法，使二者相辅相成，以达到固边的目的。

屯田是"徙民实边"另一方面的内容，是解决军食的重大措施。古人指出："兵实又在于屯田。……布列缘边之地，远近相望，首尾相应，耕作以时,训练有法,遇敌则战,寇去则耕,此长久安边之法也。"(《西隐文稿》卷十,《守边策略》)又说:"屯田,内有亡费之利,外有守御之备。"(《汉书》卷六十九,《赵充国传》)这就明确地指出了屯田熔经济效益和军事价值于一炉的重要作用。屯田不但可以解决边防部队急需的粮食,而且能够促进边疆地区经济的发展,减轻人民的负担,富国富民。所以,古人说:"屯田者,储蓄之本也",只要认真实行,就能够"公私充足"(《明太宗宝训》卷四,《谕将帅》)。又说:屯田"可以息百姓之肩,军无枵腹之忧"(明·佚名《草庐经略》卷三,《屯田》);"用兵制胜,以粮为先;转饷给军,以通为利也。必欲使粮足而饷无间绝之忧,惟屯田为善"(宋·辛弃疾《美芹十论·屯田》);"屯田之政,可以纾民力、足民食。边防之计,莫善于此"(《草庐经略》卷三,《屯田》)。屯田的特点是,军民结合,农战结合,即"练则为兵,耕则为农,兵农兼资"。因此,"进可以取,退可以守"(《明太祖宝训》卷六,《武备》),有很大的优势。

由于屯田既有经济效益又有军事价值,所以在实践中要处理好二者之间的关系,尤其要防止重经济轻军事的倾向。对此,古人曾明确指出:"驻防余丁兵农交习,屯守兼资,洵于生计有益。但边防重务,必须随时讲求,方足以资经久。"(清·徐松《新疆识略》卷六,《屯务·旗屯》)

"屯田实边"的基本思想是军事建设和经济建设结合,兵农结合。这一思想不仅对中国古代国防有重要指导意义,对近现代国防也仍然具有借鉴价值。

例 证

西汉宣帝神爵元年(前 61 年),居住在河湟一带的西羌族发动变乱,打败西汉驻军。年已七十七岁的老将赵充国,主动请战,率师远征。为了集中打击"首为叛逆"的先零羌,赵充国尽力争取罕、开诸羌,终于瓦解了敌人的联盟。对先零羌,则先取只守不战的策略,待其麻痹松懈之后,乘其无备,发动突然袭击。先零羌猝不及防,仓皇逃窜。

为了进一步巩固边防,赵充国向汉宣帝上书,请罢骑兵,留步兵万余,分屯要害,且耕且守,以待其自敝。汉宣帝和朝中多数大臣都反对此议,赵充国又反复上书,陈说利害,提出了"留兵屯田十二便",主要内容是:步兵"留屯以为武备",可以巩固边防;"罢骑兵以省大费",可以预息徭役,防止不虞之变;"居民得并田作,不失农业";修治邮亭,建造桥梁,可以开发边疆,等等(《汉书》卷六十九,《赵充国传》)。汉宣帝最终采纳了赵充国的建议,诏令罢兵屯田。

赵充国屯田收到了预期的效果,不但彻底平定了西羌,而且发展了边疆地区的社会经济,巩固了边防安全。他关于屯田的理论和实践也成为中国古代边防思想的重要内容,为后世政治家所效法。

第三章 谋略篇

第一节 兵贵定谋

1.夫未战而庙算①胜者,得算②多也;未战而庙算不胜者,得算少也。多算胜,少算不胜,而况于无算乎!吾以此观之,胜负见③矣。

《孙子兵法·计篇》

【注释】

①庙算:战前的战略筹划。古时候拜将出兵,在祖庙里举行仪式,讨论作战计划,所以称庙算。算,计算、谋划。

②算:即"筹",算筹,古时候投壶及射箭时计算胜负的筹码,这里指取胜的条件。

③见:同"现",显现。

【译文】

开战以前预计可以打胜仗的,是因为胜利的条件充分;开战以前预计不能打胜仗的,是因为胜利的条件不充分。谋划周密、胜利条件充分的能取胜,谋划疏漏、胜利条件不充分的不能取胜,何况不作谋划、毫无条件的呢!我们拿这些来观察战争,胜负就显现出来了。

2.凡谋有道,必得其所因①,以求其情。得其所因,则其情可求。见情而谋,则事无不济②。

《鬼谷子·谋篇》

【注释】

① 因：缘故，原因。

② 济：成功。

【译文】

凡是谋略符合规律，必然是掌握了问题的根本原因，并借以寻求它发展变化的情形。掌握了问题的根本原因，那么它发展变化的情形就可以找得到。看到了它发展变化的情形来制定谋略，那么，办任何事情没有不成功的。

3. 帝王之兵，以全取胜，是以贵谋而贱战。

《汉书》卷六十九，《赵充国传》

【译文】

帝王的军队，凭着万全之策取胜，所以重视谋略的作用而不轻易诉诸武力。

4. 以计代战一当万。

《晋书》卷三十四，《杜预传》

【译文】

用计谋代替战斗，就能以一当万。

5. 勇怯在谋，强弱在势。谋能势成，则怯者勇；谋夺①势失，则勇者怯。……所以，勇怯在乎法，成败在乎智。

唐·李筌《神机制敌太白阴经》卷一,《人无勇怯篇》

【注释】

① 夺：丧失，失误。

【译文】

官兵的勇怯在于所定计谋的优劣，部队的强弱在于所处态势的好坏。如果计谋妥善、态势有利，打起仗来，就是怯懦的人也会变得勇敢；如果计谋失误、态势不利，打起仗来，就是勇敢的人也会变得怯懦。……所以，勇怯在于用兵之法的优劣，成败在于智谋的好坏。

6. 夫竭三军①气，夺一将心，疲万人力，断千里粮，不在武夫②行阵之势，而在智士③权算④之中。

唐·李筌《神机制敌太白阴经》卷二，《沉谋篇》

【注释】

① 三军：对军队的统称。
② 武夫：武将。
③ 智士：即谋士。
④ 权算：谋略，韬略。

【译文】

竭尽敌军士气，动摇敌将决心，疲惫万敌精力，断敌千里粮道等等，都不取决于武将布阵的态势，而存在于谋士的韬略之中。

7. 夫视远者不顾近，虑大者不详细。若矜①小胜，恤②小败，先自挠③矣，何暇立功乎？

《资治通鉴》卷二百四十，
《唐纪五十六》，宪宗元和十二年，李愬语

【注释】

① 矜（jīn 今）：自夸，炫耀。
② 恤：忧虑。
③ 挠：扰乱。

【译文】

看得深远的人不大顾虑眼前的得失,考虑大问题的人不太计较细小的方面。如果满足于小胜,忧虑于小败,就自己首先困扰了自己,哪里还有功夫建功立业呢?

8. 汉高①所谓"运筹于帷幄之中",魏武②亦云"任天下之智力",足以知善计任谋之为上矣。

宋·王钦若等《册府元龟》卷四百二十一,《将帅部·任谋》

【注释】

① 汉高:汉高祖刘邦。
② 魏武:魏武帝曹操。

【译文】

汉高祖刘邦所说的"运筹于帷幄之中",魏武帝曹操也说过"任用天下有智谋的人",这就足以证明,善于运筹和任用智谋者是最重要的。

9. 夫经武之略,在于贵谋;济众之方,本乎从善。盖所以询能者之策虑,应一时之权变,决机制胜以懋①厥②功。

宋·王钦若等《册府元龟》卷四百二十一,《将帅部·任谋》

【注释】

① 懋:通"茂"。
② 厥:其,那。

【译文】

指导战争的韬略,在于注重计谋;救济民众的方法,在于施行善政。所以能采纳智士能人的善策良谋,以适应当时情况的变化,当机决断夺取胜利,以求建立丰功伟绩。

10. 盖兵不在多,能以计取尔。故善用兵者,以少为多;不善用者，虽多而愈少也。

宋·欧阳修《欧阳修全集·居士集·准诏言事上书》

【译文】

兵力不在于众多，而在于能够靠计谋取胜。因此，善于指挥作战的人，能够把少数（兵力）运用好而成多数；不善于指挥作战的人，即使（兵力）众多，（用起来）却（感到）很少。

11. 古之豪杰有功业之大志，其才力虽足以取济，而无谋夫策士合奇集知①以更转其不迨②，使无失乎事机之会，则往往功败业去而为徒发者，皆是也。

宋·何去非《何博士备论·吴论》

【注释】

① 合奇集知：集中计谋和智慧。合，集合。奇，奇正之变，这里指善策。集，汇集。知，通"智"。
② 不迨：不及。迨（dài 代），趁，及。

【译文】

古代智谋高超的人，满怀建功立业的大志，他的才能即使能够实现志愿，但是，如果没有谋夫策士为他出谋划策，补充他谋略的不足，使他避免失掉有利的时机，那么往往会功败垂成，徒劳无功，（这样的史例）比比皆是。

12. 伐①敌制胜，贵先有谋。谋定事举，敌无不克。

《明太祖宝训》卷一，《经国》

【注释】

① 伐：讨伐，攻打。

【译文】

讨伐敌人取得胜利，贵在首先要确定计谋。确定计谋，尔后部署战事，敌人就没有不可战胜的了。

13. 兵欲胜敌，谋贵素定，而战胜可必。

明·何东序《删定武库益智录》卷七，
《谋猷篇》引马文升语

【译文】

要想战胜敌人，最要紧的是预先谋划好，那样才能必胜。

14. 善计者，因①敌而生，因己而生，因古而生，因书而生，因天时、地利、事物而生，对法而生，反勘②而生。

清·揭暄《兵法百言·智篇·生》

【注释】

① 因：依照，根据。
② 反勘：反复斟酌。勘，核订，核对。

【译文】

擅长计谋的人，计谋根据敌情而制定，根据我情而制定，根据古人的经验教训而制定，根据兵法著作而制定，根据天时、地利及万事万物而制定，对照军事法则而制定，反复斟酌而制定。

评　述

战争是力量的竞赛，也是智谋的较量，因此古人很重视谋略，强调"贵谋而贱战"（《汉书》卷六十九，《赵充国传》），指出"勇怯在谋"（唐·李筌《神机制敌太白阴经》卷一，《人无勇怯篇》），认为"兵不在多，能以计取尔"（宋·欧阳修《欧阳修全集·居士集·准诏言事上书》）。

关于谋略的作用，古人指出："以计代战一当万"（《晋书》卷三十四，

《杜预传》),"谋定事举,敌无不克"(《明太祖宝训》卷一,《经国》);认为高明的战略可以"竭三军气,夺一将心,疲万人力"(《神机制敌太白阴经》卷二,《沉谋篇》)。这表明,历代兵家不仅看到了谋略的精神作用,而且看到了高明的谋略可以产生出物质力量。

关于定谋的依据,他们主要谈到两点:一是要抓住战略全局,指出"视远者不顾近,虑大者不详细"(《资治通鉴》卷二百四十,《唐纪五十六》,宪宗元和十二年,李愬语);二是要多方考察,"因"以求情。即是说,好的计谋是"因敌而生,因己而生,因古而生,因书而生,因天时、地利、事物而生,对法而生,反勘而生"(清·揭暄《兵法百言·智篇·生》)。这种把定谋建立在"知彼知己"基础上的思想也是很可贵的。

由于谋略很重要,而定谋又非易事,所以古人强调"集众智",发挥智囊团的作用。他们提出,"智不备于一人,谋必参诸群士"(同上,《智篇·谋》),指出"无谋夫策士合奇集知,以更转其不迨"(宋·何去非《何博士备论·吴论》),即使英雄豪杰也不可能建功立业。

例　证

东汉末年,群雄割据。官渡之战后,曹操军事实力最强,孙权次之。至于寄人篱下的刘备,也在新野、樊城积极扩充军队,网罗人才,发展势力,招募流亡。虽然羽翼未丰,力量薄弱,但他也想争天下。著名的政治家和军事家诸葛亮提出了著名的"隆中对",为刘备进行了战略谋划,其要旨是:"若跨有荆、益(治今四川成都),保其岩阻,西和诸戎,南抚夷越,外结好孙权,内修政理,天下有变,则命一上将将荆州之军以向宛(今河南南阳)、洛(今河南洛阳),将军身率益州之众出于秦川,百姓孰敢不箪食壶浆以迎将军者乎?诚如是,则霸业可成,汉室可兴矣。"(《三国志》卷三十五,《蜀书·诸葛亮传》)刘备接受了诸葛亮这一联吴抗曹的隆中建言。赤壁之战胜利后,刘备乘机夺占荆州和益州,从而与曹操、孙权形成三足鼎立之势。这充分说明古人关于"经武之略,在于贵谋"

(宋·王钦若等《册府元龟》卷四百二十一,《将帅部·任谋》)和"见情而谋,则事无不济"(《鬼谷子·谋篇》)等论断是很正确的。

第二节　先计后战

1. 若计不先定,虑不蚤^①决,则进退不定,疑生必败。

《尉缭子·勒卒令》

【注释】
① 蚤:通"早"。

【译文】
如果作战计划不先制定,思考的问题不早决断,部队就会进退不定,疑虑丛生,必然失败。

2. 故凡攻伐之为道^①也,计必先定于内,然后兵出乎境。计未定于内而兵出乎境,是则战之自败^②,攻之自毁^③也。

《管子·七法》

【注释】
① 道:原则。
② 败:原作"胜",据《参患》篇改为"败"。
③ 自毁:毁灭自己。

【译文】
所以,大凡进攻作战的原则,作战计划必须先在国内制定,然后军队才能出境作战。作战计划没在国内制定好就出境作战,这等于是在战争中自取失败,在进攻中自取毁灭。

3. 计缓急之事，则危危^①而无难。明于器械之利，则涉难而不变。察于先后之理，则兵出而不困。通于出入之度^②，则深入而不危。审于动静之务，则功得而无害。著于取与之分，则得地而不执^③。慎于号令之官^④，则举事而有功。

《管子·幼官》

【注释】

① 危危：处于危险境地。前一"危"字用作动词。
② 度：限度，分寸。
③ 执：固执，拘泥。
④ 号令之官：指挥器材，如金鼓旗帜等。

【译文】

计虑好轻重缓急的事情，就是陷入危险境地也不会有灾难。精通各种武器的运用，就是遇到危难也不会失去常态。通晓先发后发的道理，出兵打仗就不会陷入困境。掌握好进兵和回师的限度，就是深入敌境也不会发生危险。把握好出兵和按兵的时机，就能建功立业而没有危害。明白或取或与的分寸，取得土地后就不会为人所制。慎重地发号施令，兴兵作战就能获得成功。

4. 深计远虑，所以不穷。……先揆^①后度，所以应卒^②。设变致权^③，所以解结^④。

旧题汉·黄石公著，
宋·张商英注《素书·求人之志章》

【注释】

① 揆（kuí 奎）：估量，分析。
② 卒：通"猝"，突然。
③ 设变致权：巧设机端，灵活指挥。变，变化战术，这里指出奇制

胜。权，权变，这里指灵活指挥。

④ 结：症结。

【译文】

周密谋划、长远考虑，这是不致陷于窘境的原因。……先分析形势，后做出判断，这是够能应付突然事变的原因。巧设机端、灵活指挥，这是解开症结的关键。

5. 夫军无耳目①，校察②未详，而举大众以临巨险③，此为希幸徼功④，先战而后求胜⑤，非全军之长策也。

《三国志》卷二十一，

《魏书·傅嘏传》注引《战略》载傅嘏语

【注释】

① 耳目：这里指侦察人员。

② 校察：这里指军事侦察。校（jiào 较），比较，分析；察，考察，调查。

③ 巨险：巨大危险。这里指战场、战争。

④ 希幸徼功：寄希望于侥幸取胜和偶然的成功。徼（jiǎo 绞），"侥"的异体字。

⑤ 先战而后求胜：语出《孙子兵法·形篇》。

【译文】

军中无侦察人员，侦察不周详，就（贸然）出动大军奔赴战场，这是寄希望于侥幸取胜和偶然成功，就是孙子所说的（败兵）"先战而后求胜"，这不是保全军队的善策。

6. 先作万全之计，然后图彼。得之则大克，不得则自全。

《魏书》卷六十五，《邢峦传》

【译文】

首先要制定一个万无一失的计划，然后再去谋取敌人。成功了，就能取得巨大的胜利；即使不成功，也能使自己得到保全。

7. 两强相接，两军相持，事机①之来，间不容息②。蓄谋而俟，犹恐失之。临时始谋，固已疏③矣。

唐·陆贽《陆宣公奏议》卷九，
《中书奏议三·论缘边守备事宜状》

【注释】

① 事机：时机。这里指战机。
② 间不容息：时间紧迫，不容有半点迟缓。
③ 疏：疏忽，不周密。

【译文】

两强相接，两军对峙，战机的到来，一闪即过，刻不容缓。事先做好了计划等待战机，还怕失掉它。若临战才作计划，自然疏漏不周啊。

8. 用兵之法，先谋为本。是以欲谋行师，先谋安民；欲谋攻敌，先谋通粮；欲谋疏阵，先谋地利；欲谋胜敌，先谋人和；欲谋守据，先谋储蓄；欲谋强兵，先谋正其赏罚；欲谋取远，先谋不失其迩①。苟有反是而用兵者，未有不为损利而趋害者也。是故圣王之兵，先务其本。壮本则末亦从而茂矣。能知利害之本，谋以御敌，虽有百万之众，可不劳而克矣。

宋·许洞《虎钤经》卷三，《先谋》

【注释】

① 迩（ěr 尔）：近。

【译文】

用兵的方法，以先做好谋划为根本原则。因此，打算出兵开进，要先采取安民措施；打算进攻敌人，要先筹划粮道通畅；打算布阵，要先分析作战地形；打算战胜敌人，要先搞好内部团结；打算坚守，要先加强储备；打算增强战斗力，要先严明赏罚；打算攻取远方，要先巩固近处。将领若反其道而用兵，没有不失利而受害的。所以，圣王的军队，首先注重谋略这个根本。这就好像树一样，根本壮实，枝叶也就自然茂盛了。如果能懂得关乎作战利害的根本，做好谋划再去御敌，那么即使敌人拥有百万之众，也可以不费大力就战而胜之了。

9. 先定其规摹①，而后从事。先定者可以谋人，不先定者自谋常不给，而况于谋人乎？

宋·苏轼《苏东坡全集》卷四十四，《思治论》

【注释】

① 规摹：即规模，这里作"谋划"、"计划"解。

【译文】

用兵应先确定计划，然后再开始行动。先确定计划的才可以图谋敌人，不先确定计划的，连自顾都来不及，哪里还能图谋敌人呢？

10. 是以古之善战者，无幸胜而有常功。计必胜而后战，是胜不可以幸得也；度有功而后动，是功可以常期也。

宋·何去非《何博士备论·李陵论》

【译文】

因此，古代善于指挥作战的人，没有侥幸的胜利，但有经常的成功。计算必定能胜利而后开战，这种胜利不是靠侥幸取得的；判断可以成功而后举兵，这种成功是经常可以预料到的。

11. 勇不足恃，用兵在先定谋。

《宋史》卷三百六十五，《岳飞传》

【译文】

勇敢不足以依仗,用兵(的关键)在于首先制定谋略。

12. 事不前定,不可以应猝;兵不预谋,不可以制胜。

宋·辛弃疾《稼轩诗文钞存·议练民兵守淮疏》

【译文】

办事不预先确定方案,就不能应付突然事变;用兵不预先谋划,就不能取胜。

13. 事未至而预图,则处之常有余;事既至而后计,则应之常不足。

宋·辛弃疾《美芹十论·序》

【译文】

在事情发生之前预先筹划,处理起来就会措置裕如;在事情发生以后再筹划,应付起来往往捉襟见肘。

14. 凡与敌战,必须料敌详审而后出兵。若不计而进,不谋而战,则必为敌人所败矣。法曰:"勇者必轻合,轻合而不知利。"[1]

宋·佚名《百战奇法·轻战》

【注释】

[1] 勇者必轻合,轻合而不知利:语出《吴子·论将》。

【译文】

凡与敌人作战,必须首先详细分析判断敌情,然后再出兵打仗。如果不计划好就轻率进攻,不谋划好就贸然作战,那么肯定会被敌人打败。正如兵法所说:"有勇无谋的将帅必然轻率与敌交战,轻率出战就是不知道利害得失的表现。"

15. 发号施令，预先决定，不可临时反复，进退不定，使三军惑乱，进战无功。

明·唐顺之《武编》前集卷一，《令》

【译文】

发号施令，要预先决定，不能临时反复，进退不定，致使全军疑惑混乱，作战不能胜利。

16. 夫大战之道有三：有算定战，有舍命战，有糊涂战。何谓算定战？得算多①得算少是也。何谓舍命战？但云我破着一腔血报朝廷，敌来只是向前便了，却将行伍等项，平日通不知整饬②是也。何谓糊涂战？不知彼不知己是也。兵法："多算胜。"③

明·戚继光《练兵实纪》杂集卷四，《登坛口授》

【注释】

① 得算多：计算周密，胜利条件多。
② 整饬：整顿。
③ 多算胜：语出《孙子兵法·计篇》。

【译文】

打大仗的方法有三种：算定战，舍命战，糊涂战。什么叫算定战？就是未打以前，周密计算，看胜利的条件是多还是少。什么叫舍命战？就是只说我豁出一腔热血报效国家，敌人来了只是向前冲去，平时却对军队各项事情都不知整顿。什么叫糊涂战？就是不知道敌情，不知道自己的情况，（糊里糊涂乱打一通）。兵法上说："计算周到，胜利条件多者胜。"

17. 谋所以始吾战也，战所以终吾谋也。……是故先谋而后战，其战可胜；先战而后谋，其谋可败。

清·邓廷罗《兵镜或问》卷上，《谋战》

【译文】

谋划是用来指导我们作战的，作战是用来实现我们的谋划的。……所以先谋划好了而后作战，那种作战就可能胜利；如果先打起来而后谋划，那种谋划就可能失败。

18. 凡事以未意而及者，则心必骇①。心骇则仓卒②不能谋，败征也。兵法千门，死伤万数，必敌袭何以应，敌冲如何挡，两截何以分，四来何以战，凡属艰危险难之事，必预筹而分布之。务有一定之法，并计不定之法③，而后心安气定，适值不惊，累④中无危。古人行师，经险出难，安行无虑，非必有奇异之智，预而已。

清·揭暄《兵法百言·智篇·预》

【注释】

① 骇（hài 害）：本义为马受惊，引申为害怕、吃惊。
② 仓卒：仓猝。卒，通"猝"，突然。
③ 不定之法：与"一定之法"相对而言，指非正常情况下特殊的方法，临时的应变措施。
④ 累：忧患，危难。

【译文】

一切事情，预先没有料到便突然到来，必然心生恐惧。心生恐惧就猝不及谋，这是失败的征候。用兵之法很多，战场上将士死伤无数，敌人来袭击应该如何应付？敌人来攻击应该如何抵御？敌人两面夹击应该如何分兵抗拒？敌人四面来攻应该如何作战？一切艰难危险的情况，都必须预先筹划而分别采取措施。务必要有正常情况下基本的制敌之法，并要考虑好非常情况时的应变措施，然后才能安定沉着，突然遇到敌人不惊慌，在困难当中也不致发生危险。古人用兵作战,之所以能够经历艰难险阻而安然无恙,并非一定有什么奇异的智谋,不过是事先预有准备罢了。

评　述

"凡事预则立,不预则废"(《礼记·中庸》)。战争是关系国家和民众生死存亡的大事,就更要先计。因此,古代兵权谋家的重要特点是"先计后战"。孙子把《计篇》放在兵法十三篇之首;《管子》强调"计必先定于内"(《七法》);《尉缭子》主张计要"先定",虑要"早决"(《勒卒令》)。秦汉以后,也都强调"先谋为本"(宋·许洞《虎钤经》卷三,《先谋》)。如宋代何去非认为"计必胜而后战,是胜不可以幸得也"(《何博士备论·李陵论》);明代著名抗倭将领戚继光主张要打"算定战",竭力反对打"舍命战"和"糊涂战"(《练兵实纪》杂集卷四,《登坛口授》)。同时,战争实践也表明,如果不先计,就将"战之自败,攻之自毁"(《管子·七法》);就"不可以应猝"(宋·辛弃疾《稼轩诗文钞存·议练民兵守淮疏》);就会"使三军惑乱"(明·唐顺之《武编》前集卷一,《令》),致使军队"必骇"、"必疑",以致"疑生必败"(《尉缭子·勒卒令》)。

古代兵家对"先计"的要求主要有三:一是要万全。所谓万全,就是"得之则大克,不得则自全"(《魏书》卷六十五,《邢峦传》)。也就是说,要做好两套,乃至多套计划,以确保自己立于不败之地。二是要周密。所谓周密,就是"必须料敌详审而后出兵"(宋·佚名《百战奇法·轻战》),如许洞所说的:"欲谋行师,先谋安民;欲谋攻敌,先谋通粮;欲谋疏阵,先谋地利;欲谋胜敌,先谋人和;欲谋守据,先谋储蓄;欲谋强兵,先谋正其赏罚;欲谋取远,先谋不失其迩。"(《虎钤经》卷三,《先谋》)总之,要把与战争胜负有关的方方面面都考虑到,才可能做到算无遗策。三是要深计远虑。也就是说,计划要符合战争运动的可能发展,要关照到整个战争的全过程。因此,善计必须是"谋所以始吾战也,战所以终吾谋也"(清·邓廷罗《兵镜或问》卷上,《谋战》)。做到不战则已,战则必胜。

例　证

东晋孝武帝太元二十一年（396年）十月，北魏将领拓拔章进攻邺城（今河南安阳北），后燕范阳王慕容德派遣南安王慕容青等夜击魏军，魏军败走，退屯新城（邺城附近）。这时，慕容青等要求乘胜继续进攻，而别驾韩𧶼则认为不可。他指出，"古人先决胜庙堂，然后攻战。今魏不可击者四，燕不宜动者三，……"（《晋书》卷一百二十七，《慕容德载记》，下同）他建议，"不如深沟高垒，以逸待劳。彼千里馈粮，野无所掠，久则三军靡资，攻则众旅多毙，师老衅生，详而图之，可以捷矣。"慕容德采纳了韩𧶼的意见。后来，魏军拓拔章部与前来增援的贺赖卢部，果然因师老兵疲，发生了"内相乖争"的矛盾，魏军司马丁建还率众投降了后燕。慕容德适时遣将追击，一举大败拓拔章军。这个战例生动地说明了"先谋而后战，其战可胜"的道理。如果相反，"先战而后谋"，后燕军的失败当是可想而知的。

第三节　知彼知己

1. 知彼知己者，百战不殆①；不知彼而知己，一胜一负②；不知彼，不知己，每战必殆。

《孙子兵法·谋攻篇》

【注释】

① 殆（dài 待）：危险。
② 一胜一负：是说胜负可能性各半，即有胜有负，或胜或负。

【译文】

既了解对方又了解自己的，百战都不会有危险；不了解对方只了解自己的,有时打胜,有时打败;既不了解对方也不了解自己的,每战必会有危险。

2. 故知战之地,知战之日,则可千里而会战①。不知战地,不知战日,则左不能救右,右不能救左,前不能救后,后不能救前,而况远者数十里,近者数里乎?

《孙子兵法·虚实篇》

【注释】
① 会战:预期会合兵力同敌人作战,与现代军语中的"会战"不同。
【译文】
所以,能判明交战的地点、交战的时间,那么千里之遥也可以会合兵力同敌人交战。不能判明交战的地点、交战时间,那就会导致左翼不能救右翼,右翼不能救左翼,前锋不能救后卫,后卫不能救前锋,何况部队首尾相距远的达数十里,近的也有数里呢?

3. 知吾卒之可以击,而不知敌之不可击,胜之半也;知敌之可击,而不知吾卒之不可以击,胜之半也;知敌之可击,知吾卒之可以击,而不知地形之不可以战,胜之半也。故知兵者,动①而不迷,举②而不穷③。

《孙子兵法·地形篇》

【注释】
① 动:行动。
② 举:措施。
③ 穷:穷尽。
【译文】
了解自己的部队能打,而不了解敌人不可以打,胜利的可能只有一半;了解敌人可以打,而不了解自己的部队不能打,胜利的可能只有一半;了解敌人可以打，也了解自己的部队能打，而不了解地形不利于打，胜利的可能也只有一半。所以，通晓用兵的人，行动不会迷惑，对策不会穷尽。

4. 是故不知诸侯之谋者，不能豫交①；不知山林、险阻、沮泽②之形者，不能行军；不用乡导③者，不能得地利。

《孙子兵法·九地篇》

【注释】
① 豫交：结交。豫，通"与"。交，进行外交活动。
② 沮泽：水草丛生的沼泽地。沮（jù 巨），低湿地带。泽，聚水的洼地。
③ 乡导：向导。乡，通"向"。

【译文】
因此，不了解诸侯国的计谋的，不能与其结交；不知道山林、险阻、沼泽等地形的，不能行军；不使用向导的，不能得到地利。

5. 凡兴师十万，出征千里，百姓之费，公家之奉①，日费千金。内外骚动，怠②于道路，不得操事③者，七十万家④。相守数年，以争一日之胜，而爱⑤爵禄百金，不知敌之情者，不仁之至也，非人之将也，非主之佐也，非胜之主也。

《孙子兵法·用间篇》

【注释】
① 奉：通"俸"，这里指费用。
② 怠（dài 代）：疲惫，懈怠。
③ 操事：指操作农事。
④ 七十万家：古时八家为邻，一家有人从军，七家负责供应，承受繁重的徭役和赋税。起兵十万，就要有七十万家不能正常从事耕作。
⑤ 爱：吝惜，舍不得。

【译文】

凡起兵十万，出征千里，百姓的耗费，公家的开支，每天要花费千金。内外受之牵动，民众疲惫于道路，因而不能正常耕作的，达七十万家。战争持续几年，以争夺胜利于一旦，而吝惜爵位、俸禄和金钱，（不重用间谍）以致不能了解敌情的人，就是不仁至极，就不是军队好的将帅，不是国君的好辅佐，也不是胜利的主宰。

6. 故用间有五：有因间，有内间，有反间，有死间，有生间。五间俱起，莫知其道，是谓神纪①，人君之宝也。因间者，因其乡人②而用之。内间者，因其官人而用之。反间者，因其敌间而用之。死间③者，为诳事于外，令吾间知之，而传于敌间也④。生间者，反⑤报也。

《孙子兵法·用间篇》

【注释】

① 纪：道，理。
② 乡人：乡野之人。
③ 死间：敌人若上假情报的当，必定因受欺骗而处死我方间谍，所以叫做死间。
④ 诳（kuáng 狂）：欺骗。
⑤ 反：返回。

【译文】

所以，使用间谍的方式有五种：有因间，有内间，有反间，有死间，有生间。五种间谍同时起用，敌人就无法知道我用间的办法，这叫做神妙之道，是国君的法宝。所谓因间，是利用敌国乡人做间谍。所谓内间，是利用敌国官吏做间谍。所谓反间，是利用敌国间谍做间谍。所谓死间，是把假情况散布在外，使我方间谍知道，传递给敌国间谍。所谓生间，是指能活着返回报告敌情的间谍。

7. 欲正天下，财不盖①天下，不能正天下；财盖天下，而工不盖天下，不能正天下；工盖天下，而器不盖天下，不能正天下；器盖天下，而士不盖天下，不能正天下；士盖天下，而教不盖天下，不能正天下；教盖天下，而习不盖天下，不能正天下；习盖天下，而不遍知天下，不能正天下；遍知天下，而不明于机数，不能正天下。故明于机数者，用兵之势②也。大者，时③也，小者，计也。

《管子·七法》

【注释】

① 盖：胜过，超过。
② 势：势头，趋势，这里指战胜敌人的条件。
③ 时：天时，时机。

【译文】

想要征伐天下，财货不压倒天下，就不能征伐天下；财货压倒天下，而工艺技术不能压倒天下，就不能征伐天下；工艺技术压倒天下，而兵器装备不能压倒天下，就不能征伐天下；兵器装备压倒天下，而士卒不能压倒天下，就不能征伐天下；士卒压倒天下，而教化不能压倒天下，就不能征伐天下；教化压倒天下，而训练不能压倒天下，就不能征伐天下；训练压倒天下，而不能普遍了解各国的情况，就不能征伐天下；普遍了解各国的情况，而不懂得时机和谋略，就不能征伐天下。所以，懂得时机和谋略是用兵取胜的条件。从大的方面说，在善于利用时机；从小的方面说，在善于定计用谋。

8. 故不明于敌人之政，不能加①也；不明于敌人之情，不可约②也；不明于敌人之将，不先军也；不明于敌人之士，不先陈③也。是故以众击寡，以治击乱，以富击贫，以能击不能，以教卒、练士击驱众、白徒④，故十战十胜，百战百胜。

《管子·七法》

【注释】

① 加：加兵，遣兵。

② 约：约定，这里指约期交战。

③ 陈：通"阵"。

④ 驱众、白徒：指没有经过训练的民众。驱众，临时被驱使作战的民众。白徒，未经军事训练的人。

【译文】

不明了敌人的政治情况，不能发兵进攻；不明了敌人的军情，不可以约期作战；不明了敌人的将帅，不先采取军事行动；不明了敌人的士卒，不先布列阵势。因此，以众击寡，以治击乱，以富击贫，以能击不能，以经过训练的精锐士卒击临时凑集的乌合之众，定能十战十胜，百战百胜。

9. 必见其阳①，又见其阴②，乃知其心；必见其外，又见其内，乃知其意；必见其疏，又见其亲，乃知其情。

《六韬·武韬·发启》

【注释】

① 阳：表面，明亮。这里指公开的意思。

② 阴：背阴，阴暗。这里指暗中的意思。

【译文】

一定要看到敌人公开的活动，又要了解它秘密的活动，才可以知道敌人的企图；一定要看到敌人外在的表现，又了解到它内在的联系，才可以知道敌人的打算；一定要弄清敌人所疏远的人，又了解到它所亲近的人，才可以知道敌人的真实情况。

10. 古之善用天下者，必量天下之权而揣诸侯之情。量权不审，不知强弱轻重之称；揣情不审，不知隐匿变化之动静。

《鬼谷子·揣篇》

【译文】

古时善于处理国际事务的人，必定估量天下的形势和力量，来判断诸侯各国的具体情势。对形势估计不准确，就不能恰当地比较诸侯各国的强弱轻重；对诸侯国情势判断不准确，就不能正确地预测各种潜在因素可能造成的发展变化。

11. 先料敌之心①与己之心孰审，然后彼可得而知焉；察敌之气②与己之气孰治，然后我可得而知焉。是以知彼知己，兵家大要。

《唐太宗李卫公问对》卷下

【注释】

① 心：这里指心计、企图、谋划。
② 气：这里指军心士气。

【译文】

首先分析判断敌方的谋划与我方的谋划哪个周密，然后就可以知道敌方的情势；明察敌方的士气与我方的士气哪个旺盛，然后就可以知道我方的强弱。所以，"知彼知己"是兵家最重要的原则。

12. 夫决胜之策者，在乎察将之材能①，审敌之强弱，断地之形势，观时之宜利，先胜而后战，守地而不失，是谓必胜之道也。

清·汪宗沂辑《卫公兵法》上卷，《将务兵谋》

【注释】

① 材能：才能。

【译文】

夺取战争胜利的决策，在于能了解将帅的才能，判明敌人的强弱，分析地形的险易，观察天候是否适宜有利，先有取胜的把握然后交战，固守自己的土地而不丧失，这就是必然取胜的方法。

13. 料敌者，料其彼我之形，定乎得失之计，始可兵出而决于胜负矣。

清·汪宗沂辑《卫公兵法》上卷，《将务兵谋》

【译文】
所谓分析敌情这件事，就是先分析判断敌我双方的形势，从而制定关系成败得失的计谋，然后才可以出兵以决胜负。

14. 夫两国治戎①，交和而合②，不以冥冥③决事，必先探于敌情。故《孙子》曰："胜兵先胜而后战"④；又曰："策之而知得失之计⑤，候⑥之而知得失⑦之理"，"因形而作⑧胜于众"，用兵之要也。

唐·赵蕤《长短经》卷九，《兵权·料敌》

【注释】
① 治戎：整军治武。
② 交和而合：意谓两军相对而交战。和，和门，即军门。合，交兵合战。
③ 冥冥：亦作"溟溟"。意谓不明事理，糊里糊涂。
④ 胜兵先胜而后战：语出《孙子兵法·形篇》，原文为"胜兵先胜而后求战"。
⑤ 策之而知得失之计：以下三句均出自《孙子兵法·虚实篇》。
⑥ 候：《孙子兵法》传本作"作"。
⑦ 得失：《孙子兵法》传本作"动静"。
⑧ 作：《孙子兵法》传本作"措"。

【译文】
对两国间整军治武、交兵合战的大事，不可在昏昧不明的情况下做出决定，一定要首先探明敌情。因此，《孙子兵法》说："能取胜的军队，总是先创造取胜的条件，而后再同敌人交战"；又说："分析敌情才能明了敌人作战计划的优劣，挑动敌人才能摸清敌人活动的规律"，"根据形势变化而灵活用兵，把胜利摆在众人面前"，这都是用兵打仗的关键。

15. 凡用兵之道，以计为首。未战之时，先料将之贤愚，敌之强弱，兵之众寡，地之险易，粮之虚实。计料已审，然后出兵，无有不胜。法曰："料敌制胜，计险阨远近，上将之道也。"①

宋·佚名《百战奇法·计战》

【注释】
① 料敌制胜，计险阨远近，上将之道也：语出《孙子兵法·地形篇》。

【译文】
大凡用兵打仗的法则，都是以做好谋划为前提。没有交战之前，首先分析研究敌方将帅是贤能还是愚笨，力量是强大还是弱小，兵力是众多还是寡少，地形是险要还是平坦，粮食是缺乏还是充足。对这些情况的分析判断已经明确周详了，然后再出兵打仗，就没有不胜利的。正如兵法所说："料敌制胜，考察地形险易，计算路程远近，这是高明的将帅所必须掌握的方法。"

16. 凡欲征伐，先用间谍，觇①敌之众寡、虚实、动静，然后兴师，则大功可立，战无不胜。法曰："无所不用间也。"②

宋·佚名《百战奇法·间战》

【注释】
① 觇（chān 掺）：窥视，引申为侦察。
③ 无所不用间也：语出《孙子兵法·用间篇》。

【译文】
凡是要进攻敌人，首先应使用间谍，侦察敌人兵力的多少、力量的虚实、部队的动静情况，然后出兵进攻，就可大功告成，战无不胜。正如兵法所说:"无处不可以使用间谍。"

17. 故知害之害者,知利之利。知危之危者,知安之安。知亡之亡者,知存之存。得胜算者,不先料敌而料己。料敌者疏,料己者密。料敌者知敌之势,料己者知己之情。

明·西湖逸士《投笔肤谈》上卷,《本谋》

【译文】

所以,知道有害为什么有害的,才知道有利为什么有利。知道危险为什么危险的,才知道安全为什么安全。知道灭亡为什么灭亡的,才知道生存为什么生存。操胜算的人,不先判断敌人而先判断自己。判断敌人时,知道概略情况;判断自己时,知道详细情况。判断敌人时,了解敌方大势;判断自己时,了解自己真情。

18. 兵家之有采探①,犹人身之有耳目也。耳目不具则为废人,采探不设则为废军。

明·庄应会《经武要略》正集卷二十二,《侦候》

【注释】

① 采探:侦察。

【译文】

军队之有侦察,如同人身之有耳目一样。耳目不俱全就是废人,侦察不设立就是废军。

19. 微乎微乎!惟兵之知。以意测,以识悟,不如四知之廉得①其实也。一曰通②,二曰谍,三曰侦,四曰乡③。通,知敌之计谋;谍,知敌之虚实;侦,知敌之动静出没;乡,知山川蓊蔚④、里道迂回、地势险易。知计谋则知所破,知虚实则知所击,知动静出没则知所乘，知山川道里地势则知所行。

清·揭暄《兵法百言·智篇·知》

【注释】

① 廉得：察知，察明。廉，考察，查访。

② 通：交往。这里指与敌方有交往的人员。

③ 乡：通"向"，向导。

④ 蓊（wěng 翁_{上声}）蘙（yì 义）：草木茂盛的样子。

【译文】

微妙啊，微妙！最微妙的莫过于了解敌情。以自己的主观想法来猜测，按自己的经验来推断，不如用"四知"的方法察明敌人实情：一是通，二是谍，三是侦，四是乡。通，是利用与敌有交往的人员了解敌人的计谋；谍，是以间谍了解敌人的虚实；侦，是侦察了解敌人的行动；乡，是利用向导了解山川林木的状况、道路的曲直和地势的险易。了解敌人的计谋，就知道破敌的办法；了解敌人的虚实，就知道击敌的方向；了解敌人的行动规律，就知道乘敌的时机；了解山川、道路和地势，就知道行动的路线。

评　述

"知彼知己，百战不殆"（《孙子兵法·谋攻篇》）是孙武子提出的一条极其重要的军事原则。古人说："知彼知己，兵家大要。"（《唐太宗李卫公问对》卷下）又说："不明于敌人之政，不能加也；不明于敌人之情，不可约也。"（《管子·七法》）现今，这一军事原则，不仅写进了我军的条令，也写进了一些外国的军事操典。

"知彼知己，百战不殆"之所以具有超越时空的价值，并成为古今中外普遍重视的科学真理，就在于它深富战争的哲理。正如毛泽东同志所说的："中国古代大军事家孙武子书上，'知彼知己，百战不殆'这句话，是包括学习和使用两个阶段而说的，包括从认识客观实际中的发展规律，并按照这些规律去决定自己行动克服当前敌人而说的；我们不要看轻这句话。"(《中国革命战争的战略问题》)

战争是敌我双方的一种矛盾运动，要认识这一矛盾，就必须深刻认识敌我双方的一切方面。大至于"五事"、"七计"，小至于"众寡"、"强弱"、"饥饱"、"劳逸"等等。既不能明于"知彼"，暗于"知己"；也不能明于"知己"，暗于"知彼"。但相形而言，"知彼"尤为重要，自己的情况相对容易掌握，真正困难的是"知彼"，敌人在暗处，其战略动机，其真实实力，了解不易。而且对方还会制造假象，进行欺骗，要拨开假象的迷雾，了解真相，尤其困难。故孙子讲"知彼知己"，而不讲"知己知彼"，"知彼"才是第一位的。

然而，战场情况有很大的盖然性，要做到完全"知彼"是不可能的，只须知其大略就可以了。这就是所谓"料敌者疏，料己者密。料敌者知敌之势，料己者知己之情"(明·西湖逸士《投笔肤谈》上卷，《本谋》)。

"知彼知己"的方法是很多的。古代较注重派遣间谍和进行军事侦察，即《孙子兵法》所谓"策之而知得失之计，作之而知动静之理"(《虚实篇》)。然而侦察所得的情报并非都是真实的可靠的，必须经过分析，要透过现象看本质，就是说"必见其阳，又见其阴，乃知其心；必见其外，又见其内，乃知其意；必见其疏，又见其亲，乃知其情"(《六韬·武韬·发启》)。

总之，"知彼知己"是定谋决策、用兵作战的客观基础，这是一个普遍性的军事规律，具有强大的生命力。

例 证

秦朝末年，楚汉战争爆发前，韩信对项羽、刘邦的分析，可谓知彼知己的范例。韩信指出：项羽虽然"勇悍仁强"(《汉书》卷三十四，《韩彭英卢吴传》，下同)，但他的"勇"，乃是"匹夫之勇"；他的"仁"，乃是"妇人之仁";他的"强",乃是"百姓不附,特劫于威,强服耳","故曰其强易弱"。而刘邦"诚能反其道,任天下武勇,何不诛!以天下城邑封功臣,何不服!以义兵从思东归之士,何不散!"他还指出:刘邦当时所处的形势十分有利,"入武关,秋毫亡(无)所害,除秦苛法,与民约,法三章耳,秦民亡(无)不欲得大王王秦者"。在分析了彼己双方的形势后,韩信建议:"今王举而东,三秦可传檄而定也。"刘邦认为韩信对彼己情况的分析中肯,所建议的谋划很好,遂加采纳,定下了"决策东乡(向),争权天下"(《史记》卷八,《高祖本纪》)的决心,从而取得了楚汉战争的胜利,建立起汉王朝。

第四节　预知胜负

1. 故知胜有五:知可以战与不可以战者胜,识众寡之用者胜,上下同欲者胜,以虞①待不虞者胜,将能而君不御②者胜。此五者,知胜之道也。

《孙子兵法·谋攻篇》

【注释】
① 虞:谋划好,事先有准备。
② 御:驾驭,控制。

【译文】
有五种情况能预见胜利:知道可以打与不可以打的,能胜利;懂得兵多怎么打、兵少怎么打的,能胜利;上下思想一致的,能胜利;以事先有准备对付事先没有准备的,能胜利;将帅有才干而国君不加牵制的,能胜利。这五条,是预见胜利的方法。

2. 古之所谓善战者，胜于易胜者也。故善战者之胜也，无智名，无勇功。故其战胜不忒①。不忒者，其所措②必胜，胜已败者也。故善战者，立于不败之地，而不失敌之败也。是故胜兵先胜而后求战，败兵先战而后求胜。

《孙子兵法·形篇》

【注释】
① 忒（tè 特）：差错。
② 所措：采取的措施。

【译文】
古时候所说的善于作战的人，都是战胜容易战胜的敌人。所以善于作战的人获得的胜利，没有智谋的名声，没有勇武的战功。所以他的取胜不会有差错。不会有差错，是因为他所采取的措施是建立在必胜的基础上的，是战胜已经处于失败地位的敌人。所以，善于作战的人，自己立于不败之地，而不放过使敌人失败的机会。因此，胜利的军队先创造制胜条件才寻求交战，失败的军队先交战再企图获得胜利。

3. 兵不能见福祸于未形，不知备者也。

《孙膑兵法》下编，《[兵失]》

【译文】
军队不能预见福祸于尚未成形之前，是不懂得战前做好充分准备的缘故。

4. 时因，胜之纪；无方，胜之几①；行义，胜之理；名实，胜之急；时分②，胜之事；察伐③，胜之行；备具，胜之原；无象④，胜之本。定独威⑤，胜；定计财，胜；定闻知，胜；定选士，胜；定制禄，胜；定方用⑥，胜；定纪理⑦，胜；定死生，胜；定成败，胜；定依奇⑧，胜；定实虚，胜；定盛衰，胜。

《管子·幼官》

【注释】

① 几：通"机"，关键。

② 时分：等分。

③ 察伐：观察以后再决定伐还是不伐。

④ 无象：没有迹象。

⑤ 独威：专一的权威，指集中指挥。

⑥ 方用：因处所而备用，指根据不同的军事需要制造出相应的兵器装备。

⑦ 纶理：即道理，指作战原则。纶，道。

⑧ 依奇：意即运用出奇制胜之策。

【译文】

捕捉战机，是取胜的准则；随机应变，是取胜的关键；施行道义，是取胜的道理；以名督实，是取胜的急务；等威名分，是取胜必做的事；判断可否攻伐，是取胜必须采取的步骤；军备齐全，是取胜的源泉；行动不露迹象，是取胜的根本。坚持集中指挥，可以取胜；资财筹备充足，可以取胜；正确判断敌情，可以取胜；将士选拔得好，可以取胜；爵禄俸饷有定制，可以取胜；根据作战需要制造器具，可以取胜；遵循作战原则，可以取胜；能正确地对待生死，可以取胜；能正确地对待成败，可以取胜；能灵活地运用出奇制胜之策，可以取胜；能正确地判断敌人的虚实，可以取胜；能正确地辨别士气的盛衰，可以取胜。

5. 德均则众者胜寡，力敌则智者胜愚，势侔①则有数③者禽③无数。

《淮南子·兵略训》

【注释】

① 势侔：《诸子集成》本作"智侔"，《淮南鸿烈集解》作"势侔"，从后

者。侔（móu谋），相等。

② 数：本义为"计"，这里引申为计谋。

③ 禽：通"擒"。

【译文】

政治条件一样，人多的就会战胜人少的；军事力量相等，聪明的就会战胜愚昧的；双方形势相当，有计谋的就会战胜无计谋的。

6. 故兵不必胜，不苟接刃；攻不必取，不为苟发。故胜定而后战，铃县①而后动。

《淮南子·兵略训》

【注释】

① 铃县：意谓反复衡量利弊。铃，通"权"，权衡。县，同"悬"。

【译文】

作战没有必胜的条件，就不要轻易交锋；进攻没有必胜的把握，就不要轻易发动。所以，要先操胜算而后作战，权衡利弊而后行动。

7. 志大而智小，色厉而胆薄，忌克而少威，兵多而分画不明，将骄而政令不一，土地虽广，粮食虽丰，适足以为吾奉也。

《三国志》卷一，《魏书·武帝纪》

【译文】

（袁绍）志向宏大却智谋不多，外表严厉却胆略不足，猜忌刻薄又缺少威信，兵力众多却组织指挥不好，将领骄傲又政令不一，土地虽然广阔，粮食虽然丰足，（但）这些正好都是为我军准备的。

8. 何谓必胜？许洞曰：先务"三和"，次务"三有余"，次务"三必行"。何谓"三和"？曰：和于国，然后可以出军；和于军，然后可以出阵；和于阵，然后可以出战。……何谓"三有余"？曰：力有余，食有余，义有余也。力无余则困于斗，食无余则怠于时，义无余则吏士怨。……何谓"三必行"？曰：必行其谋，则奸机不成；必行其赏，则好功者不爱死；必行其罚，则有过者不归咎。……率此以御敌，未有不胜者也。

宋·许洞《虎钤经》卷三，《先胜》

【译文】

什么叫做必胜呢？许洞认为：要首先致力于"三和"，其次致力于"三有余"，再次致力于"三必行"。什么是"三和"呢？指的是：先使国人和睦，然后才可以出动军队；先使全军团结一致，然后才可以列阵；先使布阵协调统一，然后才可以开战。……什么是"三有余"呢？指的是：战斗力有余，粮食有余，道义有余。战斗力不足，战斗中就会遇到困难；粮食不足，就会（因筹运粮食而）耽误时间；道义若不在我一边，部队就会产生怨恨情绪。……什么是"三必行"呢？指的是：一定要（事先）进行谋划，这样就不会中敌奸计；一定要实行奖赏，这样喜功者就会视死如归；一定要进行惩罚，这样有过错者就不会诿过于人。……照此御敌，没有不取胜的道理。

9. 得失之道，利在先知。谋胜于未胜，慎失于未失者。

宋·许洞《虎钤经》卷五，《料用地形》

【译文】

作战成功或失败的规律，关键在于预知胜负。稳操胜券于未胜之前，谨防失利于未失之先。

10. 凡兴兵伐敌，所战之地，必预知之。师至之日，能使敌人如期而来，与战则胜。知战地，知战日，则所备者专，所守者固。法曰：" 知战之地，知战之日，则可千里而会战。"①

宋·佚名《百战奇法·知战》

【注释】

① 知战之地，知战之日，则可千里而会战：语出《孙子兵法·虚实篇》。参见本章第三节第2条。

【译文】

大凡出兵攻敌，对于将要作战的地点必须预先知晓。在我军到达时，能够调动敌人使之如期而来，我军与之交战就能取胜。预先了解战地、知道战日，就可以使所防备的地方兵力集中，所坚守的地方坚固。正如兵法所说："知道战地，知道战日，那么即使千里之遥也可以会合兵力与敌人交战。"

11. 政事修①，仓廪实，府库②充，器用备，士气振，力有可为，乃议大举，则兵虽未交，而胜负之势决矣。

佚名《李忠定公辅政本末》，宋高宗绍兴四年十二月条

【注释】

① 修：修明。

② 府库：古时国家贮藏物资的地方。

【译文】

政治修明，粮仓充实，国库充盈，武器完备，士气振奋，力有可为，然后谋划大举兴兵，那么即使尚未交战，胜败的形势也已经决定了。

评　述

古人非常重视预知胜负，强调"得失之道，利在先知"，认为只有"预测"，才能"谋胜于未胜，慎失于未失"（宋·许洞《虎钤经》卷五，《料用地形》）；才能使自己"立于不败之地，而不失敌之败也"（《孙子兵法·形

篇》)。因此，把"预知胜负"作为战前定计用谋的重要步骤。

预知胜负的根据，古人看到了客观军事力量和主观指导能力两个方面。如政治、天时、地利以及人数的众寡、兵力的强弱、武器的优劣、后勤供应的好坏，加之将帅指挥艺术的充分发挥，都是决定战争胜负的重要条件。

古人在长期的战争实践中，总结了许多预知胜负的带有规律性的经验和方法。如孙子提出的"知胜有五"(《孙子兵法·谋攻篇》)，《淮南子》提出的"德均则众者胜寡，力敌则智者胜愚，势侔则有数者禽(擒)无数"(《兵略训》)，以及许洞提出的"先务'三和'(和于国、和于军、和于阵)、次务'三有余'(力有余、食有余、义有余)、次务'三必行'(必行其谋、必行其赏、必行其罚)"(《虎钤经》卷三，《先胜》)，都是知胜之道。

预知胜负是一个对敌我双方各种情况进行深入分析比较、做出正确判断的复杂思维过程。在这个问题上，古人提出了很高的要求。认为高明的战略家应当做到"见福祸于未形"(《孙膑兵法》下编，《[兵失]》)。这虽然很不容易，但经过主观努力也是可以做到的。

例 证

刘邦建立西汉王朝之后，为了巩固其统治，借口清除叛乱，于汉高帝十一年(前196年)正月、三月分别诛杀了诸侯王韩信和彭越。这时与韩、彭二王"同功一体"(《汉书》卷三十四，《韩彭英卢吴传》，下同)的淮南王英布，"自疑祸及身"，遂于同年七月起兵反汉。刘邦为应付这一突然事变，召集诸将讨论对策。经汝阴侯滕公推荐，刘邦召见了故楚令尹薛公，请他出谋划策。薛公分析了双方情况认为，英布起兵反叛，可能采取上、中、下三计。所谓上计，东取吴(治今江苏苏州)，西取楚(治今江苏邳州南之古邳)，并齐取鲁，传檄燕、赵，固守其所；所谓中计，东取吴，西取楚，并韩取魏，据敖仓(即成皋，今河南巩义东北)，塞成皋之险；所谓下计，东取吴，西取下蔡(今安徽凤台)，归辎重于越(古国名，都今浙江绍兴），身归长沙（都治今湖南长沙）。薛公还预言，英布如出于上计，则"山东非汉之有"；出于中计，"胜负之数未可知也"；出于下计，"陛下安枕而卧矣（指太平无事）"。同时，薛公鉴于英布曾在秦二世时到骊山服过刑，后来又娶长沙王女儿为妻这些情况，判断英布"虑不及远"（《资治通鉴》卷十二，《汉纪四》，高帝十一年七月，注），肯定要采取下计。据此，刘邦遂将兵东出，讨伐英布。英布果然采取的是"下计"，在投奔江南时，被长沙王诱杀。此例充分说明，预知胜负对于正确定谋是至关重要的，而"预知"的基础又是对彼己情况的深切了解。有了"知彼知己"，有了由此产生的正确的预测，那么所定谋略就会符合战争发展的情势，也就胜券在握了。

第五节 伐谋伐交

1. 故上兵伐谋①，其次伐交②，其次伐兵③，其下攻城。

《孙子兵法·谋攻篇》

【注释】

① 上兵伐谋：最好的策略是破坏敌人的计谋。伐，讨伐，攻打。
② 伐交：挫败敌人的外交。
③ 伐兵：攻打敌人的军队。

【译文】

最好的策略是破坏敌人的计谋，其次是挫败敌人的外交，再次是打击敌人的军队，下策是攻打敌人的城池。

2. 霸王之形①：德义胜之，智谋胜之，兵战胜之，地形胜之，动作②胜之，故王③之。夫善用国者，因大国之重④，以其势小之；因强国之权⑤，以其势弱之；因重国之形，以其势轻之。强国众，合强以攻弱，以图霸；强国少，合小以攻大，以图王。

《管子·霸言》

【注释】

① 霸王之形：取得霸王地位的形势。霸王，古称诸侯之长为霸，有天下者为王。

② 动作：行动。

③ 王（wàng 旺）：本义指一国的君主。这里用作动词，指称王于天下，统治天下。

④ 因大国之重：原文"因"下有"其"字，疑为衍文，删。重，威势。

⑤ 权：权威。

【译文】

取得霸王地位的形势是：德义处于优势，智谋处于优势，作战处于优势，地形处于优势，行动处于优势，所以能统治天下。善于处理国家事务的人，利用大国的势力，依靠它的力量打压别国势力；利用强国的权威，依靠它的力量削弱别国；利用有权威的国家的地位，依靠它的力量降低别国的地位。强国多，就联合强国打击弱国，以求称霸于天下；强国少，就联合小国以打击大国，以求称王于天下。

3. 夫兵事者，危物也，不时而胜，不义而得，未为福也。失谋而败，国之危也。慎谋乃保国。

《管子·问》

【译文】

战争是危险的事情，不该取胜的时候取胜，不是正义行动而得到实际利益，未必是好事。错误决策而招致失败，国家会陷于危亡。谨慎决策才能保障国家安全。

4. 凡谋之道，周密为宝①，设②之以事，玩③之以利，争心必起。

《六韬·武韬·三疑》

【注释】
① 宝：宝贵。这里指最为重要的意思。
② 设：安排。这里指巧设机端。
③ 玩：轻慢，这里指利诱。

【译文】
大凡制定谋略的原则，以周到细密最为重要。巧设机端，挑逗敌人；安排小利，引诱敌人。这样，敌人内部必然会互相争夺。

5. 太公①曰："凡文伐②有十二节：一曰，因其所喜，以顺其志，彼将生骄，必有奸③事，苟能因之，必能去之。二曰，亲其所爱，以分④其威。一人两心，其中⑤必衰。廷无忠臣，社稷必危。……九曰，尊之以名，无难其身，示以大势，从之必信；致其大尊，先为之荣，微饰圣人，国乃大偷⑥。十曰，下之必信，以得其情；承意应事，如与同生；既以得之，乃微收之；时及将至，若天丧之。"

《六韬·武韬·文伐》

【注释】
① 太公：周初政治家、军事家，齐国的始祖，姓姜名尚，其祖先封于吕，故又称吕尚，字子牙，号飞熊，又称太公望、师尚父，辅佐周武王消灭商纣，建立周朝。相传《六韬》为其所撰。
② 文伐：指用非军事手段打击敌人。
③ 奸：宋本《武经七书》作"好"，疑误，据清朱墉《武经七书汇解》校改。

④ 分：分出，分散，这里指削弱。

⑤ 中：通"忠"。

⑥ 国乃大偷：国事必然大大地懈怠以致废弛。偷，苟安，偷安。

【译文】

太公说：大凡文伐有十二种方法。一是，利用敌人的喜好，以顺从他的心愿，敌人将会产生骄傲情绪，必定会做邪恶的事情，如果能够加以利用，就一定能除掉他。二是，拉拢敌国君主的亲信近臣，以分化削弱敌国的威力。敌国近臣怀有二心，其忠于国君的程度必然降低。朝廷没有忠臣，国家就危险了。……九是，用显赫的名号来尊崇他，不让他经历危难。给他以势倾天下的假象，服从他的意志使他深信不疑。让他处于至尊的地位，先要夸耀他，假意恭维他如同圣人一般，（这样，他必然会忘乎所以），其国事便懈怠废弛了。十是，屈从他必定博得他的信任，借以获得他的内情。顺承他的意图办事，好像手足兄弟一样亲密。既已得到他的信任，就可以微妙地利用他。时机若到，就像上天叫他灭亡一样将他消灭。……

6. 恃交援而简近邻①，怙②强大之救而侮所迫之国者，可亡也。

《韩非子·亡征》

【注释】

① 近邻：邻近的国家。

② 怙（hù 户）：依仗，凭借。

【译文】

依赖外国的援助而怠慢邻近的国家，仰仗强大国家的救援而欺负靠近的国家，（这样的）国家可能就要灭亡了。

7. 兵贵谋之不测也，形之隐匿也，出于不意，不可以设备也。谋见①则穷，形见则制。故善用兵者，上隐之天，下隐之地，中隐之人。隐之天者②无不制也。何谓隐之天？大寒甚暑，疾风暴雨，大雾冥晦③，因此而为变者也。何谓隐之地？山陵丘阜，林丛险阻，可以伏匿而不见形者也。何谓隐之人？蔽之于前，望之于后，出奇行阵之间，发如雷霆，疾如风雨，搴④巨旗，止鸣鼓，而出入无形，莫知其端绪者也。

《淮南子·兵略训》

【注释】

①见：同"现"，显现。

②隐之天者：以文意校之，"天"字似为"三"字之误。即文中说到隐之天、隐之地、隐之人。

③冥晦：昏暗。

④搴（qiān 千）：拔取，这里是卷起来的意思。

【译文】

指导战争的最重要原则是企图秘密，部署隐蔽，出敌不意，使敌人无法防备。企图一暴露就会无计可施，部署一暴露就会为敌所制。所以，善于用兵的人，要"上隐之天，下隐之地，中隐之人"。能做到隐之天，就没有不能制胜的。什么叫"隐之天"？就是利用严寒酷暑、狂风暴雨、大雾迷蒙等天候条件，灵活地指挥作战。什么叫"隐之地"？就是利用山陵丘阜、丛林险阻等地形条件，隐蔽自己的部署和行动，不被敌人发现。什么叫"隐之人"？就是首先蒙蔽敌人，然后查清敌人的行动和企图，巧布行阵，出奇制胜，发动攻击要像闪电雷霆一样突然，战斗行动要像疾风暴雨一样迅猛，偃旗息鼓，隐蔽行动，做到出入无形，使敌人不知头绪。

8. 将之上务，在于明察而众和，谋深而虑远，审于天时，稽①乎人理。

清·汪宗沂辑《卫公兵法》上卷，《将务兵谋》

【注释】

①稽（jī 击）：考察。

【译文】

将帅的重要任务，在于明察事物，团结部众，计谋周密，思虑深远，详察天时，考究人心所向。

9. 伐谋者，攻敌之心，使不能谋也；伐交者，绝敌之援，使不能合也；伐兵者，合刃于力士之场，不得已而用之也。

宋·曾公亮等《武经总要》前集卷三，《制度三·叙战上》

【译文】

所谓"伐谋"，就是对敌人实行攻心战，使他无法谋划战争；所谓"伐交"，就是断绝敌人的外援，使他们不能形成同盟；所谓"伐兵"，就是战场上的交锋决胜，这是万不得已才采取的办法。

10. 善守者，敌不知所攻，非独为城高池深，卒强粮足而已，必在乎智虑周密，计谋百变。或彼不来攻而我守，或彼不挑战而我击，或多方以谋彼师，或屡出以疲彼师，或彼来斗而我不出，或彼欲去而惧我袭。若此者，皆古人所以坐而役使敌国之道也。

宋·曾公亮等《武经总要》前集卷十二，《守城》

【译文】

善于防守的人，能使敌人不知从什么地方进攻。这不是单纯凭着阵地坚固、兵强粮足就行了，还必须依靠谋虑周密，并能随时变换计谋。或者敌不来攻而我防御，或者敌不挑战而我出击，或者用各种方法谋取敌人，或者经常派兵袭扰疲惫敌人，或者敌人挑战而我不应战，或者敌想退却而又怕我抄袭退路。类似这些，都是古人费力少而调动敌人的方法。

11. 恃大而不戒，则轻战[①]而屡败；知小而自畏，则深谋而必克。

宋·苏轼《苏东坡全集》卷四十八，《策断中》

【注释】

① 轻战：轻率出战。

【译文】

自恃军力强大而不加强戒备，就会因轻率出战而屡遭失败；自知兵力弱小而提高警惕，就会因认真谋划而克敌制胜。

12. 善观敌者，当逆知①其所始；善制敌者，当先去其所恃。

宋·岳飞《岳忠武王文集》卷一，
《奏乞复襄阳札子》

【注释】

① 逆知：事先推断。逆，先事预度。

【译文】

善于观察敌情的人，应当事先推断出敌人最初的动机；善于制服敌人的人，应当先剥夺敌人所凭借的优势。

13. 夫斗胜负于死生之场者，谓之战；知其必胜而后战者，谓之谋。伐谋者，孙子谓之上兵，而攻城伐兵之策皆为次下。

宋·华岳《翠微先生北征录》卷十，
《治安药石·戒饬将帅之道四·将帅好战》

【译文】

在关乎生与死的战场上争夺胜负，称为战；预知必定取胜而后开战，称为谋。用谋略征服敌人的，孙武称之为上策，而攻城、伐兵之策，都是下策。

14. 凡敌始有谋，我从而攻之，使彼计衰而屈服。法曰："上兵伐谋。"①

宋·佚名《百战奇法·谋战》

【注释】

① 上兵伐谋：语出《孙子兵法·谋攻篇》。参见本节第1条。

【译文】

凡是在敌人开始设谋定计的时候，我就根据其意图及时打破它，使其计谋破产而向我屈服。正如兵法所说："最好的战略是破坏敌人的战争谋划。"

15. 凡与敌战，傍与邻国，当卑词厚赂结之，以为己援。若我攻敌人之前，彼掎①其后，则敌人必败。法曰："衢地则合交。"②

宋·佚名《百战奇法·交战》

【注释】

① 掎（jī 鸡）：牵制。
② 衢地则合交：语出《孙子兵法·九地篇》。

【译文】

凡与敌人作战，对于邻近的国家，应当用谦恭的颂词和厚重的财物去结交它，争取他们成为自己的援助力量。我若进攻敌人的正面，他们就可以牵制敌人的后方。这样，敌人必定被打败。正如兵法所说："在多国交界的地方作战，就要运用外交手段争取与国。"

16. 勾①敌之信②以为通，勾敌之勇③以为应，与国④勾之为声援，四裔⑤勾之助攻击。胜天下者用天下，未闻己力之独恃也。抑⑥勾者险策，必防其中变。恩足以结之，力足以制之，乃可以勾。

清·揭暄《兵法百言·法篇·勾》

【注释】

① 勾：勾结，勾引，可以理解为争取、拉拢。
② 信：指敌人的亲信。

③ 勇：兵卒。

④ 与国：友好的国家。

⑤ 四裔：四方边远的地方，这里指四周的邻国。裔（yì异），边，引申为边远的地方。

⑥ 抑：表示转折，犹"然而"。

【译文】

争取敌人的亲信为我们通消息，争取敌人的士卒为我们做内应，团结友好的国家为我们声援，团结四邻帮助我们打击敌人。能够夺取天下是因为善于利用天下的力量，没听说可以单靠自己的力量成功的。然而争取敌人团结友邻的这些"勾"法是危险的策略，一定要防备中途发生变化。只有给他们的好处足以使他们愿意与我结交，自己的力量足以控制他们，才可以运用"勾"法争取敌人和团结友邻。

17. 兵无谋不战，谋当底①于善。事各具善机也，时各载善局也，随事因时，谋及其善而止。古画②三策，上为善，有用其中而善者，有出其下而善者，有两从之而善者，并有处败而得善者。智不备于一人，谋必参诸群士。善为事极，谋附于善为谋极。深事深谋，无难而易；浅事浅谋，无过而失也。

清·揭暄《兵法百言·智篇·谋》

【注释】

① 底：引致，达到。

② 画：谋划，筹划。

【译文】

军队没有谋划就不应该作战，谋划应力求臻于完善。不同的情势都会出现好的战机，不同的时机都会出现好的战局，要顺应情势，把握时机，使谋划达于善而止。古人把谋划分为上、中、下三策，上策为善策，但也有用中策为善策的，有用下策为善策的，有两策兼用为善策的，甚至有处于败局之中反而想善策的。聪明才智不可能完全集中于一个人的身上，制定谋略必须让谋士们参与意见。至善至美是事物的极致，谋略至善至美就是谋略的极致。重大而复杂的战事，只要谋划周密，也就不会有什么困难反而显得容易；简单的战事，如果谋划上粗枝大叶，即使行动不犯错误，也会招致（整个作战）失败。

评 述

"上兵伐谋，其次伐交"（《孙子兵法·谋攻篇》，下同）是孙子提出的战略策略，也是他"不战而屈人之兵"全胜战略思想的体现。但是，他对于"伐谋"、"伐交"所包含的具体内容，以及如何进行"伐谋"、"伐交"阐发不多，这就后给人留下了充分的发挥余地。

战国时期，七雄并立，大国称霸，纵横捭阖，朝秦暮楚，伐谋伐交的斗争异彩纷呈，反映在观念形态上，对这一问题的理性认识得到了深化和升华。例如，《管子》提出"善用国者，因大国之重，以其势小之；因强国之权，以其势弱之；因重国之形，以其势轻之。强国众，合强以攻弱，以图霸；强国少，合小以攻大，以图王。"（《管子·霸言》）。再如，《六韬》把"文伐"具体归纳为"十二节"。而《韩非子》则从反面论证："恃交援而简近邻，怙强大之救而侮所迫之国者，可亡也。"（《亡征》）自此之后，兵书战策多有反复强调这一策略思想的。《武经总要》说："伐谋者，攻敌之心，使不能谋也；伐交者，绝敌之援，使不能合也。"（前集卷三，《制度三·叙战上》）《兵法百言》则说："勾敌之信以为通，勾敌之勇以为应，与国勾之为声援，四裔勾之助攻击。"（《法篇·勾》）

可以看出，古人在论述"伐谋"、"伐交"时，一是强调"慎谋"，即筹策运谋必须慎重，务求正确。这就是所谓"谋当底于善"、"谋及其善而止"（清·揭暄《兵法百言·智篇·谋》）、"凡谋之道，周密为宝"（《六韬·武韬·三疑》）；也就是《管子》所说的"失谋而败，国之危也。慎谋乃保国"（《问》）。二是强调"善变"，就是不仅要根据当时情况制定谋略，还要根据客观情况的发展变化修正原定的谋略。即所谓"因敌以制变"（明·西湖逸士《投笔肤谈》上卷，《本谋》），"计谋百变"（《武经总要》前集卷十二，《守城》）。三是强调"贵密"。如《淮南子》指出："兵贵谋之不测也，形之隐匿也，出于不意，不可以设备也。谋见则穷，形见则制。"因此，所制定的谋略要"上隐之天，下隐之地，中隐之人"（《兵略训》）。

古代兵家在论述解决国与国之间的争端问题时，往往强调"伐谋"与"伐交"相互结合，以"伐谋"为根本，以"伐交"为辅助，二者只有紧密相联，交替运用，才能相得益彰，取得预期效果。这一思想在今天仍有可取之处。

例　证

通过"伐谋"、"伐交"而"不战而屈人之兵"的，在古代战史上是有其例的。春秋鲁僖公三十年（前630年）烛之武退秦师的故事，便是一个典型例子。当时，晋、秦两个大国联合起来夹攻弱小的郑国。晋军屯驻函陵（今河南新郑北），秦军进逼汜水（今河南荥阳西北），眼看郑国危在旦夕。这时，郑国派使臣烛之武夜见秦穆公。烛之武凭着多年的外交斗争经验，从五个方面阐述了秦国联合晋国攻打郑国的失策：首先，路途遥远，不易成功；其次，灭郑实际上扩大了晋国的疆域，也就等于秦国的势力削弱了；再次，假如保全了郑国，秦国的使者来往经行，郑国可提供食宿，解忧排难，对秦国有利而无害；第四，您秦穆公曾对晋惠公有过好处，晋惠公答应用焦、瑕两城作为酬谢，可是，他并没有兑现承诺，反倒修筑工事防备您；第五，晋国贪得无厌，待它在东边把疆土扩大到郑国，就会再向西边去侵害秦国。总之，损害秦国来增强晋国，利害得失，您秦穆公权衡一下吧！烛之武一席话，动摇了秦穆公的决心，他立刻同郑国订立了盟约，率领大军回国了。晋国见秦军撤退，也放弃了攻郑计划，撤退了。这个史例说明，所谓"伐交"，就是"绝敌之援，使不能合也"（宋·曾公亮等《武经总要》前集卷三，《制度三·叙战上》）。它还说明，战争虽然是力量的竞赛，但在一定条件下，开展正确有力的政治和外交斗争也可以达到"不战而屈人之兵"的目的。

第六节 不战而屈人之兵

1. 凡用兵之法，全国^①为上，破国^②次之；全军^③为上，破军次之；……是故百战百胜，非善之善者^④也，不战而屈人之兵，善之善者也。

《孙子兵法·谋攻篇》

【注释】
① 全国：意为使敌人举国完整地屈服。"全"，与"破"相对，意为使……全，使……完整。国，指敌国。
② 破国：击破敌国。
③ 军：古代军队的编制单位。旧说一万二千五百人为军。春秋以后，各诸侯国军队编制不完全一样。
④ 善之善者：高明中最高明的。

【译文】
指导战争的法则是，使敌人举国屈服是上策，击破敌国次之；使敌人全军降服是上策，击破敌军次之；……因此，百战百胜，还不算高明中最高明的，不战而使敌人屈服，才算得上高明中最高明的。

2. 故善用兵者，屈人之兵而非战也，拔人之城而非攻也，破人之国而非久也，必以全争于天下，故兵不顿而利可全，此谋攻之法也。

《孙子兵法·谋攻篇》

【译文】

善于用兵的人,使敌军屈服不用直接交战,夺取敌人的城邑不用硬攻,攻破敌人的国家不须旷日持久。一定要用全胜的战略争胜于天下,这样军队不遭损失,而胜利可以完满取得。这就是用计谋进攻的法则。

3. 战国齐将孙膑谓齐王曰:"凡伐国之道,攻心为上,务先服其心。今秦之所恃为心者,燕赵之权①。今说②燕、赵之君,勿虚言空辞,必将以实利以回其心,所谓攻其心也。"

唐·杜佑《通典》卷一百六十一,《兵十四·先攻其心》

【注释】

① 权:本指秤锤,这里指重心所在。
② 说(shuì 税):游说,劝说。

【译文】

战国齐将孙膑对齐王说:"大凡攻伐别国的方法,以攻心为上策,一定要先服其心。现今秦国所依恃为心的,是燕国、赵国。现在要说服燕、赵的国君,不可用空言虚辞,而必须要用实际的利益以改变其(对秦国)的倾心,这就是所说的攻其心啊!"

4. 讲武料敌,使敌之气失而师散,虽形全①而不为之用,此道胜②也。

《尉缭子·战威》

【注释】

① 形全:形式完整。这里指军队组织形式完整。
② 道胜:用谋略取胜。

【译文】

讲求武事,判断敌情,设法造成敌人士气衰落,部队涣散,即使具有完整的军队组织形式也不能用来作战,这就是用谋略取胜。

5. 全胜不斗①,大兵无创②,与鬼神通,微哉!微哉!

《六韬·武韬·发启》

【注释】

① 全胜不斗:取得全胜不须经过直接交战。全胜,即《孙子兵法·谋攻》所谓"必以全争于天下"。

② 大兵无创:大军没有伤亡。

【译文】

战争取得全胜而不须经过直接交战,大军临敌而没有伤亡,这才是用兵如神,微妙啊,微妙!

6. 善战者,不待张军①;善除患者,理于未生;善胜敌者,胜于无形;上战无与战②。故争胜于白刃之前者,非良将也;设备于已失之后者,非上圣③也。

《六韬·龙韬·军势》

【注释】

① 张军:出动军队。

② 上战无与战:最好的作战指导是不战就使敌人屈服。

③ 上圣:最明智的人。

【译文】

善于指导战争的,取胜于军队出动之前;善于消除患害的,防止祸患于萌芽之前;善于战胜敌人的,取胜于无形之中。最好的战略是不战而屈人之兵。因此,靠死打硬拼取得胜利的,不能称为良将;在作战失利之后再去备战的,不能称为上圣。

7. 用兵之道，攻心①为上，攻城为下，心战②为上，兵战③为下。

《三国志》卷三十九，

《蜀书·马谡传》注引《襄阳记》④

【注释】

① 攻心：从精神或思想上瓦解对方。

② 心战：攻心作战，指以造成敌人恐慌、动摇、麻痹、服从为目标的作战。

③ 兵战：以兵器交战，这里指单纯依靠武力的作战。

④ 这段话，据《襄阳记》载，是马谡为诸葛亮出征南中送行时所说，但南宋王应麟《玉海》则引为诸葛亮《南征教》，可能另有依据。

【译文】

用兵的原则，从精神或思想上瓦解对方是上策，攻打城池是下策；以征服人心为目标的作战是上策，单纯依靠武力压服是下策。

8. 故兵法曰："屈人之兵而非战也，拔人之城而非攻也。"① 若释庙胜②必然之理，而行万一③不必全之路，诚愚臣之所虑也。

《三国志》卷二十一，《魏书·傅嘏传》注引《战略》载傅嘏语

【注释】

① 屈人之兵而非战也，拔人之城而非攻也：语出《孙子兵法·谋攻篇》，参见本节第2条。

② 庙胜：即孙子说的"庙算胜"。

③ 万一：指万一获胜，即冒险求胜。

【译文】

因此，《孙子兵法》说："使敌军屈服而不用直接交战，夺取敌人的城邑而不用硬攻。"如果放弃庙算制胜的必然之理，而采取不求万全之策的冒险策略，实在是愚臣所忧虑的。

9. 夫攻者，不止攻其城、击其阵而已，必有攻其心之术焉；守者，不止完其壁、坚其阵而已，必也守吾气而有待焉。……夫攻其心者，所谓知彼者也；守吾气者，所谓知己者也。

《唐太宗李卫公问对》卷下

【译文】

所谓进攻，不只是进攻敌人的城池，突击敌人的阵地而已，还必须有摧毁敌人军心士气的方法；所谓防守，不只是要保全城壁的完好，坚固阵地而已，一定包括保持我军士气进而待机破敌（的方法）。……摧毁敌人的军心士气，就是所说的"知彼"；保持我军旺盛的士气，就是所说的"知己"。

10. 圣人之伐国攻敌也，务在先服其心。何谓攻其心？绝其所恃，是谓攻其心也。

唐·赵蕤《长短经》卷十九，《兵权·攻心》

【译文】

古代圣人对于攻伐敌国这件事，一定要首先征服其心。什么是攻其心呢？断绝敌国所依靠的力量，（动摇它的意志），就是攻其心。

11. 古之善用兵者，必重天下①之权而研诸侯之虑②。重权不审，不知轻重、强弱之称③；揣情不审，不知隐匿、变化之动。重莫难于周知，揣莫难于悉举④，事莫难于必成。此三者，圣人能任之。故兵有百战百胜之术，非善之善者也；不如不战而屈人之兵，善之善者也。夫太上⑤用计谋，其次用人事，其下用战伐。

唐·李筌《神机制敌太白阴经》卷一，《术有阴谋篇》

【注释】

① 天下：古时多指中国范围内的全部土地，亦即全国。
② 虑：思考，谋划，这里指企图。
③ 称：衡量，比较。
④ 悉举：全面掌握。
⑤ 太上：至上，最好。

【译文】

古代善于用兵的人，必定重视普天下的权谋并研究分析各诸侯国的企图。重视权谋而不周密，就不知道比较事物的轻重、力量的强弱；估量形势而不详尽，就不知道事物隐藏、变化的活动规律。重视权谋没有比周密地了解敌人企图更难的了，估量形势没有比全面地掌握敌情变化更难的了，用兵之事没有比一定要获得成功更难的了。这三种事，只有圣人能够担当起来。因此，用兵打仗虽有百战百胜之法，还不算高明中最高明的；不如不战而屈人之兵，才是高明中最高明的。用兵最上乘的是运用谋略，其次是运用外交手段，再次是使用兵力攻伐。

12. 立于不败之地而不失敌之败者，不战也。……孙子以不战而屈人之兵为善之善，舍是之外，虽百战百胜亦所不取。……招致谋夫策士，讲求不战之法。

宋·华岳《翠微先生北征录》卷十，
《治安药石·戒饬将帅之道四·将帅好战》

【译文】

自己立于不败之地又不放过使敌人失败的机会，是"不战"。……孙武认为，"不战而屈人之兵"是最好的，除此之外，即使百战百胜也是不可取的。……（因此）要聚集谋夫策士，研究"不战而屈人之兵"的谋略。

13. 能以威德服人，智谋屈敌①，不假杀戮，广致投降，兼得敌之良将者，为不世功②。

明·何良臣《阵纪》卷一，《赏罚》

【注释】
① 屈敌：使敌人屈服。
② 不世功：世上所没有的功绩。

【译文】
能用威德慑服敌人，用智谋使敌屈服，不凭借杀戮手段，而广泛招致敌人投降，并使敌军的优秀将领归顺，是盖世奇功。

14. 夫将有必胜之术，而无必不战之术。有不败之道，而无必败敌之道。攻围战守御五者，因敌以制变，斯胜矣。故拔敌之城而非攻也，致敌之降而非围也，寝于庙堂①之上而非战也，散于原野之间而非守御也。如不得已而必至于用兵，则不多旅，不久师，不暴卒②，不角力，惟谋以为本。则吾民之病，其少瘳③乎。

明·西湖逸士《投笔肤谈》上卷，《本谋》

【注释】
① 庙堂：古代帝王祭祀或商议国家大事的地方。
② 暴卒：谓军队长期在外。暴（pù 瀑），暴露。
③ 瘳（chōu 抽）：病愈。

【译文】
将帅有战胜敌人的方法，而没有不使战争爆发的方法。有不使自己失败的方法，而没有使敌人必然失败的方法。对于"攻、围、战、守、御"五种作战形式，能根据敌情变化灵活运用，就能胜利。所以，夺取敌人的城邑而不靠硬攻，迫使敌人投降而不靠围困，挫败敌人庙堂决策而不靠打仗，分散敌人于原野之间而不靠防御。如果不得已必须用兵，就不用大量的军队，不进行持久的战争，不长期出兵在外，不与敌人硬拼，而是以计谋作为用兵的根本。这样，对本国民众的害处，或者可以稍稍减轻一些了。

15. 昔称善师①者不阵，善阵②者不战。此言发谋制变，先声后实。《军志》③素定，夺人之心，不待旗垒之相摩④，兵矢之相接，而胜负之势决于前矣。

明·庄应会《经武要略》正集卷二，《阵法上》

【注释】

①师：这里用作动词，指统率，指挥。

②阵：用作动词，布阵。

③《军志》：古兵书，已佚。《左传·宣公十二年》存录其"先人有夺人之心"之语。

④旗垒之相摩：两军交战。旗，这里指军旗。垒，军营四周所筑的堡寨，这里指营垒。摩，摩擦，接触。

【译文】

从前有人说，善于用兵的人，不待出军布阵就能取得胜利；善于布阵的人，不待进行战斗就可决定胜负。这段话是说，要用谋略控制形势发展变化，先用声势相威胁，后以实力作较量。正如《军志》所明确的，先打破敌人的意志和企图，不待两军接触，交兵接刃，胜负的形势就早已决定于面前了。

16. 平时以正为上，军中以智巧谋略、不劳己、不钝兵为上。

《清太祖武皇帝实录》卷二，天命三年四月

【译文】

平时以正规的原则训练部队为最好，打仗时则要以智谋高、用力少、不损兵为最好。

评 述

"不战而屈人之兵"(《孙子兵法·谋攻篇》，下同)是孙子提出的一个重要理论。此论一出，历代兵家继承者有之，发挥者有之，非难者亦有之。

"不战而屈人之兵"，本义是以实力为后盾，不通过直接交战而使敌人屈服。按照孙子的主张，大至于"全国"、"全军"，小至于"全卒"、"全伍"，都可以不战而使之屈服。换言之，它既是一种战略主张，也是战役、战斗的主张。值得注意的是，孙子把他这一主张称为上策，认为"百战百胜，非善之善者也；不战而屈人之兵，善之善者也"。

在《孙子兵法》中，"不战而屈人之兵"是有其基本条件和实际内容的。主要表现在以下三个方面：

从实行的条件而言，它的前提是首先要有强大的军事实力。在力量对比上，要如同"以镒称铢"(《孙子兵法·形篇》)那样居于绝对优势。

从实行的手段而言，孙子提出了两条，一是"伐谋"，二是"伐交"。

从实行的范围而言，孙子是指当时历史条件下，有些实力不强的小诸侯国，易因大国威慑而被迫屈服。

归结起来，"不战而屈人之兵"的要义是：以强大的军事实力为后盾，通过"伐谋"、"伐交"的斗争，用全胜的计谋争胜于天下。

后世兵家继承孙子这一思想，都有不同程度的阐发，如《六韬》说："全胜不斗，大兵无创"(《武韬·发启》)，"善战者，不待张军；善除患者，理于未生；善胜敌者，胜于无形。上战无与战。故争胜于白刃之前者，非良将也；设备于已失之后者，非上圣也"(《龙韬·军势》)，等等。

必须看到的是，孙子等中国古代兵家以"不战而屈人之兵"为最理想的用兵之道、最高超的用兵艺术，但是历史上这种实例毕竟是不多的，因而包括孙子在内，也都强调当这一理想不能实现时，就必须进行战争。

随着《孙子兵法》在世界范围内的传播,"不战而屈人之兵"理论同样引起了世界军事学界的重视。在核武器时代,日本和美国的军事学者甚至据以提出了"孙子的核战略",对世界军事形势产生了重大影响。

例　证

汉初韩信遣使奉书收降燕国的事例,是中国古代战争史上"不战而屈人之兵"的突出一例。汉高帝三年(前204年)十月,韩信奉刘邦之命率军数万,于井陉口(今河北井陉西北)击败赵国二十万大军之后,打算乘战胜之威继续北进攻取燕国。为此,他向原赵国谋臣李左车征求破燕之策。李左车认为,汉军经过数战已经"众劳卒罢(疲)"(《史记》卷九十二,《淮阴侯列传》,下同),单凭军事力量攻燕坚城,"恐久力不能拔,情见势屈,旷日粮竭,而弱燕不服,齐必距境以自强",对汉军十分不利。不如"按甲休兵",养精蓄锐,安抚赵国,争取民心,摆出北攻燕国的态势,尔后派一辩士"奉咫尺之书"前往燕国宣扬汉军声威,并晓之以利害,迫使其不战而归降。韩信采纳并实施这一建议后,燕国果然投降了。韩信之所以未经交战而降服了燕国,主要因为有强大的军事实力作后盾,并成功地开展了政治攻心,生动地诠释了孙子的"不战而屈人之兵"理论。

第四章 作战篇（上）

——制胜之道

第一节　先为不可胜

1. 不备不虞①，不可以师②。

《左传·隐公五年》

【注释】
① 虞：谋划好，事先有准备。这里指计划。
② 师：军队。这里指率军作战。

【译文】
没有准备，没有计划，是无法率领军队作战的。

2. 昔之善战者，先为不可胜，以待敌之可胜；不可胜在己，可胜在敌。故善战者，能为不可胜，不能使敌之可胜。故曰：胜可知，而不可为。

《孙子兵法·形篇》

【译文】
从前善于指挥作战的人，首先要造成不被敌人战胜的条件，以待敌人出现可胜之机。不被敌人战胜的主动权在于自己，能够战胜敌人在于敌人（有可乘之隙）。因此，善于指挥作战的人，能够做到使自己不被战胜，而不能做到使敌人必定被我战胜。所以说,胜利可以预见,而不能强求。

3. 故善战者,立于不败之地,而不失敌之败也。

《孙子兵法·形篇》

【译文】

善于打仗的人,总是使自己立于不败之地,而又不放过击败敌人的机会。

4. 故用兵之法,无恃①其不来,恃吾有以待也;无恃其不攻,恃吾有所不可攻也。

《孙子兵法·九变篇》

【注释】

① 恃(shì 世):依仗,指望。

【译文】

用兵的法则是,不要指望敌人不会来,而要依靠自己有对付敌人的充分准备;不要指望敌人不进攻,而要依靠自己具有敌人无法攻破的力量。

5. 大军以固,多力以烦①,堪物简治②,见物应卒③,是谓行豫④。

《司马法·定爵》

【注释】

① 多力以烦:兵力众多而又训练有素。烦,反复训练。
② 堪物简治:处理军务简明不乱。简治,简单明了,有条不紊。
③ 见物应卒:看到临时发生的情况能从容应变。卒,通"猝",突然。
④ 行豫:做好准备工作。豫,同"预"。

【译文】

军队阵容强大而坚固，兵力众多而训练有素，处理军务简明而有条理，遇到情况能从容应变，这就叫做事前做好了准备工作。

6. 凡战，定爵位①，著功罪②，收游士③，申教诏④，询厥⑤众，求厥技。

《司马法·定爵》

【注释】

① 定爵位：确定军队中的军职爵位。爵位，即爵，《礼记·王制》："王者之制禄，公、侯、伯、子、男，凡五等。"这里指与军功大小相对应的各级爵位。

② 著功罪：明确奖惩。著，显明，明确。

③ 收游士：收用游说之士。游士，指春秋战国时期进行游说的策士。这些策士，周游各国，向统治者陈说形势，提出政治、军事、外交方面的主张，以实现自己的政治理想或求取高官厚禄。

④ 申教诏：申明上级的规定和指示。申，表明。教，教令。诏，这里指君主颁发的命令文告。

⑤ 厥：其，那。

【译文】

大凡作战，必须确定军中军职爵位，明确奖惩规定，收用游说策士，申明上级指示，征询众人意见，讲究军事技术。

7. 能胜强敌者，先自胜①者也。

《商君书·画策》

【注释】

① 自胜：自己具备各种胜利的条件。这里指修明政治、加强法制、严

密组织、厚赏重罚、举贤任能，等等。

【译文】

能够战胜强大敌人的，必须自己先创造各种胜利的条件。

8. 处舍①收藏，欲周以固；徙举②进退，欲安以重，欲疾以速；窥敌观变，欲潜以深，欲伍以参③；遇敌决战，必道④吾所明，无道吾所疑。

《荀子·议兵》

【注释】

① 处舍：这里指构筑营垒。
② 徙举：迁徙，移动。
③ 欲伍以参：意谓派遣间谍要错杂于敌人之间以尽知敌情。"伍"同"五"，"参"同"三"。
④ 道：这里训为"行"，指行动。

【译文】

构筑营垒和储备物资，既要布置周密，又要防卫坚固；移动进退，既要稳妥慎重，又要急剧迅速；侦察敌情和观察战局变化，既要秘密深入，又要错杂其间以尽知敌情；同敌人决战，必须是在明了情况的基础上采取行动，而不在情况不明的条件下轻率行动。

9. 盖闻善用兵者，必先修诸己①，而后求诸人；先为不可胜，而后求胜。修己于人，求胜于敌。己未能治也，而攻人之乱，是犹以火救火，以水应水也，何所能制？

《淮南子·兵略训》

【注释】

① 修诸己：完善自己，即把自己的各项战前准备搞好。修，整治。

诸,相当于"之于"。

【译文】

听说善于打仗的人,必须首先完善自己的作战准备,而后再去寻求战胜敌人的机会;首先造成不被敌人战胜的条件,而后再去设法战胜敌人。完善作战准备在于自己的努力,取得胜利在于敌人出现弱点。自己的内部还没有整治好,而急于去进攻混乱的敌人,就像用火灭火、用水止水一样,怎么能有制胜的把握呢?

10. 若兵无先备则不应卒[①],不应卒[②]则失于机,失于机则后于事,后于事则不制胜而军覆矣。

清·汪宗沂辑《卫公兵法》上卷,《将务兵谋》

【注释】

① 卒:通"猝",突然。

② 不应卒:原文作"卒不应",非是。此句乃顶针修辞格,当为"不应卒",故改。

【译文】

如果在军事上没有预先做好准备,就不能应付突然事件;不能应付突然事件,就会失掉有利战机;失掉有利战机,就会落后于事态的发展;落后于事态的发展,不仅不能克敌制胜,而且有兵败覆灭的危险。

11. 凡战之道,未战养其财,将战养其力,既战养其气,既胜养其心。

宋·苏洵《权书·心术》

【译文】

一般作战原则是,未战之前积累财富,临战之时养精蓄锐,开战以后保持士气,既胜之后修养心性。

12. 胜兵先胜而后战，不于已战之后而始求其所谓胜；合于利而动，不于已动之后而始求其所谓利。

宋·华岳《翠微先生北征录》卷十一，《治安药石·观衅》

【译文】

能打胜仗的军队，是先有胜利的把握而后作战，不是在开战之后才去寻求所谓的胜利；是符合自己的利益而后行动，不是行动之后才去寻求所谓的利益。

13. 凡出师征讨，行则备其邀截，止则御其掩袭，营则防其偷盗，风则恐其火攻。若此设备，有胜而无败。法曰："有备不败。"[①]

宋·佚名《百战奇法·备战》

【注释】

① 有备不败：语出《左传·宣公十二年》。

【译文】

凡出兵打仗，行军时要防备敌人阻击，驻军时要防备敌人突袭，宿营时要防备敌人劫寨，有风时要防备敌人火攻。如能这样做好准备，就会胜利而不会失败。正如兵法所说："有了充分准备，就不会打败仗。"

14. 凡与敌战，若我胜彼负，不可骄惰，当日夜严备以待之。敌人虽来，有备无害。法曰："既胜若否。"[①]

宋·佚名《百战奇法·胜战》

【注释】

① 既胜若否：语出《司马法·严位》。

【译文】

凡与敌人作战，如果我胜敌败，不可因此产生骄惰情绪，而应当日夜严加戒备以待敌。这样，敌人即使再来，我因有准备而不会发生危险。正如兵法所说："打了胜仗，要像没打胜仗那样时刻警惕。"

15. 胜而能戒者可以常胜，安而能警者可以常安。戒者虽胜若始战，警者虽安若履危。夫屡胜之兵易骄，久劳之师易溃。能虑于败乃可以无败，能慎于成乃可以有成。必须周防谨密，常若临敌，勿生懈怠，为人所乘。慎之！慎之！

《明太祖宝训》卷五，《谕将士》

【译文】

取得胜利后能加强戒备的，可以常打胜仗；处境安全能保持警惕的，可以常保安全。注意戒备的将领即使打了胜仗，仍然像初次作战一样谨慎；警惕高的将领即使处境安全，依旧同身入危境一样小心。经常打胜仗的军队，容易骄傲轻敌，长期辛劳的部队容易混乱溃散。能考虑到失败才可以不失败，能慎思取胜的条件才能取得胜利。必须周密谨慎地戒备，经常像临敌作战一样，不要松懈怠惰，让敌人有机可乘。要慎之又慎！

16. 用兵之道，难保其必胜，而可保必不败。不立于不败之地，而欲求以胜人者，此侥幸之道也，而非得算多也。

明·西湖逸士《投笔肤谈》上卷，《家计》

【译文】

打仗的规律是，难以保证必定会胜利，但可以保证必定不失败。不首先立于不败之地，而企图战胜敌人，这是侥幸的做法，而不是有了充分的胜利条件。

17. 故行虑其邀，居虞其薄[①]，进思其退，外顾其中，我攻敌左，防敌袭右，我攻敌右，防敌袭左，而前后之变可知也。

明·西湖逸士《投笔肤谈》上卷，《家计》

【注释】

①薄：逼近。这里指偷袭。

【译文】

所以，行军要提防敌人截击，驻军要戒备敌人偷袭，前进要考虑退路，在营阵外面作战要照顾到营阵内部情况。我攻敌人左翼，要防备敌人袭击我右翼，我攻敌人右翼，要防备敌人袭击我左翼，至于前锋后卫的变化，也就可以类推而知了。

18. 深入敌疆，以客为主①，相持旷日，防敌出奇。是以敌虽寡，我亦举众而待之；敌虽弱，我亦坚阵以迎之。其未战也若见敌，已会也若不胜，既胜也若初会。故杀敌者，常整其兵；追奔者，不过其舍②。由是观之，不惟败防敌，胜亦防敌也。

明·西湖逸士《投笔肤谈》上卷，《家计》

【注释】

①以客为主：变客军为主军。这里指变不利地位为有利地位。主客，古代常用军事术语。一般指在本国作战为主，出国作战为客；防御为主，进攻为客；处于有利地位为主，处于不利地位为客。

②舍：古时行军以三十里为一舍。

【译文】

军队深入敌境，要变客为主，与敌长期相持，要防备敌人出奇制胜。所以，即使敌军兵力少，我也应以多兵对待它；即使敌军战斗力弱，我也应设坚阵迎击它。未战时要像遇见敌人那样戒备着；已战时要像难以取胜那样慎重对待；打了胜仗还应像初战那样谨慎。所以，即使歼灭了敌人也要经常整顿部队，追击敌人一般不超过三十里。由此看来，不仅打了败仗要注意防备敌人，就是打了胜仗也要注意防备敌人。

19. 用兵者无时非危，故无时不谨。入军如有侦，出境俨①临交②，获取验无害，遇阻必索奸，敌来虑有谋，我出必预计。慎以行师，至道也。

清·揭暄《兵法百言·智篇·谨》

【注释】
① 俨（yǎn 演）：好像，如同。
② 临交：临阵交战。

【译文】
指挥作战的人没有任何时候不是危险的，所以没有任何时候可以不谨慎。一到军中就要随时警惕，像有敌人在暗中侦探一样；一出国境就要严密戒备，像要临阵打仗一样；缴获敌人的物资必须检验，看其对我有无毒害；遇到山林险阻之地，必须搜索敌人的奸细；敌人一来，必须考虑到它的阴谋诡计；我军出动，必须预先有周密的计划。用慎重的态度对待行军作战，是最重要的原则。

20. 新胜之兵，宜持重以养威。

清·马慧裕《武备集要》

【译文】
刚刚打了胜仗的军队，应该慎重行事以恢复部队的战斗力。

21. 实备不至而貌为镇静者，危亡之道也。

清·马慧裕《武备集要》

【译文】

实际上准备不周到但表面上装作镇静，这种做法是很危险的。

22. 锐气不可轻试，宜养全锋以待其弊。

清·徐鼒《小腆纪年》卷十，《史可法传》

【译文】

部队的锐气不可轻易试用，应该充分地养精蓄锐保持全盛的士气，等待敌人疲困之时（予其一击）。

评　述

"先为不可胜"（《孙子兵法·形篇》）是军事上的一条重要原则，也就是通常说的"立于不败之地"。古人看到，所谓"先为不可胜"一要有所备，二要有所恃。有所备，不仅战前要有周密的准备，"必先修诸己，而后求诸人"（《淮南子·兵略训》），"行则备其邀截，止则御其掩袭，营则防其偷盗，风则恐其火攻"（宋·佚名《百战奇法·备战》）。战后也要有周到的准备，"不惟败防敌，胜亦防敌也"（明·西湖逸士《投笔肤谈》上卷，《家计》）。要"既胜若否"（《司马法·严位》），"胜而能戒者可以常胜"（《明太祖宝训》卷五，《谕将士》）。有所恃，就是"无恃其不来，恃吾有以待也；无恃其不攻，恃吾有所不可攻也。"（《孙子兵法·九变篇》）"恃"自己军力雄厚、训练有素、士气旺盛、财力充裕，等等，如说："大军以固，多力以烦，堪物简治"（《司马法·定爵》），"未战养其财，将战养其力"（宋·苏洵《权书·心术》）。总之，"先为不可胜"强调的是实力原则，只有做大做强自己，才能牢牢立于不败之地。

古人还看到，"先为不可胜"既是争取胜利的前提，也是避免失败的条件。从争取胜利而言，"能胜强敌者，先自胜者也"（《商君书·画策》）；从避免失败而言，"若兵无先备则不应卒，不应卒则失于机，失于机则后于事，后于事则不制胜而军覆矣"（清·汪宗沂辑《卫公兵法》上卷，《将务兵谋》）。唯有预先准备，才能抢占先机之利，守得住，打得赢。

例　证

明英宗正统十四年（1449年）八月十五日，明廷五十万大军被也先所率瓦剌军全歼于土木堡（今河北怀来东南），英宗皇帝被俘。接着，也先挟持英宗，挥军深入，进逼北京。在岌岌可危的形势下，明廷以于谦为首的抗战派，力排妥协、南逃之议，本着"先为不可胜"的原则，采取了五项保卫北京的措施。一是诛除造成土木堡惨败的罪魁祸首宦官王振的党羽，以平众愤，根除内患。二是拥立英宗之弟朱祁钰称帝，以稳定政局，使也先"挟天子以令诸侯"之计落空。三是举贤授能，调兵筹饷，任命一批良将就职，把京师部队由"不满十万"扩充至二十二万。四是增戍北京周围的关隘，迟滞瓦剌军的进展，争取北京保卫战的准备时间。五是列阵九门之外，不向瓦剌军示弱，决心背城一战。在上述准备下，也先于十月十一日进抵北京城下，接连五日攻城，均被挫败。十月十五日，也先被迫撤退，明军发起反攻，取得了北京保卫战的完全胜利。

第二节　料敌察机

1. 故策①之而知得失之计，作②之而知动静之理，形③之而知死生之地④，角⑤之而知有余不足之处。

《孙子兵法·虚实篇》

【注释】

①策：筹算，估计。

② 作：兴起，这里引申为挑动。
③ 形：佯动示形。
④ 死生之地：死地和生地，即有利和不利的地形。
⑤ 角（jué 决）：较量。

【译文】

所以，要通过筹算分析，来了解敌人计划的优劣得失；通过阵前挑动，来了解敌人的活动规律；通过佯动示形，来了解敌人所处地形的不利和有利之处；通过战斗侦察，来了解敌人兵力部署的强弱所在。

2. 是故智者之虑，必杂①于利害。杂于利而务②可信③也，杂于而害而患可解也。

《孙子兵法·九变篇》

【注释】

① 杂：混合，兼顾。
② 务：事务，事情。
③ 信：通"伸"，伸展。

【译文】

聪明的将帅思考问题，必须兼顾到利和害两个方面。兼顾到利的一面，事情才可以办成；兼顾到害的一面，祸患才可以解除。

3. 凡料敌，有不卜①而与之战者八：一曰疾风大寒，早兴寤迁②，刊木济水③，不惮艰难④；二曰盛夏炎热，晏兴无间⑤，行驱饥渴，务于取远；三曰师既淹久⑥，粮食无有，百姓怨怒，妖祥数起⑦，上不能止；四曰军资既竭，薪刍⑧既寡，天多阴雨，欲掠无所；五曰徒众不多，水地不利，人马疾疫，四邻不至；六曰道远日暮，士众劳惧，倦而未食，解甲而息；七曰将薄吏轻，士卒不固，三军数惊，师徒无助；八曰陈⑨而未定，舍而未毕，行阪⑩涉险，半隐半出。诸如此者，击之勿疑。

《吴子·料敌》

【注释】

①不卜：不须占卜。卜，占卜。古人烧灼龟甲兽骨，通过灼开的裂纹推测吉凶，称为"卜"，后来泛指一切通过卜筮预测的方法。

②早兴寤迁：昼夜兼程。早兴，很早就起身。寤（wù 悟）迁，夜间行军。

③刊木济水：砍树造筏渡水。刊削。

④不惮艰难：不顾部队疲劳。惮，惧怕。

⑤晏兴无间：部队出发很晚，中途没有休息。晏（yàn 燕），休息。兴，行动。间，间歇。

⑥淹久：久留。淹，滞留。

⑦妖祥数起：谣言怪事屡次发生。妖，反常怪异之事。祥，吉凶的预兆。

⑧薪刍：柴草与饲料。

⑨陈：通"阵"。

⑩阪（bǎn 板）：山坡。

【译文】

大凡判断敌情，不须占卜就可以同敌人作战的，有八种情况：一是狂风严寒，昼夜兼程，砍木造筏渡水，不顾部队疲劳的敌军；二是盛夏炎热，休息和行动没有节制，驱使又饥又渴的士卒，只顾攻击远处的敌军；三是军队长期在外，粮食用尽，百姓怨恨愤怒，谣言四起，将领制止不住的敌军；四是军队物资耗尽，柴草饲料又少，阴雨连绵，无处掠夺的敌军；五是兵力不多，水土不服，人马患病，四邻援军又来不了的敌军；六是路远天晚，部队疲劳恐惧，又困又饿，正在解甲休息的敌军；七是将领缺乏威信，军心不稳，部队累遭惊扰，又得不到援助的敌军；八是部署未定，宿营没有就绪，爬山过险仅有半数通过的敌军。诸如此类的情况，应立即进攻，不必迟疑。

4. 凡战，众寡以观其变，进退以观其固，危^①而观其惧，静而观其怠，动^②而观其疑，袭而观其治。击其疑，加其卒^③，致其屈^④，袭其规^⑤。因其不避，阻其图，夺其虑，乘其慑。

《司马法·用众》

【注释】

① 危：威胁。

② 动：佯动。

③ 卒：通"猝"，突然。

④ 屈（jué 决）：困厄，穷竭。

⑤ 规：通"窥"，窥测。

【译文】

大凡作战，用多少不同的兵力试攻，以观察敌人的变化；忽进忽退，以观察敌人阵势是否稳固；威胁敌人，以观察敌人是否恐惧；按兵不动，以观察敌人是否懈怠；进行佯动，以观察敌人是否疑惑；实施袭击，以观察敌人是否严整。在敌人狐疑不决时打击它，在敌人仓猝无备时进攻它，在敌人困厄时抓住它，在敌人窥测动向时袭击它。在敌人冒险轻进时抓住时机，阻挠其作战企图，粉碎其作战计划，乘着敌人畏慑恐惧时予以打击。

5. 故善攻者，料众以攻众，料食以攻食，料备以攻备。以众攻众，众存不攻；以食攻食，食存不攻；以备攻备，备存不攻。释实而攻虚，释坚而攻膬^①，释难而攻易。

《管子·霸言》

【注释】

① 膬：同"脆"，脆弱。

【译文】

所以，善于进攻的人，总是估计我方兵力优势时，然后才攻打兵力劣势之敌；估计我方给养充足时，然后才攻打给养缺乏之敌；估计我方准备充分时，然后才攻打准备不足之敌。凭兵力优势进攻，如果敌人的兵力还没有削弱，那就不应当进攻；凭给养充足进攻，如果敌人的给养还没有断绝，那就不应当进攻；凭准备充分进攻，如果敌人还没有松懈麻痹，那就不应当进攻。应当避实而攻虚，避坚而攻弱，避难而攻易。

6. 兵胜之术，密察敌人之机，而速乘其利，复疾击其不意。

《六韬·文韬·兵道》

【译文】

用兵制胜的方法，在于周密地察明敌人的可乘之机，迅速地抓住有利战机，给敌人以迅猛的意想不到的攻击。

7. 用兵之要，必先察敌情，视其仓库，度其粮食，卜其强弱，察其天地，伺其空隙。

《黄石公三略·上略》

【译文】

用兵的要诀，首先要研究敌情，了解敌人的物资储备程度，估计敌人的粮食补给能力，判断敌人兵力的强弱，分析敌人的天时地利条件，寻找敌人的弱点所在。

8. 夫以愚克智，逆也；以智克愚，顺也；以智克智，机也。其道有三：一曰事①，二曰势②，三曰情③。事机作而不能应，非智也；势机动而不能制，非贤也；情机发而不能行，非勇也。善将者，必因机而立胜。

旧题三国·诸葛亮《将苑·机形》

【注释】

①事：事机，指发生某种有利于己不利于敌的事件。

②势：势机，指出现某种有利于己不利于敌的态势。

③情：情机，指出现某种有利于己不利于敌的情况。

【译文】

用愚将去战胜智将，是违背常理的；用智将去战胜愚将，是顺乎常理的；用智将去战胜智将，就要靠掌握战机了。掌握战机的关键有三：一是事机，二是势机，三是情机。事机出现时不能采取相应措施，不算明智；势机出现时不能克敌制胜，不算贤能；情机显露时不能果断行动，不算勇敢。一个优秀的将领，必定要利用各种战机去夺取胜利。

9. 夫必胜之术，合变①之形，在于机也。非智者孰能见机而作乎？见机之道，莫先于不意。故猛兽失险，童子持戟以追之，蜂虿②发毒，壮夫徬徨而失色，以其祸出不图，变速非虑也。

旧题三国·诸葛亮《将苑·应机》

【注释】

①合变：作战方法的变化。即《孙子兵法·军争篇》"以分合为变"的缩语，意谓用兵力的分散和集中来变换作战方法。

②虿（chài 柴_{去声}）：蝎类毒虫。

【译文】

必然取胜的作战方法，分散集中的指挥艺术，在于利用战机。如果不是聪明人，怎么能把握战机而采取相应的行动呢？把握战机的方法，没有比出敌不意更紧要的了。猛兽失掉依凭的险阻，孩童可以拿兵器去追赶它；毒虫发射毒液，壮汉也会惊慌失色，原因就是灾祸来得意外，事变迅速使人来不及考虑。

10. 大凡用兵，若敌人不误，则我师安能克哉？譬如弈棋，两敌均焉，一着或失，竟莫能救。是古今胜败，率由一误而已，况多失者乎！

《唐太宗李卫公问对》卷下

【译文】

凡是用兵作战，假如敌人不发生错误，我军又怎能打败它呢？好比下棋，双方势均力敌，一着有失，就会使全局无法挽救。古今战争的胜败，大多由于一次错误所造成，何况多次发生错误呢！

11. 审听①之道，诈亦受之，实亦受之，巧亦受之，拙亦受之，其诈而似实亦受之，其实而似诈亦受之。但当明听其实，参会众情，徐思其验，锻炼②而用。

清·汪宗沂辑《卫公兵法》上卷，《将务兵谋》

【注释】

① 审听：详听，这里指听取和分析情报。审，详细，周密。
② 锻炼：推敲精练。

【译文】

听取和分析情报的方法是：虚假的也听取，真实的也听取，讲得好也听取，讲得不好也听取，本来虚假而好像真实的也听取，本来真实而好像虚假的也听取。但是必须从中分辨出真实的内容，将各种说法相互参证，仔细思考验证，反复推敲精炼，然后加以采用。

12. 统戎行师，攻城野战，当须料敌，然后纵兵。夫为将能识此之机变①，知彼之物情②，亦何虑功不逮、斗不胜哉？

清·汪宗沂辑《卫公兵法》上卷，《将务兵谋》

【注释】

① 机变：机智权变。
② 物情：犹言实情。

【译文】

统兵作战，无论攻城还是野战，都必须先分析判断敌情，尔后才能挥军出击。作为将帅能够懂得这些机智权变，又能了解敌情实际，何愁功业不成、作战不胜呢？

13. 见利则疾，未利则止。趋利乘时，间不容息①。先之一刻则太过，后之一刻则失时也。

宋·曾公亮等《武经总要》前集卷三，《叙战上》

【注释】

① 间不容息：时间紧迫，不容有半点迟缓。

【译文】

遇到有利战机，就应迅速行动；没有遇到有利战机，就要停止行动。一旦捕捉到有利战机，就要刻不容缓地采取行动。（采取行动）稍早一会，时机还未成熟；稍迟一会，就会失掉有利时机。

14. 不可恃一战之胜，辄有弛慢。

《金史》卷二，《太祖本纪》

【译文】

不可因为一次作战的胜利，就产生松懈情绪。

15. "权，然后知轻重；度①，然后知长短"，定②故也。"他人有心，予忖度之"，审故也。能定而审，敌情虽万里之远，可坐察矣。

宋·辛弃疾《美芹十论·察情》

【注释】

① 度（duó夺）：衡量。

② 定：这里指用一定的标准衡量比较，也可理解为一定的规律。

【译文】

"称一下，然后知道轻重；量一下，然后知道长短"，这是运用一定标准进行了衡量比较的缘故。"别人的企图，我能推断出来"，这是用心周密思考的缘故。能遵循一定的规律进行衡量比较并用心周密思考，即使万里之遥的敌情，也可以坐而判明。

16. 两敌相持，无以得其情，则疑。疑，故易骇。骇而应之，必不能详。有以得其情，则定。定，故不可惑。不可惑而听彼之自扰，则权常在我，而敌实受其弊矣。

宋·辛弃疾《美芹十论·察情》

【译文】

敌对双方相持，如果无法了解敌情，就会产生疑惑。产生疑惑，就容易惊慌。惊慌时采取的应敌措施，就必定不能完备周密。如果能了解敌情，就会心中有数。心中有数，就不会被敌人的假象所迷惑。不被敌人的假象所迷惑而听任敌人自扰，这样，主动权便常掌握在我的手中，而敌人实际上就会受其弊害了。

17. 察古人之用兵，所以为是进退攻守之计者，一任乎衅① 而已。……观衅之法：深沟高垒，观衅而后动；锐兵利器，待衅而后发。多设间谍，厚赂采探②。有衅可攻，则战如风发，攻如河决；无衅可乘，则外闭其营，内休其士，庶③ 无轻举妄动之失，是谓观衅。

宋·华岳《翠微先生北征录》卷十一，《治安药石·观衅》

【注释】

① 衅：间隙，破绽，这里指弱点。
② 采探：即间谍。
③ 庶：庶几，差不多。

【译文】

观察古人的用兵，之所以要采取进退攻守等各种行动，都是为了利用敌人的弱点罢了。……观察敌人弱点的方法：深沟高垒，看到敌人有弱点而后行动；坚兵利器，等待敌人有弱点而后使用。多方派遣间谍，重金收买敌探。敌人有弱点可乘，作战就如狂风突起一样迅捷，进攻就如河水决堤一样猛烈；敌人没有弱点可乘，就对外严守防地，对内休整部队，（这样）就差不多可以避免轻举妄动的失误了。这就是通常所说的"观衅"方法。

18. 凡与敌战，若敌人行阵整齐，士卒安静，未可轻战，伺其变动击之，则利。法曰："无邀正正之旗。"①

宋·佚名《百战奇法·整战》

【注释】

① 无邀正正之旗：语出《孙子兵法·军争篇》。邀，阻截，截击。参见第四章第十节第4条。

【译文】

凡与敌人作战，如果敌人阵势严整，士卒安定，不可轻率与之交战，应该等待敌情发生变化时再去进击它，就有利于取胜。正如兵法所说："不要拦截旗帜整整齐齐的敌人。"

19. 凡与敌战，若彼胜我负，未可畏怯，须思害中之利，当整励器械，激扬士卒，候彼懈怠而击之，则胜。法曰："因害而患可解也。"①

宋·佚名《百战奇法·败战》

【注释】

① 因害而患可解也：语出《孙子兵法·九变篇》，原文为"杂于害而患可解也"。参见本节第 2 条。

【译文】

凡是对敌作战，如果敌胜我败，不要因此而畏敌怯战，要思考不利之中的有利因素，应当整修武器装备，激励军心士气，等待敌人松懈麻痹之时再去打击它，就能取得胜利。正如兵法所说："（在有利的情况下，）要考虑到不利的因素，祸患就可以解除。"

20. 兵无定势，谋贵从时。苟势或因地而异便①，则事宜量力以乘机。

明·王守仁《王阳明全集》卷十，《议夹剿方略疏》

【注释】

① 异便：特殊的便利条件。

【译文】

作战没有固定的态势，计谋重在依据当时的情况来制定。如果态势因为战场情况而发生了有利于我的特殊变化，那么就应该根据自己的力量乘机采取行动。

21. 故兵无他术，察仁暴，明备乘，而权以行之，胜斯生矣。

明·西湖逸士《投笔肤谈》上卷，《达权》

【译文】

所以，用兵没有其他巧妙的办法，只要认真研究仁德和残暴的影响，明白戒备和乘敌的时机，而灵活地加以运用，胜利就从中产生了。

22. 两将相持，必有所测。测于敌者，避实而击疏；测于敌之测我者，示短以致长。测蹈于虚，反为敌诡。必一测而两备之，虞乎不虞，全术也，胜道也。

清·揭暄《兵法百言·智篇·测》

【译文】

双方将领对峙，一定要有所判断。判断敌人，是为了避实而击虚；判断敌人是怎样判断我军的，就要故意显示我之弱点来欺骗它，以便发挥我军的优势。如果判断错误，就会反而中敌人的诡计。一种判断，必须准备两种对策，考虑到意外的变化，这才是完善的办法，打胜仗的规律。

23. 听金鼓、观行列而识才，以北诱[①]、以利饵而识情，撼[②]而惊之、扰而拂[③]之而识度，察于事也。念之所起，我悉觉之；计之所胎，我悉洞之；智而能掩，巧而能伏，我悉烛[④]之，灼[⑤]于意也。若夫意所未起，而预拟尽变，先心敌心以知敌，敌后我意而意我，则谋而必投[⑥]也。

清·揭暄《兵法百言·智篇·识》

【注释】

① 以北诱：用假败欺骗敌人。北，败走，败逃。
② 撼：摇动，这里是猛烈攻击的意思。
③ 拂：违背，不顺。这里是扰乱、妨害的意思。
④ 烛：照亮，引申为洞察。
⑤ 灼：明白。
⑥ 投：适合。

【译文】

听听敌人发出的金鼓号令，看看敌军的阵列队形，从而可以判明敌将的才能；用假败来诱骗敌人，用小利来引诱敌人，从而可以了解敌将的性情；用猛烈攻击来惊吓敌人，用骚扰袭击来扰乱敌人，从而可以看出敌将的胆识，这是细致考察敌人的行动。敌人的念头刚刚萌生，我就能够发觉；敌人的计谋还在酝酿，我就能够明了；即使敌人机智而不露声色，手段高明而善于隐蔽，我也都能够明察无遗，这是深入研究敌人的意图。至于在敌人的意图产生之前，我能预拟各种应变方案，先于敌人的意图进行思考从而了解掌握敌情，使敌人落后于我的意图而猜测我的行动，这样我的计谋就会切中机宜。

24. 势之维系①处为机②，事③之转变处为机，物④之紧切处为机，时之凑合⑤处为机。有目前即是机，转盼⑥即非机者；有乘之即为机，失之即无机者。谋之宜深，藏之宜密。定于识，利于决。

清·揭暄《兵法百言·智篇·机》

【注释】
① 维系：维持，保持。
② 机：这里指战机。
③ 事：这里指战局。
④ 物：事物。这里指战争的物质因素。
⑤ 凑合：会合，聚集。
⑥ 转盼：即转眼，形容时间短促。盼，眼睛黑白分明的样子。

【译文】
态势上安危所系的地方是战机，战局上的转折之处是战机，事物的关键所在是战机，时间上恰到好处是战机。有眼前是战机，转眼之间就不是战机的；有抓住了是战机，稍一放松就不成其为战机的。谋划要深远，保密要严格。判定战机在于卓识，利用战机在于决断。

25. 制人于危难，扼人于深绝，诱人于伏内，张机设阱，必度其不可脱而后发。盖早发敌逸，犹迟发失时。故善用兵者，致人于无可逸。

清·揭暄《兵法百言·法篇·发》

【译文】

制服敌人于危难的时候，控扼敌人于险要的地形，诱使敌人进入我伏击圈内，安设机关，布置陷阱，一定要判断敌人已经到了无法脱逃的地步才发动攻击。因为打早了会使敌人跑掉，如同打迟了丧失时机一样。所以，善于用兵的人，能够将敌人诱入无法逃脱的境地。

26. 凡素未交兵，两不相习，或用一军以观其强弱、虚实，谓之尝战①。但尝战不可大战，不可久战，少尝即收归，且必设接应救援之军，以备缓急，恐尝者陷，且恐尝者陷而摧我大军也。

清·马慧裕《武备集要》

【注释】

① 尝战：战斗侦察。尝：尝试，试探。

【译文】

凡是没有交过战的双方，彼此情况互不了解，有时可以先派出一部分兵力探明敌人的强弱、虚实，这就叫做"尝战"。但"尝战"不能大打，不能久打，稍微试探一下就回来，而且必须指定支援的部队，以备缓急之需，这不仅是担心侦察部队遭到失败，更重要的是担心侦察部队失败致使我军主力受挫。

评 述

"料敌察机"是军事指挥学上的一个重要命题，其核心就在于要求将帅具有卓识远见和良好的指挥能力。略言之，"料敌察机"即料敌虚实、明察战机。为了达到这一要求，古代兵学家从各个方面进行了论述。

首先，要有准确判断能力，古人称之为"料敌"。《吴子》有《料敌》篇，对此作了专门论述。《管子》指出："故善攻者，料众以攻众，料食以攻食，料备以攻备。"(《霸言》)能否正确料敌，在于侦察所获得的情报是否真实。《孙子》说："故策之而知得失之计，作之而知动静之理，形之而知死生之地，角之而知有余不足之处。"(《虚实篇》)这就要求将帅善于通过现象看到本质，具有良好的观察思维能力，不能打莽撞仗。

其次，要有善择战机能力。战场情况千变万化，所谓"一日之内，一阵之间，离合取舍，其变无穷，一移踵瞬目，而兵形易矣"(宋·何去非《何博士备论·霍去病论》)。在复杂多变的战场上，战机也呈现出多样性的特点。这就要求指挥员善观风色，善察战机。《兵法百言》说："势之维系处为机，事之转变处为机，物之紧切处为机，时之凑合处为机。有目前即是机，转盼即非机者；有乘之即为机，失之即无机者。"(《智篇·机》)失掉战机不仅失去了胜敌的机会，还有可能"失利后时，反受其殃"(《六韬·龙韬·军势》)，因此，一个优秀的将帅，要"见利则疾，未利则止。趋利乘时，间不容息"(宋·曾公亮等《武经总要》前集卷三，《叙战上》)，做到"因机而立胜"(旧题三国·诸葛亮《将苑·机形》)。

例　证

周桓王十三年（前707年）秋，桓王亲率周、陈、蔡、卫联军伐郑，郑庄公率军迎战于繻葛（今河南长葛北）。联军以周军为中军，陈军为左军，蔡、卫军为右军，布成一个传统的"品"字形三军之阵。郑庄公则一反传统战法，以中军和左、右拒（即左、右两个方阵）布成一个倒"品"字形的"鱼丽之阵"(《左传·桓公五年》)。开战前，郑大夫子元首先观察分析了联军的阵势，发现其左、右军都很薄弱，尤其是左军，阵形混乱，人无斗志。于是他向庄公建议：先以我右拒攻敌左军，陈人必定败走，周王的中军也会张望而发生混乱；再以我左拒攻敌右军，蔡人、卫人就会支持不住，效法陈人而败走；然后合兵以攻中军，就能获得全胜。庄公采纳了这一建议，立即发动攻击，陈人一触而溃，蔡人、卫人相继败走，周中军孤立并发生混乱，郑军合兵而击，桓王中箭负伤，大败而归。此战郑军的实力弱于联军，但因郑庄公和郑大夫子元善于料敌察机，变换阵法，先弱后强，逐一攻击，故能取得胜利。

第三节　造势任势

1. 激水之疾，至于漂石者，势也①；鸷鸟②之疾，至于毁折者，节③也。是故善战者，其势险，其节短。势如彍弩④，节如发机⑤。

《孙子兵法·势篇》

【注释】

① 势：我国古代重要军事术语之一，指在一定军事实力（即"形"）基础上，通过主观能动作用所造成的有利态势和强大的冲击力量，亦即"形"的运用和发挥。

② 鸷（zhì 至）鸟：凶猛的鸟，如鹰、雕等。

③ 节：本义为植物茎上生叶与分枝的那一段，引申为适当的距离，这里含短促突发攻击之意。猛禽捕食，大都低飞盘旋，选择适当距离，尔后突起攻击，便能做到快而有力。

④ 彍弩：引满待发的弩。彍（guō 郭），拉满弓弩。

⑤ 机：指弩机，弩的击发部件，装置在弩的木臂后部。

【译文】

湍急的水飞快奔流，以致能漂移石头，这就是"势"；凶猛的鸟迅飞搏击，以致能摧折捕杀鸟兽，这就是"节"。因此，善于指挥作战的人，他所造成的"势"是险峻的，突发攻击的"节"是短近的。险峻的"势"像张满的弓弩，短近的"节"像一触即发的弩机。

2. 乱生于治①，怯生于勇，弱生于强。治乱，数②也；勇怯，势也；

强弱，形③也。故善动敌者，形之，敌必从之；予之，敌必取之。以利动之，以卒待之。故善战者，求之于势，不责于人，故能择人而任势。

《孙子兵法·势篇》

【注释】

① 乱生于治：向敌人伪示混乱，是在自己真正严整有序中产生的。这里的"乱"，和下文的"怯"、"弱"都是用来欺骗敌人的假象，它们是以"治"、"勇"、"强"作为坚强后盾而产生的。没有"治"、"勇"、"强"的实力，就无法产生"乱"、"怯"、"弱"的假象。或说在一定条件下"乱"可以由"治"产生。从整个文意论述因形任势来看，以前说为宜。

② 数：这里指组织指挥问题。

③ 形：我国古代重要军事术语之一。作名词用，指军事实力，即《孙子兵法·形篇》之"形"。后文的"形之"，则作动词用，指以假象迷惑敌人。

【译文】

佯装的混乱从严整中产生，佯装的怯懦从勇敢中产生，佯装的弱小从强大中产生。严整或者混乱，是组织指挥的好坏决定的；勇敢或者怯懦，是作战态势的优劣决定的；强大或者弱小，是实力大小的对比决定的。所以，善于调动敌人的将帅，以假象迷惑敌人，敌人必定会听从调动；给敌人诱饵，敌人必定会上钩来取。要用小利打动敌人，用重兵伺机掩击敌人。因此，善于作战的人，努力创造有利态势，而不苛求部属，所以能够选择人才去创造和利用有利的态势。

3. 何以知弓弩之为势也？发于肩膺①之间，杀人百步之外，不识其所道至。故曰，弓弩势也。

《孙膑兵法·势备》

【注释】

① 膺：胸部。

【译文】

怎么知道弓弩好比兵势呢？箭镞从肩膀和前胸之间射出，把敌人杀伤于百步之外，而敌人还搞不清箭是哪里射来的。所以说弓弩好比兵势。

4. 凡兵之道四：曰阵，曰势，曰变，曰权。察此四者，所以破强敌，取猛将也。

《孙膑兵法·势备》

【译文】

用兵之道有四个方面，这就是军阵、兵势、机变、主动权。深入了解和掌握好这四个方面，就能够击破强大的敌军，擒俘勇猛的敌将。

5. 凡事，有形同而势异者，亦有势同而形别者。若顺其可，则一举而功济；如从未可，则击动而必败。故孙膑曰："计者，因其势而利导之。"①

清·汪宗沂辑《卫公兵法》上卷，《将务兵谋》

【注释】

① 计者，因其势而利导之：语出《史记·孙子吴起列传》，原文为"孙子（孙膑）谓田忌曰：……善战者，因其势而利导之"。

【译文】

一切事物，有情形相同而态势不同的，也有态势相同而情形不同的。如果顺应形势许可的程度而动，就能一举而成功；如果违逆形势许可的程度而动，就必然要失败。所以，孙膑说得好："所谓谋略，就是要做到因势利导。"

6. 故良将之战，必整其三军，砺其锋甲，设其奇伏，量其形势。远则力疲而不及，近则敌知而不应。若不通此机，乃智不及于鸟兽，亦何能取胜于劲寇①乎？仍须怒士厉众，使之奋勇，故能无强阵于前，无坚城于外，以弱胜强，必因势也。

清·汪宗沂辑《卫公兵法》上卷，《将务兵谋》

【注释】
① 劲寇：强敌。劲（qíng 晴），强而有力。

【译文】
所以，优秀将帅指挥作战，必须首先整顿好部队，磨砺好武器，设置奇兵和伏兵，估量战场态势。远距离发起攻击，容易过早地消耗自己而达不到制敌的目的；近距离发起攻击，容易为敌人所识破而不前来应战。倘若不通晓这一关键，就是智谋不如鸟兽，又怎么能战胜强敌呢？还是必须激励士气，使他们奋勇杀敌。只有这样，才能使我军兵锋所向，前无强阵拦截，外无坚城阻挡。以弱小兵力战胜强大敌人，必须利用有利态势。

7. 兵之胜败，非人之勇怯也，勇者不可必胜，怯者不可必败，率由势焉耳。

宋·许洞《虎钤经》卷三，《任势》

【译文】
作战的胜负，不单是取决于人的勇敢或怯懦。勇敢的不一定必胜，怯懦的不一定必败，一般是由势所决定的。

8. 势之任者有五：一曰乘势，二曰气势，三曰假势，四曰随势，五曰地势。……凡新破大敌，将士乐战，威名既震，闻者骇惧，回其势而击人者，此之谓乘势者也；将有威德，部伍严整，士有余勇，名誉所加，憺如雷霆，此之谓气势者也；士卒寡少，盛其鼓，张其旗为疑兵，使敌人震惧，此之谓假势者也；因敌疲倦懈怠袭击之，此之谓随势者也；合战之地，便其干戈，利其步骑，左右前后，无有陷隐，此之谓地势者也。用兵者乘此五势，未有不能追亡逐败以建大功也。

宋·许洞《虎钤经》卷三，《任势》

【译文】

任势有五种情形：第一是"乘势"，第二是"气势"，第三是"假势"，第四是"随势"，第五是"地势"。……凡是刚打败强大敌人，将士踊跃求战，部队声威大震，别的敌人听到就害怕，利用这种形势调转兵锋去进攻敌人的，这就叫"乘势"；将领德高望重，部队严整，士气旺盛，威名所至，敌人如闻雷霆的，这就叫"气势"；部队数量虽少，却大张旗鼓，布置疑兵，使敌人惊骇的，这就叫"假势"；乘敌疲倦懈怠而袭击的，这就叫"随势"；战场地形，便于发挥各种兵器威力，有利于步骑等行动，前后左右也没有隐蔽障碍的，这就叫"地势"。将帅利用这五种形势，就没有不能追亡逐败而建立大功的。

9. 凡战，所谓势者，乘势也。因敌有破灭之势，则我从而迫之，其军必溃。法曰："因势破之。"①

宋·佚名《百战奇法·势战》

【注释】

① 因势破之：语出《黄石公三略·上略》。

【译文】

作战上所说的"势"，就是利用有利态势。乘着敌人处于破灭之势，我方不失时机地发动进攻，敌人一定会溃败。正如兵法所说："要利用有利态势击破敌人。"

10. 多方以误贼人之谋，分攻以疲贼人之守。

明·王守仁《王阳明全集》卷十六，
《案行漳南道守巡官戴罪督兵剿贼》

【译文】

用各种方法使敌人的计谋产生错误，分头进攻以使敌人的守军疲惫不堪。

11. 将之善任战者，率然①如风之陡②发，如云之陡合，如转圆石、溃积水于万丈之上，使人莫识其来，莫知所御，是谓握率然之用。

明·何良臣《阵纪》卷二，《率然》

【注释】

① 率然：古代传说中的一种蛇。这里指行动敏捷、反应迅速。
② 陡：突然。

【译文】

善于指挥作战的将领，其进攻之迅猛像狂风那样突然发作，像乌云那样突然聚合，像转动圆石和掘开积水于万丈高山之上一样，使敌人不晓得它从何处而来，不知道怎样抵抗。这就是掌握了突然性的运用。

12. 兵何以宜乘胜也？胜则敌之心胆已摧，我之锐气益壮。以方胜之气，当已疲之敌，所谓势如破竹，数节之后，迎刃而解也。

明·佚名《草庐经略》卷八，《乘胜》

【译文】

用兵作战，为什么要乘胜进攻呢？因为打了胜仗之后，敌人就会心惊胆战，而我军的士气就更加旺盛。利用我军刚取胜而振奋起来的旺盛士气，去攻击已经疲惫的敌人，就是所谓势如破竹，破开数节之后，其余就迎刃而解了。

13. 尔等建议直取燕京，朕意以为不可。取燕京如伐大树，须先从两旁斫①削，则大树自仆。朕今不取关外四城②，岂能即克山海③？今明国精兵已尽，我兵四围纵略④，彼国势日衰，我兵力日强，从此燕京可得矣。

《清太宗实录》卷六十二，崇德七年九月壬申

【注释】

① 斫（zhuó 浊）：砍，削。

② 关外四城：锦州、松山（今辽宁凌海西南）、杏山（今辽宁凌海西南）、塔山（今辽宁葫芦岛东北）。

③ 山海：指山海关。

④ 纵略：掠夺。

【译文】

你们建议直接攻取北京，我认为不行。攻取北京好比砍伐大树，必须先从两边砍削，大树才能自己倒下。我现在不先攻下关外四个城堡，怎么能立即攻取山海关呢？现在明朝的精兵已经耗尽，我们不断派兵从四面袭掠，它的国力日益衰弱，我们的兵力日渐强盛，这样下去北京就能一举而克了。

14. 善兵者务度势。处乎一隅，而天下摇摇，莫有定居者，制其上①也；以少邀众，而坚锐沮避，莫敢与争者，扼其重②也；破一营而众营皆解，克一处而诸处悉靡③者，撤其恃也；阵不俟交合，马未及鞭弭④，望旌旗而跟跄⑤奔北者，摧其气也。能相地势，能立军势，善之以技，战无不利。

清·揭暄《兵法百言·智篇·势》

【注释】

① 上：上游，这里指能控制天下局势的有重大战略意义的形胜之地。
② 重：重险，指利于防守的险隘之地。
③ 靡（mǐ 米）：倒下。
④ 鞭弭：马鞭和弓。这里指驱策战马。弭（mǐ 米），末端用骨做装饰的弓。
⑤ 跟（liàng 亮）跄（qiàng 呛）：行走急遽的样子。

【译文】

善于用兵的人，务必要善于分析形势。虽然偏处一隅，却能使天下动荡，没有谁能够安居，这是因为掌握了战略形胜之地；以少击众，敌人虽然强大而精锐，却沮丧避战，没有谁敢与争锋，这是因为控制了重险要害之处；击破敌人一座营垒，其他营垒随之土崩瓦解，攻克敌人一处地方，其他各处望风披靡，这是因为摧毁了敌人所依恃的中坚力量；对阵不待交锋，战马尚未驱驰，敌人望见我军旗帜就仓皇奔逃，这是因为摧垮了敌人的军心士气。能够正确利用地势，能够确立有利战势，再加上精熟的技艺，作战就没有不胜利的。

15. 委①物以乱之，委人以动之，委垒塞土地以骄之。有宜用委者，多恋难成，不忍无功。

清·揭暄《兵法百言·法篇·委》

【注释】

① 委：丢弃。

【译文】

丢弃物资以惑乱敌人，舍弃小部队以诱动敌人，放弃营垒土地以使敌人骄傲麻痹。在应当使用委弃策略时，过多地贪恋小利就难以成事，不能忍受暂时的牺牲就不能成功。

16. 武不可黩①。连师境上，屡战不息，能使师不疲者，惟有更②法。我一战而人数应，误③逸为劳；人数战而我数休，返劳为逸。逸则可作，劳则可败。不竭一国之力以供军，不竭一军之力以供战。败可无虞，胜亦不扰。

清·揭暄《兵法百言·法篇·更》

【注释】

① 黩（dú 独）：轻慢不敬，引申为滥用。

② 更（gēng 耕）：输流接替。

③ 误：耽误，妨害。

【译文】

兵不可滥用。陈兵于国境，屡战不息，能够使军队不疲惫的，只有采用轮番作战的办法。我军出战一次，敌人应战数次，敌军便由安逸变为疲惫；敌人连战数次而我军休整数次，我军则由疲惫变为安逸。安逸的军队就可以有所作为，疲惫的军队就会遭到失败。（运用轮番作战的方法），不竭尽国家的财力来供应军队，不竭尽全军的力量来作战。打了败仗没有大的危险，打了胜仗也没有大的损失。

评 述

"势"是古代军事学上的一个重要范畴。"兵形势"是军事上的一个流派，古人说："孙膑贵势。"（《吕氏春秋·不二》）所谓"势"，是多义的。主要是指军事力量合理的积聚、运用，充分发挥威力，表现为有利态势和强大的冲击力。孙子说："势者，因利而制权也。"（《孙子兵法·计篇》）《虎钤经》又分为"乘势"、"气势"、"假势"、"随势"、"地势"五种。

为了造成有利的态势，孙子提出了"势险"和"节短"两个条件（《孙子兵法·势篇》）。"势险"就要快速、突然，所谓"弓弩之为势"（《孙膑兵法·势备》），"使人莫识其来，莫知所御"（明·何良臣《阵纪》卷二，《率然》);"节短"就要近距离发起攻击,"节如发机"(《孙子兵法·势篇》)。可见,二者又是互相关联,互为条件的。

战场上具备了有利态势,就可以收到用力少而收功多的效果,所谓"犹麾巨石于千仞之山,而不假于多力"(宋·李纲《梁溪集》卷一百五十三,《迂论九·论用兵》),能够"以弱胜强,必因势也"(清·汪宗沂辑《卫公兵法》上卷,《将务兵谋》)。因此,指挥员必须善于审时度势,战法多变。《兵法百言》从"制其上"、"扼其重"、"撤其恃"、"摧其气"四个方面进行了具体分析(《智篇·势》)。

孙子说:"战势不过奇正。"(《孙子兵法·势篇》)战阵之势与奇正有着密不可分的联系。关于"奇正",我们将在"出奇制胜"一节再作介绍,这里就不赘述了。

例　证

元顺帝至正二十年(1360年)闰五月初一,陈友谅率舟师十万沿长江顺流而下,连续突破朱元璋部队的防御,不到五天便攻克采石(今安徽马鞍山西南),威逼应天(今南京)。陈军的舟师十倍于朱,战舰巨大,朱军难以抵抗;加之陈友谅又已派人同浙西张士诚联系,约其西进,从侧后夹击,因而应天的处境十分险恶。在危急存亡之际,朱元璋采纳刘基的建议,决心乘张士诚尚未出兵之时,尽快将陈友谅诱至应天城下予以歼灭。他一面派陈友谅的老友康茂才致书诈降,约定在江东桥(今南京江东门附近)做陈军的内应,一面利用应天周围的有利地形,在南北两侧设下重兵埋伏,准备水陆夹击,一决胜负。陈友谅求胜心切,接到康茂才的诈降书后,信以为真,于五月初十进军应天城下。其舟师驶离长江主航道,进至江东桥,刚刚舍舟登岸,突然遭到朱军的四面伏击。陈军争相登舟,欲返江中,恰值江水退潮,巨舰搁浅,进退不得。朱军乘势猛攻,大获全胜,斩杀甚众,俘敌二万余人,陈友谅乘小船逃回江州(今江西九江)。此战朱元璋化险为夷,转危为安,关键在于巧妙地造势任势,将陈军诱至应天城下，从而化敌舟师之长为短，变己步兵之短为长，故得一战而胜。

第四节　兵不厌诈

1. 三军以利用也，金鼓以声气也。利而用之，阻隘可也。声盛致志，鼓儳①可也。

《左传·僖公二十二年》

【注释】
① 鼓儳：乘敌混乱不整，击鼓进攻。儳（chán 蝉），不整齐。

【译文】
军队是根据有利于己的原则进行战斗的，金鼓是用强大的声响来鼓舞士气的。因利而用兵，阻敌于险隘以求胜是完全允许的。用强大的声音鼓舞斗志，乘敌混乱不整而击鼓进攻也是完全应该的。

2. 兵者，诡①道也。故能而示之不能，用而示之不用，近而示之远，远而示之近。利②而诱之，乱而取之，实而备之，强而避之，怒而挠③之，卑而骄之，佚而劳之，亲而离之。攻其无备，出其不意。此兵家之胜，不可先传也。

《孙子兵法·计篇》

【注释】
① 诡：诡诈。
② 利：指敌人贪利。以下"乱"、"实"、"强"、"怒"、"卑"、"佚"、"亲"，都是指敌人，句式相同。

③挠：扰乱，这里指挑逗、激怒。

【译文】

用兵打仗，以诡诈为原则。所以，能打装作不能打，要打装作不要打，向近处装作向远处，向远处装作向近处。敌人贪利，就引诱它；敌人混乱，就攻取它；敌人力量充实，就防备它；敌人兵力强大，就躲避它；敌将易怒，就激怒它；敌人谨慎，就骄纵它；敌人休整得好，就疲扰它；敌人内部团结，就离间它。攻其无备，出其不意。这是军事家制胜的奥妙，是不能事先规定的。

3. 故形兵①之极，至于无形；无形，则深间②不能窥③，智者不能谋。

《孙子兵法·虚实篇》

【注释】

①形兵：指用伪装佯动等手段示敌假象。

②深间：深藏的间谍。一说"深"指高深，"深间"即高明练达的间谍。

③窥：窥测，偷看。

【译文】

所以，伪装佯动到了极点，就能达到（把真相掩蔽得）毫无形迹；毫无形迹，敌人深藏的间谍也无法窥探，敌人高明的智者也想不出好办法。

4. 军争①之难者，以迂为直②，以患为利。故迂其途，而诱之以利，后人发，先人至，此知迂直之计者也。

《孙子兵法·军争篇》

【注释】

①军争：两军争利。指从接受国君命令、组织军队开始，到抵达战场

与敌人对垒为止，两军开进中争夺先机有利条件的行动。

②以迂为直：变迂远曲折之路为近直之道，或误敌，或倍道兼行，先敌到达预定地点。

【译文】

两军争夺先机之利的困难地方，在于变迂远为直近，变患害为有利。故意迂回绕道，用小利诱开敌人，比敌人后出发，先到达，这就是懂得"以迂为直"的计谋。

5. 战阵之间，不厌诈伪①。

《韩非子·难一》

【注释】

① 此句为韩非引晋文公谋臣狐偃（舅犯）之言。

【译文】

两军对阵之际，不厌弃使用诡诈手段。

6. 用兵之道，示之以柔而迎之以刚，示之以弱而乘之以强，为之以歙①而应之以张，将欲西而示之以东，先忤②而后合，前冥③而后明。若鬼之无迹，若水之无创④。故所乡⑤非所之也，所见非所谋也。举措动静，莫能识也。若雷之击，不可为备。所用不复，故胜可百全。

《淮南子·兵略训》

【注释】

① 歙（xī 希）：吸气。这里指集中兵力。

② 忤（wǔ 午）：相背，相反。这里指避开敌人。

③ 冥：阴暗。这里是隐匿的意思。

④ 创：创伤。这里指向敌人佯示柔弱，像水一样没有创伤。

⑤ 乡：通"向"，这里指方向。

【译文】

用兵的法则，要对敌人先装作软弱，然后以坚强的力量去迎击它；先装作弱小，然后以强大的力量去打击它；先集中兵力，然后再展开兵力；将要向西，先装作向东；先避开敌人，然后再交战；先隐匿自己的行动和企图使敌人迷惑不清，然后采取明确而果敢的行动。要像鬼神一样无影无形，像水一样柔弱无创。所以，所去的方向并非自己真正要去的方向，所显示的企图并非自己的真实意图。一举一动，都使敌人无法测知。行动像打雷一样突然，使敌人无法防备。所采用的战法不断变化，所以胜利就会完满取得。

7. 故形之者，以奇示敌，非吾正也；胜之者，以正击敌，非吾奇也。此谓奇正相变。

《唐太宗李卫公问对》卷中

【译文】

所以，示形诱敌，是用"奇兵"迷惑它，而不是用"正兵"；战胜敌人，是用"正兵"击败它，而不是"奇兵"。这就叫做"奇兵""正兵"的相互变化和交替运用。

8. 彼众整而锐，必不肯屈，乃诱我耳。宜严兵以待。

《辽史》卷八十三，《耶律休哥传》

【译文】

敌人兵力众多，队形严整，并且锐气正盛，肯定不会屈服的，（求和）是诱我上钩，我应严阵以待。

9. 兵有长短，敌我一也。敢问："吾之所长，吾出而用之，彼将不与吾校①；吾之所短，吾蔽而置之，彼将强与吾角，奈何？"曰："吾之所短，吾抗而暴之②，使之疑而却；吾之所长，吾阴而养之，使之狎③而堕其中，此用长短之术也。"

宋·苏洵《权书·心术》

【注释】
①校（jiào 叫）：较量。
②抗而暴之：故意暴露。抗，高举。暴（pù 瀑），暴露。
③狎：轻侮，轻视。

【译文】
军队各有长处和短处，敌我都是一样的。请问："发扬我们的长处，敌人将不肯同我较量；隐蔽我们的短处，敌人一定要同我们较量，如何是好？"回答是："我们的短处，可以故意暴露在敌人面前，使敌人猜疑而后退；我们的长处，秘密地培养起来，使敌人轻视而堕入圈套，这就是正确使用长处和短处的方法。"

10. 诱其深入，一战可擒也。

《元史》卷一百二十七，《伯颜传》

【译文】
诱敌深入，可一战取胜。

11. 夫必胜之兵必隐，谓先用弱于敌而后战也。譬夫搏攫①抵噬②之兽，其用齿角爪牙也，托于卑微隐蔽，所以能为暴。

明·何东序《删定武库益智录》卷十七，《将击·必匿篇》

【注释】
①攫：（jué 决）：抓取。

② 噬（shì 士）：咬。

【译文】

必胜的军队必然善于隐蔽自己，就是说要先示弱于敌，使其疏于防备而后再打它。譬如那种搏击噬食生物的猛兽，将要使用它的齿、角、爪、牙的时候，都是先借助低下隐蔽的姿势，然后才能逞凶。

12. 夫攻贵于入，攻城而入其所攻，犹非善攻者也。守贵于出，突围而出其所突，犹非善突者也。惟示之以攻，而入其所不攻；示之以突，而出其所不突，此攻守之妙也。

明·西湖逸士《投笔肤谈》上卷，《持衡》

【译文】

进攻最好能够突入坚城，但攻城直接从所要进攻的方向攻入，还不是善于进攻。防御最好能够打得出去，但突围直接从所要突围的方向突出，还不是善于突围。只有对敌人伪示要从这里进攻，却从敌人认为不会进攻的方向攻入；对敌人伪示要向这里突围，却向敌人认为不会突围的方向突出，这才算是巧妙的攻守。

13. 故善制敌者，愚之使敌信之，诳之使敌疑之，韬①其所长而使之玩②，暴③其所短而使之惑，谬其号令而使之聋，变其旗章而使之瞽④，秘其所忌以疏其防，投其所欲以昏其志，告之以情以款⑤其谋，惕之以威以夺其气。

明·西湖逸士《投笔肤谈》下卷，《兵机》

【注释】

① 韬：隐藏。

② 玩：不认真，疏忽。

③ 暴（pù 瀑）：暴露。

④ 瞽（gǔ 谷）：瞎，失明。
⑤ 款：这里做"缓"解，指稳住敌人的行动，破坏其计谋。

【译文】
善于克敌制胜的人，愚弄敌人，使它信以为真。欺骗敌人，使它产生怀疑。隐匿我军的长处，使敌人疏忽。暴露我军的短处，使敌人迷惑。假传号令，使敌人听不到我军的实情。改变旗章，使敌人看不清我军的虚实。把敌人害怕的隐藏起来，使它防范松懈。迎合敌人的心理，使它意志昏乱。把我军的某些情况告知敌人，以破坏它的计谋。用威力震骇敌人，以沮丧它的士气。

14. 耀能①以震敌，恒法也。惟无有者故称，未然者故托，不足者故盈，或设伪以疑之。张我威，夺彼气，出奇以胜，是虚声而致实用也，处弱之善道也。

清·揭暄《兵法百言·法篇·张》

【注释】
① 耀能：炫耀武力。能，才能，这里指武力。

【译文】
炫耀武力来威慑敌人，是千古不变的法则。不具备的条件故意声称已经具备，还没有做的事情故意假托已做，力量不足却故意显示力量强大，或者设置假象以迷惑敌人。长自己的威风，灭敌人的志气，出奇以制胜，这就是以虚张声势收到实际效用，是军队处于劣势时的好办法。

15. 大凡逆①之愈坚者，不如顺以导瑕②。敌欲进，羸③柔示弱以致之进；敌欲退，解散开生以纵之退；敌倚强，远锋固守以观其骄；敌仗威，虚恭图实以俟其惰。致而掩之，纵而擒之，骄而乘之，惰而收之。

清·揭暄《兵法百言·法篇·顺》

【注释】

① 逆：抵触，违背，与"顺"相对。这里是攻击的意思。
② 瑕：本义为玉的斑点，引申为缺点、过失。
③ 羸（léi 雷）：本义为瘦弱，这里是疲惫衰弱的意思。

【译文】

凡是越硬攻就越顽强抵抗的敌人，不如顺应它，引导它犯错误。敌人企图前进，我就故意示弱，引诱它前进；敌人企图退却，我就佯为撤围，虚留生路，放纵它后退；敌人倚仗它的强大，我就暂不与之交锋，固守不出，静观它滋长骄傲情绪；敌人仗恃它的威势，我就假意避让而暗中积蓄力量，等待它懈怠松弛。引诱敌人前进，然后乘隙袭击它；放纵敌人后退，然后乘机擒获它；促使敌人骄傲轻敌，然后起而战胜它；造成敌人麻痹松懈，然后一举消灭它。

16. 凡军之可撼①者，非伤天时，即陷地难，及疏于人谋②。犯可撼，戒不可撼。若故为可撼以致人之撼之，而展其撼者，则又善于撼敌者也。

清·揭暄《兵法百言·法篇·撼》

【注释】

① 撼（hàn 汉）：摇动。这里指打败。
② 人谋：将帅的主观指导。

【译文】

凡是可以被打败的敌人，不是它遇到了不利的天候条件，就是陷入了困难的地理条件，以及在指挥上犯了错误。要进攻可以打败的敌人，切忌不要进攻不可能打败的敌人。如果能故意伪装成可被打败的样子引诱敌人进攻，然后再发挥自己胜敌的威力，那就更是善于打败敌人的将帅了。

17. 兵诡必疑，虚疑必败。

清·揭暄《兵法百言·智篇·疑》

【译文】

用兵是一种诡诈的行为，必须多加怀疑；但是，无根据的怀疑，必定要失败。

18. 凡前路险阻，贼固守之，则佯应之，而潜趋其背夺之。

清·马慧裕《武备集要》

【译文】

凡是前进道路上有险要地形，敌人又全力固守，那就应该佯攻其正面，秘密地绕至敌人背后去夺取它。

评　述

"兵不厌诈"是军事上的重要命题，战场上说仁行义，就将成为宋襄公式的笑柄。战争较之于其他事物，之所以更少确定性，更多盖然性，除了战争运动有其特殊规律之外，兵行诡道也是一个重要原因。

"示形"，即欺骗和佯动，是实施诡诈的重要方法。大至于战略范围，小至于战术范围，无不要求竭尽"示形"之能事。因此，示形之术不可胜数。孙子说："能而示之不能，用而示之不用，近而示之远，远而示之近。"（《孙子兵法·计篇》）这也只是举其明例而已。

"必胜之兵必隐"（明·何东序《删定武库益智录》卷十七，《将击·必匿篇》）。我的企图、部署、行动愈是荫蔽得好，伪装得好，愈能收到声东击西的效果，愈能达成突然性。孙子说："形兵之极，至于无形。"（《孙子兵法·虚实篇》，下同）这是对荫蔽最高的要求。另一方面，对于敌人，则要"形人而我无形"，欺骗敌人愈是得手，就愈能克敌制胜。既可以扬长击短："吾之所短，吾抗而暴之，使之疑而却；吾之所长，吾阴而养之，使之狎而堕其中。"（宋·苏洵《权书·心术》）也可以因情用兵："愚之使敌信之，诳之使敌疑之，韬其所长而使之玩，暴其所短而使之惑，谬其号令而使之聋，变其旗章而使之瞽，秘其所忌以疏其防，投其所欲以昏其志，告之以情以款其谋，惕之以威以夺其气。"（明·西湖逸士《投笔肤谈》下卷，《兵机》）总之，"兵以诈立"（《孙子兵法·军争篇》），"兵者，诡道也"（《孙子兵法·计篇》），善于"示形诱敌"，就能集中兵力，掌握主动，变易主客，赢得胜利。

古代作战，伪装多是利用天然遮障和人工设置假目标。其手段和工具同现代战争相比，不可同日而语。但是，"兵不厌诈"的指导思想是古今一律的，至今仍然具有强大的生命力。

例　证

周显王二十六年（前343年），魏军大举攻韩，接连五战五捷，韩国处于危急之中。次年，齐威王命田忌为将，孙膑为军师，率兵救韩击魏。齐军直趋大梁（今河南开封），逼魏军回救，以解韩围。魏军果然回救，并以太子申为上将军，庞涓为将，率兵十万东出外黄（今河南兰考东南），迎击齐军。孙膑认为，魏军"素悍勇而轻齐，齐号为怯。善战者，因其势而利导之"（《史记》卷六十五，《孙子吴起列传》，下同），建议田忌避战示弱，减灶诱敌。在退军途中，第一天造十万人吃饭用的灶，第二天减为五万，第三天减为三万。庞涓见状，误以为齐军怯弱惧战，逃亡大半，"乃弃其步军，与其轻锐倍日并行逐之"。齐军退至道狭地险的马陵（今河南范县西南），设下了埋伏。魏军于日落后到达马陵，齐军万弩俱发，庞涓兵败自杀。接着，齐军乘胜进攻，全歼魏军十万，俘其统帅太子申。此战魏强齐弱，孙膑取胜的奥妙全在于兵不厌诈，减灶诱敌，马陵设伏，攻其无备。

第五节　出奇制胜

1. 三军之众，可使必受敌而无败者，奇正①是也。

《孙子兵法·势篇》

【注释】

① 奇正：我国古代重要军事术语之一。《孙子兵法》首论奇正，历代兵家多有阐发，其含义甚为广泛。一般地说，常法为正，变法为奇。在兵力使用上，守备、钳制的为正兵，机动、突击的为奇兵；在作战方式上，正面攻、明攻为正兵，迂回、侧击、暗袭为奇兵；在作战方法上，按一般原则作战为正兵，采取特殊战法为奇兵；在战略上，堂堂正正进军为正兵，突然袭击为奇兵，等等。

【译文】

指挥全军，要使它一旦遭受敌人进攻而不致失败，这是正确运用奇正的问题。

2. 凡战者，以正合，以奇胜。故善出奇者，无穷如天地，不竭如江河。……战势不过奇正，奇正之变，不可胜①穷也。

《孙子兵法·势篇》

【注释】

① 胜（shēng 生）：尽。

【译文】

作战总是用正兵当敌，用奇兵取胜。所以，善于出奇兵的将帅，他的战法变化就像天地那样不可穷尽，像长江大河那样不会枯竭。……战法不过奇正，奇正的变化，是不可穷尽的。

3. 正兵贵先，奇兵贵后。或先或后，制敌者也。

《尉缭子·勒卒令》

【译文】

一般说来，正兵贵在先用，奇兵贵在后用。但是，哪个先用，哪个后用，都是为了战胜敌人。

4. 径^①乎不知，发乎不意^②。径乎不知，故莫之能御也；发乎不意，故莫之能应^③也。故全胜而无害。

《管子·兵法》

【注释】

① 径：走近路。这里指进军。
② 发乎不意：出敌意外地发动进攻。发，发动进攻。不意，没有料到。
③ 应：应战。

【译文】

要从敌人不知道的路线秘密进军，要在敌人意料之外发动攻势。行军敌人不知道，所以无法抵御；进攻出乎敌人意料，所以无法应战。因此，能获得全面的胜利而没有损害。

5. 外乱而内整，示饥而实饱，内精而外钝。一合一离，一聚一散，阴其谋，密其机，高其垒，伏其锐士，寂若无声，敌不知我所备。欲其西，袭其东。

《六韬·文韬·兵道》

【译文】

（两军相遇），阵形佯示混乱，但阵体却很严整；对敌佯示缺粮，但实际给养充足；部队实际很精锐，而对外佯示战斗力不强。队伍时而合时而离，人员时而聚时而散。隐匿我的计谋，严守我的机密，加固我的壁垒，隐伏我的精锐部队，士卒行动寂静得无声无息，使敌人无法知道我的防备部署。要攻击敌人的西边，却先去袭击它的东边。

6. 以五敌一，则三术①为正，二术为奇。以二敌一，则一术为正，一术为奇。

《十一家注孙子·谋攻篇》曹操注

【注释】

①术：本义为城邑中的道路。道路分纵横各若干条，这里引申为整体中的部分。

【译文】

用五倍于敌的兵力作战，就要以五分之三的兵力作正兵与敌正面交锋，以五分之二的兵力作奇兵出奇制胜。用两倍于敌的兵力作战，就要以二分之一的兵力作正兵与敌人正面交锋，以二分之一的兵力作奇兵出奇制胜。

7. 情见①势竭，必将有变，此用奇之时。

《三国志》卷十，《魏书·荀彧传》

【注释】

①情见：指敌军真实的情况暴露出来。情，真实的情况。见，同"现"，显现。

【译文】

敌军的真实情况暴露出来，进攻的势头衰竭下去，必将发生变化，这是用奇兵取胜的时机。

8. 凡将，正而无奇，则守将也；奇而无正，则斗将也；奇正皆得，国之辅也。

《唐太宗李卫公问对》卷上

【译文】

大凡将领，仅会运用"正"法而不会运用"奇"法的，这只是善于防御的守将；仅会运用"奇"法而不会运用"正"法的，这只是善于进攻的斗将；只有"奇正"之法都会运用的，才是辅佐国家的良将。

9. 善用兵者，无不正，无不奇，使敌莫测。故正亦胜，奇亦胜。三军之士，止知其胜，莫知其所以胜。非变而能通，安能至是哉？

《唐太宗李卫公问对》卷上

【译文】

善于用兵的人，无处不用正兵，无处不用奇兵，使敌人无法判断。所以，用正兵也能胜利，用奇兵也能胜利。全军将士，只知道打了胜仗，而不知道之所以能够打胜仗的原因。如果不是根据实际情况灵活变化而精通奇正之法，又怎么能达到这样高超的水平呢？

10. 奇正者，所以致敌之虚实也。敌实，则我必以正；敌虚，则我必以奇。苟将不知奇正，则虽知敌虚实，安能致之哉？

《唐太宗李卫公问对》卷中

【译文】

奇正的运用，是为了察明和对付敌人的虚实。敌人兵力雄厚时，我就必须用正兵对付它；敌人兵力薄弱时，我就必须用奇兵对付它。倘若将帅不知道奇正的运用，即使知道了敌人的虚实，又怎么能战胜它呢？

11. 以奇为正者，敌意其奇，则吾正击之；以正为奇者，敌意其正，则吾奇击之。使敌势常虚，我势常实。

《唐太宗李卫公问对》卷中

【译文】

把奇兵变为正兵使用，敌人还以为是奇兵，我却以正兵打击它；把正兵变为奇兵使用，敌人还以为是正兵，我却以奇兵袭击它。（这样用兵），就能使敌人经常处于虚弱不利的态势，而我方则经常处于强大有利的态势。

12. 夫奇兵者，正兵之变也；伏兵者，奇兵之别也。奇非正，则无所恃；正非奇，则无以取胜。故不虞以击则谓之奇兵，匿形而发则谓之伏兵，其实则一也。

宋·曾公亮等《武经总要》前集卷四，《制度四·奇兵》

【译文】

所谓奇兵，乃是由正兵变化而来的；所谓伏兵，乃是奇兵的分支。奇兵若没有正兵做后盾，它就无所依托；正兵若没有奇兵做配合，它就无法取胜。因此，出敌意料之外袭击敌人的，就叫做奇兵；隐蔽地投入战斗的，就叫做伏兵。奇兵和伏兵，其实质是一样的。

13. 历观前志，连百万之师，两敌相向列阵以战，而不用奇者，未有不败亡也。故兵不奇则不胜。凡阵者，所以为兵出入之计，而制胜者，常在奇也。

宋·曾公亮等《武经总要》前集卷四，《制度四·奇兵》

【译文】

纵观史书上的记载，指挥百万大军，敌对双方相对列阵而战，若不使用奇兵，没有不失败的。所以，不使用奇兵就不会打胜仗。一切列阵，都是为兵力调动考虑的，而克敌制胜，往往在于奇兵的运用。

14. 奇正者，用兵之钤键①，制胜之枢机也。临敌运变，循环不穷，穷则败也。

《十一家注孙子·势篇》王晳注

【注释】

① 钤键：锁钥，关键。钤（qián 前），锁。键，钥。

【译文】

奇正问题，是用兵打仗的关键，克敌制胜的枢机。临敌交战运用奇正的变化，就像顺着圆环旋转那样没有穷尽，一旦有了穷尽就会失败。

15. 凡战，所谓奇者，攻其无备，出其不意也。交战之际，惊前掩后，冲东击西，使敌莫知所备，如此则胜。法曰："敌虚，则我必为奇。"①

宋·佚名《百战奇法·奇战》

【注释】

① 敌虚，则我必为奇：语出《唐太宗李卫公问对》卷中，原文为"敌虚，则我必以奇"。参见本节第 10 条。

【译文】

凡是作战，所谓出奇制胜，就是攻其无备，出其不意。与敌人交战的时候，惊扰其前而袭击其后，佯攻其东而实击其西，使敌人不知道怎样防备，这样就能取得胜利。正如古代兵法所说："敌人兵力薄弱之时，我就一定用出奇制胜的战法。"

16. 阵势或圆或方，或纵或横，敛合布散，倏往忽来，使人莫测。

善用兵者，以少为众，以弱为强，逸己而劳人，伐谋而制胜。……虽有勇者莫能施其力，智者莫能用其谋，斯为妙矣。大抵两敌相对，在审其强弱，识其多寡，以正应，以奇变，奇正合宜，应变弗失，百战百胜之道也。

《明太祖宝训》卷五，《谕将士》

【译文】

排兵布阵，不论方阵、圆阵、纵队、横队，（都要做到）兵力集中或分散时往来疾速，使敌人莫测奥妙。善于指挥作战的将领，兵少要显示多，力弱要显示强，使自己安逸而使敌人疲劳，运用智谋战胜敌人。……敌人即使有勇士也无法发挥其力量，即使有智士也无法施展其计谋，做到这样才能算是用兵神妙。一般在两军对阵时，关键在于判明敌人战斗力的强弱，了解敌人兵力的多少，用正兵正面应敌，用奇兵实施机动，奇正都运用得恰到好处，根据敌情灵活变化而没有失误，这就是百战百胜之道。

17. 法云：有正无奇，虽整不烈，无以致胜也；有奇无正，虽锐无恃，难以控御也。

明·何良臣《阵纪》卷二，《奇正虚实》

【译文】

兵法说：作战只有正兵而没有奇兵，即使阵容严整也没有威力，无法取得胜利；只有奇兵而没有正兵，即使锐猛也没有依托力量，难以控制战局。

18. 若必欲循法而后战，何异按谱而对弈？谱不可以尽弈之变，法不可以尽战之奇。善出奇者，无穷如天地，奈之何泥法为也！

明·王鸣鹤《登坛必究》卷二十，《辑百战说》

【译文】

如果一定要遵循兵法指挥作战,那与按照棋谱下棋有什么不同呢?(须知)棋谱不可能穷尽棋着的变化,兵法也不能讲尽战法的奇妙。善于出奇制胜的人,战法变化像天地一样不可穷尽,怎么一定要拘泥成法呢!

19. 义必有两,每相对而出。有正即有奇,可取亦可舍。

清·揭暄《兵法百言·术篇·对》

【译文】

任何事理都有两个方面,它们往往是相对地存在着。有正就有奇,有可取的也就有可舍的。

20. 探贼辎重①所在,以轻兵袭之,燔②其积聚,贼可立败。我师辎重,必严兵防之。

清·佚名《武备辑要》卷五,《制胜要策》

【注释】

① 辎重:军用器械、粮草、营帐、服装等作战物资的统称。
② 燔(fán 凡):烧毁。

【译文】

侦察敌人辎重所在的地方,用轻装部队去袭击它,烧毁敌人积蓄的物资,敌人顷刻就会失败。我军的辎重,则必须派部队严加守护。

评 述

"奇正"是我国古代兵法中的一个重要范畴。一般说来,正指常法,奇指变法,在战略和战法上都可使用。古人认为它是"用兵之钤键,制胜之枢机"(《十一家注孙子·势篇》王皙注)。今天,还没有一个与之相对应的军语,但其基本含义包括正确地使用兵力和灵活地变换战术两个方面。

在兵力使用上,孙子提出"以正合,以奇胜"(《孙子兵法·势篇》)。作为一般原则,正兵(主要兵力)用来担负主要方向作战,奇兵(次要兵力)用来担负助攻方向作战。但这不是刻板的规定,要"变而能通"、"奇正相生",因此,李靖发挥说:"善用兵者,无不正,无不奇,使敌莫测。故正亦胜,奇亦胜。"(《唐太宗李卫公问对》卷上)

奇正是相辅相成的。排兵布阵,正兵主于自固,奇兵主于制敌。正兵因奇兵而变化,奇兵也以正兵为依恃。《唐太宗李卫公问对》说得好:"凡将,正而无奇,则守将也;奇而无正,则斗将也;奇正皆得,国之辅也。"(《卷上》)

在战术变换上,奇正的变化要灵活。在本章《造势任势》一节中,我们曾指出,奇正与造势有着紧密的联系。孙子说过:"战势不过奇正。"(《孙子兵法·势篇》)《唐太宗李卫公问对》深刻地阐述了这一联系,指出:"以奇为正者,敌意其奇,则吾正击之;以正为奇者,敌意其正,则吾正击之。使敌势常虚,我势常实。"(卷中)

必须指出的是,奇正的运用不是孤立的,它还必须与示形、虚实、埋伏等等结合起来,才能表现出它的威力。这是提高驾驭战争能力的一项重要艺术,因而为历代兵家所重视。

例　证

汉高帝三年(前204年)十月,韩信率兵数万攻赵,赵军号称二十万,守于井陉口(今河北井陉西北)东。在众寡悬殊的情况下,韩信针对赵将陈余"不用诈谋奇计"(《史记》卷九十二,《淮阴侯列传》,下同)的特点,决定出奇制胜,一举破赵。他进军至井陉口西三十里扎营,半夜派出二千轻骑,令每人持汉军赤旗一面,潜伏于赵军附近的山中,待机攻占赵营。又派出一万人为前锋,越井陉口背靠绵蔓水(今绵河)列阵。赵军对潜伏的汉军毫无察觉，见了背水列阵的前锋都大笑不止，以为韩信置兵于"死地"，根本不懂用兵的常识，一心等其主力到来，聚而歼之。天明之后，韩信传令全军立即出发，等破了赵军再吃早饭，遂建起大将旗鼓，越过井陉口来。赵军出营会战，韩信佯败入背水阵中。赵军倾全力攻击背水阵，汉军无处可退，人人死战。这时汉军的二千轻骑突然袭占赵营，拔掉赵旗，插上汉旗。激战中的赵军见营垒丢失，顿时大乱。韩信乘势反击，大获全胜，斩杀陈余，追擒赵王歇，果然一举灭赵。此战韩信以背水列阵诱敌出击，以奇兵偷袭赵营，因而收到以寡胜众的奇效。战后众将都问韩信，兵法上说要"右倍山陵，前左水泽"，为什么这次背水列阵反而打了胜仗？韩信说，兵法上讲"陷之死地而后生，置之亡地而后存"，背水列阵就是依据这一特殊原则所采取的出奇制胜的方法。

第六节　批亢捣虚

1. 出其所不趋①，趋其所不意②。行千里而不劳者，行于无人之地也。攻而必取者，攻其所不守也；守而必固者，守其所不攻③也。

《孙子兵法·虚实篇》

【注释】

① 趋：本义为小步快走，这里指奔赴、趋向。

② 出其所不趋，趋其所不意：《十一家注孙子》本、《武经七书》本皆如此。银雀山汉墓竹简本作"出于其所必□□"，且其下即接"行千里而不劳……"，无"趋其所不意"五字。

③ 守其所不攻：传本皆如此，银雀山汉墓竹简本作"守其所必□"。

【译文】

出兵向敌人所不能援救的地方，急进于敌人意料不到的方向。行军千里而不疲劳，是因为行进在敌人没有防备的地带。进攻而一定能取胜，是因为攻击的是敌人不易防守的地点；防守一定能稳固，是因为防守的是敌人攻打不动的地方。

2. 进而不可御者，冲①其虚也；退而不可追者，速而不可及也。

《孙子兵法·虚实篇》

【注释】
① 冲：冲击，冲向。

【译文】
进攻而使敌人无法抵御，是因为冲向敌人空虚的地方；退却而使敌人无法追击，是因为动作迅速得使敌人赶不上。

3. 用兵必须审敌虚实而趋其危①。敌人远来新至，行列未定，可击；既食未设备，可击；奔走，可击；勤劳，可击；未得地利，可击；失时不从②，可击；旌旗乱动，可击；涉长道，后行未息，可击；涉水半渡，可击；险道狭路，可击；陈③数移动，可击；将离士卒，可击；心怖，可击。凡若此者，选锐冲之，分兵继之，急击勿疑。

《吴子·料敌》

【注释】
① 危：危急。
② 失时不从：违背天时，不适合天候气象条件。
③ 陈：通"阵"。

【译文】
指挥作战必须判断敌人的虚实而乘敌于危急之时。敌人远来新到，部署未定的，可以攻击；刚刚吃完饭没有戒备的，可以攻击；慌乱奔跑的，可以攻击；疲劳过度的，可以攻击；没有占领有利地形的，可以攻击；天时不顺的，可以攻击；旗帜紊乱的，可以攻击；长途行军没有得到休息的，可以攻击；涉水半渡的，可以攻击；处于险要狭窄道路上的，可以攻击；阵势变动频繁的，可以攻击；将帅脱离士卒的，可以攻击；军心恐怖的，可以攻击。凡遇以上情况，就应选派精锐部队冲击它，并增派后续部队跟进，迅速突击，不可迟疑。

4.凡战，击其微静①，避其强静②；击其倦劳，避其闲窕③；击其大惧，避其小惧。自古之政也。

《司马法·严位》

【注释】

① 微静：弱小而安静。微，微弱，这里指兵力弱小。
② 强静：强大而镇静。
③ 闲窕：安闲，这里指休整良好。窕，空隙，宽闲。

【译文】

凡是作战，进攻弱小而安静的敌人，避开强大而镇静的敌人；进攻疲劳而困倦的敌人，避开休整良好而安逸的敌人；进攻对我畏惧的敌人，避开自身谨慎的敌人。这是自古以来用兵的法则。

5.必攻不守，兵之急者也。

《孙膑兵法·威王问》

【译文】

坚决打击敌人无法严密防守之处，这是用兵最紧要的问题。

6.夫解杂乱纷纠者不控捲①，救斗者不搏撠②，批亢捣虚③，形格势禁④，则自为解耳。

《史记》卷六十五，《孙子吴起列传》孙膑语

【注释】

① 控捲：握紧拳头。捲，通"拳"。

② 搏撠：直接使用兵器搏斗。撠（jǐ 己），击刺，谓以手持戟去刺人。

③ 批亢捣虚：抓住要害，乘虚而入。亢（gāng 冈），咽喉，引申为要害。

④ 形格势禁：为形势所阻。格，被阻遏。

【译文】

解开杂乱纷纠的丝线，不能握紧拳头去硬打；解劝争斗，也不能直接参与搏斗。要抓住敌人的要害，乘虚而入，敌人为形势所阻，就会自行解兵而去。

7. 津梁未发①，要塞未修，城险未设，渠答②未张，则虽有城无守矣。远堡未入，戍客③未归，则虽有人无人矣。六畜未聚，五谷未收，财用未敛，则虽有资无资矣。夫城邑空虚而资尽者，我因其虚而攻之。法曰："独出独入④，敌不接刃而致之。"此之谓也。

《尉缭子·攻权》

【注释】

① 发：同"伐"，拆毁。

② 渠答：一种守城御敌的战具。《墨子·备城门》："城上二步一渠，渠立程，丈三尺，冠长十丈，辟（臂）长六尺。二步一答，广九尺，袤十二尺。"

③ 戍客：守边的部队。

④ 独出独入：指避实击虚，如入无人之境。

【译文】

渡口桥梁没有拆毁，要塞堡垒没有修建，城防工事没有构筑，守城战具没有设置，那么，即使有城邑也等于无城可守。远方堡垒没有进驻，守边部队没有到位，那么，即使有人也等于无人防守。六畜没有征集，五谷没有征收，财物没有积聚，那么，即使有资财也等于没有资财。对于敌城空虚而资财用尽的，我军要趁其空虚去攻占它。兵法说："如入无人之境，敌人还来不及交锋就被打败了。"说的就是这种情况。

8. 凡用兵者，攻坚则轫①，乘瑕则神②。攻坚则瑕者坚，乘瑕则坚者瑕。

《管子·制分》

【注释】

① 轫（rèn 认）：阻碍车轮转动的木头，车发动时须抽去。引申为阻止、受阻。

② 乘瑕则神：打敌虚弱就会取得神奇的成功。瑕，空隙，薄弱环节。神，神奇。

【译文】

凡是作战，打强点就会受阻失利，打弱点就能取得神功。硬攻强点，弱点也会变强；巧攻弱点，强点也会变弱。

9. 见其虚①则进，见其实②则止。

《六韬·龙韬·立将》

【注释】

① 虚：虚弱、无备之处。
② 实：坚强、有备之处。

【译文】

发现敌人虚弱就前进，看到敌人坚实就停止。

10. 夫与人斗，不扼其亢①，拊②其背③，未能全其胜也。

《史记》卷九十九，《刘敬列传》

【注释】

① 亢（gāng 冈）：咽喉，引申为要害。
② 拊（fǔ）：击，拍。
⑤ 背：这里指军队翼侧。

【译文】

与敌人战斗，不控制它的要害，不打击它的翼侧，就不能获得全胜。

11. 故胜兵者，非常实也；败兵者，非常虚也。善者能实其民气，以待人之虚也；不能者虚其民气，以待人之实也。故虚实之气，兵之贵者也。

《淮南子·兵略训》

【译文】

打胜仗的军队，士气并不是经常旺盛；打败仗的军队，士气也不是经常低落。会打仗的人，善于把士气激发起来，去对付士气低落的敌人；不会打仗的人，没有把士气激发起来，就去同士气旺盛的敌人作战。所以，士气的低落与旺盛，是战争中一个非常重要的问题。

12. 善用兵者，见敌之虚，乘而勿假①也，追而勿舍也，迫而勿去也，击其犹犹②，陵其与与③，疾雷不及塞耳，疾霆④不暇掩目。

《淮南子·兵略训》

【注释】

① 假：假借，这里是宽容、放松的意思。
② 犹犹：动摇不定的样子。
③ 与与：进退不决的样子。
④ 霆：疑为"电"字之误。

【译文】

善于指挥作战的人，一旦发现敌人的弱点，就攻击它而不放松它，追击它而不放跑它，逼迫它而不离开它，要趁敌人动摇不定的时候打击它，在敌人进退不决的时候猛攻它，作战行动要快得像迅雷闪电一般，使敌人来不及塞耳掩目。

13. 夫制敌行师，必量事势。势有难易，事有后先。力大而敌脆，则先其所难；……力寡而敌坚，则先其所易。

唐·陆贽《陆宣公奏议》卷九，
《中书奏议三·论缘边守备事宜状》

【译文】

用兵作战，必须估量敌我的情况和态势。态势有难易之区别，行动有先后之差异。如果我方的兵力强大而敌人兵力脆弱，就应该首先进攻敌人的难点；……如果我方的兵力弱小而敌人兵力坚强，就应该首先进攻敌人的易点。

14. 袭虚之术有二焉：一曰因，二曰诱。何谓因？曰敌兵所向，我亦佯应之，别以精兵潜出虚地，或攻其垒，或断其后，或焚其积聚也。何谓诱？曰欲敌之要地则不攻，而佯攻其邻。大①其攻具，盛其师旅，以诱敌兵。敌兵到则勿与战，复于壁守，潜以精锐袭所出兵之城而掩其内。此二者，能袭虚之道也。

宋·许洞《虎钤经》卷三，《袭虚》

【注释】

① 大：这里作动词用，张大，扩大。

【译文】

乘虚袭敌的战术有两条原则：一是"因"，二是"诱"。什么是"因"

呢？就是在敌人的主攻方向上，我也假意摆出以主力迎击的样子，另外派遣精锐部队秘密地出现于敌人防御薄弱的地方，或者攻击敌人堡垒，或者切断敌人后路，或者烧毁敌人物资储备。什么是"诱"呢？就是我想夺占的敌人重要地域暂且不攻，却佯攻其相邻的地方，大量使用进攻兵器，广泛展开进攻部队，以引诱敌人。敌来迎战，不要跟他打，而是把部队收缩到壁垒中进行防守，秘密派遣精锐部队袭击敌所出兵之城并占领该城。这两条原则，就是乘虚袭敌的办法。

15. 兵术万途，不可专一。先能夺其恃，则彼力衰半矣。

宋·许洞《虎钤经》卷三，《夺恃》

【译文】

战术有千条万条，不能死守哪一条。先能夺取敌人所赖以凭借的有利条件，那么敌人的战斗力就降低了一半。

16. 每战，视敌强其左，吾亦强吾左；弱其右，吾亦弱吾右。使弱常遇强，强常遇弱。敌犯吾弱，追奔不过数十百步；吾击敌弱，常突出自背反攻之①。以是必胜。

宋·苏洵《权书·强弱》

【注释】

① 强、弱：在这段话中，第一句用作动词，分别作加强和减弱解；第二、三句用作名词，分别指强的部分和弱的部分。

【译文】

每次作战，（要根据敌人的部署而部署），发现敌人加强它的左翼，我也要加强我的左翼；敌人减弱它的右翼，我也要减弱我的右翼。这样就可以使敌人弱部经常碰到我的强部，敌人强部经常碰到我的弱部。敌人强部进犯我弱部时，追击不过数十百步；而我强部突击敌弱部时，常能前出，从敌人背后回过头来打击它。因此必然获胜。

17. 彼众我寡，兵不可分。……败其中军，可以得志。

《金史》卷二，《太祖本纪》

【译文】

敌众我寡时，我的兵力不可分散。……集中兵力打败敌人（主帅所在的）中军，就可以达到制胜目的。

18. 不恃敌之不敢攻，而恃吾能攻彼之所必救也。

宋·辛弃疾《美芹十论·守淮》

【译文】

不要寄希望于敌人不敢来进攻，而要凭借我能进攻敌人必然往救的要害。

19. 凡与敌战，若我势虚，当伪示以实形，使敌莫能测其虚实所在，必不敢轻与我战，则我可以全师保军。法曰："敌不敢与我战者，乖其所之也。"①

宋·佚名《百战奇法·虚战》

【注释】

① 敌不敢与我战者，乖其所之也：语出《孙子兵法·虚实篇》，原文为"敌不得与我战者，乖其所之也"。

【译文】

大凡与敌作战，如果我的力量虚弱，应当伪装成力量雄厚的样子，使敌人无法摸清我的虚实所在，它就一定不敢轻率同我作战，这样，我就可以保全实力不受损失。正如兵法所说："敌人无法同我作战，是由于我（采取示形之法）诱迫敌人改变了原定的进攻方向。"

20. 凡攻战之法，从易者始。敌若屯备数处，必有强弱众寡。我可远其强而攻其弱，避其众而击其寡，则无不胜。法曰："善战者，胜于易胜者也。"①

宋·佚名《百战奇法·易战》

【注释】

① 善战者，胜于易胜者也：语出《孙子兵法·形篇》。参见第三章第四节第2条。

【译文】

大凡进攻的法则，都是从容易取胜的地方下手。敌人如果分别屯守几处，必然有强弱众寡的不同，我能避其强而击其弱，避其众而击其寡，就没有不胜利的。正如兵法所说："善于用兵打仗的人，都是战胜容易战胜的敌人。"

21. 两军相向，必择地可攻处攻之。右实则攻左，左实则攻右。

明·王鸣鹤《登坛必究》卷十六，《经武》

【译文】

敌我两军交战，必须选择便于进攻的地方实施突击。敌人右翼力量雄厚，就攻击它的左翼；敌人左翼力量雄厚，就攻击它的右翼。

22. 故知兵者，必先自备其不虞，然后能乘人之不备。乘疑可间，乘劳可攻，乘饥可困，乘分可图，乘虚可惊，乘乱可取，乘其未至可挠，乘其未发可制，乘其既胜可劫，乘其既败可退。故兵贵乘人，不贵人所乘也。

明·西湖逸士《投笔肤谈》上卷，《达权》

【译文】

懂得用兵的人，必须首先自己做好防止意外的准备，然后才能乘敌不备。乘敌猜疑可以离间它，乘敌疲劳可以进攻它，乘敌缺粮可以围困它，乘敌分散可以计取它，乘敌空虚可以惊扰它，乘敌混乱可以攻取它，乘敌未到可以阻止它，乘敌未动可以制止它，乘敌打胜仗可以偷袭它，乘敌打败仗可以追击它。因此，用兵贵在乘敌之隙，而不能为敌所乘。

23. 夫必胜之术，合变①之形，妙在于乘②。乘者，乘人之不及，攻其所不戒焉耳。猛虎失势，童子曳③戟而逐之，乘其惫也。猩猩被酒④，山樵扼其颃⑤而刺其血，乘其醉也。制敌亦然。骄可乘，劳可乘，懈可乘，饥可乘，渴可乘，乱可乘，疑可乘，怖可乘，困可乘，险可乘。可乘者，敌也；揣其可乘而乘之，善制敌者也。

明·尹宾商《白豪子兵䪴》卷二，《乘》

【注释】

① 合变：即《孙子兵法·军争篇》"以分合为变"的缩语，指兵力集中与分散的变化。

② 乘：趁，因，指军事行动中的因利乘便。

③ 曳（yè 夜）：拉，拖，牵引。

④ 被酒：醉酒。

⑤ 颃（gāng 冈）：同"亢"，咽喉。

【译文】

克敌制胜的方法，兵力集中与分散的变化，其奥妙就在于一个"乘"字。所谓"乘"，就是乘敌人来不及准备，攻击它不加戒备的地方。猛虎一旦失去威势，小孩子也可以拿着矛戟追逐它，这是由于乘老虎疲惫。猩猩醉酒，樵夫也可以掐住它的喉咙放它的血，这是由于乘猩猩之醉。制胜敌人也是这样。敌人骄傲时可乘，疲劳时可乘，懈怠时可乘，饥饿时可乘，干渴时可乘，混乱时可乘，迟疑时可乘，恐惧时可乘，困穷时可乘，危厄时可乘。可乘之机,在于敌人;能判断敌人可乘而乘敌,就是善于克敌制胜的指挥者。

24. 虚实在敌,必审知之,然后能避实而击虚。虚实在我,贵我能误敌。或虚而示之以实;或实而示之以虚;或虚而虚之,使敌转疑以我为实;或实而实之,使敌转疑以我为虚。玄之又玄①,令不可测,乖②其所之,诱之无不来,动之无不从者,深知虚实之妙而巧投之也。

明·佚名《草庐经略》卷六,《虚实》

【注释】
① 玄之又玄:深奥到了极点。玄,玄妙,深奥。
② 乖:违背,背离。

【译文】
敌人的虚实问题,我们必须确切查明,然后才能做到避实而击虚。我们的虚实问题,最主要的是能够误敌。或者将虚伪装为实;或者将实伪装为虚;或者将虚伪装得更虚,使敌人发生怀疑,误认为我是实;或者将实伪装得更实,使敌人发生怀疑,误认为我是虚。(虚实变化)深奥到极点,使敌人无法捉摸,使它的行动方向错误,引诱它,它一定上钩;调动它,它必然就范,这就是深知虚实变化的奥妙而能巧妙运用。

评 述

"虚实"是古代兵法中的一个重要命题。唐太宗曾说:"朕观诸兵书,无出孙武,孙武十三篇,无出《虚实》。夫用兵识虚实之势,则无不胜焉。"(《唐太宗李卫公问对》卷中)足见其重要性。《孙子》的"避实而击虚"(《虚实篇》),《管子》的"乘瑕则神"(《制分》),《吴子》的"用兵必须审敌虚实而趋其危"(《料敌》),《孙膑兵法》的"必攻不守"(《威王问》),等等,其核心都是攻虚击弱。对这一作战原则最好的概括无过于"批亢捣虚"四个字，既简明又扼要。

"击虚"之"虚"，要具备两个条件，既是敌人虚弱之处同时又是关乎要害之处。虚弱而非要害，纵然击之，但对全局不发生作用；要害而非虚弱，即使击之，但难以打下来，于己反而不利。必须要如同孙膑"围魏救赵"、奇袭大梁那样，才能牵一发而动全身。

"批亢捣虚"这一原则，千百年来被无数兵学家研讨发挥，不断丰富和发展。他们指出：敌人的疲劳、饥饿、混乱、恐怖、分散、犹豫等等都是虚的表现。"先其所易"（唐·陆贽《陆宣公奏议》卷九，《中书奏议三·论缘边守备事宜状》）、"绝其所恃"（唐·赵蕤《长短经》卷十九，《兵权·攻心》）、"败其中军"（《金史》卷二，《太祖本纪》）、"扼其亢、拊其背"（《史记》卷九十九，《刘敬列传》）等都是"批亢捣虚"的具体运用。随着战争的发展，"亢"与"虚"的内容也表现出许多新的变化，但是，作为一条军事原则，它至今仍有其生命力。

例　证

周显王十六年（前353年），齐威王命田忌为将，孙膑为军师，率兵八万救赵击魏。当时魏将庞涓率领八万大军包围赵都邯郸（今属河北）已经一年之久，赵国的形势危在旦夕。田忌欲直赴邯郸，与魏军决战，以解赵围。孙膑则提出一个"批亢捣虚"（《史记》卷六十五，《孙子吴起列传》，下同）、围魏救赵的作战方针。他说，魏军久围邯郸，精兵皆在国外，国内必然很空虚，如果我们挥师直捣魏都大梁（今河南开封），庞涓就会被迫回兵自救，这样既可解赵之围，又能"收弊于魏"，一举两得。田忌采纳了这一建议。同年十月，正当邯郸陷落之时，齐军突然向大梁发起猛攻，魏惠王惊慌失措，急令庞涓星夜回师。于是田忌、孙膑秘密地设伏于庞涓的必经之路桂陵（今河南长垣西北），以逸待劳，一举歼灭魏军，取得对魏作战的一次重大胜利。孙膑在此战斗中创造的批亢捣虚、围魏救赵的战法，后来成为军事上迫敌就范的重要手段，受到历代兵家的高度重视和称道。

第七节　因敌制胜

1. 因形而错①胜于众，众不能知。人皆知我所以胜之形，而莫知吾所以制胜之形。故其战胜不复，而应形于无穷。

《孙子兵法·虚实篇》

【注释】
① 错：通"措"，放置。

【译文】
依据敌情而取胜，把胜利摆在众人面前，众人还不知其妙。人们都知道我所以战胜敌人的作战方式，但不知道我是怎样灵活运用这些作战方式的。所以每次战胜，都不重复老一套的方式，而是适应不同的敌情，变化无穷。

2. 故为兵之事，在于顺详①敌之意，并敌一向②，千里杀将，此谓巧能成事者也。

《孙子兵法·九地篇》

【注释】
① 顺详：假装顺从。详，通"佯"，假装。
② 并敌一向：集中兵力指向敌人的一点。

【译文】
指导战争这件事，在于假装顺从敌人的意图，集中兵力攻其一点。这样就可长驱千里，杀敌斩将。这就是所谓运用智谋能够成就大事。

3. 凡用兵之法，将受命于君，合军聚众，圮地①无舍，衢地②交合③，绝地④无留，围地⑤则谋，死地⑥则战。途有所不由，军有所不击，城有所不攻，地有所不争，君命有所不受。故将通于九变⑦之地⑧利者，知用兵矣；将不通于九变之利者，虽知地形，不能得地之利矣；治兵不知九变之术，虽知五利⑨，不能得人之用矣。

《孙子兵法·九变篇》

【注释】

①圮地：指山林、险要隘路、水网湖泊等难于通行的地区。圮（pǐ痞），毁坏。

②衢地：指四通八达的地区。衢（qú渠），四通八达的道路。

③交合：指结交诸侯。

④绝地：指交通困难，没有水草、粮食，难以生存的地区。

⑤围地：指地形四面险阻，出入道路狭窄，易被包围的地区。

⑥死地：指迅速奋勇作战就能生存、不迅速奋勇作战只有死亡的地区。

⑦九变：各种机变。"九"是个位数字中最大者，古人用它泛指极多。

⑧地：此为宋本《十一家注孙子》的文字，宋本《武经七书》、《太平御览》无"地"字，且下句"将不通于九变之利者"也无"地"字，有"地"似难讲通，"地"字疑衍。

⑨五利：一说指对"途"、"军"、"城"、"地"、"君命"采取权宜之计的利，一说指前述五地处置之利。无论哪一说，都是指要根据不同情况，临机应变。

【译文】

凡是用兵的法则，主将接受国君的命令，征集兵员，编制成军，在"圮地"不可宿营，在"衢地"要结交诸侯，在"绝地"不可停留，在"围地"要巧设计谋，陷入"死地"就要坚决奋战。有的道路不一定要通过，有的敌军不一定要攻击，有的城邑不一定要攻占，有的地方不一定要争夺，国君的命令有的不一定要接受。所以，将帅能精通"九变"之利，就是懂得用兵了。将帅不能通晓"九变"之利，即使了解地形，也不能得地利。指挥军队不知道"九变"的方法，即使知道"五利"，也不能充分发挥军队的战斗力。

4. 夫兵形①象水，水之形避高而趋下，兵之形避实而击虚。水因地而制流，兵因敌而制胜。故兵无常势，水无常形，能因敌变化而取胜者，谓之神。

《孙子兵法·虚实篇》

【注释】
① 兵形：用兵的方式方法，这里有用兵规律的意思。

【译文】
用兵的规律像流水，水流的规律是避开高处流向低洼，用兵的规律是避开坚实的地方攻击空虚之处。水依照地势的高低而制约流向，用兵根据敌情变化而制敌取胜。所以，用兵没有固定态势，水流没有固定形状，能根据敌情变化取胜的，就叫用兵如神。

5. 凡战之要①，必先占②其将而察其才，因形用权③，则不劳而功举。其将愚而信人④，可诈而诱；贪而忽名⑤，可货而赂；轻变无谋，可劳而困；上富而骄，下贫而怨，可离而间；进退多疑，其众无依，可震⑥而走；士轻其将而有归志，塞易开险，可邀⑦而取；进道易，退道难，可来而前⑧；进道险，退道易，可薄⑨而击；居军下湿，水无所通，霖雨⑩数至，可灌而沈⑪；居军荒泽⑫，草楚幽秽⑬，风飙⑭数至，可焚而灭；停久不移，将士懈怠，其军不备，可潜而袭。

《吴子·论将》

【注释】
① 要：要点。
② 占：估量，推断。

③因形用权：根据敌人具体情况，采取适当的权变措施。

④信人：轻听轻信人言。

⑤忽名：不顾名声。忽，忽略，轻视。

⑥震：威迫，使人震惧。

⑦邀：阻拦，截击。

⑧前：同"翦"，翦灭，消灭。

⑨薄：逼近。

⑩霖雨：连绵的雨。

⑪沈：同"沉"。

⑫荒泽：荒无人烟的沼泽地带。

⑬草楚幽秽：杂草灌木丛生。楚，灌木。幽，深。秽，荒芜。

⑭飙（biāo 标）：狂风。

【译文】

作战中最重要的，是必须首先了解敌军将帅，审察其才能，根据敌情采取适当的权变措施，这样就会费力小而成功大。敌将愚蠢而轻听轻信的，可用欺骗的手段诱惑他；贪婪而不顾名声的，可用财物收买他；轻举妄动而没有谋略的，可不断惊扰疲困他；上层富有而骄横，下级贫困而怨愤的，可设法离间他们；将领进退多疑，部属无所适从的，可用威势迫其逃跑；部属轻视将领并有厌战思归情绪，堵塞大路，让开险路的，可用截击的战法取胜；敌人进道平坦，退路困难的，可以诱其前来歼灭他；敌人进道艰险，退路平坦的，可以逼近攻击他；敌人驻扎在低洼潮湿地方，积水无法排除，加上阴雨连绵，可以引水淹没他；敌人驻军于荒芜沼泽地带，杂草灌木丛生，狂风不断袭来，可以用火攻消灭他；敌人久驻一地不移动，官兵懈怠，戒备疏忽的，可以偷袭他。

6. 善战者，见敌之所长，则知其所短；见敌之所不足，则知其所有余。见胜如见日月。其错胜①也，如以水胜火。

《孙膑兵法》下编，《奇正》

【注释】

① 错胜：制胜。错，通"措"，措置。

【译文】

善于指挥作战的人，发现敌人的长处，就会知道它的短处；发现敌人兵力部署薄弱之处，就会知道它兵力部署强大之处。预见胜利，就像看到日月那样明显。克敌制胜，就像以水克火那样容易。

7. 有形之徒①，莫不可名②。有名之徒，莫不可胜。故圣人以万物之胜胜万物③，故其胜不屈④。战者，以形相胜者也。形莫不可以胜，而莫知其所以胜之形。形胜之变，与天地相敝⑤而不穷。形胜，以楚越之竹⑥书之而不足。形者，皆以其胜胜者也。以一形之胜胜万形，不可。所以制形壹也，所以胜不可壹也。

《孙膑兵法》下编，《奇正》

【注释】

① 有形之徒：有形体的事物。形，在本篇中指天地万物的具体存在形式，也指战争中对兵力的具体运用、组织、指挥等作战方式，即一定的战法和阵势。

② 名：命名，指人对客观事物的认识和掌握。

③ 以万物之胜胜万物：用万物的各自特长去分别制胜万物。第一个"胜"字是名词，优胜、特长的意思。第二个"胜"字是动词，制胜的意思。

④ 屈（jué决）：竭，尽。

⑤ 敝：尽。

⑥ 楚越之竹：楚国和越国所产的竹子。楚和越都是春秋战国时国名，地处江南，盛产竹，这里指竹的数量众多。

【译文】

凡是有形体的事物，没有不可以被认识的。凡是能被认识的事物，没有不可以被制胜的。所以，圣人总是运用万物的各自特长去分别制胜万物，因而其制胜的办法是永无穷尽的。战争（也是这样），是（敌对双方）通过各自不同的战法夺取胜利的。任何一种战法没有不可以被制胜的，但人们未必知道用哪一种战法才能制胜它。各种战法之间互相制胜的变化，可以和天地并行而无穷无尽。各种战法互相制胜的情形，即使用尽楚越之竹也书写不完。某一种战法都是以它特有的长处去制胜另一种战法的。用一种战法的特长去制胜千万种其他战法，那是不可能的。用一种战法去制胜另一种战法的道理是共同的，但具体用哪种战法去制胜则是各不相同的。

8. 凡将轻①、垒卑②、众动③，可攻也；将重④、垒高⑤、众惧⑥，可围也。

《尉缭子·兵教下》

【注释】

① 将轻：将领轻率。轻，轻率。
② 垒卑：城垒低矮。
③ 众动：军心浮动。
④ 将重：将领稳重。重，稳重，持重。
⑤ 垒高：城垒高大。
⑥ 众惧：士兵畏服。

【译文】

凡是将领轻率、城垒低矮、军心浮动的，可以攻打；将领稳重、城垒高大、士卒畏服的，可以包围。

9. 凡兵，贵其因①也。因也者，因敌之险以为己固，因敌之谋以为己事②。能审因而加③，胜则不可穷矣。胜不可穷之谓神，神则能不可胜也。

《吕氏春秋》卷八，《仲秋纪·决胜》

【注释】

① 因：根据，利用。这里指因敌制胜。

② 因敌之谋以为己事：利用敌人的计谋作为自己的谋划，即将计就计的意思。事，事情，这里泛指己方所采取的谋略、行动等。

③ 加：施加，即加兵于敌。

【译文】

指挥作战，最重要的是"因"。所谓"因"，就是要利用敌人险要的地形，加固自己的屏障；要利用敌人的计谋，加强自己的谋划。能审知敌人可利用的条件而采取行动，胜利就可以无穷无尽。胜利不可穷尽，就叫用兵如神。能够做到用兵如神，就能永远不可战胜。

10. 凡兵之胜，敌之失也。胜失之兵，必隐必微①，必积必抟②。隐则胜阐③矣，微则胜显矣，积则胜散矣，抟则胜离矣。

《吕氏春秋》卷八，《仲秋纪·决胜》

【注释】

① 必隐必微：必须荫蔽行动，必须隐匿企图。微，本义是细小，这里引申为幽深微妙，隐匿不见。

② 必积必抟：必须养精蓄锐，必须集中兵力。积，积聚士气和战斗力，即养精蓄锐。抟，通"专"，专一，这里指集中兵力。

③ 阐：明，显露在外。

【译文】

凡是军队打胜仗，都是敌人失误的结果。军队要战胜失误之敌，就必须荫蔽行动，必须隐匿企图，必须养精蓄锐，必须集中兵力。行动荫蔽的就可以战胜行动显露的，企图隐匿的就可以战胜企图暴露的，养精蓄锐的就可以战胜精力耗散的，兵力集中的就可以战胜兵力分散的。

11. 故善用兵者，不以短击长，而以长击短。

《史记》卷九十二，《淮阴侯列传》

【译文】

所以，善于用兵的将领，不用自己的短处攻击敌人的长处，而是以自己的长处攻击敌人的短处。

12. 兵之变化，固[①]非一道也。

《三国志》卷一，《魏书·武帝纪》

【注释】

① 固：诚然，本来。

【译文】

用兵作战的变化，诚然不限于一种方法。

13. 兵贵以变，设不能以变用兵，虽得地利，无益也。

宋·许洞《虎钤经》卷五，《料用地形》

【译文】

用兵打仗贵在灵活多变，如果不能因变而灵活用兵，即使占有了好的地形条件，也是没有用处的。

14. 敌无恃不可以为寇，……或以强，或以隘，或以勇，或以缓[①]之谓也。夺强以气，夺隘以动，夺勇以威，夺缓以诱。

宋·许洞《虎钤经》卷三，《夺恃》

【注释】

① 缓：慢，迟。这里指谨慎持重，待机而动。

【译文】

敌人没有可凭借的优势是不敢进行寇掠的，……他们或者仗其兵力强大，或者凭其占有险峻地形，或者靠其作战勇敢，或者借其缓进待机，等等。歼灭强敌靠高昂的士气，夺取险隘靠调动敌人，消灭勇寇靠强大兵威,解决行动谨慎之敌要用诱敌上钩的办法。

15. 是以古之善为兵者,不以法为守,而以法为用,常能缘法而生法,与夫离法而合法。顺求之于古,而逆施之于今;仰取之于人,而俯变之于己。人以之死,而我以之生;人以之败,而我以之胜。视之若拙,而卒为工;察之若愚,而适为智。

宋·何去非《何博士备论·霍去病论》

【译文】

因此,古代善于指挥作战的人,不是把兵法(当成教条)去遵守,而是把兵法(当作原则)去灵活运用,(故)常能根据兵法而创造兵法,以及表面上背离兵法而实际上符合兵法。按照规律探求古代的作战原则,而反过来灵活运用于今天作战的需要;虚心取法别人的经验,而灵活变化地运用于自己的实践。别人用它是僵死刻板的,而我用它是生动活泼的;别人用它打败仗,而我用它却打胜仗。看起来好像笨拙,而结果却很巧妙;看起来好像愚蠢,而实际却很聪明。

16. 是以天下事功之成,常出于权,而其不济,常主于固。

宋·何去非《何博士备论·邓艾论》

【译文】

因此,天下事情的成功,通常由于能够灵活变通,而其失败,也往往因为呆板固执。

17. 法有定论,而兵无常形。一日之内,一阵之间,离合取舍,其变无穷,一移踵瞬目,而兵形易矣。守一定之书,而应无穷之敌,则胜负之数戾①矣。

宋·何去非《何博士备论·霍去病论》

【注释】

① 戾（lì 利）：违反。

【译文】

兵法原则有定论，但用兵作战却没有固定的形态。一天之内，一阵之中，分散与集中，占领与放弃，其变化是无穷的，转眼之间，作战形势就变化了。如果拘守兵书的一般原则，去应对变化无穷的敌情，这就违反了克敌制胜的规律。

18. 阵而后战，兵法之常；运用之妙，存乎一心。

《宋史》卷三百六十五，《岳飞传》

【译文】

摆好阵势再开战，这是用兵的常规方法；但要把它运用得巧妙得当，全在于潜心思考。

19. 兵者，谋也。因敌制胜，岂必泥于古哉？……战陈①之势，阖②辟③奇正，顷刻变化，犹风云之无常势，要在通其变耳。

《明太祖宝训》卷五，《谕将士》

【注释】

① 陈：通"阵"。
② 阖：关闭，合拢。
③ 辟：打开。这里指疏开。

【译文】

战争就是要运用谋略。根据敌人的情况而采取制胜的方法，何必一定要拘泥于古人的成法呢？……作战阵势的布列，或合拢或疏开，或为奇或为正，瞬息万变，如同风云没有固定的态势一样，关键在于通晓其中的权变罢了。

20. 用兵虽有成法，然以应变不穷为奇。盖可教者坐作进退击刺之方，至于随机制敌，开阖往来，使人不可测度，此在兵法之外。……当读书观古良将方略，融会于心，自然有得。

《明宣宗宝训》卷四，《谕将帅》

【译文】

统兵作战虽然有现成的战法，但却以应变无穷为最高明。作战训练中可以教授的只是停止、动作、前进、后退、击打、刺杀等方法，至于随着战机的变化制胜敌人，阵势或开或合，部队忽往忽来，使敌人不可猜测度量，这些都在现成的兵法之外。……应当多读书以观察古代良将统兵作战的方法谋略，融会贯通于心，自然会有心得体会的。

21. 用兵之术，唯因字最妙。或因敌之险以为己固，或因敌之谋以为己计，或因其因而复变用其因，或审其因而急乘其所因，则用因而制胜者，不可言穷矣。

明·何良臣《阵纪》卷四，《因势》

【译文】

用兵的方法，唯有"因"字最妙。或者利用敌人的险要来加固自己的屏障，或者利用敌人的计谋来筹划自己的计谋，或者利用敌人所依恃的条件而将计就计，或者察明敌人所依赖的条件而迅速乘机利用，用这些"因"的方法争取胜利，是不可穷尽的。

22. 所以善用兵者，必因敌而用变也，因人而异施也，因地而作势也，因情而措形也，因制而立法也。

明·何良臣《阵纪》卷四，《因势》

【译文】

所以善于用兵的将领，必须根据敌人的情况而不断改变对策，根据不同的敌人而采取不同的措施，根据地形条件而布成有利的阵势，根据不同的情况灵活运用作战方式，根据不同的制度而制定法令。

23. 良将用兵，若良医疗病。病万变，药亦万变。病变而药不变，厥①疾弗能瘳②也。孙子曰："能因敌变化而取胜者，谓之神。"③善为将者，杀机④在心，活局⑤在臆。每自运⑥方略，其法皆不同。非务相反也，时异势殊耳。故运用之妙，存乎一心。

明·尹宾商《白豪子兵䪞》卷四，《变》

【注释】

① 厥：其，那。
② 瘳（chōu 抽）：病愈。
③ 能因敌变化而取胜者，谓之神：语出《孙子兵法·虚实篇》。参见本节第 4 条。
④ 杀机：杀敌取胜的机宜。
⑤ 活局：古代奇门遁甲术语，这里指灵活变化的方法。
⑥ 运：运用，筹划。

【译文】

良将用兵，就像良医治病一样。病情千变万化，用药也随之变化。病情变化而用药不变，那病就不能治好。孙子说："能够依据敌情变化而克敌制胜的，就是用兵如神。"善于指挥作战的将军，心中藏着杀敌取胜的机宜，胸中怀着灵活应变的方法。每次作战筹谋运略，其方法都各不相同。不是为了追求标新立异，而是因为时间不同、形势变化了的缘故。所以，运筹谋略的奥妙，完全在于自己的心中。

24. 军无定居，亦无定去，但相机宜。……有便则投，可虞①则移；有利则止，无获则移；敌脆则止，敌坚则移；此强彼弱则移；此缓彼急则移；此难彼易则移。

清·揭暄《兵法百言·法篇·移》

【注释】

① 虞：忧虑。

【译文】

部队没有固定的停留地点，也没有固定的活动方向，只是根据时机是否适宜而决定行动。……有便利条件的地方就前去，有危险顾虑的地方就转移；有利可图就停留下来，无所收获就转移他处；敌人防守薄弱就留下来攻打它，敌人防守坚固就转移兵力；这里敌人强大，那里敌人弱小，就避强击弱；这里情况缓和，那里情况紧急，就舍缓攻急；这里作战困难，那里作战容易，就去难取易。

25. 人自为战，师自为势，见利则乘，胜无定迹。

清·揭暄《兵法百言·法篇·野》

【译文】

每个人都能独立作战，每支部队都能独立造成威势，见到有利的战机就紧紧抓住，争取胜利没有固定的模式。

26. 艰于力则借敌之力，不能诛则借敌之刃，无财而借敌之财，无物而借敌之物，鲜军将①而借敌之军将，不可智谋而借敌之智谋。吾欲为者诱敌役，则敌力借矣；吾欲毙者诡②敌歼，则敌刃借矣；抚③其所有，则为借敌之财；令彼自斗，则为借敌之军将；翻彼著④为我著，因其计成吾计，则为借敌之智谋。不必亲行，坐有其事；己所难措，假手于人。甚且以敌借敌，借敌之借，使敌不知而终为我借，使敌既知而不得不为我借，则借法巧也。

清·揭暄《兵法百言·术篇·借》

【注释】

① 军将：即兵将，这里泛指军队、将领。

② 诡：欺诈。

③ 抚：占有，据有。

④ 著：通"着（zhāo 招）"，围棋术语，下子曰"着"，引申为计策或手段。

【译文】

自己力量不足，就借助敌人的力量；自己不能直接杀掉的敌人，就借助敌人的刀去杀；自己没有金钱，就借用敌人的金钱；自己没有物资，就借助敌人的物资；自己缺少军队，就借助敌人的军队；自己的智谋行不通，就借助敌人的智谋。我想做的事情，诱使敌人去做，这就是借助敌人的力量；我想杀死的人，诱使敌人去杀，就是借刀杀人；据有敌人的资财，就是借用了敌人的资财；诱使敌军自相争斗，就是借助了敌人的军队；将敌人的办法反转来变成我的办法，利用敌人的计谋成就我的计谋，就是借助了敌人的智谋。不必亲自去做，就可坐享其利；自己难于做到，可以假手于人。甚至利用这一个敌人来借用那一个敌人，或者借助敌人利用我的机会，使敌人不知不觉地最终为我所借用，即使敌人已发觉被我借用也不得不为我所借用，那么这种借法就更高明了。

27. 敌坚守要害，当潜兵①走他路：或绕出其后，或分袭其左右。守定一隅②而攻，愚将也。

清·倪恒《历朝兵机汇纂》，徐芳声评语

【注释】

① 潜兵：秘密出兵。潜，暗中。

② 隅：本义为角落，这里指部队的攻击点或进攻方向。

【译文】

敌人坚守要害，我军应该从别的道路秘密出兵：或者绕至敌人后方，或者分别袭击它的左右翼。如果只从一个方向硬攻，那就是愚蠢的将领。

28. 敌劲而居死势，必死战，我切无与战。彼怠则进，彼前则却，久之自毙。

清·马慧裕《武备集要》

【译文】

敌人坚强且处在危险状态时，必定会拼命死战，我切不可与敌打硬仗。敌人懈怠时我就进攻，敌人前进时我就退让一步，时间长了，敌人就将自毙。

29. 未期①而与敌遇，缓则择宽衍②处屯结③，有山则登山，整旅以待；急则前锋与战，即分兵左右抄之，或绕出其后击之。

清·马慧裕《武备集要》

【注释】

① 未期：意料之外。
② 宽衍：宽阔。
③ 屯结：集结。

【译文】

与敌人不期而遇，如果情况和缓，就选择宽阔地带集结兵力，有山就登山，严密部署好部队以待敌；如果情况紧急，就先以前卫与敌战斗，随即以主力从两翼包围，或者迂回到敌人后方去攻击它。

评　述

"因敌制胜"、"因形用权"是古代兵学家关于灵活机动的重要命题。《孙子兵法》有《九变》，《吴子》有《应变》，都是讲因敌制胜、灵活用兵的专篇。

南宋抗金名将岳飞有句名言:"阵而后战,兵法之常;运用之妙,存乎一心。"(《宋史》卷三百六十五,《岳飞传》)毛泽东同志高度评价这句话,说:"古人所谓'运用之妙,存乎一心'。这个'妙',我们叫做灵活性,这是聪明的指挥员的出产品。"又说:"'审时度势'(这个势,包括敌势、我势、地势等项)而采取及时的和恰当的处置方法的一种才能,即是所谓'运用之妙'。"

所谓"灵活",就是正确地使用兵力和灵活地变换战术,"不以法为守,而以法为用,常能缘法而生法,与夫离法而会法"(宋·何去非《何博士备论·霍去病论》)。既要尊重作战原则,又不死守教条,而是根据天势、地势、敌势、我势,做到"战胜不复,而应形于无穷"(《孙子兵法·虚实篇》)。这是总的原则。以此原则为指导思想,古人又力求从各方面深化"因敌制胜"的思想,《吴子》提到了"其将愚而信人,可诈而诱"(《论将》)等十一种情况,《阵纪》归纳为"因敌之险以为己固"(卷四,《因势》)等四种情况,《兵法百言》又概括为"艰于力则借敌之力"(《术篇·借》)等六种类型。这些对于人们进一步把握"因敌制胜"思想无疑是有帮助和启示的。然而,战争情况千变万化,难以尽述,所谓"兵之变化,固非一道"(《三国志》卷一,《魏书·武帝纪》),随机制敌,完全是聪明的指挥员自由驰骋的广阔天地。

例　证

汉献帝建安十三年(208年)十月,曹操率二十万大军自江陵(今属湖北)顺流而下,欲一举歼灭孙刘联军,平定江东。孙刘联军只有五万人,但周瑜、诸葛亮指出,曹军后方不稳,远道劳师,不习水土,短于水战,其"舍鞍马,仗舟楫"乃"自送死"耳(《三国志》卷五十四,《吴书·周瑜传》)。十一月,孙刘联军迎击曹军于赤壁(今属湖北),首战告捷。曹军因不善水战,疾疫流行,初战受挫,退驻江北乌林(今湖北洪湖东北),水陆联寨,与联军隔江对峙。为了使士兵适应水上行动,曹操下令将大小战船首尾相连,结为一体。联军见有机可乘,遂决计采用火攻。由吴将黄盖致书曹操诈降,率十艘满载薪草膏油的蒙冲斗舰,乘东南风扬帆驶向曹军水寨。曹操一心待黄盖来降,不料船来且近时忽然起火,火船乘风迅即进入曹寨,曹军水寨一片火海,并烧及岸上军寨。孙刘联军乘势反攻,大破曹兵。从此,奠定了魏、蜀、吴三国鼎立的基础。此战孙刘联军以弱胜强,得力于因敌制胜,巧用火攻。

第八节　众寡分合

1. 故形人①而我无形,则我专②而敌分。我专为一,敌分为十,是以十攻其一也,则我众而敌寡。能以众击寡者,则吾之所与战者,约③矣。吾所与战之地不可知,不可知,则敌所备者多;敌所备者多,则吾所与战者,寡矣。

《孙子兵法·虚实篇》

【注释】

① 形人:用示形的办法迷惑敌人,使敌人暴露行迹。
② 专:专一,这里指集中兵力。
③ 约:简要,少。

【译文】

示形于敌,使敌暴露形迹而我却能隐蔽真形,这样我军的兵力就可以集中而敌人的兵力就会被迫分散。我集中到一处,敌分散在十处,这就是以十攻一,可造成我众敌寡的有利态势。能够做到以众击寡,那么同我当面交战的敌人就有限了。我们所要进攻的地方使敌人不得而知,不得而知,敌人所要防备的地方就多;敌人防备的地方一多,我直接攻击的敌人就少了。

2. 故备前则后寡,备后则前寡,备左则右寡,备右则左寡,无所不备，则无所不寡。寡者，备人者也，众者，使人备己者也。

《孙子兵法·虚实篇》

【译文】

所以，防备正面，后卫兵力就薄弱；防备后卫，正面兵力就薄弱；防备左翼，右翼兵力就薄弱；防备右翼，左翼兵力就薄弱；到处防备，那就到处薄弱。兵力薄弱，是由于处处防备敌人；兵力众多，是由于迫使敌人处处防备自己。

3. 故兵以诈立，以利动，以分合为变者也。故其疾如风，其徐如林，侵掠①如火，不动如山，难知如阴②，动如雷震。

《孙子兵法·军争篇》

【注释】

① 侵掠：侵袭掠扰，这里指进攻、攻击。
② 阴：阴天。

【译文】

用兵依靠诡诈取胜，根据有利情况行动，以分散和集中的灵活变化使用兵力。所以行动迅速时像疾风，从容不迫时像森林，勇敢进攻时像烈火，坚守不动时像山岳，荫蔽时难以窥测像阴天，突然攻击时像雷电。

4. 凡战之道，用寡固，用众治。寡利烦，众利正。用众进止，用寡进退。

《司马法·用众》

【译文】

大凡作战的原则，指挥小部队应力求巩固，指挥大部队应力求严整。小部队利于奇袭骚扰，大部队利于正规作战。指挥大部队进止（要有节制),指挥小部队进退(要灵活)。

5. 迭战则久,皆战①则强。

《司马法·定爵》

【注释】
① 皆战:并力合战,集中兵力。
【译文】
轮番作战就能持久,兵力集中就能强劲。

6. 能分人之兵,能按人之兵,则锱〔铢〕而有余。不能分人之兵,不能按人之兵,则数倍而不足。

《孙膑兵法》下编,《客主人分》

【译文】
善于分散敌人的兵力,善于牵制敌人的兵力,即使兵力很少也会感到用之有余。不善于分散敌人的兵力,不善于牵制敌人的兵力,即使兵力比敌方多数倍,用起来也会感到不足。

7. 兵有客①之分②,有主人③之分。客之分众,主人之分少。客倍主人半,然可敌④也。

《孙膑兵法》下编,《客主人分》

【注释】
① 客:这里指进攻的一方。
② 分:分量,比例。
③ 主人:这里指防守的一方。
④ 敌:匹敌,抗衡。

【译文】

作战有进攻方面的兵力比例,有防御方面的兵力比例。进攻方面的兵力要多些,防御方面的兵力可少些。进攻方面的兵力是防御方面的两倍,防御方面的兵力是进攻方面的一半,双方是可以互相匹敌抗衡的。

8. 以少击众者,必以日之暮,伏于深草,要之隘路①;以弱击强者,必得大国之与②,邻国之助。

《六韬·豹韬·少众》

【注释】

① 要之隘路:截击敌人于隘路。要,通"邀",截击。
② 与:这里指协助。

【译文】

要以少击众,必须利用天黑夜暗的时候,把部队埋伏在深草地带,截击敌人于险隘之路;要以弱击强,必须得到大国的协助,邻国的支援。

9. 夫五指之更弹,不若卷手之一挃①;万人之更进,不如百人之俱至也。

《淮南子·兵略训》

【注释】

① 挃(zhì至):捣,撞。

【译文】

五个手指轮番弹击,不如握紧拳头一击;一万人逐个进攻,不如一百人同时进攻。

10. 兵静则固,专一则威,分决①则勇,心疑则北,力分则弱。故能分人之兵,疑人之心,则锱铢②有余;不能分人之兵,疑人之心,则数倍不足。

《淮南子·兵略训》

【注释】

① 分决：部队分头作战但决心坚定。

② 锱（zī 咨）铢（zhū 朱）：旧制，锱为一两的四分之一，铢为一两的二十四分之一。比喻极其微小的数量。

【译文】

军队沉着就坚定，兵力集中就有威势，分头作战但决心坚定就会勇敢，信心动摇就会失败，兵力分散就战斗力薄弱。所以，能够分散敌人的兵力，动摇敌人的信心，即使自己的兵力很少也会有余；不能分散敌人的兵力，动摇敌人的信心，即使自己的兵力比敌人多数倍也会不足。

11. 夫以寡击众，利在于出奇也。兵法所说有三焉：一曰邀①之险；二曰以整击乱；三曰以日之暮。将能明此三者，则可以一击十，以千击万，虽敌人甚众，则其势易复。

宋·曾公亮等《武经总要》前集卷三，《制度三·以寡击众》

【注释】

① 邀：阻拦，截击。

【译文】

用少数兵力去攻打众多之敌，使用奇兵是最有利的。兵法上所说（使用奇兵以寡击众）有三条原则：一是截击敌人于险阻之地；二是以我之严整击敌之混乱；三是利用夜暮偷袭。将帅能掌握这三条原则，就可以一击十，以千击万。敌人即使众多，形势也容易反转。

12. 兵分备寡，兵家之大害也；……以逸待劳，兵家之大利也。

宋·欧阳修《欧阳修全集·奏议集·言西边事宜第一状》

【译文】

兵力分散,守备不足,是用兵大害;……以逸待劳,是用兵大利。

13. 善守者,不尽兵以守敌冲①。……尽兵以守敌冲,则兵不分,而彼间行②袭我无备。

宋·苏洵《权书·攻守》

【注释】

① 冲:交通要道,这里引申为敌主攻方向。
⑤ 间行:走小路。间(jiàn见):偏僻的小路。

【译文】

善于防御的人,不把全部兵力配置在敌人主攻方向上。……如果把全部兵力配置在敌主攻方向上,就不能分出兵力(防守次要方向),而敌人就可能从小路袭击我没有设防之处。

14. 夫以少击众者,必将因便乘势而躏蹙①之,其机在少。譬犹蹙巨石于千仞②之山,而不假于多力。

宋·李纲《梁溪集》卷一百五十三,《迂论九·论用兵》

【注释】

① 躏蹙:挫伤打击。躏(lìn吝),践踏,辗压。蹙(cù促),通"蹴",踢。
② 千仞:形容很高的样子。仞(rèn任),古以八尺(一说七尺)为一仞。

【译文】

以寡击众,必须利用方便条件,乘有利之势来挫伤打击敌人,其关键在于用力少。如同将大石头从很高的山上踢下来,并不需用大力气。

15. 以多胜敌者,必将以殄①灭为期,而不再举,其机在多。

宋·李纲《梁溪集》卷一百五十三,《迂论九·论用兵》

【注释】

① 殄（tiǎn 舔）：灭绝。

【译文】

以多兵战胜敌人的，一定要以全歼敌人为目的，而不再次兴师动众，其关键在于集中优势兵力。

16. 用兵之道，无所不备则有所必分，知所必守则不必皆备。

宋·辛弃疾《美芹十论·守淮》

【译文】

用兵的原则是，到处都防备就必然分散兵力；知道必须防守的地方，就不必处处设防了。

17. 无惧其必来，当使之兵交而亟①去；无幸其必去，当使之他日必不敢犯也。为是策者，在于彼能入吾之地，而不能得吾之战；彼能攻吾之城，吾能出彼之地。然而非备寡力专，则不能也。

宋·辛弃疾《美芹十论·守淮》

【注释】

① 亟（jí 及）：急，赶快。

【译文】

不要害怕敌人肯定会来进攻，而应使敌人同我交战后很快被击退；不要满足于敌人必然被击退，而应使敌人以后不敢再来进犯。采取这种策略的关键，在于使敌人即使能攻入我境内，却不能获得同我决战的机会；敌人即使能进攻我的城池，我也能深入敌人的腹地。但是，不重点防御，集中兵力，就无法做到这一点。

18. 凡战，若我众敌寡，不可战于险阻之间，须要平易宽广之地。

闻鼓则进，闻金则止，无有不胜。法曰："用众进止。"①

宋·佚名《百战奇法·众战》

【注释】

① 用众进止：语出《司马法·用众》。参见本节第4条。

【译文】

凡是对敌作战，如果处于我众敌寡的态势，就不要在险要狭窄的地区与敌战斗，必须选择平坦开阔之地（以便于展开兵力）。使部队能听到鼓声就前进，听到锣声就停止，这样，作战就没有不胜利的。正如兵法所说："指挥大部队作战，进止（要有节制）。"

19. 凡兵，散则势弱，聚则势强，兵家之常情也。若我兵分屯数处，敌若以众攻我，当合军以击之。法曰："聚不聚为孤旅。"①

宋·佚名《百战奇法·合战》

【注释】

① 聚不聚为孤旅：语出《唐太宗李卫公问对》卷下。

【译文】

凡是军队，兵力分散，力量就薄弱；兵力集中，势力就强大。这是兵家公认的规律。如果我们的兵力分散配置在几个地点，敌人以优势兵力向我进攻，就应当集中兵力打击它。正如兵法所说："该集中兵力时而不集中，就变成孤军了。"

20. 凡与敌战，若我众敌寡，当择平易宽广之地以胜之。若五倍于敌，则三术为正，二术为奇；三倍于敌，二术为正，一术为奇。所谓一以当其前，一以攻其后。法曰："分不分为縻军。"①

宋·佚名《百战奇法·分战》

【注释】

①分不分为縻军：语出《唐太宗李卫公问对》卷下。縻（mí 迷）：本义为马缰绳，引申为制约、羁绊。

【译文】

凡是与敌交战，如果我众敌寡，应当选择平坦开阔的地形以战胜敌人。如果我军五倍于敌，就用五分之三的兵力作正兵，五分之二的兵力作奇兵；如果三倍于敌，就用三分之二的兵力作正兵，三分之一的兵力作奇兵。这就是所谓用正兵与敌正面交战，用奇兵击敌侧后的战法。正如兵法所说："该分兵的时候不分兵，就是束缚自己的军队。"

21. 凡与敌战，若彼众多，则设虚形以分其势，彼不敢不分兵以备战。敌势既分，其兵必寡；我专为一，其卒自众。以众击寡，无有不胜。法曰："形人而我无形。"①

宋·佚名《百战奇法·形战》

【注释】

①形人而我无形：语出《孙子兵法·虚实篇》。

【译文】

凡是对敌作战，如果敌方兵力众多，就制造假象来分散敌人兵力，使它不敢不分兵防我。敌兵既已分散，局部兵力必然寡少；而我的兵力集中一处，自然兵力众多。以众多的兵力打击寡少的敌人，就无往而不胜。正如兵法所说："以'示形'之法诱使敌人暴露弱点，而把我的真实情况隐藏起来不暴露给敌人。"

22. 同列须和协，一队当敌，则各队策应，左右前后，莫不皆然。譬如舟行遇风，同舟之人齐力以奋，波涛虽险，靡①不获济②。

《明太宗宝训》卷四《谕将帅》

【注释】

① 靡（mǐ 米）：无，不。

② 济（jì 祭）：渡过。

【译文】

同一部队的官兵必须团结协作，一支队伍抵挡敌人，其他各支队伍就要策应，左右前后，都要这样做。就好像行船时遇到风浪，同舟的人都要齐心协力共同奋斗，波涛即使凶险，也不会不成功。

23. 以寡击众，务于隘塞，必于暮夜，伏于丛茂，要①于险阻。以众击寡，务于广漫，利于旦辰，分守要津②，绝彼运道。

明·何良臣《阵纪》卷三，《战机》

【注释】

① 要：通"邀"，截击。

② 要津：交通要道。津，渡口。

【译文】

以寡击众，务须选择险隘要塞，一定要利用傍晚和暗夜，埋伏在丛林茂草之中，截击敌人于险阻的地方。以众击寡，务须选择宽广平坦的地形，利于拂晓和白昼行动，分派一部兵力扼守交通要点，断绝敌人的运输粮道。

24. 我寡敌众，忽被彼围，须乘其围势未坚，行列未定，急出武勇，挫其来气，谬用谲怪①，示以神异，风突电驱，敛翼转势②，一击乱之，敌众不治。兵入敌境，众寡不当，相持且久，被围已厚，常令并气③勿乱，待其少懈，从其兵厚而不治处突出。大抵围师必阙，阙之前面，多有险伏。兵厚处必敌根本地④也，观其不治，便可冲之，不但得出，更乱其营，所谓一击而百万破矣。此又在用者审势相机，亦未可执其围师必阙一语。

明·何良臣《阵纪》卷二，《众寡》

【注释】

① 谬用谲怪：故意使用诡诈怪异之术。谬，本义为狂者之妄言，此处可理解为故意、欺骗的意思。谲（jué 决），诡诈。怪，奇异，非常。

② 敛翼转势：收拢两翼部队，转变成有利于突击的阵势。

③ 并气：齐心协力。

④ 根本地：大本营。亦指要害处所。

【译文】

我寡敌众，忽然被敌包围，必须乘敌包围的态势尚未稳固，军队部署还不完善，急速派出精锐部队，挫败敌人的锐气，故意采用诡诈奇怪的手段，示以神奥异常的假象，然后如风雨雷电般迅猛出击，收拢两翼部队，变更为突击的阵势，一举打乱敌人的包围，敌人虽多，也会混乱不治。军队进入敌境，众寡悬殊，相持已久，被敌层层包围，应经常鼓励部下齐心协力而不慌乱，等待敌人稍有懈怠，便从其兵力密集而不严整的地段突围。一般包围的军队常故意留一个缺口，缺口的前方，常设有伏兵。兵力密集的地方必定是敌军的要害处所，看到它出现混乱，便乘机冲击，不仅能突围而出，而且能打乱敌人的阵营，就是所谓一击而破敌百万。这又在于指挥者善于观察形势、选择战机，而不可固执于"围师必阙"这句话。

25. 兵之胜负，不在众寡，而在分合。夫有分则有条理，有合则有联络。然分常患其疏，而合常防其混。故合而不分，分而不合，非善也；合而有分，分而有合，非善之善也；即分为合，即合为分，乃善之善也。

明·何汝宾《兵录》卷九，《攻战·战略》

【译文】

作战的胜败，不在于兵力的多少，而在于适当的分散和集中。兵力有分散，部队才有条理；兵力有集中，部队才有联络。但是，兵力分散时要常忧虑队形疏散，兵力集中时要常防范阵势混乱。所以，只有集中而不分散，只有分散而不集中，不算是好的；集中里面有分散，分散里面有集中，也不算是最好的；只有能迅速把分散变为集中，迅速把集中变为分散，才算是最好的。

26. 虎豹，至趫①健也；熊罴，至多力也。然而人食其肉而席②其革者，不能合其势而一其力也。故曰："五指之更弹，不如抟拳之一挃③。"甚哉乎！兵之贵合也。合则势张，合则力强，合则气旺，合则心坚。

明·尹宾商《白豪子兵䜃》卷五，《合》

【注释】

①趫（qiáo 乔）：敏捷，壮健。

②席：供坐卧的铺垫用具，这里用作动词，即以虎豹熊罴之皮为席。

③五指之更弹，不如抟拳之一挃：五个手指轮番弹击，不如握成拳头捣一下。更，交替，轮番。挃（zhì 至）：捣，撞。语出《淮南子·兵略训》，原文为"夫五指之更弹，不若卷手之一挃"。参见本节第 9 条。

【译文】

虎豹是最矫健的，熊罴是最有力气的。然而人类却可以吃它们的肉，以它们的皮为席，这是因为它们不能联合起来而形成统一的力量。所以说："五个指头交替弹击，不如握紧拳头猛力一捣。"兵力贵在集中，这太重要了！集中则威势伸张，集中则力量强大，集中则士气旺盛，集中则人心坚定。

27. 用寡者宜险隘，宜昏夜，宜短兵，宜致死，宜进退迅速，宜烦数①变化。……险隘则敌众有所不得施②，夜战则敌不测我之多寡，短兵则深入敌阵而薄③敌，致死则敌百不当我之一，疾速则敌欲捍御而不及，变化则敌不知我之方向。

明·佚名《草庐经略》卷五，《用寡》

【注释】

① 烦数：频繁多次，经常不断。数（shuò朔），多次。
② 自此句以下，《粤雅堂丛书》本有多处脱误，今从清刊本。
③ 薄：逼近，进攻。

【译文】

用少数兵力攻击兵力众多的敌人，应当选择险隘的地形，应当利用昏暗的夜晚，应当使用短小的兵器，应当奋力死战，应当进退迅速，应当不断变化部署。……在险隘的地方，敌人兵力众多就无法全部展开；夜间作战，敌人就摸不清我方的兵力多少；使用短兵器，就能深入敌阵进行近战；奋力死战，就能使敌方百人抵不住我一人；进退迅速，就能使敌人想抵抗也来不及；部署不断变化，就能使敌人无法知道我军的行动方向。

28. 兵必分道，以攻则奇，以守则固，以罢①人则逸，以息民②则不劳，以备不虞则不败。

清·魏禧《兵法》

【注释】

① 罢：通"疲"。
② 息民：本指使民众休养生息，这里指休整军队。

【译文】

作战必须善于区分兵力。这样，用来进攻，就可以出奇制胜；用来防御，就能牢不可破；用来疲扰敌人，就可使自己安逸；用来休整军队，就不会疲劳；用来防止意外事变，就可以立于不败之地。

29. 兵重则滞而不神，兵轻则便而多利。重而能分，其利伊①倍。营而分之，以防袭也；阵而分之，以备冲也；行而分之，恐有断截；战而分之，恐抄击也。倍则可分以乘虚，均则可分以出奇，寡亦可分以生变。兵不重②交，勇不远擭③，器难隔施。合兵以壮威，分兵以制胜。提数十万之师而无壅④溃者，分法得也。

清·揭暄《兵法百言·法篇·分》

【注释】

① 伊：于是。

② 重（chóng 虫）：重迭，重复。

③ 攫（jué 决）：本义是用爪抓取，引申为夺取。

④ 壅（yōng 庸）：堵塞，阻塞。

【译文】

部队过于庞大就会行动迟滞而不灵活，部队较小就行动灵便而好处很多。能将庞大的部队分为若干轻便的部队，它的好处就加倍。宿营时要适当分开，以防备敌人袭击；布阵时要适当分布，以防备敌人冲击；行军时要适当分散，是恐怕敌人遮断截击；作战时要适当分兵，是恐怕敌人包抄袭击。兵力两倍于敌时，可以分兵一部乘虚袭敌；势均力敌时，可以分兵以出奇制胜；兵力劣势时，也可以分兵以转变敌我形势。部队不可重复与敌交锋，勇力不可远距离发挥，兵器难以隔着障碍使用。集中兵力来壮大声威，分遣奇兵来制胜敌人。统率数十万大军而不至于壅滞溃败，是善于区分兵力使用的结果。

30. 兵寡，须出没无常，轻而迅，敌不及格，亦不能追。宜袭不宜明①，宜夜不宜日，宜奇不宜正，宜惊扰不宜确斗②。

清·马慧裕《武备集要》

【注释】

① 明：明攻。

② 确斗：硬拼。确，通"角"，原指动物的角，引申为较量、硬拼。

【译文】

兵力少，必须出没无常，行动轻快敏捷，使敌人来不及抵抗，也无法追击。适于暗袭，不适于明攻；适于夜晚行动，不适于白天行动；适于出奇制胜，不适于正面战斗；适于袭扰，不适于死打硬拼。

31. 攻必先其所寡[1]，击必先其所动[2]。

清·马慧裕《武备集要》

【注释】
① 寡：少。这里引申为薄弱的意思。
② 动：这里指军心动摇。

【译文】
进攻一定要先选择敌人兵力薄弱的地方，突击一定要先选择敌人军心动摇的部分。

评 述

"众寡分合"，指的众寡之用与分合为变。众寡之用是兵力使用问题，分合为变是作战部署问题。这两方面的问题，核心是集中兵力，所谓"专一则威"，"力分则弱"（《淮南子·兵略训》）。

然而集中兵力是有一定条件的，敌对双方都力求集中兵力，谋求战场上的优势。我要兵力集中，就要使敌兵力分散；反之亦然。因此，集中兵力与分散兵力乃是一个问题的两个方面。

从众寡之用而言，主攻方向上兵力集中，则助攻方向上只能配备必要的兵力，所谓"若五倍于敌，则三术为正，二术为奇"（《十一家注孙子·谋攻篇》曹操注）；从分合为变而言，就要注意重点设防，重点守备，所谓"用兵之道，无所不备则有所必分，知所必守则不必皆备"（宋·辛弃疾《美芹十论·守淮》）。

众寡分合的一般原则，《司马法》指出："凡战之道：用寡固，用众治。寡利烦，众利正。用众进止，用寡进退。"（《用众》）《兵录》指出："兵之胜负,不在众寡,而在分合。夫有分则有条理,有合则有联络,然分常患其疏,而合常防其混。……即分为合,即合为分,乃善之善也。"(卷九,《攻战·战略》)《白豪子兵䉆》中说:"合则势张,合则力强,合则气旺,合则心坚。"(卷五,《合》)《兵法百言》也说:"合兵以壮威,分兵以制胜。"(《法篇·分》)在古代兵家看来,集中兵力、优势临敌与分散机动、灵活制宜两者之间是互为弥补、相辅相成的,他们已经注意到避免一味强调集中兵力的机械倾向。

在战争运动中,通过众寡分合的运用达到集中兵力、掌握主动的目的,关键在于充分发挥主观能动作用,善于创造条件。从战术上说,要做到"能分人之兵,能按人之兵,则锱[铢]而有余"(《孙膑兵法》下编,《客主人分》),要"形人而我无形,则我专而敌分。……吾所与战之地不可知,不可知,则敌所备者多;敌所备者多,则吾所与战者,寡矣"(《孙子兵法·虚实篇》)。充分利用客观条件可以改变敌众我寡的形势,或者弥补我军兵力不足、部署不利。如《阵纪》所说:"以寡击众,务于隘塞,必于暮夜,伏于丛茂,要于险阻。"(卷三,《战机》)

总之,我国古代兵家对众寡分合的看法是辩证的,既重视"我专敌分",高度集中优势兵力,又强调"分合为变",灵活指挥。强调掌握"众寡之用"的不同规律,以求在各种复杂情况下当合则合,当分则分,克敌制胜。这些都是值得我们学习和借鉴的。

例 证

明神宗万历四十七年(1619年)二月,明廷调集二十四万(一说四十七万)大军,由辽东经略杨镐指挥,兵分四路,向后金都城赫图阿拉(今辽宁新宾老城)合击,企图一举消灭刚刚建立不久的后金政权。当时后金的八旗兵共六万余人,在众寡悬殊的危急形势下,后金汗努尔哈赤坚定地说:"凭尔几路来,我只一路去。"(《明史纪事本末补遗·辽左兵端》)决心用高度集中兵力的策略,各个击破四路明军。三月初一,努尔哈赤设伏于萨尔浒（今辽宁抚顺东）山谷，首先歼灭了突出冒进的明西路军。接着，连夜转移兵力，于次日晨将进至萨尔浒山西北的明北路军分割包围，逐点攻击，一一歼灭。这时，明南路军已推进至北距赫图阿拉五十里之处，正待联络西、北两路同时进攻，不料努尔哈赤又已调转兵力而来，于三月初四发起突然进攻，一举歼灭明南路军，并于次日降服了协同明南路军作战的朝鲜李氏王朝的部队。行动迟缓的明西南路军，闻三路丧师，杨镐下令火速撤退，才幸免于难。此战关系后金的生死存亡，明军的惨败主要因为兵力分散，行动不一，有分无合；后金的胜利则在于兵力高度集中，机动神速。五天连打四伏，实为战史上各个击破的一个范例。此战之后，后金的势力在辽东以无可遏止之势发展起来。

第九节　将权贵一

1. 故君之所以患于军者三：不知军之不可以进而谓之进，不知军之不可以退而谓之退，是谓縻①军；不知三军②之事，而同三军之政者，则军士惑矣；不知三军之权③，而同三军之任，则军士疑矣。三军既惑且疑，则诸侯之难至矣。是谓乱军引胜④。

　　　　　　　　　　　　　　　　《孙子兵法·谋攻篇》

【注释】

① 縻（mí 迷）：本义为马缰绳，引申为制约、羁绊。

② 三军：军队的统称。周代，大的诸侯国设三军，有的为左、中、右三军，有的为上、中、下三军。

③ 权：权变，权谋。

④ 乱军引胜：自己搞乱军队，自取灭亡。乱，扰乱。引，却，失去。

【译文】

国君危害军队有三种情况：不了解军队不可以前进而硬叫它前进，不了解军队不可以后退而硬叫它后退，这叫做"縻军"；不了解军队的内部事物而干预军队行政，就会使将士迷惑；不了解军队的权变而干预军队指挥，就会使将士怀疑。军队既迷惑又怀疑，列国诸侯乘机发难之祸就会到来。这就是所谓自乱其军，自取灭亡。

2. 凡兵之道，莫过乎一①。一者能独往独来②。黄帝③曰："一者阶于道④，几于神⑤。"用之在于机，显之在于势，成之在于君。故圣王号兵为凶器，不得已而用之。

《六韬·文韬·兵道》

【注释】

① 一：集中，统一，这里指作战指挥权的统一。

② 一者能独往独来：指挥权统一就能运用自如，不受牵制。独往独来，原出自《庄子·在宥》："出入六合，游乎九州，独往独来，是谓独有。"

③ 黄帝：传说中我国中原各族的共同祖先。姬姓，号轩辕氏、有熊氏。诸侯尊为天子，以代神农氏。有土德之瑞，故号黄帝。

④ 阶于道：接近于掌握战争规律。阶，台阶，引申为接近。

⑤ 几于神：几乎达到神妙莫测的地步。几，将近，差不多。

【译文】

大凡用兵的原则，没有比统一指挥权更重要的了。统一指挥权，就能实施机断指挥。黄帝说过："统一指挥权，就能接近于掌握战争规律，接近用兵如神的境地。"（统一指挥权）的运用在于掌握战机，体现为造成有利的形势，成功的关键在于君主。所以古代圣明的君主称兵为凶器，在不得已时才使用它。

3.《军势》①曰:"出军行师,将在自专。进退内御②,则功难成。"

《黄石公三略·中略》

【注释】

①《军势》:相传为古代兵书,已失传。

②内御:由君主遥控。内,君主的宫禁,这里借指君主。御,驾驭,约束,控制。

【译文】

《军势》上说:"出兵打仗,将帅贵于独立指挥。如果军队的进退都受君主遥控,那就难以成功。"

4.处事有疑,非智;临难不决,非勇。

《旧唐书》卷六十七,《尉迟敬德传》

【译文】

处理军务犹豫不决,不能算是聪明;面临危难不能决断,不能算是勇敢。

5.是以古之遣将帅者,君亲推毂①而命之曰:"自阃以外②,将军裁之。"又赐铁钺③,示令专断。故军容不入国,国容不入军④;将在军,君命有所不受,诚谓机宜不可以远决,号令不可以两从。未有委任不专,而望其克敌成功者也。

唐·陆贽《陆宣公奏议》卷九,
《中书奏议三·论缘边守备事宜状》

【注释】

①推毂:原指推车前进,引申为推荐人才、助人成事等。这里指古代命将出征的一种礼制,表明国君对将权的高度尊重。毂(gǔ谷),车轮中

心用以接插车轴的有孔圆木,也用为车轮的代称。

②阃以外:郭门(外城门)以外,指将领驻守管辖的地域。阃(kǔn捆),门槛,这里指郭门的门槛。

③铁钺:同"斧钺",古代帝王授予将帅权力的标志。

④军容不入国,国容不入军:语出《司马法·天子之义》,意谓不用治军的方法治国,也不用治国的方法治军。军容,指军队的仪制。国容,指国家的仪制。

【译文】

所以,古代派遣将帅出征,由国君亲自推动将军的战车,并告谕他说:"军中各种事务,都由将军来决断。"同时,又赐予斧钺,明令他有机断专行的权力。因此,不用治军的方法治国,也不用治国的方法治军;将帅身在军旅,国君的命令有的可以不接受。这实在是因为作战机宜不可以由远在后方的国君来决定,军队执行号令不可以两方面都听从。没有委任将帅而又不赋予其独立指挥权,却希望他们能战胜敌人取得成功的。

6. 夫统帅专一,则人心不分;人心不分,则号令不二;号令不二,则进退可齐;进退可齐,则疾徐如意;疾徐如意,则机会靡愆①;机会靡愆,则气势自壮。

唐·陆贽《陆宣公奏议》卷九,
《中书奏议三·论缘边守备事宜状》

【注释】

①靡愆:不错过。靡(mǐ米),无,不。愆(qiān牵),过,失。

【译文】

统帅之权能够专一,军心就不会分散;军心不分散,号令就可以统一;号令统一,进退行动就会一致;进退行动一致,快慢速度就能符合作战企图;快慢速度符合作战企图,就会不失战机;不失战机,军队的气势就自然雄壮。

7. 将贵专谋，兵以奇胜。军机遥制则失变，戎帅禀命则不威。是以古之贤君，选将而任，分之于阃①，誓②莫干也；授之以钺③，俾④专断也。……其或疑于委任，以制断由己为大权；昧于责成，以指麾⑤顺旨为良将。锋镝⑥交于原野，而决策于九重⑦之中；机会变于斯须⑧，而定计于千里之外，违令则失顺，从令则失宜；失顺则挫君之严，失宜则败君之众。用舍⑨相碍，否臧⑩皆凶，上有掣肘之讥，下无死绥⑪之志。其于分画之道，岂不两伤哉！

唐·陆贽《陆宣公奏议》卷六，
《奏草六·兴元奏请许浑瑊、李晟等诸军兵马自取机便状》

【注释】

①阃（kǔn 捆）：郭门的门槛。这里指君主推毂命将，授予将帅军事职权。

②誓：宣告，表示。

③钺：大铁斧。古代君主授予将帅作为军权的象征。

④俾（bǐ 比）：使。

⑤指麾（huī 挥）：指挥。

⑥锋镝：犹言刀箭，泛指兵器。镝（dí 敌），箭头。

⑦九重（chóng 虫）：旧指帝王所居之处。这里指宫廷。

⑧斯须：须臾，一会儿，顷刻。

⑨用舍：用与不用。这里指对国君的指示听命或违令。

⑩否（pǐ 痞）臧（zāng 脏）：亦即"臧否"，犹言好坏、得失。

⑪死绥：军队败退之时，将领死战不却，称为"死绥"。

【译文】

将帅贵在独立决策，用兵在于出奇制胜。军中机要之事若由君主遥控，就无法应变；将帅完全听命而行，就不能发挥其威力。因此，古代贤明的君主，选任将帅，付以阃外的军事职权，是表示自己不干涉；授以象征权力的钺，是使他们能专断行事。……假如对委任的将帅不信任，以一切由自己决断为大权在握；不懂得事专责成，以指挥顺从旨意的人为良将。战争进行于平原旷野，而决策却制定于宫廷；战机变化在瞬息之间，而计谋却制定于千里之外。将帅违背君主命令就有失恭顺，听从君主命令就坐失战机；不恭顺就有伤君主的尊严，失机宜就会败损君主的部队。听命与违令互相妨碍，做好与做坏都会带来不利。结果造成君主有掣肘的讥评，将帅无死战的决心。这对于划分君主与将帅权限的原则，岂不是两方面都受到损害吗！

8. 临期应猝①，在于呼吸②之间，而动询大将，事不相及，非知兵之变者也。故吾使兵识将意，将识士情，投之而往，如手之使指。兵将相习，人自为战，不亦可乎！

《资治通鉴》卷二百二十，
《唐纪三十六》，至德二载十月，张巡语

【注释】
① 猝：突然，出乎意外。
② 呼吸：形容时间很短促。

【译文】
临时应付突然事变，决断在于顷刻之间，如果动不动就请示大将，事情往往就来不及，这是不懂得权变的缘故。所以我使下级领会上级的意图，上级了解下级的情况，指挥军队作战，就像手臂使用指头那样灵活自如。士兵和将领相互熟悉，人人独立作战，这不更好吗？

9. 将在军，不从中①制，兵法也。

《元史》卷一百二十七，《伯颜传》，忽必烈语

【注释】
① 中：意谓宫廷、禁中，这里指皇帝、君主。

【译文】
将帅在外率兵打仗时，不受君主的遥制，这是用兵的原则。

10. 大将军出征，进止调度①，必待中旨②，于古未闻。

《清圣祖实录》卷四十九，康熙十三年九月戊辰

【注释】

① 进止调度：部队的行动和指挥。调度，安排，调遣。
② 中旨：帝王的意旨。

【译文】

大将军出征时，部队的行动和作战指挥，一定要等待朝廷的谕旨，这样的事自古未曾听说过。

11. 如皆请旨而行，则有仓卒军机，必致迟误。

《清圣祖实录》卷一百八十一，康熙三十六年三月壬戌

【译文】

如果一切都请示朝廷然后再去做，那么遇有需紧急处理的军机大事，必定会造成延迟失误。

12. 将权不一则败；同役而不同心者亦败。

清·马慧裕《武备集要》

【译文】

指挥不统一，就要打败仗；共同作战而不同心协力，也要打败仗。

评　述

"将权贵一"，是指战场上作战指挥权的集中统一。这是战争发展到一定历史阶段的产物。随着战争规模的扩大、战场地域的延伸、专职将帅的出现，于是，机断处置、机断指挥的问题愈来愈受到古代兵家的普遍

重视。

"将权贵一"有十分明确的前提。战争、战略的决策权由君主掌握，"将受命于君"。在这个前提下，由国君赋予将帅机断指挥之权，所谓"分之于阃，誓莫干也；授之以钺，俾专断也"（唐·陆贽《陆宣公奏议》卷六，《奏草六·兴元奏请许浑瑊、李晟等诸军兵马自取机便状》）。

"将权贵一"的意义，古人看到了两个方面。一是要坚定决心、统一部署、搞好协同。指出"凡兵之道，莫过乎一"（《六韬·文韬·兵道》），"号令不可以两从"（《陆宣公奏议》卷九，《中书奏议三·论缘边守备事宜状》），"统帅专一"才能"人心不分"、"号令不二"、"进退可齐"、"疾徐如意"、"机会靡愆"、"气势自壮"（同上，卷九，《中书奏议三·论缘守备事宜状》）；认为"将权不一则败，同役而不同心者亦败"（清·马慧裕《武备集要》），甚而招致"乱军引胜"（《孙子兵法·谋攻篇》）的恶果。二是要因敌制胜。因为战场情况的变化"在于呼吸之间"（《资治通鉴》卷二百二十，《唐纪三十六》，至德二载十月，张巡语），如果"锋镝交于原野，而决策于九重之中；机会变于斯须，而定计于千里之外"（《陆宣公奏议》卷六，《奏草六·兴元奏请许浑瑊、李晟等诸军兵马自取机便状》，下同），那就会贻误战机，铸成千古之恨。因而强调"将贵专谋"、"将能而君不御"（《孙子兵法·谋攻篇》）、"君命有所不受"（《孙子兵法·九变篇》）。

在古代，君、将之间有着深刻的矛盾，颇难统一。一是表现为委任不专，君"从中制"。将帅"违令则失顺，从令则失宜；失顺则挫君之严，失宜则败君之众。用舍相碍，否臧皆凶，上有掣肘之讥，下无死绥之志"（《陆宣公奏议》卷六，《奏草六·兴元奏请许浑瑊、李晟等诸军兵马自取机便状》），难以发挥将帅的积极性、主动性和创造精神。为此古人一再指出："出军行师，将在自专。进退内御，则功难成"（《黄石公三略·中略》）；"得主专制，胜"，"御将，不胜"（《孙膑兵法·纂卒》）。二是表现为将帅拥兵，骄横跋扈，尾大不掉，外重内轻，以致演成篡权内乱之祸和分裂割据之患。这种状况又使一些君主产生"兵权之所在，则随之以兴；兵权之所去，则随之以亡"（宋·范浚《香溪集》卷四《五代论》）的思想，采取一系列手段，以削弱将权而加强君权。

军队在集中统一的领导下，将帅应有相对独立的指挥权，这是符合作战需要的。古人有关机断指挥的论述，反映了作战指挥的某些客观规律，其积极的精神值得我们汲取。

例　证

唐肃宗乾元元年（758年）十月，郭子仪、李光弼等九节度使率兵二十余万包围了退守邺城（今河南安阳北）的安庆绪。肃宗认为郭、李二将皆为元勋，难以互相统属，故不设统帅，仅以宦官鱼朝恩为观军容宣慰处置使监督诸军行动。安军不过数万，唐军陆续增兵至六十万，但因"诸军既无统帅，进退无所禀"（《资治通鉴》卷二百二十一，《唐纪三十七》，肃宗乾元二年，下同），围困邺城近五个月不能攻克，并出现师老兵疲、"上下解体"之势。次年三月初六，史思明率兵五万由魏州（今河北大名北）来解邺城之围，向唐军发起猛烈攻击。激战之中忽然狂风大作，对面不能相见，两军被迫各自后退。唐军没有统帅，一退不可收拾，六十万大军全部溃散，各节度使纷纷逃归本镇。史思明则很快整军而回，诱杀安庆绪，占领邺城，使安史之乱的战祸再度加剧。此战，唐军的兵力占绝对优势，之所以久围邺城不克，以全军溃散告终，主要原因是将权不一，没有统一而严明的指挥。

第十节　致人而不致于人

1. 凡先处战地而待敌者佚[①]，后处战地而趋战[②]者劳。故善战者，致[③]人而不致于人。

《孙子兵法·虚实篇》

【注释】

① 佚：通"逸"，安逸，从容。
② 趋战：奔走应战。趋，快步走。
③ 致：招致，这里指调动。

【译文】

凡是先到达战场等待敌人的就安逸，后到达战场奔走应战的就疲劳。所以，善于作战的人，能调动敌人而不被敌人调动。

2. 能使敌人自至者，利之也；能使敌人不得至者，害之也。故敌佚能劳之，饱能饥之，安能动之。

《孙子兵法·虚实篇》

【译文】

能够使敌人自动进到我预定地域的，是因为用小利引诱了它；能够使敌人不能到达其预定地域的，是因为我制造困难妨害了它。所以，敌人休整得好能使它疲劳，敌人粮食充足能使它饥饿，敌人驻扎安稳能使它移动。

3. 故我欲战，敌虽高垒深沟，不得不与我战者，攻其所必救也；我不欲战，画地而守之，敌不得与我战者，乖①其所之也。

《孙子兵法·虚实篇》

【注释】

① 乖：违背，背离。

【译文】

所以，我要打，敌人即使深沟高垒，也不得不同我作战，那是因为我攻击了敌人所必救的地方；我不想打，即使画地进行防守，敌人也无法同我作战，那是因为我诱使敌人改变了预定的进攻方向。

4. 故三军可夺气①，将军可夺心②。是故朝气锐，昼气惰，暮气归③。故善用兵者，避其锐气，击其惰归，此治气者也。以治待乱，以静待哗，此治心者也。以近待远，以佚待劳，以饱待饥，此治力者也。无邀④正正之旗，勿击堂堂之阵，此治变者也。

《孙子兵法·军争篇》

【注释】

① 夺气：挫伤士气。

② 夺心：动摇决心。

③ 朝气锐，昼气惰，暮气归：此以朝气、昼气、暮气来比喻交战中的初战、中间、最后三阶段。与《左传·庄公十年》所载曹刿论战"一鼓作气，再而衰，三而竭"类似。

④ 邀：阻拦，截击。

【译文】

军队可以挫伤其锐气，将军可以动摇其决心。所以说，军队初战士气正锐，中间士气怠惰，最后气竭思归。因此，善于用兵的人，避开敌人的锐气，等到敌人怠惰思归时再进攻，这是掌握士气的方法。用严整来对待敌人的混乱，用镇静来对待敌人的哗恐，这是掌握军队心理的方法。用接近战场等待敌人的远道跋涉，用从容休整等待敌人的疲劳，用粮足食饱等待敌人的粮尽人饥，这是掌握战斗力的方法。不要拦截旗帜整整齐齐的部队，不要攻击堂堂皇皇的敌阵，这是掌握应变的方法。

5. 敢问："敌众整而将来，待之若何？"曰："先夺其所爱①，则听矣。"

《孙子兵法·九地篇》

【注释】

① 所爱：爱重的东西。这里指关键性的有利条件。

【译文】

请问:"敌人众多而又严整地将要前来进犯,该怎么办呢?"回答说:"先夺取它关键性的有利条件,它就会被迫听从摆布了。"

6. 凡战,权①也;斗,勇也;阵,巧也。用其所欲,行其所能,废其不欲不能。于敌反是。

《司马法·定爵》

【注释】

① 权:一作"智"。

【译文】

大凡作战指挥,贵在权变;战斗行动,贵在勇敢;战斗部署,贵在巧妙。要努力实现自己意图,做自己所能做到的事,避免违背自己意愿和不能做到的事。对于敌人则相反。

7. 善用兵者,能夺人而不夺于人。夺者,心之机也。

《尉缭子·战威》

【译文】

善于用兵的人,能够夺取主动权而不被敌人夺去主动权。夺取主动权,在于心灵机智。

8. 故知道者,必先图不知止之败,恶①在乎必往有功?轻进而求战,敌复图止我往而敌制胜矣。故兵法曰:"求而从之,见而加之,主人②不敢当而陵之,必丧其权。"

《尉缭子·战权》

【注释】

① 恶（wū 乌）：同"乌"，怎么，哪里。
② 主人：防守的一方。

【译文】

所以，懂得战争规律的人，必须首先考虑一味冒进将遭到的失败，哪有可能一攻过去就能成功？如果轻率冒进寻求决战，敌人又设法阻止我军进攻，敌人反而掌握制胜权了。所以，《兵法》说："敌人求战就应战，见到敌人就进攻，守军示弱不敢抵挡就攻击它，这样必然会丧失主动权。"

9. 善者之为兵也，使敌若据虚①，若搏景②。无设无形③焉，无不可以成也；无形无为④焉，无不可以化也。此之谓道矣。

《管子·兵法》

【注释】

① 据虚：处于虚幻的境地。
② 搏景：与影子搏斗。景，通"影"，影子。
③ 无设无形：不显设施，不露形迹。
④ 无形无为：不露形迹，无所作为。

【译文】

高明的将领指挥作战，总是使敌人好像处于虚幻的境地，好像在与影子搏斗。他能做到不显设施，不露形迹，所以没有什么不可以成功的；能做到不露形迹，似乎是无所作为，所以没有什么不可以变化的。这就是指导战争的法则。

10. 上得天时①，下得地利，观敌之变动，后之发，先之至，此用兵之要术也。

《荀子·议兵》

【注释】

① 天时：中国古代著作中常用的一个概念，或指自然变化时序；或指节气、气候、阴阳寒暑变化；或指天命，等等。这里指天候条件。

【译文】

上得天候的有利条件，下得地形的有利条件，观察敌情的发展变化，后于敌人出发，先于敌人到达，这是用兵的重要方法。

11. 事贵制人而不贵见①制于人。制人者，握权②也；见制于人者，制命也。

《鬼谷子·谋篇》

【注释】

① 见：被。
② 权：秤锤，引申为主动权。

【译文】

作战最重要的在于控制敌人而不被敌人控制。能控制敌人的就掌握了主动权；被敌人控制的，就将遭受致命的打击。

12. 故凌人者胜，待人者败，为人杓①者死。

《淮南子·兵略训》

【注释】

① 杓（biāo 标）：本义是斗柄，这里指被打击。

【译文】

主动进攻敌人的就容易胜利，消极等待敌人来进攻的就容易失败，处于被动挨打地位的就将被消灭。

13. 有备则制人，无备则制于人。

汉·桓宽编《盐铁论·险固》

【译文】
有了准备，就能制服敌人；没有准备，就会被敌人制服。

14. 兵贵致人，非欲拒之也。

《唐太宗李卫公问对》卷中

【译文】
用兵打仗最要紧的是调动敌人，而不是企图抵御它。

15. 善用兵者，先为不可测，则敌乖其所之①也。

《唐太宗李卫公问对》卷上

【注释】
① 乖其所之：语出《孙子兵法·虚实篇》。指背离它原来所要走的方向。乖，背离。参见本节第3条。

【译文】
善于用兵的人，首先不让敌人弄清自己的意图，就会使它改变预定的方向。

16. 臣①校量②主客③之势，则有变客为主，变主为客之术。……因粮于敌④，是变客为主也；饱能饥之，佚⑤能劳之，是变主为客也。故兵不拘主客迟速，惟发必中节⑥，所以为宜。

《唐太宗李卫公问对》卷中

【注释】
① 臣：李靖自称。
② 校量：分析比较，考察对比。
③ 主客：交战双方中，防守的一方为"主"，进攻的一方为"客"。《礼记·月令》注："为客不利。"疏："起兵伐人者，谓之客。"这里指主动与被

动、有利与不利。

④因粮于敌：语出《孙子兵法·作战篇》。意思是，粮草取用于敌国。参见第七章第四节第1条。

⑤佚：通"逸"，安逸，从容。

⑥中节：正中关键。这里可理解为恰到好处。

【译文】

我分析比较敌我双方有利和不利的态势，找到了变我们的不利为有利，变敌人的有利为不利的办法。……就地取用敌人的粮草，是变我们的不利为有利；使敌人由饱食变为饥饿，由安逸变为疲劳，这是变敌人的有利为不利。所以，用兵作战不能拘泥于所处地位的有利或不利、行动的迟缓或迅速，只有措置恰当、抓住关键，才是适当的。

17. 夫道贵制人，不贵制于人。制人者握权，制于人者遵命也。制人之术，避人之长，攻人之短；见①己之所长，蔽②己之所短。

　　　　　　　　唐·李筌《神机制敌太白阴经》卷一，《数有探心篇》

【注释】

①见：同"现"，显现，这里可作"发挥"理解。

②蔽：遮蔽，隐藏。

【译文】

用兵之道贵在控制敌人，而不被敌人控制。控制了敌人的，就掌握了战争主动权；被敌人控制的，就只有俯首听命被摆布。控制敌人的方法，就是避开敌人的长处，而攻击他的短处；发挥自己的长处，而遮蔽自己的短处。

18. 夫未见利而战，虽众必败；见利而战，虽寡必胜。利者，彼之所短，我之所长也。见利则起，无利则止。见利乘时，帝王之资。

　　　　　　　　唐·李筌《神机制敌太白阴经》卷二，《作战篇》

【译文】

没有见到有利情况而与敌人决战,兵力即使多也必然失败;见到有利情况而与敌人决战,兵力即使少也必然胜利。所谓"利",是指敌人之所短,我之所长。见到有利就行动,不利就停止行动。见到有利而乘机行动,乃是成就帝王之业的资本。

19. 凡与敌战,营垒相远,势力相均,可轻骑挑攻之,伏兵以待之,其军可破。若敌用此谋,我不可以全气击之。法曰:"远而挑战,欲人之进也。"①

宋·佚名《百战奇法·挑战》

【注释】

① 远而挑战,欲人之进也:语出《孙子兵法·行军篇》。原文为"远而挑战者,欲人之进也"。

【译文】

凡与敌人作战,如果双方营垒相距甚远,彼此势均力敌,可以派出轻装骑兵前去挑战,埋设伏兵以等待敌人,这样就可以击败敌人。如果敌人采用此计,我不可以全力出战。正如兵法所说:"两军相距甚远而挑战,是想诱使对方就范。"

20. 凡致敌来战,则彼势常虚;不能赴战,则我势常实。多方以致敌之来,我据便地①而待之,无有不胜。法曰:"致人而不致于人。"②

宋·佚名《百战奇法·致战》

【注释】

① 便地:便利之地,亦即有利地形。

② 致人而不致于人:语出《孙子兵法·虚实篇》。意思是,调动敌人

而不被敌人所调动。参见本节第1条。

【译文】

凡是调动敌人前来作战，敌人的态势往往是虚的；我方不被调动而前往迎战，那么，我军的态势往往是实的。千方百计地调动敌人前来，而我占据有利地形等待敌人到来，就没有不胜利的。正如兵法所说："调动敌人而不被敌人所调动。"

21. 善战者，必以盛而乘衰，以实而击虚，以疾而掩迟，以饱而制饥。应之以不穷，投之以不测。飘往忽来①，莫知所之，独出独入②，莫知所集。

明·何良臣《阵纪》卷三，《战机》

【注释】

① 飘往忽来：形容来去不定，出没无常。
② 独出独入：行动大胆灵活，如入无人之境。

【译文】

善于指挥作战的将领，必须以斗志旺盛的部队去打击士气衰落的敌人，以强大的兵力去突击虚弱的敌人，以快速的行动去袭击动作迟缓的敌人，以食饱粮足的部队去制服腹饥粮缺的敌人。对付敌人的方法变化无穷，打击敌人的手段出其不意。来去飘忽不定，出没无常，使敌人摸不着动向；行动大胆灵活，独往独来，使敌人看不出在何处集结。

22. 所以善兵者，必使其兵利也，甲坚也，力治也，令信也，机得也，乃量彼己之势，而后握必胜之权。

明·何良臣《阵纪》卷三，《战机》

【译文】

因此，善于打仗的人，必须使自己武器锋利，铠甲坚固，部队严整，令行禁止，获得战机，并正确分析敌我态势，而后才能掌握必胜的主动权。

23. 争地之利，先居①则佚②，后起则劳。

        明·王鸣鹤《登坛必究》卷六，《经武》引陈实语

【注释】
①居：占领，占据。
②佚：通"逸"，安逸，从容。

【译文】
争夺有利地形，先敌占领，就安逸主动；后起争夺，就疲劳被动。

24. 批亢捣虚①，力足以制我者，我应之；力不足以制我者，不反救也。

       明·宋征璧《左氏兵法测要》卷一，评隐公十年郑师入郊

【注释】
①批亢捣虚：抓住要害，乘虚而入。亢（gāng 冈），咽喉，引申为要害。

【译文】
敌人攻击我要害而空虚之处，如果其兵力能够制服我，我就应该分兵往救；如果其兵力不能够制服我，我就不必分兵去援救。

25. 进止战守繇①于我，斯②有胜道。繇我，则我制敌；繇敌，则为敌制。制敌者，非惟我所不欲，敌不能强之使动；即敌所不欲，我能致之使不得不然也。

          清·揭暄《兵法百言·术篇·繇》

【注释】

① 繇：通"由"。
② 斯：那么，就。

【译文】

进退攻守都由我决定，就有了胜利的把握。由我决定，我就能够控制敌人；由敌人决定，我就被敌人控制。所谓控制敌人，不但我不想做的事情敌人不能强迫我去做，而且敌人不想做的事情，我也能调动敌人使它不得不去做。

26. 善用兵者，攻其爱，敌必从①；捣其虚，敌必随②；多其方，敌必分；疑其事，敌必备。随、从则不得城守，分、备则不得并兵。我逸而彼劳，我众而彼寡。

清·马慧裕《武备集要》

【注释】

① 敌必从：敌人必然听从我的支配。从，听从。
② 敌必随：敌人必然随着我的行动而行动。随，跟从，沿着。

【译文】

善于用兵打仗的人，攻击敌人的要害，敌人就必然听从我的支配；直捣敌人空虚的地点，敌人就必然随着我的行动而行动；使用各种方法袭击敌人，它就必然分散兵力；虚疑迷惑敌人，它就必然处处防备。敌人听从我的支配，又随着我的行动而行动，就不能据城坚守；敌人分散兵力，处处防备，就不能集中力量。这样，我安逸而敌人疲劳，我兵力众多而敌人兵力寡少。

27. 用兵之道，欲夺敌之阔而致之狭，夺敌之夷而致之险，夺敌之亲而使之疏，夺敌之众而使之寡，夺敌之长而使之短。

清·马慧裕《武备集要》

【译文】

用兵作战的原则是，应该夺占敌人利于展开的开阔地区，而迫使它处于不便展开的狭窄地带；夺取敌人便于机动的平坦地形，而迫使它处于不便机动的险阻之地；破坏敌人的内部团结，而使其互相疏远；削弱敌人的优势兵力，而使其变为劣势兵力；剥夺敌人的长处，而使其暴露短处。

评　述

"致人而不致于人"（《孙子兵法·虚实篇》），是孙子提出的一个重要命题，《唐太宗李卫公问对》曾说："孙子千章万句，无外乎致人而不致于人而已。"（卷中）足见这一思想的重要地位。"致人而不致于人"即调动敌人而不被敌人调动，其实质就是夺取克敌制胜的主动权。主动权是军队行动的自由权。两军相斗，谁失去行动自由，谁就面临着失败的危险。因此，主动权就是军队的命脉。历代兵家十分重视主动权的争取，《尉缭子》说："善用兵者，能夺人而不夺于人。"（《战威》）《鬼谷子》则说："制人者，握权也；见制于人者，制命也。"（《谋篇》）《淮南子》说："凌人者胜，待人者败，为人构者死。"（《兵略训》）《管子》则强调，要使敌人处于"若据虚，若搏景"（《兵法》），如盲如瞽，处处被动挨打的境地。

需要指出的是，古人所谓"致人"有更广泛的含义，大凡一切有关主动权的问题，诸如致敌劳、致敌乱、致敌害、致敌虚、致敌误、致敌无备等等，都属于"致人而不致于人"的范畴。

主动和被动不是空想的，而是以实力的强弱、装备的优劣、环境的利弊等客观条件为基础的。但是，一个优秀的指挥员，即使处于劣势和困难重重的局面中，也能脱出被动，争取主动。古代兵家提出的"先为不可测"（《唐太宗李卫公问对》卷上）、"以迂为直，以患为利"（《孙子兵法·军争篇》）、"夺其所爱"（《孙子兵法·九地篇》）、"变客为主"、"变主为客"（《唐太宗李卫公问对》卷中）等等，都是夺取主动权的方法。

历史在前进，战争在发展，夺取主动权的内容、方法、手段也随之而改变。但孙子的名言——"致人而不致于人"作为一条带有根本性的战争指导原则，理应成为一切军事家的座右铭。

例　证

明洪武元年（1368年）八月，明军攻占大都（今北京），改称北平府。朱元璋命孙兴祖驻守北平，徐达、常遇春率主力进兵山西。九月，正当常遇春攻克保定（今属河北）、真定（今河北正定），拟进军山西之时，元朝的山西太原守将王保保大败由河南进入山西的明将汤和，然后北出雁门关，东趋保安（今河北怀来西北），造成欲入居庸关、反攻大都之势。在此种情况下，明军主力是否进军山西，不能不慎重抉择。徐达认真分析了形势，认为北平有相当强的防卫力量，王保保率兵远出，正是明军进兵山西的良机，以攻制攻，可以陷敌于"进不得战，退无所依"（《明史纪事本末》卷九）的窘境。于是，明军经井陉（今属河北）、平定（今属山西）直捣太原，王保保被迫回师。两军在太原附近相遇，明军乘夜突袭，一举获胜，俘敌四万，王保保仅率十八骑逃走。接着，明军乘胜夺取太原，平定山西全境。此战虽然处于明军北定中原节节胜利的大势之下，但徐达善于以攻制攻，夺取主动权，致人而不致于人，对于迅速平定山西起了重要作用。

第十一节　攻守之宜

1. 不可胜者，守也；可胜者，攻也。守则不足，攻则有余①。善守者，藏于九地②之下；善攻者，动于九天③之上，故能自保而全胜也。

《孙子兵法·形篇》

【注释】

① 守则不足，攻则有余：《十一家注孙子》本、《武经七书》本皆如此。银雀山汉墓竹简本作"守则有余，攻则不足"，《汉书·赵充国传》、《后汉书·冯异传》等也有"攻不足者守有余"之语，可见，"守则有余，攻则不足"是汉代人所见的一般表述。

② 九地：指深不可知。九，虚指，古人用以表示数的极点。

③ 九天：指高不可测。

【译文】

不被敌人战胜，就要采取防御；要战胜敌人，就要采取进攻。实施防御是由于取胜的条件不足，实施进攻是由于取胜的条件有余。善于防御的人，像藏于九地之下一样深不可知；善于进攻的人，像动于九天之上一样高不可测。因此，既能保全自己，又能取得完全胜利。

2. 故善攻者，敌不知其①所守；善守者，敌不知其所攻。

《孙子兵法·虚实篇》

【注释】

① 其：指代敌人。

【译文】

所以，善于进攻的人，能使敌人不知道在哪里防守；善于防御的人，能使敌人不知道向哪里进攻。

3. 毋独攻其地，而攻其人也。

《战国策·秦策三》

【译文】

不要仅仅去攻占敌国的土地，而且要攻歼敌国的军队。

4."守则不足,攻则有余"①,便谓不足为弱,有余为强,盖不悟攻守之法也。臣按《孙子》云:"不可胜者,守也;可胜者,攻也。"②谓敌未可胜,则我且自守;待敌可胜,则攻之尔,非以强弱为辞也。后人不晓其义,则当攻而守,当守而攻。

《唐太宗李卫公问对》卷下

【注释】

① 守则不足,攻则有余:语出《孙子兵法·形篇》,参见本节第1条。《唐李问对》认为,"守则不足,攻则有余"是一种示形惑敌的战法,即认为采取防御,就示敌以弱,使敌进攻受挫;采取进攻,就示敌以强,使敌防守失利。

② 不可胜者,守也;可胜者,攻也:语出《孙子兵法·形篇》,参见本节第1条。

【译文】

(前代论兵者都引用)"守则不足,攻则有余"两句话,便认为"不足"是指力量弱小,"有余"是指力量强大,这是没有正确领会攻守的方法。按照《孙子兵法》所说的"不可胜者,守也;可胜者,攻也",是指还没有战胜敌人的可能时,我就暂且采取防御;等到有战胜敌人的机会时,就采取进攻,并不是专讲力量的强弱。后人不了解这两句话的含义,以致应当进攻的时候防御,应当防御的时候却进攻。

5.攻守一法①,敌与我分而为二事。若我事得,则敌事败;敌事得,则我事败。得失成败,彼我之事分焉。攻守者,一而已矣。

《唐太宗李卫公问对》卷下

【注释】

① 攻守一法:指攻和守同是制胜之法,是统一的。与下文所说"攻是守之机,守是攻之策,同归乎胜而已矣"大意相同。

【译文】

进攻和防御同是制胜之法,对敌我双方来说,就分为进攻和防御两种作战方式了。如果我方把攻防运用得正确,敌方就会失败;敌方把攻防运用得正确,我方就会失败。攻防运用得正确或错误,就决定了敌我双方或胜或败的结果。因此,进攻和防御同是制胜之法而已。

6.攻是守之机,守是攻之策,同归乎胜而已矣。

《唐太宗李卫公问对》卷下

【译文】

进攻是防御的转机,防御是进攻的手段,两者都是为了争取胜利罢了。

7.兵有攻有守,善为兵者,必知夫攻守之所宜。故以攻则克,以守则固。当攻而守,当守而攻,均败之道也。

宋·何去非《何博士备论·秦论》

【译文】

作战有进攻有防御,善于指挥作战的人,必须懂得攻与守的恰当运用。因此,进攻就能克捷,防御就能固守。应当进攻而防御,应当防御而进攻,都是失败的做法。

8.兵法:"攻是守之机,守是攻之策。"①自古防寇未有专言战而不言守者,亦未有专言守而不言战者,二者难以偏举。

明·戚继光《纪效新书》(十四卷本)卷十三,《哨守篇》题解

【注释】

①攻是守之机,守是攻之策:语出《唐太宗李卫公问对》卷下,参见

本节第 6 条。

【译文】

兵法说："进攻是防御的转机，防御是进攻的手段。"自古以来御敌没有专讲进攻而不讲防御的，也没有专讲防御而不讲进攻的，（进攻和防御）二者难以只实施其中一个。

9. 善用兵者，有进无退，虽退所以成进；有先无后，虽后所以成先；有速无迟，虽迟所以成速；有战无守，虽守所以成战；有全无半，虽半所以成全。

清·唐甄《潜书·五形》

【译文】

善于指挥作战的人，有前进没有后退，即使有时后退也是为了更好地前进；有先手没有后手，即使有时用后手也是为了争取先手；有快速没有迟缓，即使有时迟缓也是为了促成快速；有进攻没有防御，即使有时防御也是为了更好地进攻。有全部胜利没有局部胜利，即使有时争取局部胜利也是为了成就全部胜利。

评　述

所谓"攻守之宜"，指的是攻守关系及其运用。战争运动的基本形式无非进攻与防守，攻与守既相互区别、相互矛盾，又相互依存、相互转化，从而构成对立统一的整体。古代兵家正是从这一辩证关系上来认识"攻守之宜"的。

孙子着重揭示了攻与守的实质问题。他说："不可胜者，守也；可胜者，攻也。守则不足，攻则有余。善守者，藏于九地之下；善攻者，动于九天之上，故能自保而全胜也。"（《孙子兵法·形篇》）这段话阐明了攻与守的作用、条件、特点和目的，见解是十分深刻的，为历代兵家研究攻与守的问题奠定了理论基础。

《唐太宗李卫公问对》则集中论述了攻与守的关系问题，指出："攻守一法，敌与我分而为二事。若我事得，则敌事败；敌事得，则我事败。得失成败，彼我之事分焉。攻守者，一而已矣。"（卷下，下同）又指出："攻是守之机，守是攻之策，同归乎胜而已矣。"这里辩证地阐明了攻与守的内在联系，用"得失成败"把攻守区分开来，又用"同归乎胜"把攻守统一起来，实为精辟之论。

在上述认识的基础上，《何博士备论》从战略高度阐明了攻与守的运用问题。指出："兵有攻有守，善为兵者，必知夫攻守之所宜，故以攻则克，以守则固。当攻而守，当守而攻，均败之道也。"（《秦论》）这一见解的理论意义在于，告诫一切兵家，指导战争时首先必须从战略全局上做出攻或守的正确决策。

至于攻与守的其他问题，诸如攻与守的准备、攻与守的作战原则、方法、要求等等，均已见本篇其他各节中，兹不重述。

例　证

三国时期，魏文帝黄初二年（221年）秋，刘备为了给关羽复仇、夺回荆州，大举兴师伐吴。孙权为了全力对蜀，称臣于魏，命陆逊为主将，集中兵力抗击刘备。陆逊采取诱敌深入的方针，后撤六七百里，在夷陵（今湖北宜昌境）、猇亭（今湖北宜都北）一带同蜀军相持七八个月。次年闰六月，陆逊乘蜀军"兵疲意沮，计不复生"（《三国志》卷五十八，《吴书·陆逊传》）之时，实施火攻，大破连营四十余寨，给了蜀军以歼灭性的打击。刘备率残兵逃回白帝城（今四川奉节东）。这时，吴将徐盛、潘璋、宋谦等纷纷建议，认为应乘胜追击，擒杀刘备，永除后患，但陆逊没有采纳，而是及时地收兵东归，北防曹魏。果然不出陆逊所料，正当吴军夷陵大捷之时，魏文帝曹丕亲率重兵集结于江陵（今属湖北），准备伺机攻吴。因陆逊已做好防御的准备，无隙可乘，曹丕只好罢兵而归。此战表明，吴军之所以能取得夷陵之战的重大胜利并稳固地占有荆州，关键在于陆逊深晓攻守之宜，防止了得之于蜀、失之于魏的后果。

第十二节　先发制人

1. 宁我薄①人，无人薄我。……《军志》曰："先人②有夺人之心。"③薄之也。

《左传·宣公十二年》

【注释】

① 薄：逼近，进攻。

② 先人：先发制人。

③ 夺人之心：打击敌人的军心和士气。

【译文】

宁可我先进攻敌人，不要让敌人先进攻我。……《军志》上说："先发制人可以打击敌人的军心士气。"讲的就是要先进攻敌人。

2. 盍①及其未作也，先诸②？作而后悔，亦无及也。

《左传·哀公六年》

【注释】

① 盍（hé 禾）：何不。

② 诸：相当于"之乎"。

【译文】

何不趁着敌人尚未发动攻击的时候，先于敌人发起攻击呢？等敌人发起攻击再懊悔，就来不及了。

3. 盍及其劳且未定也，伐诸？

《左传·昭公二十一年》

【译文】

何不趁着敌人疲劳而且立足未稳的时候，赶快进攻它呢？

4. 是故政举之日①，夷关折符②，无通其使，厉于廊庙之上③，以诛④其事。敌人开阖⑤，必亟入之。先其所爱，微与之期⑥。践墨随敌⑦，以决战事。是故始如处女，敌人开户⑧，后如脱兔，敌不及拒。

《孙子兵法·九地篇》

【注释】

① 政举之日：指决定战争行动的时候，即战争前夕。

② 夷关折符：封锁关口，废止通行凭证。夷，削平，引申为关闭、封锁。符，古时用木、竹、铜等做成的牌子，上刻图文，分为两半，各执一半，作为通关等的凭证。

③ 厉于廊庙之上：在庙堂里反复计议作战大事。厉，通"砺"，磨刀石，引申为磨砺、推敲。廊庙，即庙堂。

④ 诛：治，这里指研究决定的意思。

⑤ 开阖：敞开门户。阖（hé 合），门扇。这里指敌人出现可乘之隙。

⑥ 微与之期：不与敌人约期交战。微，这里作"无"字解。

⑦ 践墨随敌：避免墨守成规，根据敌情变化采取相应措施。践（chǎn 产），通"划"，铲除，去除。墨，木工的墨线，这里指准绳、规则。

⑧ 开户：开门，这里指放松戒备。

【译文】

因此，当决定战争行动的时候，就要封锁关口，废止通行凭证，停止与敌国使节的往来，在庙堂上反复计议，研究决定作战大计。一旦发现敌人有隙可乘，就必须迅速地乘机而入。首先夺取敌人最关紧要之处，不同它约期会战。要避免墨守成规，根据敌情变化而采取相应的措施，灵活确定自己的作战行动。所以，战前像处女那样沉静，使敌人放松戒备；战争展开之后像脱逃的兔子那样行动迅速，使敌人来不及抵御。

5.《兵法》①曰："千人而成权②，万人而成武③。"权先加人者，敌不力交④；武先加人者，敌无威接。故兵贵先。胜于此，则胜彼矣；弗胜于此，则弗胜彼矣。

《尉缭子·战权》

【注释】

①《兵法》：中国古代兵书，当为"古司马法"之一种，类似于《军志》、《军政》等，已失传。

② 权：权变，权谋。

③ 武：威力，武力。

④ 交：交战。

【译文】

《兵法》说："千人的军队可以通过谋略取胜，万人的军队能够凭借武力取胜。"先于敌人使用谋略，敌人便无力交战；先于敌人使用武力，敌人便无威势迎战。所以，用兵贵在先发制人。在这一点上胜过敌人，就能战胜敌人；在这一点上不能胜过敌人，就不能战胜敌人。

6.夫神圣①，视天下之形，知动静之时；视先后之称②，知祸福之门。强国众，先举者危，后举者利；强国少，先举者王，后举者亡。战国③众，后举可以霸；战国少，先举可以王。

《管子·霸言》

【注释】

① 神圣：这里指圣明如神的君主。

②称（chèn趁）：适宜，这里指适宜的时机。

③战国：这里指从事战争的诸侯国。

【译文】

圣明的君主，通过观察天下的形势，可以掌握行动的时机；通过研究先后的机宜，可以了解祸福的由来。强国多，先行动者就危险，后行动者就有利；强国少，先行动者就能成就王业，后行动者就会招致灭亡。从事战争的诸侯国多，后行动者可以称霸天下；从事战争的诸侯国少，先行动者可以称王天下。

7. 寡不敌众，后其危哉！

《逸周书·芮良夫》

【译文】

寡不敌众，后于敌人行动就会更危险！

8. 凡兵，欲急疾捷先①。欲急疾捷先之道，在于知缓徐迟后而②急疾捷先之分也。急疾捷先，此所以决义兵之胜也，而不可久处。知其不可久处，则知所兔起凫举③死殙之地④矣。虽有江河之险则凌之，虽有大山之塞则陷⑤之，并气专精，心无有虑，目无有视，耳无有闻，一诸武⑥而已矣。

《吕氏春秋》卷八，《仲秋纪·论威》

【注释】

①急疾捷先：迅猛神速，先发制人。

②而：这里作"与"、"和"解。

③兔起凫举：兔走凫飞，比喻行动迅速。起，走，即跑的意思。凫（fú浮），野鸭子。举，飞。

④死殙之地：即死绝之地，指四面受阻、易被围歼的地形。殙（mèn

闷），气绝。

⑤陷：这里指深入、突破。

⑥一诸武：一心冲杀。一，专一，集中。诸，相当于"之于"。武，用武，战斗。

【译文】

大凡用兵，都希望迅猛神速、先发制人。要做到迅猛神速、先发制人，在于懂得缓慢迟误、落后于人与迅猛神速、先发制人的区别。迅猛神速、先发制人，这是正义之师用以决胜的方法，而不可（在敌境）持久作战。懂得（进攻中在敌境）不可持久作战的道理，就会懂得要以兔走凫飞的神速行动冲向胜负所系的死绝之地。即使有江河之险也要跨越它，即使有高山之阻也要突破它，集中勇气和精力，心中什么也不想，眼睛什么也不看，耳朵什么也不听，只是一心冲杀罢了。

9. 明知天下之必战，则出兵以攻人，与坐而待人之攻也，孰为利？战人之地，与退而自战其地者，孰为得？均之不免于战，莫若先出兵以战人之地，此固天下之至权，兵家之上策。

宋·辛弃疾《美芹十论·详战》

【译文】

明知天下肯定要打仗，那么先出兵进攻敌人与坐待敌人来进攻，哪种有利呢？进到敌国去打与退到自己国内来打，哪种合算呢？总之免不了要打，还不如先出兵到敌国里去打。这乃是天下最好的计谋，兵家的上策。

10. 凡与敌战，若敌人初来，阵势①未定，行阵②未整，先以兵急击之，则胜。法曰："先人有夺人之心。"③

宋·佚名《百战奇法·先战》

【注释】

① 阵势：指兵力部署的态势。
② 行阵：指战斗队形的布列。
③ 先人有夺人之心：语出《左传·宣公十二年》、《左传·昭公二十一年》，引《军志》。参见本节第1条、本章第十四节第1条。

【译文】

凡与敌人作战，如果敌人刚刚到来，兵力部署尚未确定，战斗队形尚未列好，我先机出兵迅速进攻，就能取得胜利。正如兵法所说："先发制人可以摧毁敌人军心士气。"

11. 兵家惟其先人①，故能有夺人之心。……古之善战者，先为不可胜，以待敌之可胜，未有不先处战地而待敌者也。是故治气则先，治心则先，治力则先，治变则先。隘则先居之，险②则先去之，爱③则先夺之。盖先胜而后战，非先战而后胜也。弈，小数④耳，犹曰自始至终着着求先，况兵乎哉！

明·尹宾商《白豪子兵䂮》卷一，《先》

【注释】

① 先人：先发制人。
② 险：险阻之地。
③ 爱：指敌人最关注、最爱重的东西。《孙子兵法·九地篇》："先夺其所爱，则听矣。"
④ 小数：小的技能。

【译文】

正因为兵家能够先发制人，所以能够打击敌人的军心士气。……古时善于用兵作战的人，都是首先造成不被敌人战胜的条件，以等待可以战胜敌人的机会，而没有不先抢占对自己有利的战场来等待敌人的。所以，激励士气要先于敌人，确定决心要先于敌人，加强实力要先于敌人，应变措施要先于敌人。隘地要先占领，险地要先离开，对敌人有利的条件要先夺取。总之要先有胜利的把握再去打仗,而不是先打起来再去期求胜利。下棋,雕虫小技而已,尚且强调自始至终要着着争先手,何况是打仗呢!

12. 兵法曰:"'先人有夺人之心者',薄之也。"故有乘其沟垒未成、禁令未施、人心未固、行列未整、喘息未定、大众未合、锐气未张、备御未严、地利未得而先击之。如鸷鸟之攫,五步之内敌不及拒者,由养锐于前,发机之速,而敌之神魄先已畏我也。

明·佚名《草庐经略》卷十,《薄敌》

【注释】

① 先人有夺人之心者,薄之也:语出《左传·宣公十二年》,原文为"《军志》曰:'先人有夺人之心。'薄之也"。参见本节第1条。

【译文】

兵法说:"'先发制人可以打击敌人的军心士气',就是讲的要先进攻敌人。"因此,要乘敌人防御工事尚未构成、战备命令尚未下达、军心尚不坚定、队伍尚不整齐、疲劳尚未得到休整、部队尚未得到集中、锐气尚未伸张、戒备尚未严密、地利尚未获得之机,抢先向敌人发起进攻。像猛禽捕捉小动物那样,在五步之隔的近距离内,敌人来不及抵抗,这是由于事先养精蓄锐,发起进攻极其神速,加之敌人在心理上早已畏惧我的缘故。

评 述

"先发制人"是军事上的一个重要命题,其实质即主动进攻,实施突然袭击。"先发制人"可以获得先机之利,特别是易于夺取初战的胜利。因此,古代兵家主张"兵贵先"(《尉缭子·战权》),"宁我薄人,无人薄我"(《左传·宣公十二年》,下同),认为"先人有夺人之心",可以震撼敌军士气;"权先加人者,敌不力交;武先加人者,敌无威接"(《尉缭子·战权》),可以达成突然袭击的目的。有的兵家甚至认为,"寡不敌众,后其危哉"(《逸周书·芮良夫》),即使敌强己弱,也应该"先发制人"。如果敌对双方终究不免一战,不可"坐而待人之攻"、"退而自战其地",而是要"先出兵以战人之地",这才是"天下之至权,兵家之上策"(宋·辛弃疾《美芹十论·详战》)。

"先发制人"必须具备一定的条件。从战略上说,最根本的是要有一定的实力和正确的战争指导。要善于审时度势,"视天下之形,知动静之时;视先后之称,知祸福之门",否则就会"先举者危"(《管子·霸言》)。从战役战斗上说,古人要求"着着求先"(明·尹宾商《白豪子兵䥕》卷一,《先》),要乘敌之隙,诸如"敌人开阖"(《孙子兵法·九地篇》)、"劳且未定"(《左传·昭公二十一年》)、"沟垒未成、禁令未施、人心未固、行列未整、喘息未定、大众未合、锐气未张、备御未严、地利未得"(明·佚名《草庐经略》卷十,《薄敌》)等等情况下,都要"先发制人"。

"先发制人"或"后发制人",各有其适用条件和范围,并不是绝对的,也并无优劣之分。《左传·昭公二十一年》引《军志》之语:"先人有夺人之心,后人有待其衰。"说明古代兵家早已深刻认识到这一点。

例 证

周定王十年(前597年)六月,晋、楚两军对峙于邲(今河南荥阳北)。晋国执政荀林父统帅上、中、下三军,楚庄王统帅左、中、右三军,双方势均力敌,各有顾忌,都在战和问题上犹豫不决,因而都向对方多次"求成"(《左传·宣公十二年》,下同)言和。但双方的部属都颇有一些好战之人,多次互相挑战。楚令尹孙叔敖认为,在这种情况下,谁先发制人,谁就能胜利,因而主张"宁我薄人,无人薄我",并引经据典地说:"《军志》曰:'先人有夺人之心。'薄之也。"这一建议被楚庄王采纳。于是,当荀林父派赵旃到楚营言和,而赵旃却擅自向楚军挑战时,楚军立即向晋军发起突然猛烈的全面进攻。晋军无充分战斗准备,仅以少数部队应战，很快被打得大败。晋中军、下军连夜渡过黄河而逃，溃不成军，唯上军有充分战斗准备，未败而退。此战楚军以先发制人取得重大胜利，楚庄王由此取得了中原霸权。

第十三节　进攻速胜

1. 其用战也胜①，久则钝兵挫锐②，攻城则力屈③，久暴④师则国用不足。夫钝兵挫锐，屈力殚货⑤，则诸侯乘其弊而起，虽有智者，不能善其后矣。故兵闻拙速，未睹巧之久也⑥。夫兵久而国利者，未之有也。……国之贫于师者远输，远输则百姓贫。近于师者贵卖，贵卖则百姓财竭，财竭则急于丘役⑦。力屈财殚⑧，中原⑨内虚于家，百姓之费，十去其七；公家之费，破车罢马⑩，甲胄矢弩⑪，戟楯蔽橹⑫，丘牛⑬大车，十去其六。……故兵贵胜⑭，不贵久。

《孙子兵法·作战篇》

【注释】

① 其用战也胜：一说"胜"字当下属，作"其用战也，胜久则钝兵挫锐"。

② 钝兵挫锐：军队疲惫，锐气受挫。钝，疲惫，困乏。挫，挫伤。

③ 力屈：力量耗尽。屈（jué 决），竭，尽。

④ 暴（pù 瀑）：暴露。

⑤ 殚货：财物枯竭。殚（dān 单），竭尽。货，财物。

⑥ 兵闻拙速，未睹巧之久也：用兵只听说笨拙而求速胜，从未见过一味弄巧而持久的。

⑦ 丘役：以丘为单位征集军赋。丘，先秦时期的一种居民组织。每丘十六井，每井八家，按丘征发赋税和徭役。

⑧力屈财殚：此据《十一家注孙子》本，汉简本"力屈"作"屈力"，无"财殚"二字，武经本亦无"财殚"二字。

⑨中原：原野，这里指国内。

⑩破车罢马：战车损坏，战马疲惫。罢，通"疲"，疲惫。

⑪甲胄矢弩：盔甲弓箭，泛指装备战具。甲，护身铠甲。胄，头盔。矢，箭。弩，用机括发箭的弓。

⑫戟楯蔽橹：泛指各种攻防兵器。戟，一种戈矛合一勾刺并用的兵器。楯（dùn盾），大盾牌。蔽橹（lǔ鲁），用作屏蔽的大盾牌。蔽，一作"矛"。

⑬丘牛：大牛。丘，大。这里指用于载运辎重车辆的牛。一说按丘征调的牛。

⑭兵贵胜：即"兵以胜为贵"，用兵以胜利为最可贵的目标。此处"胜"与"久"对文，意为速胜。

【译文】

用兵打仗，贵在速胜。如果旷日持久，就会使甲兵钝弊，锐气挫伤；攻城，就会使战斗力耗尽；军队长期在外，就会使国家财政困难。甲兵钝弊，锐气损伤，力量耗尽，经济枯竭，那么诸侯就会乘机起兵，即使有聪明人，也无法挽救危局了。所以，用兵只听说宁肯笨拙而求速胜，没见过一味弄巧而持久的。战争久拖不决而对国家有利，是没有的事。……国家之所以因用兵而贫困，就是由于远道运输。远道运输，百姓就会贫穷。靠近驻军的地方物价就会上涨，物价上涨，百姓的财富就会枯竭，财富枯竭，国家就会急于加重赋税徭役。军力耗尽，财力枯竭，国内家家空虚。百姓财物的耗费，十成去了七成，公家的耗费，由于战车损坏，战马疲病，盔甲、弓弩、戟盾、蔽橹的制作补充以及丘牛大车的征用，十成去了六成。……所以，用兵贵在速战速决，而不宜旷日持久。

2.兵之情①主②速，乘人之不及，由不虞③之道，攻其所不戒也。

《孙子兵法·九地篇》

【注释】

① 情：情状，情形。

② 主：注重。

③ 虞：意料。

【译文】

兵贵神速，乘敌人措手不及，经由敌人意料不到的道路，攻击敌人不加戒备的地方。

3. 善战者见利不失，遇时不移，失利后时，反受其殃。故智者从之而不释，巧者一决而不犹豫。是以疾雷不及掩耳，迅电不及瞑目，赴之若惊，用之若狂，当之者破，近之者亡，孰能御之？

《六韬·龙韬·军势》

【译文】

善于打仗的人，看到有利的情况决不放过，遇到有利的时机决不迟疑，如果见利不取或失去机会，自己反而会遭受祸殃。因此，机智的人抓住战机就不放过，聪明的人一经决定就不迟疑。所以，军队行动起来要像疾雷不及掩耳，迅电不及闭目，开进时疾驰如惊，战斗时猛烈狂暴，有阻挡者立被击破，有接近者必被歼灭，这样谁还能抵挡得住呢？

4. 用兵上神①，战贵其速。

清·汪宗沂辑《卫公兵法》上卷，《将务兵谋》

【注释】

① 上神：崇尚神秘。上，通"尚"。

【译文】

用兵崇尚诡秘莫测，打仗贵在速战速决。

5. 兵贵拙速，不尚巧迟。速则乘机，迟则生变。此兵法深切之诫，往事明著之验也。

唐·陆贽《陆宣公奏议》卷一，《奏草一·论两河及淮西利害状》

【译文】

用兵贵在宁笨而快，不崇尚弄巧而迟。快就能抓住战机，迟就会发生变化。这是古代兵法的深切教诫，并且是为历史所明确验证了的。

6. 悬权而动，动不可久。久则钝兵、费财、挫威、诎[①]力，纵敌生变，失利后时。故善用兵者，见敌之虚，乘而勿假，追而勿舍，迫而勿去……。故曰，兵之情贵速，乘人之不及也！

宋·曾公亮等《武经总要》前集卷三，《叙战上》

【注释】

① 诎：通"屈"（jué决），竭，尽。

【译文】

作战要衡量利弊后采取行动，行动不可旷日持久。旷日持久就会使甲兵钝弊、国家财政损耗、部队锐气挫伤、战斗力耗尽，就会纵敌而使情况发生变化，使自己丧失有利战机。因此，善于指挥作战的人，一旦发现敌人的虚弱之处，就攻击它而不放松它，追击它而不放跑它，逼迫它而不离开它……。所以说，兵贵神速，要乘敌人措手不及发动攻击。

7. 凡战，所谓攻者，知彼者也。知彼有可破之理，则出兵以攻之，无有不胜。法曰："可胜者，攻也。"[①]

宋·佚名《百战奇法·攻战》

【注释】

① 可胜者，攻也：语出《孙子兵法·形篇》。参见本章第十一节第1

条。对于这句话，有不同解释，本段引文中，意为敌人有可胜之机，则发动进攻。

【译文】

大凡作战，所谓进攻就是"知彼"的问题。当了解到敌人有被击败的机会时，就立即出兵进攻，这样没有不胜利的。正如兵法所说："当敌人有可胜之机，就发动进攻。"

8. 兵之以速为策者，其机在速。譬犹猎者之逐兽，兔起鹘落①，少纵则失之。

明·唐顺之《武编》前集卷二，《战》

【注释】

① 兔起鹘落：兔子才跃起，而鹘已经搏击下去，比喻动作敏捷。鹘（hú 胡），一种猛禽。

【译文】

作战以速决为指导方针的，其成败的关键在于快速。好比猎人追逐野兽，兔子刚跃起的时候，猛鹘乘势搏击而下，稍一迟缓，就会失去时机。

9. 兵入敌境，利于速战。敌内顾则斗不力，我师少则无不致死，此用兵之奇也。

明·宋征璧《左氏兵法测要》卷一，评桓公十一年楚郧蒲骚之战

【译文】

军队攻入敌国，利于速战速决。敌人对内顾虑多就不会勇敢战斗；我军兵少而深入敌境，就没有不拼死战斗的，这是用兵的奥妙。

10. 疾雷暇掩耳乎？掣电暇瞬目乎？时不再来，机不可失，则速攻之，速围之，速逐之，速捣之，靡①有不胜。《军谶》②曰："攻敌欲

疾",是脱兔之说也,智者不能为之谋,勇者不及为之怒矣。

明·尹宾商《白豪子兵𩆨》卷一,《迅》

【注释】

① 靡(mǐ米):无,不。

② 《军谶》:相传为古代兵书,已失传,《黄石公三略》中保有部分内容。谶(chèn衬),预言,预兆。

【译文】

听见迅雷还来得及掩耳吗?看见闪电还来得及闭眼吗?时不再来,机不可失。所以对敌人要迅速进攻,迅速包围,迅速追击,迅速粉碎,(这样)就没有不胜利的。《军谶》上说:"攻敌要速",就是说要快得如脱兔一样,使敌人的智囊人物来不及出谋划策,勇敢之士来不及拼死战斗。

11. 足我粮饷,张我声势。巧于误敌,俾①敌不知所备。速于攻取,俾我锋不留行。电扫星飞,深戒淹缓②,恐久则我粮尽而锐挫,敌谋足而守坚,非第③无功,且不能善其归路矣。

明·佚名《草庐经略》卷六,《客兵》

【注释】

① 俾(bǐ比):使。

② 淹缓:滞留迟缓。淹,滞留,迟。

③ 非第:不但,不仅。

【译文】

补足我军的给养,伸张我军的声威。巧妙地造成敌人错觉,使敌人不知道如何防备。迅速攻城略地,使我兵锋所指不停地前进。急如闪电,快如流星,切忌滞留迟缓。惟恐时间一久,就会使我军给养耗尽,锐气受挫;使敌人谋划充分,防守坚固,那时,不但进取无功,而且连撤退也没有安全保证了。

12. 兵者，机以行之者也。攻其无备，出其不意，批亢捣虚①，能使敌人前后不相及，众寡不相恃，贵贱不相救，上下不相收者，非迅速不可也。……大要②料敌欲审，见机欲决，原非履险蹈危③幸功于万一者也。倘虚实有未知，地利有未熟，敌情有未谙④，我势有未审，徒慕迅雷不及掩耳之名，而以我之轻易当敌之有备，用⑤率孤军深入重地⑥，欲进不能，欲退不敢，攻城不得，掳掠⑦无获，粮道既绝，救援不通，虽韩、白⑧不能善其后。亦有先缓而后速者，缓者令其弛备⑨，速者乘彼不虞，彼既弛备不虞我之至，则往无不克，发无不中⑩也。

明·佚名《草庐经略》卷四，《迅速》

【注释】

① 批亢捣虚：抓住要害，乘虚而入。亢（gāng 冈），咽喉，引申为要害。

② 大要：大体，概略。

③ 履险蹈危：冒险犯难。履，践履，这里指进军。险，这里指路途艰险，易受攻击。蹈，以足踏地，这里指部队深入。危，这里指危险的境地。

④ 谙（ān 安）：熟悉，了解。

⑤ 用：因，由。

⑥ 重地：腹地。《孙子兵法·九地篇》："入人之地深，背城邑多者，为重地。"

⑦ 掳掠：抢劫，这里指"因粮于敌"，补充给养。

⑧ 韩、白：韩信、白起。前者是楚汉战争中刘邦手下的名将，后者是战国末期秦国的名将，两人都是我国历史上著名的军事人物。

⑨ 弛备：放松戒备。弛，松懈，疏忽。

⑩ 发无不中：射箭无不正中目标。这里指攻无不克。

【译文】

指挥作战，在于抓住战机来行动。攻其无备，出其不意，打击敌人的要害，乘虚而入，能够使敌人前锋和后卫不能互相策应，大部队和小部队不能互相协助，官兵不能互相救援，上下不能互相照顾，要做到这些，没有行动迅速是不行的。……行动迅速的大体要求是判断敌情要周密准确，发现战机后要果断坚决，其本意绝不是冒险犯难，以求万一侥幸成功。如果对双方的虚实还有所未知，对地形条件还不熟悉，对敌人的情况还不了解，对我军的态势还不清楚，只是羡慕迅雷不及掩耳之名，而以自己的轻率行动去对付有戒备的敌人，因此率领孤军深入敌人腹地，想前进不能前进，想撤退不敢撤退，敌人的城池攻打不下，敌方的物资掠取不到，自己的粮道被阻绝，援军又被切断，在这种情况下，即使让善于用兵的韩信、白起来指挥，也无法善后了。(指挥作战)，也有先行动迟缓而后行动迅速的。先行动迟缓是为了使敌人疏忽戒备，后行动迅速是为了攻其无备。敌人既然疏忽戒备而没有料到我军突然出现，我军就会攻无不克，战无不胜了。

13. 势已成，机已至，人已集，而又迁延迟缓者，此隳①军也。士将怠，时将不利，国将困，拥兵境上而不决战者，此迷军②也。有智而迟，人将先计；见而不决，人将先发；发而不敏，人将先收③。难得者时，易失者机，迅而行之，速哉！

清·揭暄《兵法百言·法篇·速》

【注释】

① 隳（huī 灰）：毁坏。
② 迷军：使军队混乱军心迷惑。迷，昏乱，迷惑。
③ 收：取得。

【译文】

形势已经造成，时机已经到来，兵力已经集结，而仍然拖延迟缓，这是毁灭军队的做法。士气将要懈怠，时机将对我不利，国家将陷于困境，却仍然拥兵于边境而不与敌决战，这是使军心迷惑的做法。虽然有智谋但迟疑不决，敌人就将先机谋我；发现战机却优柔寡断，敌人就将先发制我；我虽先发但行动不快，敌人就将先取其利。难得的是时机，容易失掉的也是时机，行动必须迅速，要迅速啊！

评　述

进攻作战必须速战速决，这是我国古代兵家的传统思想，也是军事上带有普遍性的一条重要原则。

从战略角度看，大凡实施战略进攻的一方，无不主张速战速决。因为"带甲十万"，越境而师，要"日费千金"，久战不仅会造成"国用不足"，而且会使"诸侯乘其弊而起"，陷入两面乃至多面作战的不利境地。一旦出现这种情况，"虽有智者，不能善其后矣"（《孙子兵法·作战篇》）。

从战术的角度看，古人大都主张进攻速决，认为"兵之情主速"（《孙子兵法·九地篇》），"速则乘机，迟则生变"（唐·陆贽《陆宣公奏议》卷一，《奏草一·论两河及淮西利害状》），所以要"速攻之，速围之，速逐之，速捣之"（明·尹宾商《白豪子兵䪬》卷一，《迅》），以求进攻速胜。否则，"我粮尽而锐挫，敌谋足而守坚，非第无功，且不能善其归路矣"（明·佚名《草庐经略》卷六，《客兵》），就会造成"骥军"和"迷军"（清·揭暄《兵法百言·法篇·速》）的后果。

进攻速胜，必须具备一定的条件。首先在军事力量上要占有优势，特别是战略进攻的一方必须如此，所以《草庐经略》反复指出，要"足我粮饷，张我声势"（卷六，《客兵》）。其次要抓住战机，所谓"料敌欲审，见机欲决"，而决不能"履险蹈危幸功于万一"。如果"虚实有未知，地利有未熟，敌情有未谙，我势有未审"，一味"徒慕迅雷不及掩耳之名"，冒险深入，就必然招致失败（同上，卷四，《迅速》）。

战争中的攻守、速久，归根结底是双方的力量和形势对比决定的，当速则速，宜久则久，不可拘泥。在战役战斗层面，无论进攻方还是防守方，"兵贵神速"都是行军作战的不二准则，是克敌制胜的法宝。

例　证

　　开皇八年（588年）十月，隋文帝决定发兵五十余万灭陈。陈朝据有江南广大领土，又有长江天险可恃，战争一旦旷日持久，将对隋军不利。因此，隋文帝决定采取突然袭击、速战速决、一举亡陈的方针。其部署是：以四路隋军分出永安（今四川奉节东）、江陵（今属湖北）、江夏（今湖北武昌）、蕲春（今湖北蕲春东北），牵制、分割、歼灭长江上游的陈军；以一路隋军自海上南下，攻占太湖一带，牵制东南地区的陈军；以三路隋军为主力，潜出六合（今南京六合区）、广陵（今江苏扬州）、历阳（今安徽和县），直取陈都建康（今南京）。十二月，战斗首先在长江上游打响，但没有引起陈朝的重视，因为往年隋军也曾这样佯动袭击。次年正月初一，正当陈朝欢度元会节之时，隋军主力突然发起攻击，连夜渡江，顺利攻占京口（今江苏镇江）、姑孰（今安徽当涂）。十七日，三路隋军包围建康。二十日，建康陷落，陈朝灭亡。南北朝对立二百七十余年，隋军以进攻速胜的战略，仅二十天就基本完成了统一大业。

第十四节　后发制人

1.《军志》有之："先人有夺人之心，后人有待其衰。"
《左传·昭公二十一年》

【译文】

《军志》上有这样的话："先发制人可以打击敌人的军心士气，后发制人可以等敌人士气衰落再进攻。"

2. 夫战，勇气也。一鼓作气，再而衰，三而竭。彼竭我盈，故克之。

《左传·庄公十年》

【译文】

打起仗来，是靠勇气取胜的。第一次击鼓进攻，勇气就会振奋起来；第二次击鼓进攻，勇气就会衰落下去；第三次击鼓进攻，勇气就会耗尽。敌人的勇气耗尽了，我军的勇气高涨而旺盛，所以能够战胜敌人。

3. 师直为壮，曲为老，岂在久乎？微楚之惠①不及此，退三舍②避之，所以报也。背惠食言③，以亢④其雠⑤，我曲楚直。其众素饱⑥，不可谓老。我退而楚还，我将何求？若其不还，君退臣犯⑦，曲在彼矣。

《左传·僖公二十八年》

【注释】

① 微楚之惠：没有楚国的恩德。微，无，没有。惠，这里指晋文公（即公子重耳）在继承晋国君位之前，曾因晋国内乱而流亡天下，受到楚成王的招待和馈赠。

② 三舍：九十里。古代行军以三十里为一舍。

③ 食言：言而无信。言，诺言，这里指晋文公受到楚成王馈赠时曾答应将来"晋楚治兵，遇于中原，其避君三舍"的诺言。

④ 亢：这里是捍蔽、保护的意思。

⑤ 雠（chóu 仇）：亦作"讐"，仇敌，这里指宋国。因楚伐宋而晋救宋，故说宋是楚的仇敌。

⑥ 饱：这里指斗志旺盛。

⑦ 君退臣犯：国君退却，臣下进攻。君，指晋文公。臣，指统率楚军的令尹子玉。

【译文】

军队为正义而战就理直气壮,为不义而战就理屈气衰,哪里在于出兵时间的长短呢?没有当年楚国的恩德我们就不会有今天,对楚军退避三舍,正是为了报答楚王的恩德。如果我们背弃楚的恩德而自食退避三舍的诺言,以此来保护他们的敌人,那么就是我军不义而楚军正义了。楚军的斗志一向旺盛,不能说它已经师老气衰。如果我军退却之后楚军也回师,那么我们(目的已达到),还能有什么要求呢?倘若楚军不肯回师,晋君退却,楚臣进攻,这样,不正义就在于楚军方面了。

4. 彼来从我,固守勿与。若将与之,必因天地之灾,又观其民之饥饱劳逸以参之。尽其阳节①,盈吾阴节②而夺之。宜为人客③,刚强而力疾,阳节不尽,轻而不可取。宜为人主④,安徐而重固,阴节不尽,柔而不可迫。

《国语》卷二十一,《越语下》,范蠡语

【注释】

① 阳节:指外在威力。
② 阴节:指内在潜力。
③ 宜为人客:作为进攻敌人的军队。宜,这里是助词,无义。客,这里指进攻者,即"先动为客"。
④ 宜为人主:作为防御敌人的军队。主,这里指防守者。

【译文】

(在敌强我弱的形势下),敌人来向我挑战,我要坚守不与敌人交战。如果想与敌人交战,必须借敌人有天时、地理方面的灾变,并观察敌人的饥饱劳逸等情况作参考。要等敌人的威力耗尽,我的潜力已充分发挥出来的时候,再向敌人实施反攻而夺取胜利。作为进攻敌人的军队,其特点是强大而威猛,它的威力没有耗尽的时候,即使骄傲轻狂也不可攻取。作为防御敌人的军队,其特点是严整而持重,它的潜力没有充分发挥的时候,即使畏惧柔弱也不可逼迫。

5. 威王①曰："敌众我寡，敌强我弱，用之奈何？"孙子②曰："命曰让威③。……以待敌能④。"

《孙膑兵法·威王问》

【注释】
① 威王：这里指齐威王，战国中期齐国国君。
② 孙子：这里指孙膑。
③ 让威：避敌锋芒，意谓退让一步，后发制人。
④ 能：读为"罢"，通"疲"。

【译文】
齐威王问："敌众我寡，敌强我弱，应该怎样用兵呢？"孙膑答道："在这种情况下的作战方法叫'让威'。……以等待敌人疲惫之后再制胜它。"

6. 德胜义尊，而不好加名①于人；人众兵强，而不以其国造难生患；天下有大事②，而好以其国后。如此者，制人者也。

《管子·枢言》

【注释】
① 名：这里指罪名、恶名。
② 大事：这里指战争。

【译文】
政治优良，国际威望高，而又不喜欢对别国制造罪名；人口众多，兵力强盛，而又不依恃强大对别国挑起战祸；天下有战争，而又总是主张后发。像这样（的国家）才是真正能够制人的。

7. 自古以至今，未尝有先能作难，违时易形①以立功名者。无有常先作难，违时易形而不败者也。

《管子·霸言》

【注释】

① 易形：轻视形势的发展。易，轻视。

【译文】

从古到今，未曾有先挑起战争、违背时机、轻视形势而能成就功名的。也没有常常首先挑起战争、违背时机、轻视形势而不失败的。

8. 用兵而喜先天下者忧，约结①而喜主怨②者孤。夫后起者藉③也，而远怨者时也。是以圣人从事，必藉于权而务兴于时。……夫后起之藉，与④多而兵劲，则事以众强敌罢⑤寡也。

《战国策·齐策五》

【注释】

① 约结：缔结条约，结成同盟。

② 主怨：主动与人结怨。

③ 藉：凭借。

④ 与：与国，盟国。

⑥ 罢：通"疲"。

【译文】

用兵而喜好首先发动战争的，其后果十分可虑；结盟而主动与人结怨的，必然处境孤立。后发制人在于有所凭借，而不引起仇怨在于把握时机。所以圣贤从事战争，必定凭借权势，看准时机才行动。……后发制人的凭借，在于同盟国多而且军队强劲，这样就是以众多而坚强的力量去对付寡少而疲劳的敌人。

9. 诸将并曰："攻备当在初，今乃令人五六百里，相衔持①经七八月,其诸要害皆以固守,击之必无利矣。"逊曰:"备是猾虏,更尝事多,其军始集,思虑精专,未可干也。今住已久,不得我便,兵疲意沮,计不复生,掎角^②此寇,正在今日。"

《三国志》卷五十八,《吴书·陆逊传》

【注释】

① 衔持:接连相持。这里指公元221—222年的吴蜀夷陵之战。

② 掎角:分兵牵制或夹击。这里指反攻刘备,歼灭蜀军。掎(jǐ 挤),拖住,牵制。

【译文】

(吴军)众将都说:"反攻刘备的进犯,应当在蜀军发起进攻的初期。现在已使敌人深入五六百里,双方接连相持已经七八个月,蜀军占领的各要害之处都已严密设防,反攻它必然不利了。"陆逊说:"刘备是个狡猾的敌人,又加之经历过的战事很多,他的军队开始集结进攻时,思考问题精密而深入,是不能触犯的。现在蜀军被迟滞在我境内已经很久,得不到进攻我军的方便条件,士兵疲惫斗志沮丧,再也没有什么计谋可生。歼灭这个敌人,大好时机正在今日。"

10. 凡战,若敌人行阵整而且锐,未可与战,宜坚壁待之,候其阵久气衰,起而击之,无有不胜。法曰:"后于人以待其衰。"^①

宋·佚名《百战奇法·后战》

【注释】

① 后于人以待其衰:语出《左传·昭公二十一年》引《军志》语,原文为"后人有待其衰"。参见本节第1条。

【译文】

凡是对敌作战,如果敌人阵容严整、士气高昂,不可同它作战,应当坚守阵地以待战机,等待敌人因列阵太久而士气衰落的时候,再突然发起攻击,就没有不胜利的。正如兵法所说："后发制人要等待敌人士气衰竭之时。"

11. 天道后起者胜，兵撄①易而不撄难。威急者，索②也；锐犀③者，挫也。故敌挟④众而来，势不能久，则持之；其形窘迫，急欲决战，则持之；彼战为利，我战不利，则持之；时宜守静，先动者危，则持之；二敌相搏，必有伤败，则持之；有众而猜⑤，必至自图⑥，则持之；敌虽智能，中有掣之者，则持之；彼险我安，则持之；彼饥我饱，则持之；彼劳我逸，则持之；天时将伤，地难⑦将陷，锐气将惰，则持之。持之既疲，乃起而收之，则力全而功多。可急则乘，利缓则持。延以固己，持以窘敌，以后为先，兵经之秘。

清·揭暄《兵法百言·术篇·持⑧》

【注释】

① 撄（yīng 英）：接触，触犯，扰乱。这里是攻击、打击的意思。
② 索：尽，完结。
③ 锐犀：坚固锐利。这里指部队精锐强悍。
④ 挟：倚仗。
⑤ 猜：怀疑，猜忌。指敌军内部意见不统一。
⑥ 自图：自相残杀。图，图谋，谋取。
⑦ 地难：不利的地形条件。
⑧ 持：传本作"挨"或"捱"，此据清魏源《清经世文编》本。

【译文】

自然界的规律是后来者居上，军事的规律是攻击易打之敌而不攻击难打之敌。威力强大但急于求胜的军队，容易失败；精锐强悍而攻击猛烈的军队，容易受折。因此，敌军倚仗兵多来犯，其势不能持久，我就与它相持；敌军形势不利，急于与我决战，我就与它相持；打起来对敌军有利，对我军不利，我就与它相持；客观情势要求防守以静观变化，谁先动手谁危险，我就与它相持；双方决战将会两败俱伤，我就与它相持；敌军虽然众多，但互相猜忌而不统一，必然导致自相残杀，我就与它相持；敌军的将领虽然高明，但其内部有人掣肘，我就与它相持；敌军的处境危险，我军的处境安全，我就与它相持；敌军粮食缺乏，我军给养充裕，我就与它相持；敌军疲劳，我军安逸，我就与它相持；天候条件将给敌军造成损伤，地形条件将使敌军陷于困境，敌军的锐气将要懈怠，我就与它相持。经过相持，敌军已经疲惫不堪，我再发起进攻去收拾它，那么，我军士气旺盛，军力强大，战果必然辉煌。（因此），利于速战的时候，就抓住战机打击敌人；利于缓战的时候，就与敌相持。用延缓时间的办法来巩固自己，用相持的办法来困迫敌军，用后发制人的办法来夺取先机之利，这是兵法的奥妙。

评 述

"后发制人"是军事上的一个重要命题，与"先发制人"相反，其实质是积极防御，即以防御为手段、以反攻为目的的攻势防御。这一思想是我国古代军事遗产中的精华，毛泽东同志在《中国革命战争的战略问题》一文中曾给予高度的评价，并在军事实践中进行了创造性的运用。在历史上，"后发制人"往往是战争中处于弱势一方克敌制胜的作战方法，如春秋时齐鲁长勺之战、晋楚城濮之战，战国时齐魏桂陵之战、马陵之战，楚汉战争中的成皋之战，三国时吴蜀夷陵之战，等等，都是"后发制人"的范例。

从政治上看，"后发制人"的最大利益是政治上主动，有利于争取民心和盟国。《左传》所谓"师直为壮，曲为老，……退三舍避之"（《僖公二十八年》），《管子》所谓"天下有大事，而好以其国后。如此者，制人者也"（《枢言》），《战国策》所谓"后起之藉，与多而兵劲"（《齐策五》）等等，都是对"后发制人"在政治上的主动地位的论述。古代兵家还指出，"用兵而喜先天下者忧，约结而喜主怨者孤"（同上），"无有常先作难，违时易形而不败者也"（《管子·霸言》）。因此，"后发制人"甚为历代政治家、军事家所重视。

从军事上看，"后发制人"具有避敌锋芒、保存兵力、改善态势、待机破敌的妙用。长勺之战中弱小的鲁军，就是利用齐军"一鼓作气，再而衰，三而竭"（《左传·庄公十年》）取得反攻胜利的；夷陵之战中劣势的吴军，就是趁着蜀军"兵疲意沮，计不复生"（《三国志》卷五十八，《吴书·陆逊传》）实施火攻而取胜的。战国时期杰出的军事家孙膑指出，以弱胜强要首先"让威"（《孙膑兵法·威王问》）。明末清初兵书《兵法百言》则列举了"敌挟众而来，势不能久，则持之"等十一种相持的情况，指出："持之既疲，乃起而收之，则力全而功多。"（《术篇·持》）这可以看作是对"后发制人"作用的一个较好的概括。

古人认为，"后发制人"的条件，一是要积极设防，即"坚壁待之"（宋·佚名《百战奇法·后战》），保存实力，为反攻做好准备；二是要善于捕捉战机，即"后人有待其衰"（《左传·昭公二十一年》），"后则用阴"，"尽敌阳节，盈吾阴节而夺之"（《国语》卷二十一，《越语下》，范蠡语），从而达成反攻之目的。没有积极设防，就会被敌人一举消灭，也就没有后发制人；不善于捕捉战机，就等于消极被动地挨打，同样没有后发制人。所以，这两个条件缺一不可。

例　证

周襄王二十年（前632年）三月，楚令尹子玉率领楚、陈、蔡、申、息等国联军，气势汹汹地自宋都商丘（今河南商丘南）扑向曹都陶丘（今山东菏泽市定陶区西北），企图一举消灭占领曹都的晋军。晋文公见楚军势盛，自己的主要盟军——秦军和齐军尚未到达，遂决定退避三舍，诱敌深入，后发制人。晋军连续北撤九十里，到达城濮（今山东鄄城西南），会合秦、齐联军，声威大振，并争得了政治上的主动——"君退臣犯，曲在彼矣"（《左传·僖公二十八年》），因而士气高昂，严阵以待。晋军撤退后，楚军多数人都主张不要再追，但刚愎自用的子玉不顾强弱已经易位的客观条件，执意要同晋军决战。四月初二，双方大战于城濮。楚军士气低落，其右军陈、蔡军一触而溃。子玉仍下令强行进攻，结果左军又被打得大败。最后大势已去，子玉只得率残兵退回楚国，不久被迫自杀。晋军则取得了一次决定性的重大胜利，晋文公一跃成为中原霸主。此战晋军的胜利，关键在巧于诱敌深入，后发制人。

第十五节　防御持久

1. 秦不能久，请深垒固军以待之①。

《左传·文公十二年》

【注释】

① 此为公元前615年秦晋河曲之战时，晋上军佐将臾骈向中军主帅赵盾的献策，被赵盾采纳。后因晋将赵穿违背节度，单独出击，破坏了这一计谋，晋军未能取得全胜。

【译文】

秦军远道而来，不能持久，请（您命令全军）深沟高垒，固守勿战，等待战机。

2. 田忌①曰："敌众且武，必战，有道乎？"孙子曰："有，埤垒广志②，严正辑众③，避而骄之，引而劳之，攻其无备，出其不意，必以为久。"

《孙膑兵法·威王问》

【注释】

① 田忌：战国中期齐国的著名将领，桂陵之战与马陵之战的指挥者。

② 埤垒广志：增强壁垒，广思谋略。埤（pí 皮），增益，这里是加厚的意思。志，这里指将军之志，即破敌之谋。

③ 严正辑众：严格地整饬部队，团结士卒。正，这里借为"整"，整饬之意。辑，和睦，团结。

【译文】

田忌问："敌军既众多又凶猛，非与它交战不可，有什么办法呢？"孙膑说："有。增强壁垒，广思谋略，严格地整饬部队，团结士卒。避敌锐气使其骄傲，调动敌人使其疲惫。然后攻其无备，出其不意，必须用这些办法同敌人持久作战。

3. 夫以居攻出①，则居欲重，阵欲坚，发欲毕，斗欲齐。

《尉缭子·战威》

【注释】

① 以居攻出：由防御转入反击。居，驻守，引申为防御。出，出击，引申为反击。

【译文】

由防御转入反击，那么防御要稳定，阵地要坚固，出击时要集中全部兵力，战斗时要齐心协力。

4. 兵之情虽主速，乘人之不及，然敌将多谋，戎卒欲辑①，令行禁止②，兵利甲坚，气锐而严，力全而劲③，岂可速而犯之耶？答曰：若此，则当卷迹④藏声，蓄盈⑤待竭⑥，避其锋势，与之持久，安可犯之哉？

清·汪宗沂辑《卫公兵法》上卷，《将务兵谋》

【注释】

① 戎卒欲辑：意谓部队团结一致。辑，和睦，团结。

② 令行禁止：下令行动就立即行动，下令停止就立即停止。形容法令严正，纪律严明，执行认真。

③ 劲：强而有力。

④ 卷迹：隐蔽行动。卷，收敛，隐藏。迹，行踪，行动。

⑤ 蓄盈：养精蓄锐以达到丰满状态。

⑥ 待竭：等待敌人精疲力尽之时。

【译文】

用兵的一般规律，虽然强调以迅速的行动打敌措手不及，可是，如果敌人的将帅足智多谋，军队团结一致，令行禁止，武器装备精良，士气锋锐而严整，力量雄厚而强大，对于这样的敌人，怎么可以立即进攻呢？答案是：如果遇到这种敌人，就应当隐迹消声，养精蓄锐以待敌人疲困，避开敌人的锋芒，与它进行持久作战，哪能去进攻它呢？

5. 凡战，若敌众我寡，敌强我弱，兵势不利，彼或远来，粮饷不绝，皆不可与战，宜坚壁持久以敝之，则敌可破。法曰："不战在我。"①

宋·佚名《百战奇法·不战》

【注释】

① 不战在我：语出《唐太宗李卫公问对》卷下，原文为"夫不战者在我"。

【译文】

凡是对敌作战，如果敌众我寡，敌强我弱，作战态势对我不利，或者敌人从远处来犯，其后勤供应源源不断，都不应当与其决战，而应坚壁清野，用持久作战来消耗敌人，就可以打败它。正如兵法所说："不同敌人决战的主动权在我。"

6. 凡战，所谓守者，知己者也。知己有未可胜之理，则我且固守;待敌有可胜之理,则出兵以攻之,无有不胜。法曰:"知不可胜,则守。"①

宋·佚名《百战奇法·守战》

【注释】

① 知不可胜,则守:语出《孙子兵法·形篇》,原文为"不可胜者,守也"。参见本章第十一节第 1 条。对这句话,有不同理解,从本段上下文意看,意为,知道自己不能胜,所以防守。

【译文】

大凡作战,所谓防御,就是"知己"的问题。当知道自己不具备战胜敌人的条件时,就要暂且防御固守;等到敌人有被战胜的机会时,就出兵进攻,这样没有不胜利的。正如兵法所说:"知道自己不具备战胜敌人的条件,就要固守防御。"

7. 凡敌人远来气锐,利于速战。我深沟高垒,安守勿应,以待其敝。若彼以事挠我求战,亦不可动。法曰:"安则静。"①

宋·佚名《百战奇法·安战》

【注释】

① 安则静:语出《孙子兵法·势篇》。

【译文】

远道而来且士气旺盛的敌人,最利于速战速决。对于这种敌人,我当凭借深沟高垒的工事,沉着固守而不出战,等待敌人疲惫之时再出击。倘若敌人设法挑逗我出战,我也不可出动。正如兵法所说:"安稳就会沉静"。

8. 善守者,塞其险阻以遏之,清其原野以待之,绝其粮道以饥之,劫其营垒以挠之,捣其巢穴以牵之。伺其既归,然后出以袭之,而敌之帅可擒也。

明·西湖逸士《投笔肤谈》上卷,《持衡》

【译文】

善于防守的人,要封锁险隘以遏制敌人,坚壁清野以备御敌人,断敌粮道以饥饿敌人,袭敌营垒以扰乱敌人,攻敌巢穴以牵制敌人。等待敌人撤兵,然后出兵袭击,这样,敌人的将帅就可以擒获了。

9. 敌之气不能常胜①而不馁,敌之备不能常严而不懈,则吾安可不待其衰,不俟其隙,而侥幸于旦夕乎?

明·佚名《草庐经略》卷六,《避实》

【注释】

① 胜:这里是旺盛的意思。

【译文】

敌军的士气不能常保旺盛而不衰怠,敌军的戒备不能一直严密而不松懈,那么,我们为什么不等待敌人疲惫,不等待敌人有隙可乘去打它,而企图侥幸成功于一时呢?

10. 持久以待其衰,多方以误其趋①。先务高城坚垒,精器足粮,庶②有所恃,而旷日缓之,是善守者藏于九地③;复蓄士卒之力,因战地之利,为无穷之奇,是善战者动于九天④。既以守而待攻,复以战而乘敝,敌虽强,直⑤鞭箠使之耳。

明·佚名《草庐经略》卷九,《击强》

【注释】

① 趋:本义是小步快走,这里指动向、行动。

② 庶:庶几,差不多。这里指防御的准备已经达到相当牢靠的程度。

③ 藏于九地:指防御的部署秘密,深不可知。语出《孙子兵法·形篇》,原文为"善守者藏于九地之下。"九地,用以形容地很深。参见本章第十一节第1条。

④ 动于九天:指进攻的行动神速,高不可测。语出《孙子兵法·形

篇》，原文为"善攻者动于九天之上。"九天，用以形容天很高。参见本章第十一节第 1 条。

⑤直：只是。

【译文】

（对强敌要）用持久战来拖疲敌人，用多种方法来造成敌人行动上的错误。首先修好高城坚垒的防御工事，准备好精良的武器和充足的粮食，使自己的防御具有相当牢固的依靠，从而与敌人旷日持久，这就是"善守者藏于九地"；再蓄积军队的战斗力，利用战场地理的有利条件，运用变化无穷的奇妙战法（来制胜敌人），这就是"善攻者动于九天"。既能以防御对付敌人的进攻，又能以进攻乘敌之敝，这样，敌军即使强大，也只能像执鞭驱马那样被我支配了。

11. 势有不可即战者，在能用延①。敌锋甚锐，少俟其怠；敌来甚众，少俟其解②；征调未至，必待其集；新附未协，必待其孚③；计谋未就，必待其确；时未可战，姑勿战。盖拙者贵于守，延者势在必战而特④迟之也。贪逞催激，动而必败。兵出万全，兵无尝试。

清·揭暄《兵法百言·法篇·延》

【注释】

①延：迟缓，延缓。这里指缓期以等待局势的变化，即缓兵之计。

②解：通"懈"，懈怠，松弛。

③孚：信用，信服。

④特：但，只。

【译文】

形势有不宜于立即交战的，（关键）在于能够用"延"。敌人兵锋非常锐利，稍微等待它懈怠下来；敌人来犯的兵力众多，稍微等待它分散开来；（我军）征调的后续部队未到达，必须等待其集中；新归附的部众还不能同心协力，必须等待其对我信任；我的计谋还没考虑成熟，必须等待其确定下来；时机不宜于交战，暂且不要打。用兵不高明的将领只注重防守，然而所谓"延"，是势在必战而只是暂时迟缓一下。如果贪功逞能鲁莽从事，出战必然要吃败仗。军事行动要有万全的把握，不能侥幸一试。

12. 守有十全：粮草足，一也；军士练，二也；城隍^①坚，三也；器械利，四也；民心固，五也；赏罚明，六也；险可恃，七也；有强援，八也；将善谋，九也；守具足，十也。

明·施永图《武备秘书·地利·攻守上策》

【注释】

① 隍：没有水的护城壕。

【译文】

防御要具备十个条件：第一，粮草要充足；第二，军队要训练有素；第三，城池要坚固；第四，武器要锋利；第五，民心要稳固；第六，赏罚要严明；第七，要有险要可恃；第八，要有强大的援军；第九，将领要善于谋划；第十，守备战具要充足。

评　述

"防御持久"即持久制胜的理论，是弱军面对强敌的进攻，为了达到强弱易势、夺取最后胜利的目的所采取的战略方针。范蠡所谓"尽其阳节，盈吾阴节而夺之"（《国语》卷二十一，《越语下》，下同），就是对这一战略的实质的概括。

进行持久防御的重要作用在于削弱敌人。范蠡说："宜为人客，刚强而力疾，阳节不尽，轻而不可取。"也就是说，强大而猛烈的进攻之敌，在其威力耗尽之前，是不可战胜的。因此，弱军必须进行持久防御来迟滞、消耗、疲惫、削弱敌人，随着战争时间的持久和空间的扩大，使敌人战线日长、兵力日分、锐气日挫、困难日多，逐渐地由强变弱，直至"尽其阳节"，再战而胜之。

"尽敌阳节"的另一面就在于"盈吾阴节",发展壮大自己的力量。即通过持久防御打破敌人速胜的企图,使自己的战略后方得到掩护,兵力得以集结,民众得到动员,战争潜力得到发挥,平时的体制得以向战时体制转变,外交斗争得以展开,从而越战越强。楚汉战争中的刘邦就是这样,以主战场的持久防御为掩护,通过军事、政治、经济、外交上一系列努力,终于取得对项羽的优势和胜利。

进行持久防御,古代兵家还意识到,要守中有攻、久中有速。这已朴素地把战略上的防御持久同战役战斗上的进攻速决结合起来。古人认为,防御必须有充分的准备,做到"十全"——"粮草足"、"军士练"、"城隍坚"、"器械利"、"民心固"、"赏罚明"、"险可恃"、"有强援"、"将善谋"、"守具足"(明·施永图《武备秘书·地利·攻守上策》)。在此基础上灵活机动地打击敌人,如"塞其险阻以遏之,清其原野以待之,绝其粮道以饥之,劫其营垒以挠之,捣其巢穴以牵之。伺其既归,然后出以袭之"(明·西湖逸士《投笔肤谈》上卷,《持衡》),等等,做到"因战地之利,为无穷之奇","既以守而待攻,复以战而乘敝"(明·佚名《草庐经略》卷九,《击强》)。这就是攻、守、久、速相结合的思想。

"防御持久"本身并不是目的,而是转化敌强我弱的战略步骤,最终要由守转攻,由久转速,达成战略反攻的胜利。因此,"防御持久"与"后发制人"是密切相关,相辅相成的。古人说:"知己有未可胜之理,则我且固守;待敌有可胜之理,则出兵以攻之。"(宋·佚名《百战奇法·守战》)这就是说,一旦强弱易势,就必须坚决实施反攻,彻底消灭敌人。

例　证

楚汉战争(前206——前202年)中,刘邦的持久防御战略是其成功的关键。汉高帝二年(前205年)四月,刘邦的五十六万大军大败于彭城(今江苏徐州),形势异常危急。接着,刘邦转取持久防御的战略,利用成皋(今河南荥阳汜水镇)一带的有利地形,实施顽强的正面防御,前后达两年四个月之久。通过持久防御，刘邦获得了巨大的战略利益。一是战争潜力得到充分发挥，关中地区的人力物力源源不断地补充到前线，有效地阻止了项羽的多次大规模进攻。二是机动作战得以全面展开，在正面防御的掩护下，先后开辟了北方战场、南方战场和敌后战场，从根本上改变了双方力量的对比。三是外交策略和间谍攻心得以广泛实施，项羽的大量盟友、心腹、助手被瓦解，陷于空前的孤立。因此，项羽被迫求和，刘邦乘势反攻，最后于汉高帝五年（前202年）十二月垓下（今河南鹿邑东）决战，一举全歼楚军，完成了统一大业。

第十六节　尽敌为上

1. 一日纵敌，数世之患也。

《左传·僖公三十三年》

【译文】

一天放跑了敌人，就会造成数世的后患。

2. 夫战，尽敌为上。

《国语》卷二，《周语中》

【译文】

作战，能够全歼敌人是最好的。

3. 若车不得车，骑不得骑，徒不得徒，虽破军皆无功。

《吴子·励士》

【译文】

如果车战不能缴获敌人的战车，骑战不能俘获敌人的骑兵，步战不能俘虏敌人的步兵，即使击破了敌人的军队，都不算有功。

4. 战之道，有多杀人而不得①将卒者，有得将卒而不得舍者，有得舍而不得将军者，有覆军杀将者。故得其道，则虽欲生不可得也。

《孙膑兵法·月战》

【注释】

① 得：这里指俘获。

【译文】

作战之道，有能杀伤很多敌人，却不能俘获敌人将帅和士兵的；有能俘获敌人将帅和士兵，但不能攻克敌人营垒的；有能攻克敌人营垒，而不能俘获敌人将帅的；有既能歼灭敌军，又能俘杀敌将的。因此，掌握了歼敌之道，敌人想逃生也是不可能的。

5. 击虏①以殄②灭为期，小利不足贪。

明·王鸣鹤《登坛必究》卷十六，《经武》

【注释】

① 虏：指敌人。
② 殄（tiǎn 舔）：灭绝。

【译文】

进攻敌人应以歼灭为目的，小的胜利不值得贪求。

评 述

所谓"尽敌为上"，其实质就是打歼灭战。歼灭战是军事上一个十分重要的原则。战争的进程和结局，归根结底要取决于敌对双方有生力量的消长，因此，不论战略、战役或战斗，歼灭战都是从根本上解决问题的有效手段。古人对这一问题的认识是颇为深刻的。

早在《左传》和《国语》中就曾讲到："一日纵敌，数世之患也。"（《左传·僖公三十三年》）"夫战，尽敌为上。"（《国语》卷二，《周语中》）认为歼灭战是根除后患的保证，是克敌制胜的最好战果。《吴子》说："若车不得车，骑不得骑，徒不得徒，虽破军皆无功"（《励士》），则提出了打歼灭战、不打击溃战的要求。《孙膑兵法》更进一步，认为只有"覆军杀将"，使敌人"虽欲生不可得也"，才算是真正掌握了"战之道"（《月战》）。此后，历代兵家对此也有所阐发，如明代的《登坛必究》指出："击虏以殄灭为期，小利不足贪。"（《经武》）

战争是残酷的，古人的歼灭战思想有其产生发展的客观条件，因此也具有一定的合理性。正因如此，反对"杀人盈野"、"杀人盈城"（《孟子·离娄上》）的战争，追求"不战而屈人之兵"（《孙子兵法·谋攻篇》）的"全胜"境界，才更为难能可贵。

例　证

周襄王二十四年（前628年）末，秦穆公为了争霸中原，命孟明视、西乞术、白乙丙三帅，秘密率兵东下，远行千里去偷袭郑国。次年二月，秦军抵滑（今河南洛阳市偃师区东南），行动机密被泄露，知道郑国有准备，偷袭不成，便灭滑而还。这一情况被晋国侦知，晋国的执政先轸指出："一日纵敌，数世之患也。"（《左传·僖公三十三年》）必须抓住这一良机，尽歼秦军。当时晋文公刚刚死去，尚未埋葬，晋襄公身着丧服率军而出，秘密赶到秦军必经之路崤山（今河南三门峡东南），与当地的姜戎联合，设下埋伏。四月十三，秦军进入伏击圈，晋军阻于前，姜戎断于后，全歼秦军，俘其三帅。这是车战时代规模巨大的一次歼灭战，给了秦穆公以严重的打击。从此，秦穆公不得不将东下政策改为称霸西戎，而晋国的中原霸主地位得到了长期的巩固和维持。

第十七节　兵机贵密

1. 故三军之事，莫亲于间，赏莫厚于间，事莫密于间。……间事未发而先闻者，间与所告者皆死。

《孙子兵法·用间篇》

【译文】

所以，军队中的事务，没有比间谍更亲信的人，没有比间谍更优厚的奖赏，没有比用间更机密的事情。……用间的计谋尚未施行而被泄露出去，间谍和他所告诉的人都要处死。

2. 故至事不语，用兵不言。且事之至者，其言不足听也；兵之用者，其状不足见也。倏①而往，忽而来，能独专而不制者，兵也。夫兵闻则议，见则图，知则困，辨则危。

《六韬·龙韬·军势》

【注释】

① 倏（shū 书）：迅速，极快。

【译文】

所以，军机大事不能随便说，军事行动不能到处讲。军机大事，不能表现为言语；军事行动，也不能仅看表象。忽然而往，忽然而来，能够独断专行而不受牵制，这是用兵的艺术。战争问题就是，敌人听到我的消息就要研究打法，发现我的行动就会采取对策，了解我的部署就会实施干扰，判明我的企图就会加以危害。

3.事莫大于必克，用莫大于玄默①，动莫神于不意，谋莫善于不识②。

《六韬·龙韬·军势》

【注释】
① 玄默：玄秘而缄默不言。这里指严守机密。
② 不识：不知道，不能辨识。这里是揣摸不透的意思。

【译文】
军事上最重大的莫过于克敌制胜，用兵上最重要的莫过于严守机密，行动上最关键的莫过于出敌不意，谋略上最高明的莫过于迷惑敌人。

4.将谋欲密，士众欲一，攻敌欲疾。将谋密则奸心闭，士众一则军心结，攻敌疾则备不及设。

《黄石公三略·上略》

【译文】
将帅的计谋要保守秘密，士兵的思想要统一，攻击敌人要行动迅速。将帅的计谋保守秘密了，就可以阻塞敌人的阴谋活动；士兵的思想统一了，军队就能坚强团结；攻击敌人行动迅速了，敌人就来不及防备。

5.谋成于密，败于泄。三军之事，莫重于秘。

清·揭暄《兵法百言·智篇·秘》

【译文】
计谋成功在于保密，其失败在于走漏了消息。军队的事情，没有比严守秘密更为重要的了。

6.用兵莫善于用间。用间之术不一，总欲使人不测，机欲密。

清·马慧裕《武备集要》

【译文】

指挥作战，最好的莫过于使用间谍。使用间谍的方法各不相同，总的要求是使敌人无法判明我军企图，兵机要严守秘密。

评 述

兵机贵密，严守军事机密是克敌制胜的重要保障，实乃作战成败、部队安危所系的关键问题。保守军事秘密之所以重要，首先因为军事行动的最大特点莫过于诡诈，所谓"兵者，诡道"(《孙子兵法·计篇》)、"兵以诈立"(《孙子兵法·军争篇》)，一旦失密，就会致败。其次，作战双方都是活动着的武装集团，无不竭尽全力欲"知敌之情"以"因敌而制胜"(《孙子兵法·虚实篇》)，再强大的军队，再好的计谋，都会因泄露机密而导致失败。古人说："谋成于密，败于泄。三军之事，莫重于秘。"(清·揭暄《兵法百言·智篇·秘》)这是古今中外的通则，应成为一切军人的箴言。

例 证

周赧王五十五年(前260年)，秦将王龁与赵将廉颇各率数十万大军相持于长平(今山西高平西北)。廉颇初战失利，坚守不出，持重待机，秦军求战不得，计无所出。于是，秦国开始秘密谋划。首先用反间计，赵孝成王中计，用纸上谈兵的赵括代替了名将廉颇。然后，秦军自己秘密易将，用战功卓著、威震诸侯的武安君白起代替了王龁，并下令军中说："有敢泄武安君将者斩。"(《史记》卷七十三，《白起王翦列传》)所以秦军易将，赵军全然不知。双方易将后，赵括立即转守为攻，白起佯败诱敌，派兵将赵军分割为二，并切断其归路。接着，秦昭王亲至河内(今河南黄河以北地区)，将十五岁以上男人全部征发，开赴长平，重重包围赵军。赵军突围不成，四十余万大军全部被歼。从此赵国一蹶不振。赵军的惨败，固然是赵括指挥无能所致，但秦军善于保守机密，无疑也起了重要作用。

第五章 作战篇（下）
——作战之法

第一节 行军布阵

1. 凡陈^①之道，设右以为牝^②，益左以为牡^③。

《国语》卷二十一，《越语下》

【注释】
① 陈：通"阵"，这里作动词，意为布阵。
② 牝（pìn 聘）：雌性的鸟兽，属阴，这里可理解为次要方向。
③ 牡（mǔ 母）：雄性的鸟兽，属阳，这里可理解为主要方向。

【译文】
大凡部署军队的原则，要在右侧（次要方向）配置必要兵力作为"牝阵"，在左侧（主要方向）集中优势兵力作为"牡阵"。

2. 故善用兵者，譬如率然。率然者，常山之蛇也。击其首则尾至，击其尾则首至，击其中则首尾俱至。

《孙子兵法·九地篇》

【译文】
所以，善于用兵的人，就像率然一样。率然是常山的一种蛇。打它的头，尾就来就救应；打它的尾，头就来救应；打它的腰身，头尾都来救应。

3. 凡军①好高而恶下，贵阳而贱阴，养生而处实②，军无百疾，是谓必胜。丘陵堤防，必处其阳，而右③背之。此兵之利，地之助也。

《孙子兵法·行军篇》

【注释】

① 军：屯兵，军队驻扎。

② 养生而处实：驻扎在便于休养人马、物资丰实的地方。养生，这里指靠近水草，便于放牧，可以休养人马。处实，这里指运输便利而物资供应丰实之处。

③ 右：指主力。先秦尚右（楚人除外），以右为主。

【译文】

凡军队驻扎，总是喜好高地而厌恶低洼，重视向阳面而避开阴暗面，靠近水草多的地区，军需供应充足，将士百病不生，这是作战必然胜利的保证。在丘陵堤防之地，一定要驻扎在向阳一面，而使主要侧翼背靠它。这些都是对军事行动有利的，是得自地形的帮助。

4. 军行有险阻①、潢井②、葭苇③、山林、蘙荟④者，必谨覆索之，此伏奸之所也。

《孙子兵法·行军篇》

【注释】

① 险阻：一高一下的地形叫险，多水的地方叫阻。

② 潢井：潢（huáng 黄），积水池。井，低下的地方。

③ 葭苇：芦苇。葭（jiā 佳），初生的芦苇。

④ 蘙（yì 义）荟：草木葱茏的样子。

【译文】

军队行进遇有难走的险阻、积水洼地、芦苇、山林和草木茂盛的地方，必须谨慎地反复搜索，这些都是伏兵、奸细隐藏的地方。

5. 舍谨兵甲，行慎行列，战谨进止。

《司马法·严位》

【译文】

驻防的时候要保护好武器装备，行军的时候要保持好战斗队形，作战的时候要掌握好进止的节制。

6. 凡阵，行惟疏，战惟密，兵惟杂。

《司马法·定爵》

【译文】

大凡部署军队，开进时行列要疏散，接战时队形要密集，兵器要掺杂配合使用。

7. 凡战，既固勿重。重进勿尽，凡尽，危。

《司马法·严位》

【译文】

大凡作战的时候，部队既已坚强则不要过于持重。以重兵进攻，不要把全部力量投入战斗，凡是把全部兵力用尽的，后果很危险。

8. 孙子曰：用八阵①战者，因地之利，用八阵之宜。用阵三分，诲②阵有锋，诲锋有后，皆待令而动。斗一③，守二④。以一侵敌，以二收。敌弱以⑤乱，先其选卒以乘之。敌强以治，先其下卒以诱之。车骑与战者，分以为三，一在于右，一在于左，一在于后。易⑥则多其车，险则多其骑，厄⑦则多其弩。险易必知生地、死地⑧，居生击死。

《孙膑兵法·八阵》

【注释】

①八阵：古人对布阵变化之法的通称。古人讲布阵之法多称"八阵"，不是指八种不同的阵，而是指"散而成八，复而为一"（《唐太宗李卫公问对》卷中）的方阵变化之法。

②诲：疑借为"每"。

③斗一：用三分之一的兵力与敌交战。

④守二：用三分之二的兵力等待战机。守，待，意谓待机而动。

⑤以：而。

⑥易：平坦的地形。

⑦厄（è饿）：指两边高峻、中间狭窄的地形。

⑧生地、死地：指有利地形和不利地形。

【译文】

孙膑说：运用八阵与敌交战，要依据地形的有利条件，采取适宜的阵法。布阵时兵力要分为三部分，每阵要有前锋部队，每支前锋部队要有后续部队做应援，各个部分都要待命而动。作战时以三分之一的兵力与敌交锋，以三分之二的兵力等待战机。用三分之一的兵力突破敌阵，用三分之二的兵力扩大战果。敌军战斗力弱而且阵势混乱，就先用精锐部队去攻击它；敌军战斗力强而且阵势严整，就先用战斗力差的部队去引诱它。有车兵和骑兵参战时，也要将其分为三部分，一部分部署在右翼，一部分部署在左翼，一部分部署在后面。地形平坦要多用车兵，地形险峻要多用骑兵，地形隘塞要多用弩兵。不论地形平易或险隘，都要搞清哪里是有利的生地，哪里是不利的死地，占据生地，击敌于死地。

9. 凡阵有十：有方阵①，有圆阵②，有疏阵③，有数阵④，有锥行之阵⑤，有雁行之阵⑥，有钩行之阵⑦，有玄襄之阵⑧，有火阵⑨，有水阵⑩。此皆有所利。方阵者，所以剸⑪也。圆阵者，所以槫⑫也。疏阵者，所以吴⑬也。数阵者，为不可掇⑭。锥行之阵者，所以决绝⑮也。雁行之阵者，所以接射⑯也。钩行之阵者，所以变质易虑⑰也。玄襄之阵⑱者，所以疑众难故[19]也。火阵者，所以拔也。水阵者，所以伥[20]固也。

《孙膑兵法》下编，《十阵》

【注释】

① 方阵：古代最基本的战斗队形之一，先由基层小单位组成小方阵，再由小方阵组成大方阵，并可依兵力、地形、敌情的不同而有多种变化形式。

② 圆阵：古代野战防御时的战斗队形，由方阵转化而成。

③ 疏阵：疏开的战斗队形。

④ 数阵：密集的战斗队形。

⑤ 锥行之阵：前尖如锥的战斗队形。行，指纵向队列。

⑥ 雁行之阵：横向展开、左右向前或向后梯次配置的战斗队形。

⑦ 钩行之阵：左右两翼弯曲如钩的战斗队形。

⑧ 玄襄之阵：据本篇后文所述，当是一种多设旌旗、形乱而实整、富于巧变的疑阵，以利迷惑敌人。

⑨ 火阵：用于火攻的战斗队形。

⑩ 水阵：用于水上作战的战斗队形。

⑪ 刌（zhuān 专）：本义为细割切肉，这里指粉碎敌人。

⑫ 抟（tuán 团）：结聚，这里指集中兵力实施环形防御。

⑬ 吴：此字音、义不明。从本篇后文对疏阵的论述看，可能是指对敌人的灵活攻击。

⑭ 掇：通"剟"（duō 多），分割。

⑮ 决绝：突破而切断之。

⑯ 接射：指用弓矢同敌人对射交战。

⑰ 变质易虑：改变企图，更换计谋。质，质的，即箭靶，这里指行动目的和企图。虑，指作战方针、计谋。

⑱ 玄襄之阵：即玄襄之阵。

⑲ 疑众难故：迷惑敌众，恐吓敌意。难，这里作"忌惮"解，意谓使

敌人恐惧。故，这里作"意"解，指敌人的意志和心理。一说通"固"，因而通"锢"，意为使敌人的包围、攻击行动受到限制，可供参考。

⑳伥：通"涨"，增益，加强。

【译文】

阵法共有十种：有方阵，有圆阵，有疏阵，有数阵，有锥形阵，有雁形阵，有钩形阵，有玄襄阵，有火阵，有水阵。这些阵法都各有其不同的用处。方阵，是用以粉碎敌人的。圆阵，是用以环行防御的。疏阵，是用以（灵活攻击敌人）的。数阵，是用以防止敌人突破的。锥形阵，是用以突破和切断敌人的。雁形阵，是用以同敌人对射交战的。钩形阵，是在情况变化和改变计划时用的。玄襄阵，是用以迷惑敌众、恐吓敌意的。火阵，是用以攻取敌人营寨的。水阵，是用以增强防御稳固性的。

10. 锥行之阵，卑①之若剑，末②不锐则不入，刃③不薄则不刲，本④不厚则不可以列阵。是故末必锐，刃必薄，本必鸿⑤。然则锥行之阵可以决绝矣。

《孙膑兵法》下编，《十阵》

【注释】

①卑：借为"譬"。一说通"俾"，使。

②末：这里指剑端，比喻前锋部队。

③刃：这里指剑端两侧的锋刃，比喻两翼部队。

④本：这里指剑身，比喻主力部队。

⑤鸿：大。

【译文】

锥形阵，好比一把剑。前锋不像剑端那样尖锐，就不能突入敌阵；两翼不像剑刃那样锋利，就不能切断敌人；主力不像剑身那样雄厚，就无法列阵。因此，前锋部队必须精锐，两翼部队必须锋利，主力部队必须强大。这样，锥形阵就能够突破并切断敌人了。

11. 凡帅师之法，当先发远候，去敌二百里，审知敌人所在。地势不利则以武冲①为垒而前，又置两踵军②于后，远者百里，近者五十里，即有警急，前后相救。吾三军常完坚，必无毁伤。

《六韬·虎韬·绝道》

【注释】
① 武冲：即武冲战车。冲，一作"卫"。
② 踵军：后卫部队。

【译文】
凡是率兵行军，应首先向远方派出侦察兵，在距离敌人二百里远时，就要明确察悉敌人所在的位置。如果路途的地势对我不利，就要用武冲战车掩护部队前进，并部署两支后卫部队跟进，后卫部队同主力部队的距离远者一百里，近者五十里，一旦遇有紧急情况，前后可以互相救援。这样，我的全军就能一直保持完整坚固的状态，必然不会在行军途中遭受挫折和伤亡。

12. 将众而用寡者，势不齐也；将寡而用众者，用力谐①也。

《淮南子·兵略训》

【注释】
① 谐：合。这里指兵力集中、配置协调。

【译文】
统率的部队很多，打起仗来却兵力不足，这是作战布局不严整的缘故；统率的部队不多，打起仗来却兵力很充分，这是兵力配备浑然一体的结果。

13. 八阵①既成，自今行师②，庶③不覆败矣。

三国·诸葛亮《诸葛亮集·文集》卷二，《八阵图法》

【注释】

① 八阵：这里指蜀丞相诸葛亮推演兵法，在前人基础上创制的一种阵法，可以攻防并用。据后人考证，该阵用纵横排列的六十四个小方阵为战术单位，组成一个大方阵。阵后有二十四队游骑，机动配合方阵作战。该阵堪称我国冷兵器时代典型的集团方阵。

② 行师：举兵。

③ 庶：庶几，差不多。

【译文】

八阵法已经推演成功，今后兴兵打仗，差不多可以避免失败了。

14. 布阵之道，在乎临时。先料敌之多寡，我之强弱，彼之虚实，象①地之宜而宜之。

旧题三国·诸葛亮《武侯新书·布阵》

【注释】

① 象：通"像"，随，依据。

【译文】

布阵的法则，在于临时的随机应变。先估计敌军兵力的多少，我军的强弱，对方的虚实，根据地形条件做出适当的部署。

15. 不用乡导①者，不能得地利。……盖入人之境内者，我孤军以进，彼密严而待，渡险则有发伏之虑，涉川则有壅决之忧，昼行则有暴来之斗，夜止则有虚警之挠，顿舍②必就薪水，畜牧必依刍草。一事不备，则自投于死，安能获寇哉？故敌国之山林丘阜可以设险者，灌丛茂草蒲苇③之可以隐藏者，道里之远近，城郭之小大，委积④之所在，水草之所有，乘卒之众寡，器甲之坚脆，必尽知之，则兵行，乡导不可暂无。

宋·曾公亮等《武经总要》前集卷十五，《制度·乡导》

【注释】

① 乡导：向导。乡，通"向"。

② 顿舍：宿营。

③ 蒲苇：两种水草名，即蒲草（亦称香蒲）和芦苇。

④ 委积：物资储备。

【译文】

不利用向导，就得不到地利。……因为深入敌境之后，我们孤军前进，敌人严阵以待，（于是）通过险地有遭到伏击的危险，渡过江河有掘堤灌水的顾虑，白天行军可能有突来之战，夜晚驻止可能有虚惊的骚扰。宿营一定要选择有柴有水的地点，畜牧一定要靠近水草。一件事没准备好就会自投于死地，还怎么能俘获敌人呢？所以，对于敌国的山林丘陵起伏可以设险的地方，灌木丛生、水草茂盛可以隐蔽的地方，道路的远近，城郭的大小，物资储备之处，水草所在的方位，各处守备部队数量的多少，武器装备的好坏，等等，都必须完全了解。这样看来，行军作战一刻也不能离开向导。

16. 搜伏之法：远入虏地，营垒生疏，道路险隘，恐其设伏，尤当先发伏。兵将纵横搜索，斯无疏失。

宋·华岳《翠微先生北征录》卷六，
《治安药石·将帅小数八·搜伏》

【译文】

搜索敌人埋伏的方法：由于深入敌境，对敌军营垒情况生疏，道路险阻情况不熟，恐怕敌人设有埋伏，尤其应当先搜查伏兵。兵将纵横搜索，这样才不致疏忽失误。

17. 营①阵，大营居中，营外分驻五军，建左哨②右哨、左掖③右掖以总之。步卒居内，骑卒居外，神机营④在骑卒之外，神机营外有长围，各周二十里。

《明太宗宝训》卷四，《谕将帅》

【注释】

①营：军队驻扎的地方。

②哨：明朝军队的一级编制。

③掖：明朝军队的一级编制。

④神机营：明代禁军中的火器部队。

【译文】

军队驻扎时，大本营居于中央，大本营之外分别驻扎五军各营，建立左哨右哨、左掖右掖以便统领。步兵驻扎内层，骑兵驻扎外层，神机营又驻扎在骑兵之外，每个神机营的外部有周长二十里的长围。

18. 立营之法，须据险阻，前阻水泽，右背山林，处高阳，便粮道。前有险隘，可以设伏；后有间道，可以出奇兵。据险阻则敌不敢攻；就水草则军用不匮。两营分屯，则互为犄角；三营分屯，则鼎足而居。若兵众分屯数营或数十营，亦须各择胜地，前后左右互相顾盼，声势联络。毋居卑湿，以防水攻；毋相去太远；毋隔越长水、大泽、崇山、峻岭，以致救应不及。

明·佚名《草庐经略》卷六，《立营》

【译文】

立营的方法是，必须占据险阻之地，前面有水泽可阻，右侧有山林为依，居于高而向阳之处，便利粮道。前面有险阻作屏蔽，可以设置埋伏；后面有山林小路，可以暗出奇兵。占据险阻之地，敌人就不敢进攻；接近水草之处，军队的供应就不会匮乏。如果分为两营屯驻，就可以互为犄角；如果分为三营屯驻，就可以鼎足而居。如果兵力众多，分为数营或数十营，各营也必须选择形胜有利之地，前后左右互相照应，声势互相联络。不要驻在低洼潮湿之处，以防敌人实施水攻；各营不要相距太远，不要互相隔绝着长河、大泽、崇山、峻岭，以致在紧急情况下来不及救应。

19. 行军时，若地广，则八固山①并列，队伍整齐，中有节次②。地狭，则八固山合一路而行，节次不乱。军士禁喧哗，行伍禁纷乱。当兵刃相接之际，披重铠执利刃者，令为前锋，披短甲善射者，自后冲击。精兵立于别地观望，勿令下马，势有不及处③，即接应之。预画胜负谋略④，战无不胜。

《清太祖武皇帝实录》卷二，乙卯年十一月

【注释】

①固山：满语。即清代八旗的"旗"。每旗最高长官称"固山额真"，后改称"都统"。

②节次：严密的组织指挥。节，节度，指挥。次，次序。

③势有不及处：形势不利之处。

④预画胜负谋略：预先制定好克敌制胜的谋略。

【译文】

部队行军的时候，如果地形开阔，就将八旗军分成八路纵队并列前进，队伍要整齐有序，建立统一严密的组织指挥。如果地形狭窄，就将八旗军合为一路纵队行进，部队的指挥和秩序都不得混乱。兵士禁止喧哗，队形严禁错乱。行进间突然与敌人遭遇接战时，要以穿坚甲而持利刃的士卒为前锋，以披短甲而善射的士卒从侧后出击，让精锐的骑兵另立别处待机，不得下马，看到哪里形势不利，就迅速前往接应。要预先制定好临敌制胜的谋略，就能战无不胜。

评 述

　　自古兴师作战，止则为营，行则为阵。《左传·宣公十二年》载："军行：右辕，左追蓐，前茅虑无，中权，后劲。"这就是一个分为左、右、前、后、中五队的行军队形，同时也是立营、布阵时部队配置的基础。可见行军、立营与布阵密切相关，既有区别又有联系。

　　就行军和立营而言，古人的基本着眼点在于保持戒备，谨防陷入困境或遭敌意外打击，并准备随时投入战斗。《武经总要》说："渡险则有发伏之虑，涉川则有壅决之忧，昼行则有暴来之斗，夜止则有虚警之挠，顿舍必须就薪水，畜牧必依刍草。一事不备，则自投于死，安能获寇哉？"（前集卷十五，《制度·乡导》）因此，古代兵家认为，部队行军、立营必须持审慎态度。《孙子兵法》强调"用乡导"、"得地利"（《九地篇》），提出了各种地形行军、立营的原则和"相敌"的方法；《司马法》提出"舍谨兵甲，行慎行列"（《严位》）、"行惟疏"（《定爵》）的要求；《武经总要》指出，行军前对于敌方兵要地理和军事设防等各种情况"必尽知之"（前集卷十五，《制度·乡导》）；明成祖提出，立营必须"大营居中"，外驻"五军"，"步卒居内，骑卒居外，神机营在骑卒之外"，并以长围护之（《明太宗宝训》卷四，《谕将帅》）。所有这些，都是为了确保部队的安全和各种情况下的措置裕如。

　　所谓布阵，就是作战时的兵力部署和战斗队形。古人对此论述甚多，阵法有多种多样。据《武备志》所载，古今阵图多达二百余种。从形式上看，主要有方、圆、曲、直、锐五种形态，其中最基本的是用于攻击的方阵和用于防守的圆阵。随着战争的发展、特别是火器的出现，各种布阵形态经历了一个由简单到复杂、由密集到疏散的逐渐演变的过程。但是，无论形态的变化如何纷繁，而总的要求是："凡作阵，须安而静，出而理，轻而简，重而治，变化前后，率然进止，车骑相因，终以继始。"（明·何良臣《阵纪》卷三，《阵宜》）即以有利于保存自己、消灭敌人为准则。孙子强调布阵"譬如率然","击其首则尾至,击其尾则首至,击其中则首尾俱至"(《孙子兵法·九地篇》);孙膑强调"用阵三分","斗一,守二"(《孙膑兵法·八阵》);范蠡说布阵要"设右以为牝,益左以为牡"(《国语》卷二十一,《越语下》);诸葛亮说布阵要"先料敌之多寡,我之强弱,彼之虚实,象地之宜而宜之"(《武侯新书·布阵》),等等,都是上述原则的反映。当然,每一种阵法都有其不同特点,如银雀山汉简《十阵》所说的锥行之阵,"卑之若剑","末必锐,刃必薄,本必鸿",就具有攻击力强大的特点。其他阵法亦然,不一一阐述。古今作战方式不同,古阵法虽已不用于今天,但古人关于布阵原则和方法的许多精辟论述,对我们仍有启发和参考价值。

例　证

汉高帝五年(前202年)十二月,刘邦与项羽决战垓下(今河南鹿邑东),汉军兵力数十万,楚军兵力只有十万。项羽是天下无敌的英雄,平生七十余战,从未打过败仗。三年前曾以三万楚军大破汉军五十六万于彭城(今江苏徐州)。因此,这次虽然双方兵力相差悬殊,但胜负仍需拭目以待。为了制服项羽,一向以出奇制胜闻名的韩信,这次却布了一个堂堂正正的五军阵:他自率三十万大军居前,孔将军率兵居左,费将军率兵居右,刘邦率兵居中,周勃等率兵居后。这一部署是针对项羽善于正面突破而设置的,前、中、后纵深大,兵力多,使项羽难以连续突破,两翼有相当兵力,可以侧击、合围敌人。战斗开始后,项羽发起猛烈的攻击,韩信稍稍后撤。楚军未能实现连续纵深突破,汉军两翼发起侧击,四面包围,一举全歼楚军。项羽连夜突围而走,最后自杀身死。此战汉军之所以能获胜,不完全在于兵力众多,更重要的是五军阵的正确部署,使项羽正面突破的长技归于失败。

第二节　野战战法

1. 故用兵之法，十则围之，五则攻之，倍则分之，敌①则能战之，少则能逃之，不若则能避之。

《孙子兵法·谋攻篇》

【注释】
① 敌：匹敌，相当。

【译文】
所以用兵的法则是，兵力十倍于敌人就包围它，五倍于敌人就进攻它，两倍于敌人就分散它，与敌人兵力相当就抗击它，兵力少于敌人就主动退却，兵力弱于敌人就避开它。

2. 故用兵之法，高陵①勿向，背丘勿逆②，佯北勿从，锐卒勿攻，饵兵③勿食，归师勿遏，围师必阙④，穷寇勿迫。

《孙子兵法·军争篇》

【注释】
① 陵：大土山。
② 逆：迎，指与敌军正面迎战。
③ 饵兵：指诱敌之兵。
④ 阙：通"缺"，缺口。

【译文】
用兵的法则是，敌人占领高山，不要仰攻；敌人背靠土丘，不要正面迎击；敌人假装败逃，不要跟踪追击；敌军精锐，不要去攻击；敌军的饵兵，不要去理睬；撤退回国的敌人，不要去拦阻；包围敌人，要留有缺口；

对陷入绝境的敌人,不要去逼迫它。

3. 夫两阵之间,出甲陈兵,纵卒乱行者,所以为变也;深草蓊翳①者,所以逃遁也;溪谷险阻者,所以止车御骑也;隘塞山林者,所以少击众也;坳泽②窈冥③者,所以匿其形也。清明无隐者④,所以战勇力也;疾如流矢,如发机⑤者,所以破精微也;诡伏设奇⑥,远张诳诱⑦者,所以破军擒将也;四分五裂者⑧,所以击圆破方也;因其惊骇者,所以一击十也;因其劳倦暮舍⑨者,所以十击百也。

《六韬·龙韬·奇兵》

【注释】

① 蓊(wěng 翁上声)翳(yì 义):草木茂盛的样子。
② 坳(ào 奥)泽:低洼水泽之地。
③ 窈(yǎo 咬)冥:幽远阴暗之地。
④ 清明无隐者:这里指平坦开阔的地区。
⑤ 发机:机弩发射。
⑥ 诡伏设奇:诡诈地进行埋伏和设置奇兵。
⑦ 诳诱:欺骗诱敌。
⑧ 四分五裂者:分散成为若干个小分队。这里可理解为分兵袭击。
⑨ 暮舍:日暮就舍。

【译文】

当敌我两军出兵列阵时,有意放纵士卒混乱行列,是诱敌就范的机变方法;占领茂密草丛地带,是隐蔽军队撤退的方法;占领溪谷险阻地段,是阻止敌人战车和骑兵机动的方法;占领险隘关塞、山地丛林地区,是以寡击众的方法;占领低洼水泽、幽深昏暗地区,是隐蔽自己行动的方法;占领平坦开阔的地区,是发挥自己军队作战威力的方法;行动快如飞箭,猛如发机,是打破敌人深谋妙计的方法;诡诈地进行埋伏、设置奇兵,并在远处欺骗引诱敌人,是击破敌人、俘虏敌将的方法;分兵袭击敌人,是打破敌人圆阵或方阵的方法；乘敌惊慌失措而进攻，是以一击十的方法；乘敌疲劳夜宿突袭，是以十击百的方法。

4. 先战五日，发我远候，往视其动静。审候其来，设伏而待之，必于死地。与敌相遇①，远我旌旗，疏我行阵，必奔其前。与敌相当，战合而走，击金而止②。三里而还，伏兵乃起，或陷其两旁，或击其前后，三军疾战，敌人必走。

《六韬·虎韬·动静》

【注释】
① 遇：宋本作"避"，据《武经七书直解》、《武经开宗》等校改。
② 击金而止：即鸣金收兵，这里指佯撤以诱敌。

【译文】
要在开战前五天，派出我的远方侦察人员，窥探敌人的动静。察明敌人将要前来，就预设埋伏等待它，埋伏要设在对敌人极为不利的"死地"。当与敌军遭遇时，令我诱敌部队远布旌旗，展开队形，迅速地冲向敌军。与敌接战后，交锋不久即撤退，鸣金收兵。撤退至三里再回头反击，同时伏兵乘机而起，或攻击敌人的两侧，或袭击敌人的前后，三军奋力作战，敌军就必然大败而逃。

5. 苟人能料我，当顺其所料，伏兵待之，以诈示之，俟彼出师，则发伏收之。

宋·许洞《虎钤经》卷五，《逆用古法》

【译文】
假如敌人能够判断出我的行动，应当将计就计，部署伏兵待敌，用假象迷惑它，等到敌军出动，就起用伏兵袭击它。

6. 凡战，所谓声者，张虚声也。声东而击西，声彼而击此，使敌人不知其所备，则我所攻者，乃敌人所不守也。法曰："善攻者，敌不知其所守。"①

宋·佚名《百战奇法·声战》

【注释】

①善攻者，敌不知其所守：语出《孙子兵法·虚实篇》。参见第四章第十一节第2条。

【译文】

作战中的所谓"声战"，就是虚张声势迷惑敌人。声称攻东而实击西，声称攻彼而实击此，使敌人不知道从哪里进行防备，这样就可做到：我所要进攻的地方，正是敌人没有防守的地方。正如兵法所说："善于进攻的人，敌人不知道从哪里进行防守。"

7. 兵伏，诡道也。善伏者必胜，遇伏者必败。……所伏之处，宜险阻隘道，俾①敌不得整阵而战，突出而薄②。我处其逸，敌处其劳，我处其高，敌处其下，掩其不意，莫能当也。兵之伏者，有一伏，有二伏，有数伏，有数十伏，俱视贼势与吾势之强弱及吾卒之多寡。如沿道设伏，伏有前后，贼前至者勿先发，俟贼深入我地，战败而归，吾兵随后追，吾伏随后而应。不惟以胜攻败，亦且以锐胜疲。故贼无遗类，将有全功。

明·佚名《草庐经略》卷七，《伏兵》

【注释】

① 俾（bǐ 比）：使。
② 薄：逼近，进攻。

【译文】

军事上的埋伏，是一种诡诈之术。善于设伏的必然取胜，遭受伏击的必然失败。……设伏的地点，应选在险阻隘道，使敌人无法列成阵势同我作战，也无法突出伏击圈外向我攻击。要使我军安逸，敌人疲劳，我军居于高处，敌人位于低处，乘敌不意掩击，敌人就无法抵御。伏兵的设置，有的设一伏，有的设二伏，有的设数伏，还有的设数十伏，均要视敌我双方形势的强弱和我军兵力的多少而定。如果沿道路设置伏兵，伏兵有前有后，敌人的前锋到来时，我不要首先发起伏击，要等敌人深入我的防地，被我军击败而归，我的正面部队随后追击，我的伏兵随后起而策应。这样不仅是以胜利之师攻击败退之敌，而且也是以精锐之军战胜疲困之敌。因此，敌人可以被全部歼灭，将领可以建全胜之功。

8. 兵家之有袭也，所以攻人之不备也。近则安，远则危。劳师而远袭，敌必闻而备之。吾以疲兵顿坚城之下，势孤粮竭，敌必乘之，虽有智者，不能善其后矣。间亦有远袭者，非必得不可，又非便得不可。法宜详审虚实，按兵不动，先之以静息，韬①之以秘密，出之以神速。静则敌不戒，秘则敌不闻，速则敌不支。

明·佚名《草庐经略》卷七，《袭人》

【注释】
① 韬：隐藏。

【译文】
兵家有奇袭这个战法，是用来攻敌无备的。（奇袭的目标）近一些就比较安全，太远了就会有危险。劳师动众去偷袭远处的敌人，敌人必然会得知消息而加强戒备。我方以疲惫之师滞留于敌方的坚城之下，势孤粮尽，敌人必然会乘机反攻，这样，即使有智谋的人也无法善后了。有时也有远程偷袭敌人的，（但）没有必然成功的把握是不行的，没有便于成功的条件也是不行的。（奇袭的）方法应该是详察敌人的虚实，按兵不动，事先要沉静，谋划要秘密，行动要神速。沉静，敌人就不会戒备；秘密，敌人就不会知道；神速，敌人就无法抗拒。

9. 将谋用密，攻敌欲速，是以兵家贵突击焉。乘人不备，遴选死士，冲突而前。其兵用少不用众，将必骁，士必勇，心必一，气必锐，力必蓄，敌必近。所谓近者，敌至三十步外，方始突之。远则敌既见而有备，我气竭而难入。势如旋风，疾若决机，或突其前，或突其胁①，有进无退，使敌仓皇惊怖，无所措手。斯无坚不入，无阵不乱矣。

明·佚名《草庐经略》卷十二，《突击》

【注释】

① 胁：胸部的两侧。这里指敌军的侧翼。

【译文】

将领用谋必须机密，进攻敌人必须神速，所以兵家非常重视突击战术。要乘敌无备，挑选敢死之士，勇往直前地向敌人突然猛攻。运用这一战法，兵力要少而不要多，将领必须强悍，士卒必须勇敢，斗志必须坚定，锐气必须旺盛，精力必须充沛，距敌必须很近。所谓距敌很近，就是敌军到达我三十步之外，才开始突击。如果距离远，敌人就会发现而有所准备，我军就会耗尽勇气而难以突入。突击之势，要如旋风一样猛烈，如扳动弩机一样神速，或突击敌人的正面，或突击敌人的侧翼，只能前进决不后退，使敌人惊慌恐惧，措手不及。这样，就可以无坚不入，无阵不乱了。

10. 兵之所以先击强者，盖击蛇击首之说也。择坚强之处，选锐以冲之，奋勇以入之，以我完力击彼微瑕，可以逞矣。所谓瑕者，或乘其骄，或乘其懈，或乘其乱，或乘其劳，有可投焉。指麾①三军，竭力致死，期在必克，深入其阵，无不摧败。强者既摧，余自溃矣。

明·佚名《草庐经略》卷十二，《先击强》

【注释】

① 指麾（huī挥）：指挥。

【译文】

用兵作战之所以有首先攻击强敌的战法，就是击蛇击首的道理。要选择敌人的强点，以我精选的锐卒进攻，奋勇突入，以我的全部力量攻敌微小的瑕疵，这样就可以取胜。所谓瑕疵，就是指或乘其骄傲，或乘其懈怠，或乘其混乱，或乘其疲劳，其中存在可乘之隙。我指挥全部兵力，竭尽全力死战，目的在于必须攻克强敌，深入其阵内，将其彻底击败。敌人的强点被击败，其余各部就不战自溃了。

11. 夫必由之途，敌以严御，吾之大军，自不得进，而可遽退乎？须厚结土人，访其间道，令之导引，潜兵入之。虽山林险塞，跋涉为难，而心腹既入，藩篱自溃。……第冒险深入，与大将既远，非可恃后援也。非死战不胜，非迅速不得，非必得不可。得城得险，在我有凭，敌人闻之，心胆皆碎。腹背击之，势必不支。

明·佚名《草庐经略》卷九，《间道》

【译文】

必须经由的道路已被敌人严密防守，我大军无法前进，难道可以因此退兵吗？必须用丰厚的资财结交当地百姓，察访山林间的小路，让他们做向导，悄悄地派兵深入。即使山林险塞，跋涉困难，但只要深入到敌人的心腹之地，它前面的防守就会崩溃。……但是，派出的部队冒险深入，与大将所率主力相距既然很远，是没有后援可依靠的。所以，非拼命死战就不能胜利，非行动神速就不能成功，非必胜不可。攻得敌城或险塞，我军就有了凭依，敌人听到后，就会惊心丧胆。然后与正面部队腹背夹击，敌人势必不能支持。

12. 邀击者，邀诸途而击之也。敌之志前趋，我之兵从旁出截，彼不意，彼必惊溃。若是，须择地形险阻狭隘之处，潜师密旅，忽击其中，彼前者不能反兵救应，后者不得整旅迎战，虽有大众，不足恃也。

明·佚名《草庐经略》卷十一，《邀击》

【译文】

邀击战法，就是在途中截击敌人。敌人的意图在于急速前进，我军从侧旁突然截击，敌人毫无准备，必然会惊慌溃散。若想做到这一点，必须选择地形险阻狭隘之处，暗暗布下密集的兵力，突然攻击敌人行军队伍的中部，使前面的敌人无法回兵相救，后面的敌人无法全力迎战，敌人即使兵力众多，也是靠不住的。

13. 兵家夹击，欲分其势也。彼势既分，其阵自弱。御前则后不支，御左则右不支，无所不御则无所能支，所以胜也。

明·佚名《草庐经略》卷十一，《夹击》

【译文】

兵家实施夹击，目的是为了分散敌人的势。敌人的势被分散，它的阵势就削弱了。敌人防御前面，后面就难以支持；防御左面，右面就难以支持；到处防御，就到处难以支持，这就是夹击能够取胜的道理。

14. 敌不能猝①胜者，惟②或用牵法也。牵其前，则不能越；牵其后，则莫敢出。敌强而孤，则牵其首尾，使之疲于奔趋；敌狈而倚③，则牵其中交，使之不得相应；大而广，众而散，则时此时彼，使之合则艰于聚，分则薄于守。我乃并军一向，可克也。

清·揭暄《兵法百言·法篇·牵》

【注释】

① 猝：突然，这里是"快"、"迅速"的意思。
② 惟：语首助词，无义。
③ 狈而倚：处境困难而互相依赖。

【译文】

对于不能迅速打败的敌人，有时可用牵制法来对付它。从前面牵制它,使它不能进展;从后面牵制它,使它不敢前出。敌人强大而孤立无援,就牵制它的首尾,使它疲于奔命;敌人处境困难而各部互相依赖,就牵制它的中间,使它们不能彼此策应;敌人占领的地区广阔,兵力众多而分散,就有时牵制这里,有时牵制那里,使之合兵进攻则难于集中,分兵防守就到处薄弱。然后我集中兵力去突击敌人一点,就可以取胜了。

15. 活①有数端:可以久、可以暂者,活于时也;可以进、可以退者,活于地也;可以往、可以来,则活于路;可以磔②、可以转③,则活于机。兵必活而后动,计必活而后行。虽然,活中务严④,严处寻活。无留接⑤是为孤军,无后著⑥是云穷策⑦。

清·揭暄《兵法百言·智篇·活》

【注释】

① 活:指用兵的灵活性。
② 磔(zhé 哲):古代分裂肢体的一种酷刑。这里指分割歼敌。
③ 转:意思是转移兵力以避开敌人的打击。
④ 严:与"活"相对,指严格的作战原则、命令、规定等。一作"紧"。
⑤ 留接:指执行监视或接应任务的机动兵力。
⑥ 后著:指预案。著,通"着(zhāo 招)",策略,计策。
⑦ 穷策:不好的办法,即下策。

【译文】

作战指挥的灵活性有很多方面:可以持久,也可以速决,这是掌握时间上的灵活性;可以前进,也可以后退,这是控制地形上的灵活性;可以往,也可以来,这是选择行军路线上的灵活性;可以分割歼灭敌人,也可以转移兵力避开敌人,这是寻求战机上的灵活性。军队必须有灵活性而后才能行动,计谋必须有灵活性而后才能实施。虽然如此,但在灵活性中必须遵循一定的原则,在原则性的基础上寻求灵活。没有策应兵力的军队就成为"孤军",没有预备方案的策略就是"穷策"。

评 述

古人所谓"野战",是与"城战"相对而言的,即指军队交战于旷野。《墨子·兼爱》中记载:"诸侯不相爱,则必野战。"由于战争中的基本作战行动多发生在野外,野战的胜负往往决定战争全局,因而野战战法也就成为战争中最基本最主要的战法,在古兵法中占有极重要的地位。前篇《制胜之道》所辑各节,一般说来都是从野战角度出发的,野战战法的基本理论原则已含其中。这里仅就野战战法的一些主要作战形式——包围、迂回、奇袭、伏击、邀击、夹击、突围以及正面攻击等等,做了些补充选辑。

综观古人的论述,野战战法的根本特点就是灵活机动、出奇制胜。孙子所谓"十则围之,五则攻之,倍则分之,敌则能战之,少则能逃之,不若则能避之"(《谋攻篇》),所谓"高陵勿向,背丘勿逆,佯北勿从,锐卒勿攻,饵兵勿食,归师勿遏,围师必阙,穷寇勿迫"(《军争篇》),都是指在野战中必须坚持灵活机动的原则。这一思想受到历代兵家的重视,如岳飞所谓"运用之妙,存乎一心"(《宋史》卷三百六十五,《岳飞传》),《兵法百言》所谓"兵必活而后动,计必活而后行"(《智篇·活》)等等,无不把灵活机动视为野战指挥的枢要。至于出奇制胜,更和野战密切相关,从一定的意义上说,没有野战就没有出奇制胜。这个问题前篇已有专节,兹不重复。总之,野战的每一种作战形式都和灵活机动、出奇制胜不可分割地联系在一起,其中常用的作战形式有以下几种。

包围,即四面或三面包围敌人的战法。其根本条件是要具有绝对优势的兵力,即"十则围之"(《孙子兵法·谋攻篇》)。其主要方法是,以包围为主,辅以分割、穿插、迂回、阻敌、打援等战法,方能获最佳战果。如历史上著名的长平之战,秦军就是以包围为主,以其他多种战法相配合,取得号称歼灭赵军四十余万的胜利。

伏击,即设伏歼敌的战法。其最重要的条件是地形,"必于死地"(《六韬·虎韬·动静》)或险阻之处设伏,才能"俾敌不得整阵而战,突出而薄"，以收"掩其不意"（明·佚名《草庐经略》卷七,《伏兵》）之效。还必须知彼知己，深悉敌情，善于佯动、示形、诱敌，才能达成伏击运动之敌的目的。如春秋时秦晋崤之战和战国时齐魏桂陵、马陵之战等，都是如此。

奇袭，即乘敌不备，突然袭击的战法。其主要特点是"攻其无备，出其不意"，因而能收到以寡击众、以弱胜强之效。其主要要求是，"先之以静息，韬之以秘密，出之以神速"（明·佚名《草庐经略》卷七,《袭人》，下同），以求达成突然性，这是成败的关键。一般袭近不袭远，以免敌人"闻而备之"。奇袭在我国古代战争中运用很广，它的一些基本要领直到现代仍被运用着。

正面攻击，即对敌实施正面强攻的战法。这一战法的运用有二：一是优势条件下，但兵力不足以包围敌人，遂以正面强攻歼灭或击败敌人，即孙子所谓"五则攻之"（《孙子兵法·谋攻篇》）；二是均势或劣势条件下，因某种情况势所必战，则击敌中坚，"竭力致死，期在必克"（《草庐经略》卷十二,《先击强》），以求一胜。不论哪种情况，实施正面强攻的要求是，"将必晓，士必勇，心必一，气必锐"（同上，卷十二,《突击》），并善于乘敌之隙，"击彼微瑕"（同上，卷十二,《先击强》），方能获胜。

例　证

明崇祯十四年（1641年）九月至次年闰十一月，李自成在中原地区同明王朝展开大规模战略决战。明廷连续调集以陕西边防部队为主的全国部队围剿起义军，李自成实施灵活机动的野战战略，先后五歼明军。第一次是项城（今河南项城南）之战，李自成用佯渡洪河、暗设伏兵的策略，诱歼明军统帅、兵部侍郎兼陕西三边总督傅宗龙。第二次是襄城（今属河南）之战，李自成用舍近打远、突然袭击的策略，一举歼灭明军统帅、陕西总督汪乔年。第三次是朱仙镇（今河南开封南）之战，李自成用欲擒故纵、驱敌入伏的策略，给了明军主力左良玉部以歼灭性的打击，左良玉仅以身免。第四次是柿园之战，李自成在郏县（今属河南）不慎中伏，但用委利惑敌、乘乱而击的策略，反败为胜，大破明军统帅、陕西总督孙传庭，歼敌数万。第五次是汝宁（今河南汝南）之战，李自成用先弱后强、各个击破的策略，全歼明军在河南地区的最后一支武装力量，生擒明军统帅、保定总督杨文岳。李自成五歼明军，战法各不相同，充分体现了灵活机动、出奇制胜的原则，创造了野战史上光辉的一页。

第三节　城战战法

1. 今之世常所以攻者：临①，钩②，冲③，梯④，堙⑤，水⑥，穴⑦，突⑧，空洞⑨，蚁傅⑩，轒辒⑪，轩车⑫。

《墨子·备城门》

【注释】

① 临：指居高临下的攻城法。

② 钩：爬城的器械，用以钩住城垣，攀援而上。这里指以钩爬城的攻城法。

③ 冲：冲车，是用于攻城的战车。这里指以冲车攻城的攻城法。

④ 梯：即云梯。这里指使用云梯攻城的攻城法。

⑤ 堙（yīn 因）：堵塞。这里指填平壕沟以便靠近城垣发起冲击的攻城法。

⑥ 水：这里指引水灌城的攻城法。

⑦ 穴：打洞。这里指在城垣下打洞的攻城法。

⑧ 突：指突然袭击的攻城法。

⑨ 空洞：地道。这里指打地道通入敌城内的攻城法。

⑩ 蚁傅：指士兵爬城而上的攻城法。"蚁傅"即《孙子兵法·谋攻篇》所谓"蚁附"，"傅"通"附"。

⑪ 轒（fén坟）辒（wēn温）：古代用于攻城的四轮车。这里指用轒辒攻城的攻城法。

⑫ 轩车：一种八轮车，车上高悬板屋用以窥探城中动静，又名楼车、巢车。这里指以轩车观察敌情、指挥部队攻城的攻城法。

【译文】

当今之世经常用以攻城的方法有：临法，钩法，冲法，梯法，堙法，水法，穴法，突法，空洞法，蚁附法，轒辒法，轩车法。

2. 我城池修，守器具，樵①粟足，上下相亲，又得四邻诸侯之救，此所以持也。

《墨子·备城门》

【注释】

① 樵：木柴。

【译文】

我方把城池修整好，守城器械准备齐全，柴草和粮食储备充足，做到君民上下和睦，又能得到四方邻国的救援，这就是坚持守城的条件。

3. 凡守者，进不郭圉①，退不亭障②以御战，非善者也。豪杰雄俊，坚甲利兵，劲弩强矢，尽在郭中，乃收窖廪③，毁折而入保，令客气十百倍，而主之气不半焉。敌攻者，伤之甚也。

《尉缭子·守权》

【注释】

① 郭圉：外城边沿。郭，外城。圉（yǔ雨），边境，城郊。

② 亭障：边塞要地设置的堡垒。亭，险要处筑设的瞭望台。障，边境险要处构筑的城堡。

③ 窖廪：收藏什物的地窖和仓库。廪（lǐn凛），仓库。

【译文】

　　凡是防守的军队，进不在外城边沿迎战敌人，退不在城邑附近设置堡垒抵御敌人，这是不妥当的。把英雄豪杰、精锐部队、优良兵器全都配置在城内，同时收集城外地窖仓库的粮食财物，拆毁城外房屋，退保城垣，（这种消极防御的做法）会使进攻之敌气焰十倍百倍地嚣张，而守城者士气不及进攻者的一半。敌人一旦来攻，守军就会遭受重大伤亡。

　　4. 攻者不下十余万之众，其有必救之军者，则有必守之城；无必救之军者，则无必守之城。

《尉缭子·守权》

【译文】

　　攻城者不下十余万大军，守城者如果有必定来救的援军，就必然能守住城池；如果没有必定来救的援军，就必然不能守住城池。

　　5. 十万之军顿于城下。救必开之，守必出之。

《尉缭子·守权》

【译文】

　　十万敌军围困于城下，援军必须打开重围，守军必须主动出击。

　　6. 凡攻城围邑，车骑必远，屯卫警戒，阻其外内。中人[①]绝粮，外不得输，城人[②]恐怖，其将必降。

《六韬·虎韬·略地》

【注释】

　　① 中人：这里指城中守军。
　　② 城人：这里泛指城中军民。

【译文】

凡是攻城围邑，要把战车和骑兵配置在离城较远的地方，担任攻城部队的守备和警戒，以利阻敌援军切断其内外联系。这样，守城之敌断了粮食，城外的粮食无法输入，城内军民惶恐不安，敌将必然投降。

7. 无地固①，城郭恶，无畜②积，财物寡，无守战之备而轻攻伐者，可亡也。

《韩非子·亡征》

【注释】

① 无地固：无地形之固，犹言没有险要的地形。
② 畜：通"蓄"。

【译文】

没有险要的地形，城郭不坚固，没有充足的储备，财物很少，没有防守作战的准备而轻易发动战争的国家，可能灭亡。

8. 垒高土厚，城坚沟深，粮实众多，地形阻险，所谓无守而无不守也。故曰："善守者，敌不知其所攻。"①

清·汪宗沂辑《卫公兵法》下卷，《攻守战具》

【注释】

① 善守者，敌不知其所攻：语出《孙子兵法·虚实篇》。参见第四章第十一节第 2 条。

【译文】

堡垒高而土层厚，城墙坚而堑壕深，粮食足而兵众多，地形狭隘而险要，这就是所谓的看似没有防守，而实际上无处不可防守。所以说："善于防御的人，敌人不知道从哪里进攻。"

9. 城之不可守者：大而人少；小而众多；粮寡而柴水不供；垒薄而攻具①不足；土疏地下②，灌溉可泛；邑阙③人疲，修缉④未就。凡若此类，速徙之。

清·汪宗沂辑《卫公兵法》下卷，《攻守战具》

【注释】

① 攻具：坚固而精良的武器装备。这里指守城器械。攻，坚固，精良。
② 土疏地下：土质疏松，地势低下。
③ 邑阙：意谓城墙破损。阙，通"缺"，缺口。
④ 修缉：修补。缉（jī 击），缝补。

【译文】

不可固守的城邑有以下情况：城大而人少；城小而人多；粮食缺少而且柴草水源不足；防御工事薄弱而且坚固精良的守城器械不多；土质疏松地势低下，放水浇灌即能淹没；城墙破损人员疲困，修补整顿尚未完成。凡属上述种种情形，应立即弃城转移他处。

10. 凡欲攻城，备攻具然后行之，得生地①然后临之。趋其所邑②，谓攻其军主③之所在；绝其所恃，谓断其粮道而守其归路，使外交不得相救也。

宋·曾公亮等《武经总要》前集卷十，《攻城法》

【注释】

① 生地：有利地势、地形。
② 邑：百姓聚居的城镇，此处可理解为兵力集结的地域。
③ 军主：军队的主将、主帅。

【译文】

凡想攻城，要先准备好攻城器材然后再进攻，先占据有利地形然后再接近敌城。要指向敌兵力集结地域，就是进攻敌军主将所在之处；要断绝敌人所依赖的条件，就是断绝其粮道并控制其退路，使敌人城外的援军无法来救应。

11. 守中有攻，可谓善守城者也。

宋·陈规《守城录》卷一，《〈靖康朝野佥言〉后序》

【译文】

在防守中有进攻，才可称得上是善于守城的人。

12. 大抵守城常为战备①，有便利则急击之。

宋·陈规《守城录》卷二，《守城机要》

【注释】

① 战备：这里指进攻围城之敌的准备，亦即反攻的准备。

【译文】

大致说来，守城应经常做好进攻的准备，一旦出现有利时机就立即发起反攻。

13. 凡围战之道，围其四面，须开一角，以示生路，使敌战不坚，则城可拔，军可破。法曰："围师必缺。"①

宋·佚名《百战奇法·围战》

【注释】

① 围师必缺：语出《孙子兵法·军争篇》，传本"缺"作"阙"，二字通用。参见本章第二节第2条。

【译文】

大凡围攻城邑之法，从四面实施包围，必须开其一角，给敌人显示一条生路，动摇其坚守决心，这样，就可以攻克其城邑，击破其军队。

正如兵法所说:"包围敌人要虚留缺口。"

14. 守城者譬之守器,当谨防损伤。若防之不固,致使缺坏,则器为废器,守者亦不得无责矣。

《明太祖宝训》卷五,《谕将士》

【译文】

防守城池的人譬如守卫宝器,应当谨慎防止它损坏伤残。如果防守不坚固,致使它残缺损坏,那么宝器就会成为废器,防守的人也就不能说没有责任了。

15. 以城为可恃,则古有不破之城乎?以城为不可恃,则古有必破之城乎?亦在乎守城之人何如耳。

明·郑若曾《筹海图编》卷十二,《严城守》"丹阳邵芳云"条

【译文】

认为城池是可以依赖的,那么历史上有能够不被攻破之城吗?认为城池是不可以依赖的,那么历史上有必然被攻破之城吗?总之,在于守城之人如何罢了。

16. 善守者,必以城视①地,以人视城,以粟视人,三相视而墨翟之卫宋②,可得而言矣。何谓以城视地?盖无不备则无不寡,乌得城城而守之?必守一处,足以保障数十处;扼一里,足以牵制数百里,斯能视地矣。

明·郑若曾《筹海图编》卷十二,《严城守》"丹阳邵芳云"条

【注释】

① 以城视地:用城池控制地域。视,本义是"看",这里有控制、考

察、管理的意思。

②墨翟之卫宋：事见《墨子·非攻》。公输般为楚王造了云梯，准备攻宋。墨翟劝说不成，便同公输般在楚王面前表演攻守的技巧。公输般九设攻城机变，墨翟九次拒退之。同时墨翟又派遣弟子带着守城工具在宋城加强了防御，于是楚王被迫打消了攻宋的企图。

【译文】

善于防守的人，必须根据守城的情况控制地域，根据兵力众寡规划守城，根据粮食多少安排兵力。城池、兵力、粮食这三方面都结合得好，然后才谈得上像墨翟保卫宋国那样防御。什么叫根据守城的情况控制地域呢？因为无所不备，兵力就无所不寡，怎么能每个城都防守呢？必须坚守一处，足以保障数十处的安全；扼守一里，足以牵制数百里之地，这样才能做到有效地控制地域。

17. 自古用兵非执于一，攻之中有守，守之中有攻。攻而无守则为无根，守而无攻则为无干。且一城之中不下数万家，若定守之而不外攻，围困日久，食尽兵罢①，寇虽不攻，而我亦自溃矣，安用其守乎？凡寇攻城不过数次甚急，捍御已过，寇亦必怠，乘其怠而悬兵②夜出，负炮偷营，寇亦挠乱，自救之不暇，而何暇攻我？若狷③焉定守，寇知我兵虚实，并力夹攻，旷日不解，而援兵不至，则我坐守以待毙，无益也。

明·郑若曾《筹海图编》卷十二，《严城守》"举人王文禄云"条

【注释】

① 罢：通"疲"。

② 悬兵：本义是孤军深入，这里指派少数兵力出击。

③ 狷（juàn 绢）：本指洁身自好，这里有固执不变之义。

【译文】

自古用兵打仗不能固执一端，在进攻中要有防守，防守中要有进攻。

有攻而无守，就没有根基；只守而不攻，就没有主干。一城之内不下数万户人家，如果死守而不出击，久困之后粮尽兵疲，即使敌人不攻城，我方也会自己溃散，那还用守城做什么呢？凡是敌人攻城，猛烈的攻势不过数次，这几次猛烈攻势被抵挡过去之后，敌人也就必然懈怠了，乘其懈怠，派少数兵力夜间出击，带炮偷袭敌营，敌人会被打乱，自救不暇，哪里还顾得上进攻我呢？如果固执不变地死守城池，敌人了解到我军的虚实，集中兵力围攻，久困不解，援兵又不能到来，就会使我陷入坐守待毙的窘境，有害无益。

18. 城一也，有关系一方之利害，有关系数十里、数百里之利害者。关系一方之利害者，一守令①慎之而足矣，此守领之事也。关系数十里、数百里之利害者，岂宜以一守令支之乎？为将帅者，须提重兵以镇之，合群帅以援之。其城无恙，则敌人不敢越此而他攻，即有所攻，亦无关系，而非敌之所必欲取以为巢者矣。是所守者虽一城，而所庇者，吾不知其若干城也。此将帅之事也。若为将者，不论城之轻重缓急，而漫焉以居之，其身之所居则力为之救，而其所不居者，虽有关系亦听贼攻取，万一失守，则枢要为贼所握，而其余所守皆无用也。曾是为善守城乎？

明·郑若曾《筹海图编》卷十二，《严城守》"郑若曾按"

【注释】

①守令：这里指明代守边的将官，不是指一般行政地方官。明代守边将官分五等，总镇一方的叫镇守，协同主将的叫协守，独镇一路的叫分守，各守一城一堡的叫守备。本文此处的"守令"及下文的"守领"，是指相当于守备一类的将官。

【译文】

城虽然只是一座，有的只关系到一地的安危利害，有的关系到数十里、数百里地区的安危利害。只关系一地安危利害的城池，派一个守领谨慎设防就足够了，这是守领的事。关系数十里、数百里安危利害的城池，怎么能由一个守领去负责呢？作为主将，（对于这样的城池）必须亲率重兵来镇守，并联合各路守将进行策应。这样的城池安全无恙，敌人就不敢绕过它去进攻别处。即使进攻别处，也无关紧要，因为那不是敌人志在必得的久据之地。这样，我们防守的虽然是一座城池，但受它所保护的地方，我真不知道有多少城池。防守这样的城池，就是主将的责任。如果作为主将，不考虑各个城池地位和形势的轻重缓急，而随意找一座城池来镇守，对于他自身驻守的城池，就尽力防守和救援；对于他驻守以外的城池，即使关系重大也听任敌人去攻取，万一失守，关键的地方就被敌人占据，其余所守之城都会失去作用。这样做，还算是善于守城吗？

19. 善攻者，破其所恃则势孤，执其所爱则计失，解其腹心则体溃，告以兵威则胆裂，示以俘囚则气夺。俟其既困，然后举兵以从之，而敌之城可拔也。

明·西湖逸士《投笔肤谈》上卷，《持衡》

【译文】

善于攻城的人，粉碎敌人所依靠的援军，就会使它势孤力寡；囚禁敌人的亲信，就会使它无计可施；分化敌人的心腹，就会使它整体崩溃；向敌人宣扬我军的声威，就会使它胆战心惊；向敌人展示我军所获的战俘，就会使它士气沮丧。等到敌人已经陷入困境，然后发动进攻，敌城就可以攻破了。

20. 至于攻城，当观其势。势可下，则令兵攻之，否则勿攻。倘攻之不拔而回，反损兵矣。夫不劳兵力而克敌者，是擅知巧谋略[①]，诚为三军之主帅。若劳兵力，虽胜何益？

《清太祖武皇帝实录》卷二，天命三年四月

【注释】

① 擅知巧谋略：长于运用智谋策略。知，通"智"。

【译文】

至于攻城，应当先观察敌我的形势。形势有破城的可能，就命令军队进攻，否则就不要攻。如果攻城未克而撤退，反而会损兵折将。不使自己的兵力受损失而战胜敌人的，是长于运用智谋策略的人，是真正的三军统帅。如果损失兵力，即使胜利了，又有什么好处呢？

评 述

城战即攻城与守城。在冷兵器为主的古代，高城深池是难以克服的障碍，故早期兵家每以攻城为下策。但随着社会生产力的发展，城邑的战略地位逐渐提高。有些城邑系一国或一地的政治、经济、军事中心，势所必争，因而往往演成战争中最艰苦之役。城战虽难，但攻守各有其道，有一攻城之法则必有一守城之方，有一守城之策则必有一攻城之术，不惟攻者有顿兵坚城之虞，守者亦有久困自弊之忧，二者乃是辩证的统一。正如《筹海图编》所云："以城为可恃，则古有不破之城乎？以城为不可恃，则古有必破之城乎？"关键在于"守城之人何如耳"（卷十二，《严城守》"丹阳邵芳云"条）。

就攻城而言，古人十分重视强攻与智取的结合。其手段有多种多样，如先歼敌于野战，然后临城降之；先诱敌出战，然后乘势取之；先结好内应，然后内外夹击；先做好攻城准备，然后声东击西，乘隙突袭；还有"围其四面，须开一角，以示生路，使敌战不坚"（宋·佚名《百战奇法·围战》），然后拔之；以及佐以水攻、火攻，等等，目的在求速克，以免顿兵坚城，日久生变。一旦不能速克，必要时则长围久困。久困必须集中绝对优势的兵力，以防敌突围，断敌粮道，歼敌援兵，陷敌于自毙；同时广施攻心之术，如"执其所爱则计失，解其腹心则体溃，告以兵威则胆裂，示以俘囚则气夺"（明·西湖逸士《投笔肤谈》上卷，《持衡》），以求尽早取胜。古人还指出，攻城必量力而行，要"观其势。势可下，则令兵攻之，否则勿攻"，力争"不劳兵力而克敌"(《清太祖武皇帝实录》卷二,天命三年四月)。

　　至于守城,古人的论述极多,要之有三:一是要有充分的准备。如"垒高土厚,城坚沟深,粮实众多"(清·汪宗沂辑《卫公兵法》下卷,《攻守战具》),以及坚甲利兵,完备的守具,严密的组织,坚强的决心,军民的广泛动员,等等。这样才能挫败强敌于坚城之下。二是要有整体的布局。使守城与守险结合起来,前方与后方结合起来,主要城邑与次要城邑结合起来,关系到战略安危之城则以大将"提重兵以镇之,合群帅以援之"(明·郑若曾《筹海图编》卷十二,《严城守》"郑若曾按")。这样才能形成一国、一地或一军的整体防御威力,使守城者有强大的后盾和应援,以利长期坚守。三是要守中有攻,积极、主动、灵活地打击敌人。这是守城战的根本指导思想。古代兵家早就批判过那种"进不郭围,退不亭障以御战"(《尉缭子·守权》),单纯依赖城池的消极防御思想。反复指出,"守城常为战备,有便利则急击之"(宋·陈规《守城录》卷二,《守城机要》),"守中有攻,可谓善守城者也"(同上,卷一,《〈靖康朝野佥言〉后序》)。唐代安史之乱中的睢阳保卫战,张巡以不满万人之众,抗击数十倍于己之敌,运用坚守与出击相结合的战法,守城达十个月之久,歼敌达十余万之多,就是"守中有攻"的巨大胜利。

例　证

　　南宋绍兴十年(1140年)五月,完颜宗弼率金兵大举南下。宋将刘锜率兵不满二万,为了屏蔽江淮,刘锜与擅长守城的顺昌知府陈规会商,决心依托顺昌(今安徽阜阳)背城一战。二十五日,金兵前锋距顺昌三十里扎营,刘锜乘敌不意,以千人夜袭,首战告捷。二十九日,金兵三万余人迫临城下,刘锜大开城门,乘敌迟疑不敢冒进之机,突然出击,大败金兵。六月初二,刘锜又以五百勇士夜袭金营,再挫金兵。初十,完颜宗弼率十余万铁骑猛攻东、西城门,刘锜严守不出。时值盛暑,金兵身着铁甲,至中午即疲惫不堪。下午,刘锜以数百人出西门佯攻,以五千精兵潜出南门，攻击金兵侧翼，歼敌五千余人。当晚，天降大雨，平地水深尺余，刘锜又乘雨夜袭，重创金兵。刘锜还于颍水上游和草中施毒，使金兵人马多中毒病倒。六月十二日，完颜宗弼被迫撤兵，顺昌围解。刘锜、陈规之所以能取得顺昌保卫战的巨大胜利，关键是善于利用敌人不惯炎热、不习夜战、不善攻城的弱点，以攻为守，主动出击，深得守城之道。

第四节　特种条件下的战法

1. 绝①山依谷，视生处高②，战隆③无登④，此处山之军也。

《孙子兵法·行军篇》

【注释】

① 绝：横渡，穿越。

② 视生处高：选择向阳的高地。生，向阳之地。曹操注："生者，阳也。"

③ 隆：一作"降"。

④ 登：登高，这里指仰攻。

【译文】

部队通过山地时要靠近有水草的谷地，驻止时要居高向阳，与敌人战于高地时不要仰攻。这就是在山地作战的处置原则。

2. 凡行军越过山险而阵，必依附山谷，一则利水草，一则附险固，以战则胜。法曰："绝山依谷。"①

宋·佚名《百战奇法·谷战》

【注释】

① 绝山依谷：语出《孙子兵法·行军篇》。参见本节第1条。

【译文】

凡是行军作战，当穿越险要山地而布设营阵时，必须依托山谷，一方面有水草可资利用，一方面可以凭险固守，这样对敌作战，就能打胜仗。正如兵法所说："通过山地时要靠近有水草的谷地。"

3. 战于山者，必据高阳①，利粮道，就水草。仍处其阳而备其阴，处其左而备其右，处其右而备其左。夫水草便则敌不能困，备御周则敌不能袭，高阳据则我势自强。长戟修矛、强弩飞石，乘高陵下，威自百倍矣。

明·佚名《草庐经略》卷十一，《山战》

【注释】

① 高阳：向阳高地，即制高点。

【译文】

在山地作战，必须占据制高点，要保持补给线畅通，并且要靠近有水草的地方。兵力部署原则是：主力配置在山的阳面，阴面也要加强戒备；配置在山的左方，右方也要加强戒备；配置在山的右方，左方也要加强戒备。水草便利，敌人就不能困住我；戒备周密，敌人就不能偷袭我；占据了制高点，我的态势就自然强而有力。使用长戟长矛，发射强弩飞石，居高临下地打击敌人，威力会增加百倍。

4. 绝水必远水①；客②绝水而来，勿迎之于水内，令半济③而击之，利；欲战者，无附于水而迎客；视生处高，无迎水流，此处水上之军也。

《孙子兵法·行军篇》

【注释】

① 绝水必远水：指渡过江河后，要在远离河流之处驻扎，以利进退

回旋。

②客：这里指进攻之敌。

③半济：即半渡，一部分人过了河，一部分人还没有过河。

【译文】

部队横渡河川，要在离江河稍远的地方驻扎；如果敌军要渡河前来进攻，不要在河流中迎击它，而要乘敌人部分已渡、部分未渡之机予以攻击，这样才有利；要想与敌人交战，不要靠近岸边列阵迎敌；驻军要居高向阳，不可面迎水流。这就是在江河地区作战的处置原则。

5. 涉水为兵家之至险，半渡可击见于书，半济而击详于法。故分兵而涉，则过路多而敌无御我之谋；合兵而涉，则过路少而我无绝敌之策。此分渡之法不可不讲也。然其妙有二：兵多地广，分一为十，使对敌一军先至水次而不得渡，敌军必相持于水岸，而又不容吾军急涉，即佯与交锋于水之两傍，使其余去敌差远九军急涉彼岸，直冲敌军之后，与敌激战，待其反顾而拒我九军，则吾对敌之军可不战而自涉矣。……故分涉之妙，后涉之兵先发，先涉之兵后发。

宋·华岳《翠微先生北征录》卷六，《治安药石·分渡》

【译文】

渡河作战是兵家认为最危险的事，"半渡可击"曾屡见于史书，"半济而击"曾详载于兵法。所以说，分散兵力渡河，就会由于渡口多而使敌无法防御我之谋；集中兵力渡河，就会由于渡口少而使我无破敌之策。正因如此，分渡之法是不能不研究的。然而，分渡之法的奥妙有二：在兵多地广的情况下，我军可一分为十，先派面对敌人的一部抵达河岸而不过河，敌军必然集结于对岸与我相持，并制止我军渡河。（这时）我军面对敌人的一部同敌人佯战于河两岸，而让其余离敌稍远的九部迅速渡到对岸，直冲敌人的后方，与敌激战。等到敌人调过头去阻击我军已渡河的九部时，我军面对敌人的一部就可以不战而渡河了。……因此，分兵渡河的秘诀是，后渡河的部队要先出发，先渡河的部队要后出发。

6. 凡与敌阻水相拒，我欲远渡，可多设舟楫①，示之若近济，则敌必并众应之，我出其空虚以济。……法曰："远而示之近。"②

宋·佚名《百战奇法·远战》

【注释】
① 楫（jí 吉）：船桨。
② 远而示之近：语出《孙子兵法·计篇》。参见第四章第四节第2条。

【译文】
凡与敌人隔河对峙，我企图从远处渡河击敌，就可以在正面多设置船只，伪装成要从近处渡河的样子，敌人必然集中兵力在正面防备，这样，我就可以从敌人兵力空虚的地方渡河。……正如兵法所说："实际要向远处，却装成要向近处的样子。"

7. 凡与敌夹水为阵，我欲攻近，反示以远，须多设疑兵，上下远渡，敌必分兵来应，我可以潜师近袭，其军可破。法曰："近而示远。"①

宋·佚名《百战奇法·近战》

【注释】
① 近而示远：语出《孙子兵法·计篇》，原文为"近而示之远"。参见第四章第四节第2条。

【译文】
凡与敌人隔水布列阵势，我企图从近处渡河击敌时，反而要伪装成从远处发动进攻。为此，必须多派遣一些士卒作为迷惑敌人的疑兵，在河流上下游的远处摆出渡河的样子。这样，敌人必然会分散兵力来应付，我便可以秘密出兵从近处袭击敌人，敌人就可以被打败。正如兵法所说："实际要向近处，却装成要向远处的样子。"

8. 凡与敌战，或岸边为阵，或水上泊舟，皆谓之水战。若近水为阵者，须去水稍远，一则诱敌使渡，一则示敌无疑。我欲必战，勿近水迎敌，恐其不得渡。我欲不战，则拒水阻之，使敌不得济。若敌率兵渡水来战，可于水边伺其半济而击之，则利。法曰："涉水半渡可击。"①

宋·佚名《百战奇法·水战》

【注释】

① 涉水半渡可击：语出《吴子·料敌》。

【译文】

大凡对敌作战，或者在河边部署兵阵，或者在水面排列战船，都叫做"水战"。如果在河岸附近设阵，必须离水稍远一点，这样，一来可以诱使敌人渡河，二来可使敌人放心不疑。假如我军打算与敌人决战，就不要在靠近水边处布兵迎敌，怕的是敌人不敢来渡河。我军不想与敌人决战，就临水布兵阻截敌人，使其不能渡河。如果敌人强行渡河来战，我军可在水边等待敌人渡过一半兵力时发起攻击，这样有利于取胜。正如兵法所说："敌人兵力渡河一半的时候，可以乘机攻击。"

9. 林战之法，率我矛、戟，相与为伍。林间木疏，以骑为辅，战车居前，见便则战，不见便则止。林多险阻，必置冲阵①，以备前后。三军疾战，敌人虽众，其将可走。更战更息，各按其部。是谓林战之纪②。

《六韬·豹韬·林战》

【注释】

① 冲阵：即"四武冲阵"。《六韬·犬韬·战步》中说，将牛车、马车集中起来编队，并装备大量行马（拒马）、木蒺藜，即可列成"四武冲阵"。

② 纪：法度，准则。

【译文】

森林地带作战的方法：应将我军装备有矛、戟的士卒编为混合小分队。如森林中树木稀疏，就以骑兵辅助作战，把战车配置在前面，发现有利的情况就打，没发现有利情况就不打。如森林中有许多险阻地形，就必须设置"四武冲阵"，以防备敌人袭击我军前后。战斗时军队一定要猛打，敌人即使众多，敌将也会率军逃遁。部队要轮番作战、轮番休息，各按编组行动。这就是森林地带作战的一般原则。

10. 林战，……必须速谨出入，各备短兵。斩木开道，便利我行。毒弩烈火，迭进互更。审向察道，妙在晦冥[①]。左右前后，远索敌情。半伏半击，犷猤腾凌[②]，敌虽有见，莫得我形。

明·何良臣《阵纪》卷四，《山林泽谷之战》

【注释】

① 晦冥：昏暗，阴沉。
② 犷猤腾凌：勇猛灵活。犷（guǎng 广）猤（jì 季），壮勇猛悍。腾凌，轻捷灵活。

【译文】

森林地带战斗，……必须迅速谨慎地出入，人人手持短兵。要砍伐树木，开辟道路，以便利我军的行动。要使用带毒的强弩和火攻手段，各部队交替掩护前进。要辨别好方向，侦察好道路，妙在昏暗中行动。左右前后，都要远距离搜索敌情。战法上要伏击和突击相结合，战斗要勇猛灵活。敌人即使有所发现，也摸不清我的真实情况。

11. 朕亲历行间[①]，塞外情形知之甚悉，自古以来所谓难以用兵者是也。其地不毛，间或无水，至瀚海[②]等沙碛[③]地方，运粮尤苦，而雨水之际，樵爨[④]颇难。区画[⑤]不周，岂可妄动！……凡有可用兵之地，必详察行道水草，全备马驼粮糗[⑥]等物，然后起程。

《清圣祖实录》卷一百八十，康熙三十六年二月癸巳

【注释】

① 行（háng 杭）间：行伍之间，即军中。

② 瀚海：北海，在蒙古高原东北。

③ 沙碛：沙漠。碛（qì 气），浅水中的沙石，又指不生草木的沙石地。

④ 樵爨（cuàn 窜）：打柴做饭。

⑤ 区画：筹划，安排。

⑥ 糗（qiǔ 秋上声）：干粮。

【译文】

我亲身经历了军中生活，对塞外的情形知道得很详尽，自古以来所谓难以用兵的地方就是那里。那些地方土地贫瘠，不生植物，有的地方还没有水，到了瀚海等沙漠地方，运粮更为劳苦，而当下雨的时候，打柴做饭非常困难。如果谋划不周密，怎么可以妄动呢！……凡有可以用兵的地方，必须详细考察行军道路和水草等条件，准备齐全马匹、骆驼、粮草等物资，然后才可以启程。

12. 凡与敌昼战，须多设旌旗以为疑兵，使敌莫能测其众寡，则胜。法曰："昼战多旌旗。"①

宋·佚名《百战奇法·昼战》

【注释】

① 昼战多旌旗：语出《孙子兵法·军争篇》。原指白天作战要用旗帜作为指挥部队的一种信号，这里借用为迷惑敌人的一种手段。

【译文】

凡在白天与敌人作战时，必须多设旗帜作迷惑敌人的疑兵，使敌人无法判明我军的多少，这样就能取得胜利。正如兵法所说："白天作战要多设旗帜。"

13. 凡与敌人夜战，须多用火鼓，所以变乱敌之耳目，使其不知所以备我之计，则胜。法曰："夜战多火鼓。"①

宋·佚名《百战奇法·夜战》

【注释】

① 夜战多火鼓：语出《孙子兵法·军争篇》。原指夜间作战要用火光和鼓声作为指挥部队的一种信号，这里借用为扰敌视听的一种手段。

【译文】

凡在夜间与敌人作战，必须多用火光和鼓声，以此来扰乱敌人的视听，使敌人想不出防备我军进攻的办法，这样就能取得胜利。正如兵法所说："夜间作战要多用火光和鼓声。"

14. 古之名将，每出夜奇，谓锐寡可以破坚众，而疑伏足以懾方张也。故夜战之法：或伏或邀，或聚或散。发号即行，起炮①便战，金②之即止，鼓③之倏进，掌笛④队分，吹角⑤阵变。必得乡导，益以火鼓⑥，乱敌部伍。一疾一徐，动静按机，使敌莫知我之去处，亦莫知我之分移。敌如静固，则巧致其疲；敌或躁乱，则直入不疑。凡夜，以车为壁，以步为守，以骑为候，筹箭暗支⑦，灯炬有制⑧，耳目素明，号令娴习。然夜战之卒，非泼⑨胆精锐不可，非号令素行不可。夜战之将，非果敢忾⑩壮不可，非变通圆神不可。

明·庄应会《经武要略》正集卷五，《兵法》

【注释】

① 炮：这里指号炮。

② 金：这里指金属制的锣类器物，是古代作战指挥手段之一，鸣金即收兵回营。

③ 鼓：一种击打乐器，古代作战指挥手段之一，擂鼓便进攻。

④ 笛：管形乐器。这里用作队形变换的信号。

⑤ 角：古代军中的一种乐器。这里用作阵势变换的信号。

⑥ 益以火鼓：增加火光和鼓声。意为设置疑兵。

⑦ 筹箭暗支：识别的凭证秘密发给。筹箭，古代军中的识别凭证。暗支，秘密发给。

⑧ 灯炬有制：灯光信号有严格管制。

⑨ 泼：有魄力，大胆。

⑩ 忾（kài 慨_{去声}）：愤恨，气忿，这里可理解为坚决的意思。

【译文】

古代的名将，常利用暗夜出奇制胜，认为使用少数精锐的兵力，可击破众多坚强的敌人，使用疑兵伏兵足以慑服气焰嚣张的敌人。所以夜战的方法：或伏击，或截击，或集结，或分散。发令即行动，放炮便开战，鸣金就收兵，擂鼓则疾进，闻笛声要队形散开，吹号角要转换阵势。还必须利用向导，多设疑兵，扰乱敌人。行动上或快或慢，或动或静，都要选择时机，使敌人无法知道我的攻击方向，也不晓得我的分合转移。敌人如果沉着稳定，我就巧妙地使他疲惫；敌人如果急躁混乱，我就毫不犹疑地攻击他。凡是夜战，要用战车作壁垒，以步兵担任防守，以骑兵进行侦察，识别凭证要秘密发给，灯光信号要严格管制，情况要明了，号令要熟习。然而，参加夜战的士兵，非大胆精锐不可，非平时能严格执行号令不可。参加夜战的将领，非果敢坚决不可，非机智灵活不可。

15. 凡火攻有五：一曰火人，二曰火积①，三曰火辎②，四曰火库③，五曰火队④。行火必有因⑤，烟火⑥必素具。发火有时，起火有日。时者，天之燥也；日者，月在箕、壁、翼、轸⑦也。凡此四宿者，风起之日也。

《孙子兵法·火攻篇》

【注释】

① 火积：焚烧敌人的粮草积蓄。

② 火辎：焚烧敌人的辎重。辎，装备、车辆等军用物资。

③ 火库：焚烧敌人的仓库。

④ 火队：焚烧敌人的粮道。队，通"隧"，山谷中险阻的道路。这里指粮道。

⑤ 因：凭依，这里指实施火攻的条件。

⑥ 烟火：指放火器材，如艾蒿、荻苇、柴草、膏油之类。

⑦ 箕、壁、翼、轸：星宿名称，是古代二十八宿中的四个星宿。古人认为月亮运行到这四个星宿位置时多风。今天看来并无科学根据，系经验之谈。

【译文】

大凡火攻有五种：一是火烧敌军人员，二是火烧敌军粮草，三是火烧敌军辎重，四是火烧敌军仓库，五是火烧敌军粮道。实施火攻必须有一定的条件，火攻器材必须平时准备好。放火有一定的天时，起火有一定的日期。天时，就是气候干燥的时候；日期，就是月亮经行箕、壁、翼、轸四个星宿位置之时。月亮经行这四个星宿的时候，就是起风的日子。

16. 凡火攻，必因五火之变①而应之。火发于内，则早应之于外。火发兵静者，待而勿攻，极其火力，可从而从之，不可从而止。火可发于外，无待于内，以时发之。火发上风，无攻下风。昼风久，夜风止②。凡军必知有五火之变，以数③守之。

《孙子兵法·火攻篇》

【注释】

① 五火之变：五种火攻引起的情况变化。五火，指上文所述"火人"、"火积"、"火辎"、"火库"和"火队"。

② 昼风久，夜风止：白天风刮久了，夜晚就会停止。这是古人总结出的气象认识，至今俗谚中仍然有"狂风怕日落"的说法。

③ 数：指天象变化的规律及其应变之法。

【译文】

凡用火攻，必须根据五种火攻的情况变化，派出兵力加以策应。从敌营内部放火，就要及早派兵从外部策应。火已烧起而敌军仍然保持镇静的，要观察等待而不要进攻，让火力发挥到极点，可以进攻就进攻，不可以进攻就中止。火也可以从敌营外面放起，那就无须等待内应，要及时发起火攻。火发于上风，不要从下风的方向进攻敌人。白天风刮久了，夜间就会停止。军队必须懂得五种火攻的变化，掌握其规律和方法。

17. 凡战，若敌人居近草莽，营舍茅竹，积刍聚粮，天时燥旱，因风纵火以焚之，选精兵以击之，其军可破。法曰："行火必有因。"①

宋·佚名《百战奇法·火战》

【注释】

① 行火必有因：语出《孙子兵法·火攻篇》。参见本节第15条。

【译文】

凡作战时，如果敌人驻地靠近草莽地带，用茅竹搭盖营房，把大批粮草堆放一起，加之气候干燥，就可以乘着有利风向放火焚烧，选派精锐部队袭击，这样就可以打败敌人。正如兵法所说："实施火攻必须具备一定条件"。

18. 予按师法铸火器①数件，上献我朝。命大将军徐达试之，势若飞龙，洞透层革②。我太祖阅而喜曰："此数般火器，取天下如反掌。功成，当封汝开国元勋。"

明·佚名《火攻备要·焦玉序》

【注释】

① 火器：这里指金属管形射击火器——火铳。
② 洞透层革：穿透皮革。或指射穿士兵的革制铠甲。

【译文】

我按师传之法铸造了数件火铳，献给我朝太祖。太祖命大将军徐达组织试射,射出的弹丸势如飞龙,能穿透皮革。太祖检阅后高兴地说:"使用这些火铳,夺取天下就易如反掌了。功成之后,当封你为开国元勋。"

19. 夫五兵①之中,唯火最烈。古今水陆之战,以火成功最多。兵法云:"以火佐攻者明。"②是火器之济于战阵久矣。

明·戚继光《练兵实纪》杂集卷二,《储练通论下·原火器》

【注释】

① 五兵:原指戈、殳、戟、酋矛、夷矛等兵器。这里泛指包括火器在内的各种兵器。

② 以火佐攻者明:语出《孙子兵法·火攻篇》。

【译文】

在各种兵器中,火器最有威力。古今水陆作战,以火攻取胜的最多。兵法上说"用火攻配合军队的进攻,明显地容易取胜",可见,在作战中使用火器由来已久了。

20. 或问:"战阵间器具颇多,必求神器①,何也?"

曰:"我中国之御夷虏②,专以长兵取胜。故前代弓矢不足,加以弩箭。汉制,官有强弩将军、射声校尉,器有神臂弩、大黄弩、连弩、药弩,匈奴呼药箭为汉家神箭。自有火器,弩制遂废。"

明·赵士桢《神器谱·或问》

【注释】

① 神器:这里指枪炮等火器。

② 夷虏:古时对周边少数民族的贬称。

【译文】

有人问:"作战的兵器很多,为什么还必须要研制枪炮呢?"

回答说:"中国抵御异族,专以长兵器取胜。所以,古代在弓矢的射程不足时,便增加了弩箭。汉代的制度,武官有强弩将军、射声校尉,射远兵器有神臂弩、大黄弩、连弩、药弩,匈奴人称涂药的箭为汉家神箭。自有火器以后,弩便逐渐废弃了。"

21. 为今之计,无如用车自卫,用铳杀虏。一经用车、用铳,虏人不得恃其勇敢,虏马不得恣其驰骋,弓矢无所施其劲疾,刀甲无所用其坚利,是虏人长技尽为我车、铳所掩,我则因而出我中国之长以制之。

明·赵士桢《防虏车铳议》

【译文】

当今之计,最好用战车自卫,用铳炮杀敌。一经使用战车与铳炮,敌人就不能依恃其勇敢,敌骑就不能任意驰骋,弓箭就不能施展劲疾的长处,刀甲就不能发挥坚利的优势,于是敌人的长技就全被我之战车、铳炮所压倒,我就得以全力发挥自己的长处以制服敌人。

22. 京师固本之策,莫如制造大铳,建立敌台,可以一劳而永宁,暂费于前,而大省于后。……今日之战守而无大小铳炮,犹空手遇虎狼也;有铳而无台,无坚甲利兵,犹手太阿①之剑而无柄也。

明·徐光启《徐光启集》卷四,《略陈台铳事宜并申愚见疏》

【注释】

① 太阿:亦作"泰阿"。古宝剑名。相传为春秋时吴国著名工匠欧冶子、干将为楚王所铸。

【译文】

巩固京师根本的策略,在于制造大型铳炮,建立安置铳炮的敌台,可以一劳而得长久安宁,虽然目前耗资巨大,但是今后可以大量节省费用。……现在要进行战守而没有大小铳炮,就好像空手遇到虎狼;有铳炮而没有敌台,没有坚固的防护和锋利的兵器,就好像手持无柄的太阿宝剑一样。

23. 相时度势,莫如先固根本,根本一固,贼决不敢悬军深入。故特请急造台铳,为守城第一要务。
明·徐光启《徐光启集》卷四,《台铳事宜疏》

【译文】
观察时局,判断形势,当前不如先巩固根本,一旦根本巩固,敌人就不敢孤军深入。因此,特请急速建造敌台和铳炮,这是守城的首要任务。

评　述

所谓"特种条件下的战法",即山地战、河川战、丘陵战、丛林战、荒漠战、夜战、火攻、水攻,等等。特殊的矛盾必须用特殊的方法去解决,每一特种条件下的战斗都有其特殊的规律。现将其中的几个主要问题简介如下。

山地战,因地形复杂、交通不便、运输困难,故古人强调"绝山依谷,视生处高,战隆无登"(《孙子兵法·行军篇》)和"利粮道,就水草"(明·佚名《草庐经略》卷十一,《山战》),这是一般行动原则。就山地战的特点而言,主要是利于防御而不利于进攻。因此,守者强调据险阻扼,以逸待劳;攻者强调乘虚蹈隙,出奇制胜。历史上邓艾"偷渡阴平",就是山地奇袭的一个范例。即使在现代战争条件下,山地战也仍然是弱军抗击优势之敌的重要作战形式。

河川战,古人论述较多的是渡水和反渡水问题。认为渡水之法有三,即暗渡——"出其空虚以济"(宋·佚名《百战奇法·远战》)、分渡——分兵多处"急涉彼岸"(宋·华岳《翠微先生北征录》卷六,《治安药石·分渡》)和强渡——先据上游,顺流而下,夺取渡口,保证主力渡河。反渡水之法亦有三,即阻水而守(立足于自保)、半渡而击(立足于歼敌)和越水而军(立足于相机进取)。古人的这些经验,今天仍有其借鉴价值。

夜战,历来是以寡击众、出奇制胜的重要手段。其主要作用是击敌无备,歼灭其有生力量;或"巧致其疲"(明·庄应会《经武要略》正集卷五,《兵法》,下同),扰敌不安,以相机破敌。其主要条件是必须将勇兵精,行动神速,熟悉地形,深晓敌情,这样才能收到"锐寡可以破坚众"之效。

火攻,是古代威力最强大的摧毁手段,所谓"五兵之中,唯火最烈"(明·戚继光《练兵实纪》杂集卷二,《储练通论下·原火器》),因而为历代兵家所重视,历史上著名的赤壁之战、夷陵之战等都是火攻取胜的范例。古人认为,实施火攻的条件除天气干燥、风向有利、准备好引火器材外,主要看敌军的部署和驻止情况,如"居近草莽,营舍茅竹,积刍聚粮"(《百战奇法·火战》),或宿于林中,等等。还必须以兵力相策应,以利扩大战果。自火器出现以后,火攻得到进一步发展,火药、火器同战车、弩箭相结合,可以发挥更大杀伤威力,在战斗中应用愈来愈广泛。在现代战争中,火攻仍是重要作战手段,必须谨慎预防,灵活运用。

例　证

晋武帝咸宁五年(279年)十一月,司马炎大举兴师,发兵二十万渡江灭吴。长江天险是东吴恃以自立的主要屏障,自赤壁之战以后,曹操、曹丕等多次南下,均未能越江一步。这次晋军一反历史上集兵一路渡江的做法,依靠兵力上的优势,采取先据上游、顺流而下、水陆并进、多路齐渡的渡江方针,将二十万大军分为六路:一路自巴、蜀顺流而下,一路夺占江陵(今属湖北),一路夺占夏口(今湖北武昌),一路夺占武昌(今湖北鄂州),一路自寿春(今安徽寿县)出江西(今安徽和县地区),一路自下邳（今江苏邳州南）出涂中（今安徽滁河流域）。次年正月，晋军发起全面进攻，多路并进，势如破竹，吴军处处设防，处处薄弱，节节抵抗，节节败退。二月中旬，晋军顺利渡过长江。三月十五日，晋军攻入建业（今南京），一举灭吴。这是我国历史上第一次大规模渡江作战，其成功的关键在于多路突破，使敌顾此失彼，穷于应付。

第五节　兵种战法

1. 步贵知变动，车贵知地形，骑贵知别径奇道。

《六韬·犬韬·战车》

【译文】

步战贵在懂得灵活机动，车战贵在熟悉地形，骑战贵在了解别道捷径。

2. 兵法曰：丈五之沟，渐①车之水，山林积石，经川丘阜②，草木所在，此步兵之地也，车骑二不当一。土山丘陵，曼衍相属③，平原广野，此车骑之地，步兵十不当一。平陵相远，川谷居间，仰高临下，此弓弩之地也，短兵百不当一。两陈④相近，平地浅草，可前可后，此长戟之地也，剑楯⑤三不当一。萑苇竹萧⑥，草木蒙茏⑦，支叶茂接，此矛鋋⑧之地也，长戟二不当一。曲道相伏，险隘相薄⑨，此剑楯之地也，弓弩三不当一。

《汉书》卷四十九，《晁错传》

【注释】

① 渐（jiān 坚）：浸淹。

②经川丘阜：河水常流，丘陵起伏。经川，常流不息的河流。丘，丘陵。阜，土山。

③属（zhǔ 主）：连接。

④陈：通"阵"。

⑤楯（dùn 盾）：大盾牌。

⑥萑苇竹萧：芦苇竹蒿。萑（huán 环），芦类植物，幼小时叫"蒹"，长成后叫"萑"。萧，蒿类植物。

⑦蒙茏：草木茂盛的样子。

⑧铤（chán 缠）：铁把短矛。

⑨薄：逼近，这里指险隘很多，互相重叠。

【译文】

兵书上说：一丈五尺宽的沟渠，能浸淹兵车的流水，山林茂密乱石堆积，河水常流丘陵起伏，以及草木丛生之处，这是适合步兵作战的地形，战车和骑兵二不当一。土山和丘陵连绵不断，以及平原旷野之处，这是适合战车和骑兵作战的地形，步兵十不当一。平原与丘陵相距甚远，其间又有河流山谷，可以居高临下，这是适合用弓弩作战的地形，使用短兵器的士兵百不当一。两军阵地相近，地势平易草木浅薄，既可以前进，又可以后退，这是适合用长戟作战的地形，使用剑盾的士兵三不当一。芦苇、竹蒿丛生，草木茂盛，枝叶繁密，这是适合用短矛作战的地形，使用长戟的士兵二不当一。道路曲折荫蔽，险阻隘口重叠，这是适合用剑盾作战的地形，使用弓弩的士兵三不当一。

3.车者，军之羽翼也，所以陷坚阵、要①强敌、遮②走北也。

《六韬·犬韬·均兵》

【注释】

①要：通"邀"，截击。

②遮：拦住。

【译文】

战车,是军队的"羽翼",是用来攻坚陷阵、截击强敌、切断敌军退逃之路的。

4. 故谓,以车御侮,以骑逐利。行有所恃,止有所息,居则不可犯,动则不可失机。此用车之利也。

宋·曾公亮等《武经总要》前集卷四,《制度四·用车》

【译文】

所以说,要用车兵御敌冲击,用骑兵攻敌逐利。(车骑配合使用,)则前进时有依托之利,停止时有休息之便,驻军时可不受侵犯,行动时又不会失掉战机。这就是使用车兵的好处。

5. 凡与步、骑战于平原旷野,必须用偏箱①、鹿角车②为方阵,以战则胜。所谓一则治力,一则前拒,一则整束部伍也。法曰:"广地则用军车。"③

宋·佚名《百战奇法·车战》

【注释】

① 偏箱:即偏箱车,中国古代作战兵车。车箱系木板制成,置放兵器。作战时,车与车前后相接,连成方阵,可用于平原旷野作战。

② 鹿角车:用削尖的树枝插在车箱前后的一种作战兵车。

③ 广地则用军车:语出唐杜佑《通典·兵一·叙兵》注引李靖兵法,但这里是摘要引证。

【译文】

凡与敌人步兵、骑兵在平原旷野作战时,必须用偏箱车、鹿角车列成方阵,这样作战就能取胜。这种阵势的好处,一是可以增强部队战斗力,二是可以阻挡敌人冲击,三是可以整饬和约束队形。正如兵法所说:"在平坦开阔地区作战，就要使用兵车。"

6. 法曰①："车与步战于易，则一车能当步卒八十人；战于险，则一车能当步卒四十人。车与骑战于易，则一车能当十骑；战于险，则一车能当六骑。"大约车用得法，十乘②能胜千人，百乘能当万卒。虽曰步不胜骑，骑不胜车，然有骑无车，则一骑不能当一卒也。务使步不离车，骑不远毂③，进退有制，循环反复，得用车之法也。

明·何良臣《阵纪》卷四，《车战》

【注释】

① 法曰：此"法"当指《六韬》，参见《六韬·犬韬·均兵》，但这里是摘要引证，并非原文。

② 乘（shèng 胜）：辆，古代指四匹马拉的一辆车。

③ 毂（gǔ 谷）：车轮中心的圆木。这里指战车。

【译文】

兵法上说："车兵同步兵战于平易之地，那么一乘战车可以抵挡步兵八十人；战于险阻之地，那么一乘战车可以抵挡步兵四十人。车兵同骑兵战于平易之地，那么一乘战车可以抵挡骑兵十名；战于险阻之地，那么一乘战车可以抵挡骑兵六名。"大致说来，如果车兵运用得法，十乘战车能胜过步兵千人，百乘战车能抵挡步兵万人。虽然说步兵不能战胜骑兵，骑兵不能战胜车兵，然而在有骑无车的情况下，一名骑兵甚至不能抵挡一名步卒。所以务必使步兵不离开车兵，骑兵也不远离车兵，进退都有节制，循环反复地发挥车、步、骑的特长，这才是掌握了用车之法。

7. 车营被围，急击有七：敌之行伍未定，前后未收，急出轻车击之；士卒无常①，旌旗乱动，急出武刚②击之；不坚行阵，人马纵横，急出火车③击之；进退疑怯，三军互惊，急出弩车④击之；远来乱合，暮不能去，急出冲车⑤击之；吏贪务掠，令不能止，急出骁骑击之；敌阵既整，辎积又多，围厚不解，急出神兽车⑥、离合车⑦、霹雳车⑧三方击之。出车有制，驰骤得机，敌虽万匝⑨，克之必矣。

明·何良臣《阵纪》卷四，《车战》

【注释】

①无常：无所遵循。常，常法，常纪。这里指敌军指挥混乱或训练不良所造成的部队行动混乱，可参考《孙子兵法·地形篇》："将弱不严，教道不明，吏卒无常，陈兵纵横，曰乱。"

②武刚：即武刚车，四周和车顶用皮革包严的战车，攻守两用，攻可用于先驱，守可用于环营。

③火车：指盛油引火车，或火厢车、火柜车，前者盛油引火，用以火烧敌军；后者内装火箭，用以攻敌。

④弩车：装载弩机、发射弩箭的战车。

⑤冲车：本为攻城的战车，平顶四轮，人在车内推行。这里泛指各种用于攻击敌军的战车。

⑥神兽车：指各种形似神兽的战车，内可装火器，用以攻击敌人。

⑦离合车：规制与用法不详。

⑧霹雳车：明弘治年间曾造先锋霹雳车，用法不详，可能是装载和发射火铳、火炮之类的炮车中的一种。

⑨匝（zā 杂阴平）：周，圈。

【译文】

车兵部队被敌包围，迅速出击突围的方法有七种：敌军没有列好战斗队形，前锋和后卫尚未靠拢，我可迅速派出轻便战车攻击它；敌军的士兵没有秩序，指挥的旗子摆动混乱，我可迅速派出武刚车攻击它；敌军的阵势不坚固，人马纵横杂乱，我可迅速派出火车攻击它；敌军进退迟疑胆怯，各部之间互相惊乱，我可迅速派出弩车攻击它；敌军远道而来就混乱地发动进攻，天黑了还不离开，我可迅速派出冲车攻击它；敌军的各级官吏贪图财货而醉心于抢掠，将帅有命令也制止不住，我可迅速派出精锐骑兵攻击它；敌军的阵势已布列严整，辎重物资又很充裕，对我军的包围兵力雄厚而不懈怠，我可迅速派出神兽车、离合车、霹雳车从三个方面攻击它。派出战车必须有严格的节制和指挥，战车奔驰冲击必须恰合机宜，这样，即使敌军包围万重，我也必能克敌制胜。

8. 议者谓车能拒人而不能致①人，然车营成，较向之不能拒人者，其得失何如也？况拒之即所以致之，如车中之骑步出奇设伏，或后击，或旁抄，或掩袭，引敌及车而矢炮及之。敌退则复引之，车岂只拒人而不致人？

明·孙承宗《车营百八扣答说合编》第十二，《说》

【注释】
① 致：引来，招引。这里引申为调动和歼灭敌人。

【译文】
有人说，战车只能抵抗敌人而不能调动和歼灭敌人，然而自从车营部队组成以后，与从前无法抵抗敌人的情况相比较，它的得失又怎样呢？况且，抵抗敌人，也是调动和歼灭敌人的一种手段。例如，车营中配属的骑兵、步兵，可以出奇设伏，或从敌人后部攻击，或从敌人翼侧攻击，或突然袭击，把敌人引诱到战车跟前，就可用弓矢和火炮予以杀伤。敌人败逃，就再次诱其来战，怎么能说战车只能抵抗敌人而不能调动消灭敌人呢？

9. 凡步兵与车骑战者，必依丘陵、险阻、林木而战则胜。若遇平易之道，须用拒马枪①为方阵，步兵在内。马军、步兵中分为驻队②、战队。驻队守阵，战队出战；战队守阵，驻队出战。敌攻我一面，则我两哨出兵，从旁以掩之；敌攻我两面，我分兵从后以捣之；敌攻我四面，我为圆阵，分兵四出以奋击之。敌若败走，以骑兵追之，步兵随其后，乃必胜之方。法曰③："步兵与车骑战者，必依丘陵、险阻，如无险阻，令我士卒为行马④、蒺藜⑤。"

宋·佚名《百战奇法·步战》

【注释】

①拒马枪：古代作战时使用的一种能移动的障碍物，系以木料做成人字架，将枪头穿在横木上，使枪尖向外，置于要害处，主要用于防御敌骑兵突击，故名"拒马枪"。

②驻队：担任防守任务的分队。

③法曰：此"法"当指《六韬》，参见《六韬·犬韬·战步》，但这里是摘要引证，并非原文。

④行马：古代作战中用以阻挡敌军人马行进的防御工具，又叫"木螳螂剑刃扶胥"（见于《六韬·虎韬·军用》），即在木车上装有若干剑刃，形似螳螂前臂，每具宽两丈，以一百二十具排列成行。

⑤蒺藜：古代作战中用以迟滞敌军人马前进的一种呈三角尖形的障碍物，有木制和铁制两种。木蒺藜每具高二尺五寸，以一百二十具排列成行；铁蒺藜芒刺高四寸、宽八寸、长六尺以上，以一千二百具排列成行。

【译文】

凡是步兵对车兵、骑兵作战时，必须依托丘陵、险隘或草木丛生等有利地形进行战斗，才能胜利。如果在平坦开阔之地与敌交战，就必须使用拒马枪列成方阵，步兵配置在内。把骑兵、步兵分别编成防守队和进攻队。防守队固守营阵时，进攻队就出阵战斗；进攻队固守营阵时，防守队就出阵战斗。当敌人进攻我一面时，我就用两翼部队向敌人两侧攻击；当敌人进攻我两面时，我就分兵从敌人背后攻击；当敌人向我四面进攻时，我就列成圆阵，分兵四面奋力抗击敌人。敌人如果败逃，我就用骑兵追击，步兵随后跟进。只有这样对敌作战，才是必然取胜的方法。正如兵法所说："步兵对车兵、骑兵作战时，必须依托丘陵和险要的地形。如果没有险要地形，就令我军士卒制作行马、蒺藜作为屏障。"

10. 金人有四长，我有四短，当反我之短，制彼之长。四长曰骑兵，曰坚忍，曰重甲，曰弓矢。吾集蕃汉所长，兼收而并用之。以分队制其骑兵①；以番休迭战②制其坚忍；制其重甲，则劲弓强弩；制其弓矢，则以远克近，以强制弱。布阵之法③，则以步军为阵心、左右翼，以马军为左右肋④，拒马⑤布两肋之间。至帖拨增损⑥之不同，则系乎临机。

《宋史》卷三百六十六，《吴璘传》

【注释】

① 以分队制其骑兵：意为派遣分队多路出击，迫敌骑兵分散兵力，然后寻机歼灭之。

② 番休迭战：又称"更战迭休"，俗语所谓车轮战术。即派遣精兵对敌轮番实施骚扰、袭击，以达疲敌、误敌的目的。

③ 布阵之法：这里特指著名的"叠阵法"，是南宋军民抗金战争中对付金军骑兵集团的有效战法。本条下文所言，即此阵法的要旨。

④ 左右肋：位于方阵左右两翼之外的机动位置。

⑤ 拒马：阻滞骑兵行动的移动性障碍物。

⑥ 帖拨增损：犹言对兵力的调拨增减。

【译文】

金军作战有四个长处，我军有四个短处，应当改变我的短处，制胜对方的长处。金军的四长是骑兵、坚忍、重甲、弓矢。我军应集中蕃汉战术特长，兼收并用。用分队多路出击制其骑兵；用精兵轮番攻击制其坚忍；对付重装骑兵，用强弓劲弩；对付敌军弓矢，采取以远克近、以强制弱的办法。布阵的方法是，把步军部署于方阵中央和左右两翼，把骑兵部署在方阵外围的左右两肋，而拒马则设置于两肋之间。至于兵力调拨增减的不同，就要临敌机断处置了。

11. 大率步兵先立老营①为守②，然后分兵数处，以听指麾，因变奇正。虽杂骑队出战，亦必迭更③。迭更之术，叠阵④法也。故进必轻凌，退必持重，变必率然⑤，乃得用步之要。

明·何良臣《阵纪》卷四，《步战》

【注释】
①老营：即大本营，这里指主将所率部队的营寨。
②守（shòu 受）：职守，这里指根本的意思。
③迭更：指各部队轮换作战。
④叠阵：意谓按兵种、部别或武器的不同，分别列阵，轮流交替地与敌作战。
⑤率然：古代传说中的一种蛇。这里指变化要像率然一样，行动敏捷，反应迅速。

【译文】
大致步兵作战要首先以扎好老营为根本，然后再分兵数处，以听调遣，因敌情而变化奇正。即使有骑兵配合出战，各部队也必须轮换作战。轮换作战的方法，就是叠阵法。因此，进攻时必须轻装神速，退守时必须谨慎稳重，变换战术时必须灵活机动，这样才算掌握了运用步兵的要领。

12. 大将统军，车骑恒少，步卒恒多。勿谓步卒八人仅可当一骑，八十人①可当一车，顾用之者何如耳。战于易地，剑戟刀矛，长短之间，用以相杂，所谓长以卫短，短以救长也。战于险地，则刀盾居前，与敌相逼，去就相薄，以杀为务，所谓用短兵莫如齐致死也。游弩往来，相机而发。阵势密布，坚不可入；队伍森列，尺寸不爽②。交锋之际，火器弓弩引满而待，遇敌相近，火器先发，弓弩次之。战士分坐作进退③，坐者休息，作者待战，进者接刃，退者倦休。循环不已，气闲心一④，兵力不疲。此即《司马法》所谓"以坐固"⑤也。

明·佚名《草庐经略》卷五，《步兵》

【注释】

① 八十人：原文作"八十八"，误。这里系引《六韬·犬韬·均兵》之言，据改。

② 爽：差错。

③ 坐作进退：指步兵分为坐作进退四队。坐，即坐着休息，养精蓄锐。作，即做好准备，以待战斗。进，即前进攻击，与敌战斗。退，即撤退休息。

④ 气闲心一：士气安闲，斗志专一。闲，安逸。一，专精一意。

⑤ 坐固：语出《司马法·严位》，原文为"徒以坐固"，即步兵用坐阵就能坚固。

【译文】

大将统帅军队，车骑往往较少，步兵一般较多。不要以为步兵八人只可当骑兵一人，八十人仅可抵战车一乘，还是要看指挥员如何使用步兵。在平易地形上交战，步兵的剑、戟、刀、矛，长短兵器之间可以互相配合，这就是所谓长以卫短、短以救长。在险阻地形上交战，可以把刀和盾配置在前面，与敌人逼近交锋，灵活地往来攻击，以杀伤敌人为目的，这就是所谓"用短兵格斗莫如齐心死战"。至于游动的弩兵，可以灵活地往来阵中，相机对敌射击。布成严密的阵势，坚不可入；队伍森严排列，尺寸毫无差错。交战之时，火器与弓弩拉得紧紧地等待敌人，敌人一接近，先发射火器，然后用弓弩射击。战士可分为坐、作、进、退四队，坐者休息，养精蓄锐；作者准备，以待战斗；进者接战，勇敢冲杀；退者疲劳，回来休息。这样循环往复，士气安闲而斗志专一，军队的战斗力就不会疲惫。这就是《司马法》所说的"（步兵）用坐阵就能坚固"。

13. 孙膑曰："用骑有十利：一曰迎敌始至；二曰乘敌虚背；三曰追散乱击①；四曰迎敌击后，使敌奔走；五曰遮②其粮食，绝其军道；六曰败其津关，发其桥梁；七曰掩其不备卒，击其未整旅；八曰攻其懈怠，出其不意；九曰烧其积聚，虚其市里③；十曰掠其田野，系累④其子弟。此十者，骑战利也。夫骑者，能离能合，能散能集，百里为期，千里而赴，出入无间⑤，故名离合之兵也。"

唐·杜佑《通典》卷一百四十九，《兵二》

【注释】

① 乱击：据文义和句法，应为"击乱"，即攻击混乱之敌。
② 遮：拦住。
③ 市里：街市里巷，这里指城邑。
④ 系（xì 细）累：捆绑，拘囚。
⑤ 间（jiàn 见）：间隔，这里指障碍。

【译文】

孙膑说："使用骑兵作战有十项好处：一是在敌人刚刚到来的时候迎击它；二是攻击敌人虚弱的侧背；三是追击散乱逃走的敌军；四是攻击敌人的前锋和后卫，使敌人败逃；五是截取敌人的给养，切断其军事交通；六是袭击敌人的渡口、关塞，破坏其道路桥梁；七是突袭没有戒备的敌人，攻击队形不整的敌军；八是攻敌懈怠，出其不意；九是焚毁敌人的物资储备，破坏敌人的城邑；十是掠取敌人田野中的粮食，俘虏敌人随时待征的青年。这十个方面，都是使用骑兵作战的好处。骑兵部队，既便于疏开和靠拢，又便于分散和集中，以百里之远约期会战，千里之遥驰驱赴敌，出兵与归师皆无障碍，所以被称为'离合之兵'。"

14. 骑者，军之伺候①也，所以踵败军、绝粮道、击便寇②也。故车骑不敌战③，则一骑不能当步卒一人。

《六韬·犬韬·均兵》

【注释】

① 伺候：窥探敌人，乘隙击之。

② 便寇：指散乱流窜之敌。

③ 车骑不敌战：意谓车兵和骑兵不能配合作战。

【译文】

骑兵，是军队中窥探敌人、乘隙出击的，是用来跟踪追击、断敌粮道、袭击散乱流窜之敌的。因此，如果车兵和骑兵不能恰当地配合作战，一名骑兵还抵不上一名步兵。

15. 敌人始至，行阵未定，前后不属①，陷其前骑，击其左右，敌人必走；……敌人行阵不固，士卒不斗，薄其前后②，猎其左右，翼而击之，敌人必惧；敌人暮欲归舍，三军恐骇，翼其两旁，疾击其后，薄其垒口，无使得入，敌人必败；敌人无险阻保固，深入长驱，绝其粮路，敌人必饥；地平而易，四面见敌，车骑陷之，敌人必乱；敌人奔走，士卒散乱，或翼其两旁，或掩其前后，其将可擒。

《六韬·犬韬·战骑》

【注释】

① 属（zhǔ 主）：连接。

② 薄其前后：逼近其前后。薄，逼近，进攻。

【译文】

敌军刚到，行列阵势还未固定，先锋与后卫互不相连，我击破其先头骑兵，再突击它的两翼，敌军必定逃跑；……敌军行列阵势不坚固，士卒无斗志，我就迫近其正面和后方，威胁其两翼而夹击它，敌人必定恐惧；敌人天黑了想要回营，军心恐怖，我就夹击其两翼，迅速突击它的后方，迫近其营垒入口，使它不能进入，敌军必定失败；敌军没有险要地形可以固守，我骑兵可长驱直入敌人后方，断绝它的粮道，敌人必然陷于饥饿；敌军所处地形平坦开阔，四面受到威胁，我应出动战车和骑兵攻击它，敌军必然陷于混乱；敌军败退，士卒溃散，我或从两翼夹击，或袭击其前后，就可擒获敌军主将。

16. 凡骑兵与步兵战者，若遇山林、险阻、陂泽①之地，疾行急去，是必败之地，勿得与战。欲战者，须得平易之地，进退无碍，战则必胜。法曰："易地则用骑。"②

宋·佚名《百战奇法·骑战》

【注释】

① 陂泽：山坡和沼泽之地。陂（bēi 杯），山坡。
② 易地则用骑：语出唐杜佑《通典·兵十二》引《卫公兵法》，原文为"平易之所则率骑而与阵"。

【译文】

凡是骑兵对步兵作战，如果遇到山林地带、险要地形以及山坡沼泽地区时，应当迅速撤离而去，这些是骑兵必然招致失败的地形，不能在这种地方与敌人作战。要与敌人作战时，需要选择平坦开阔的地方，骑兵前进或后退都无妨碍，作战一定能够胜利。正如兵法所说："在平坦开阔地作战，就使用骑兵。"

17. 其阵利野战，不见利不进。动静之间，知敌强弱。百骑环绕，可裹万众；千骑分张，可盈百里。摧坚陷阵，全借前锋。

宋·彭大雅《黑鞑事略》

【译文】

骑兵战阵利于野战，不看到有利战机不进击。进退攻守之间，就能判断敌人强弱。百骑迂回包抄，可以威迫万敌；千骑展开，可以分布百里。破强敌陷坚阵，全依靠前锋冲杀。

18. 国家用兵，一以国俗为制而不师古。不计师之众寡，地之险易，敌之强弱，必合围把鞘①，猎取之若禽兽然。聚如丘山，散如风雨，迅如雷电，捷如鹰鹘②，鞭弭所属③，指期约日，万里不忒④，得兵家之诡道，而长于用奇。

《元史》卷一五七，《郝经传》

【注释】

① 把矟：紧握长矛，喻指准备攻击。矟（shuò 朔），长矛。

② 鹰鹘（hú 胡）：鹰与隼（sǔn 损），这里泛指凶猛的鸟。

③ 鞭弭所属：铁骑征服所向。鞭，马鞭。弭（mǐ 米），末端用骨做装饰的弓。

④ 忒（tè 特）：差错。

【译文】

国家用兵作战，完全用（蒙古）国游牧民族的习俗和战法，而不效法古人。不论部队的多少、地形的险易、敌人的强弱，一定都予以合围聚歼，如同猎取禽兽一般。（骑兵）集中如丘山，分散如风雨，迅猛如雷电，敏捷如鹰隼，铁骑征服所指，如期必克，万里之遥也无差错，深得兵家用兵的诡道，善于出奇制胜。

19. 用骑而取胜之法亦有四焉：敌人初至未列，率然摧其先部，击其左右，捣其心腹，谓之突冲。敌或整治，冀①有斗心，必谨吾翼骑，倏忽往来，进如霆震，合如风云，扬尘鼓烟，令白日昏，疑以神兽②，杂以小戎③，密更号令，变化不穷，谓之术击④。敌处平易，结阵不固，据无险阻，卒无战心，当急令骁骑薄猎前后，翼击两旁，断其粮道，以骤袭弛，以夜为昼，其心必恐，其败不救，谓之乘乱。敌暮欲归无制者，其众必杂，令我铁骑十而为队，或伏或驰，散而星布，起如鸟飞，继以毒弩，按号发机，敌虽百万，其势必疲，谓之威劫。

明·何良臣《阵纪》卷四，《骑战》

【注释】

① 冀：希望，企图。

② 神兽：神兽车，即形如神兽的战车，指明代的狻猊车、翼虎车、伏

虎车、象车、虎车，等等，其车身如各种猛兽，内装有火器，前装有兵器，用于击杀敌军。

③小戎：古代兵车的一种，可乘一人。这里指乘小型战车的小股部队。

④术击：巧妙袭击。术，这里指迷惑敌人的各种方法。

【译文】

使用骑兵取胜的方法也有四种：如果敌人刚刚到来尚未列成阵势，我可用骑兵迅速摧毁其先头部队，再攻击其左右两翼，继而捣其腹心，这就是突然攻击的"突冲"法。如果敌人阵容严整，企图同我交战，我必须谨慎地使用两翼骑兵，在敌人周围飘忽往来，前进像雷霆震怒，会合如风云变幻，扬起尘土，鼓动烟雾，把白日弄得昏暗无光，再派出各种神兽战车迷惑敌人，并以小股部队配合行动，秘密改换各种指挥号令，变化无穷，这就是巧妙袭击的"术击"法。如果敌人处于平坦地形，列阵不稳固，无险可守，士卒没有死战之心，我可令轻勇精骑袭击其前后，夹击其两翼，切断其粮道，以神速的行动袭击懈怠的敌人，昼夜不停地攻击，敌人必然恐惧动摇，无法挽救其失败，这就是乘乱取胜的"乘乱"法。如果敌人在天黑时想回营但无节制，其士兵必然杂乱无序，我可令精锐骑兵每十人为一队，或者设伏，或者突袭，分散开来如星罗棋布，发起攻击如群鸟疾飞，接着使用毒弩，按统一号令万弩齐射，敌军即使有百万之众，气势也必然疲弱，这就是以威制敌的"威劫"法。

20. 兵之不能敌骑也，明矣。为将多用骑以出奇，取其神速也。骑之用，可以冲突，可以掩袭，可以追逐，可以攻坚，可以侵掠。布阵浅草，介而①驰之；别径奇道，趋而出之。迅速倏忽，须臾数里。战酣之际，铁骑蹂躏，入其中军，袭其左右，薄其前后，索扰②横突，出而复入，敌虽强，行阵必乱。险阻倾侧③，宜避而远；平原旷野，宜利而就。调其水草，习其驰逐。与敌相对，尤宜视机而动，慎勿轻用，以致烦劳。

明·佚名《草庐经略》卷五，《骑兵》

【注释】

① 介而：犹"介然"，这里指勇敢、猛烈的样子。

② 索扰：在敌人周围袭扰。索，缠绕。

③ 倾侧：指高低陡峭的复杂地形。

【译文】

步兵不能与骑兵匹敌，这是很明显的。将帅多用骑兵出奇制胜，就是利用骑兵行动神速的特点。骑兵的使用，可以用于突击敌人，可以用于掩袭敌人，可以用于追击敌人，可以用于攻敌坚阵，可以用于掠取敌人的物资和人员。可以将骑兵布阵于浅矮的草丛中，以待勇敢猛烈地驰击敌人；可以将骑兵埋伏在别径小路之旁，以待快速冲击敌人。骑兵行动神速飘忽，一转眼就是数里之远。在战斗激烈进行的时刻，用铁甲骑兵蹂躏敌人，或直入敌人的中军，或袭击敌人的左右两翼，或攻击敌人的前锋后卫，或在敌人周围袭扰横击，或反复冲入敌阵冲杀，敌人即使强大，其阵形也必然被打乱。遇到险阻陡峭之地，骑兵要避开而且远离；遇到平原旷野之处，骑兵应利用而接近。要注意调剂好马匹所需的水草，要训练好骑兵的驰射技术。与敌对阵时，对骑兵的使用尤其要相机而动，切不可轻易动用，以致造成骑兵的消耗和疲惫。

21. 凡与敌战于江湖之间，必有舟楫①，须居上风、上流。上风者，顺风，用火以焚之；上流者，随势，使战舰以冲之，则战无不胜。法曰："欲战者，无迎水流。"②

宋·佚名《百战奇法·舟战》

【注释】

① 舟楫：船只，舰船。楫（jí 吉），桨。

② 欲战者，无迎水流：语出《孙子兵法·行军篇》，但这里是摘要引证，并非原文。

【译文】

凡与敌人在江河湖泊上作战，必须备有舰船，并且要居于上风、上游。位于上风的，是顺风，可以纵火焚烧敌人；占据上游的，是随势，可以用战船冲击敌人，这样就能战无不胜。正如兵法所说："打算与敌人在水上决战，就不要面迎水流而居于下游。"

22. 上谓诸将曰："彼巨舟首尾连接，不利进退，可破也。"乃分舟师为十一队，火器弓弩以次而列。戒诸将："近寇舟，先发火器，次弓弩，及其舟，则短兵击之。"

《明太祖实录》卷十二，元至正二十三年七月丁亥

【译文】

皇上（朱元璋）对部下诸将说："（陈友谅军的）大型舰船首尾相连，不便于进退，可以攻破它。"于是将水师分为十一队，将火器、弓弩按层次布列。告诫诸将说："接近敌舰时，首先发射火器，其次操射弓弩，最后与敌舰接舷时，就（跃登敌舰）进行短兵格斗。"

23. 江上之战，必处上游。水上之御，宜栅中流。或因风纵火，或因霪①用灌，或囊沙决堤②，或顺逆故用③。毋自处不便，毋自当逆风。舟宜坦而旋转便，器宜捷而火弩先，分更④宜速，栅寨⑤惟坚，旗帜多张而数变，战士须轻佻⑥而素练，此水战之机也。

明·何良臣《阵纪》卷四，《水战》

【注释】

①霪（yín 淫）：久雨不止。

②囊沙决堤：用沙袋堵截上游河水，敌在下游渡河时掘开积水而淹没之。楚汉战争时，韩信曾用此法大破楚将龙且。

③顺逆故用：意谓故意用逆流作战的方式引诱敌军。顺，指顺流作

战，处于有利地位。逆，指逆流作战，处于不利地位。

④ 分更：指分散船队，更换其位置。

⑤ 栅寨：指水军在战船上设置的木栅营垒，以御敌冲。

⑥ 轻佻：行动不沉着，不稳重，这里指行动敏捷。

【译文】

在江河上作战，必须占据上游。在水上防御，应于江河的水流中心道上设置栏栅。或者利用大风纵火，实施火攻；或者利用久雨水涨，引水淹敌；或者用沙袋截断河流然后决堤放水，水冲敌军；或者伪装逆流作战，诱敌就范。不要使自己处于不便之处，不要使自己逆风作战。战船应平直宽大而旋转灵活，武器应轻捷而先用火弩，战船的分散和变换队形要迅速，船上的栅寨要坚固，要多插旌旗而不断变化，士兵必须行动敏捷而训练有素，这就是水上作战的关键。

评 述

"兵种战法"这一节，所辑乃古代车战、步战、骑战、舟战的作战理论。我国幅员辽阔，各地区的政治、经济、自然条件不同，作战方式也有所不同。一般北方盛行骑战，南方盛行舟战，中原在春秋以前盛行车战，战国以后发展为以步战为主的车、步、骑协同作战。

战车的主要特点是有较强的攻防能力，但比较笨重，适合于开阔地作战。古人说"一车能当步卒八十人"，"十乘能胜千人，百乘能当万卒"，突围时能克敌"万匝"（明·何良臣《阵纪》卷四，《车战》），说明战车在平易地形上战斗威力比较大。但车战方式比较呆板，须列成整齐的车阵，施行正面冲突；作战行动受地形限制大，不适宜于山林险阻和江河水泽地区。因此，古代车战多在中原平原地区，随着战争的发展，逐步让位于以步兵为主的车、步、骑协同作战形式。在协同作战中，战车能抗击敌步骑冲击和保障部队安全，可以"以车御侮"，使部队"行有所恃，止有所息，居则不可犯"（宋·曾公亮等《武经总要》前集卷四，《制度四·用车》），从而充分发挥其作用。

步兵的主要特点是灵活性大，能适应各种地形、天候和战斗形式，尤其利于险阻复杂环境。所谓"丈五之沟，渐车之水，山林积石，经川丘阜，草木所在，此步兵之地也，车骑二不当一"(《汉书》卷四十九，《晁错传》)，就是对步兵灵活性的表述。古代步兵装备有弓、弩、矛、戟、刀、剑等，宋以后还有了火器，能综合发挥长短兵器的效能，攻守、进退都比较机动灵活。在各种战斗中，步兵往往承担最主要的作战任务，并最终解决战斗。因此，在车、步、骑协同作战中，步兵一般居主导地位。步兵的弱点是快速性不如骑，稳固性不如车，与车骑结合才能如虎添翼。由于步兵在平原旷野易被车骑冲溃，因而古人强调步兵必须有良好的组织、严格的节制和灵活的指挥，做到"进必轻凌，退必持重，变必率然"和战必"迭更"(明·何良臣《阵纪》卷四，《步战》)。

骑兵的主要特点是快速机动，"能离能合，能散能集，百里为期，千里而赴"(唐·杜佑《通典》卷一百四十九，《兵二》引孙膑语)，并有强大而猛烈的突击力，尤其利于平原旷野和一般山地、丘陵机动作战。《阵纪》说用骑取胜有"突冲"、"术击"、"乘乱"、"威劫"四法(卷四，《骑战》)，孙膑说用骑有"十利"，都是指骑兵的突击和机动作用而言。因此，在车、步、骑协同作战中，骑兵具有重要的地位，是强大的机动力量。骑兵的弱点是不适于险隘水泽之地，不利于攻城夺塞，使用时最好与车、步配合。

舟战(水战)用于江河湖海。在火炮出现前，舟战的主要方式是冲角战、船舷战，火炮出现后，增加了炮击。舟战的主要作战原则是必居"上风"、"上流"(宋·佚名《百战奇法·舟战》)，以利因风纵火，顺流进击，还须水陆配合，互相策应，以利进退有据。我国舟战的历史很悠久，据《阵纪》所载，自春秋以至明代，战船有艨艟、斗舰、楼船、游艇、走舸、子母舟等五十种；战具除五兵、钩拒之外，还有火箭、鸟铳、药弩、飞标等二十八种，可见我国古代水战的发达。但文献上有关舟战的记载多简略，理论研究也有限，尚有待于进一步发掘。

战争史表明，由单兵种作战到多兵种作战，是社会生产力发展和战争发展的必然结果。现代战争不仅仅是兵种的协同作战，而且是军种的协同行动，不仅是地面、水上的配合，而且还有空中乃至太空的配合。我国古代已重视车、步、骑等各兵种协同作战的研究和运用，许多论述值得我们借鉴。

例　证

汉武帝元狩二年（前121年）春，霍去病率精骑万人自陇西（今甘肃临洮）出兵，进击河西走廊的匈奴。河西匈奴不下十余万众，霍去病采取突然袭击的手段，以神速行动长驱直入，六天连破匈奴五王国，越焉支山（今甘肃山丹东南）千余里，鏖战皋兰山（今甘肃张掖西北）下，杀匈奴卢侯王、折兰王，俘浑邪王之子及相国、都尉等，歼敌近九千人，凯旋。同年夏，霍去病再次出击，率精骑数万绕道河西走廊之北，迂回二千余里，直达居延（今内蒙古额济纳旗东南），远出敌后，由西北向东南卷击，横扫匈奴各部，在今黑河畔大破河西匈奴主力，歼敌三万余，俘五王及王母、王子、相国、将军等百余人，降服单桓王、酋涂王等二千五百人。同年秋，匈奴浑邪王率四万余众投降，汉军全部占领河西走廊，斩断了匈奴的右臂。霍去病之所以能取得河西之战的辉煌胜利，关键是充分发挥了骑兵快速机动的特点，大规模远距离迂回、包抄、突袭，收到了出敌不意的神效。

第六章 治军篇

第一节 以治为胜

1. 以治为胜。……所谓治者，居则有礼①，动则有威，进不可当，退不可追，前却有节②，左右应麾③，虽绝成陈④，虽散成行。

《吴子·治兵》

【注释】
① 礼：礼节，这里指纪律、程序。
② 前却有节：前进和后退都有节度。却，后退。节，节度，节制。
③ 麾（huī 挥）：古代用以指挥军队的旗帜。
④ 陈：通"阵"。

【译文】
军队要靠严格治理而取胜。……所谓严格治理，就是平时要有纪律，战时要有威风，前进不可阻挡，后退不可追击，前进后退都有节度，左移右动都听指挥，即使被分割，阵势也不乱；即使被冲散，行列也整齐。

2. 进有重赏，退有重刑，行之以信。审能达此，胜之主也。

《吴子·治兵》

【译文】
前进施予重赏，后退给予重罚，执行时守信不二。确实能做到这些，就可以成为胜利的主宰了。

3.若法令不明,赏罚不信,金之不止,鼓之不进,虽有百万,何益于用?

《吴子·治兵》

【译文】

治军如果法令不严明,赏罚无信用,鸣金而部队不停止,击鼓而部队不前进,这样的军队即使有百万之众,又有什么作用呢?

4.古者,国容^①不入军,军容^②不入国,故德义不相逾。

《司马法·天子之义》

【注释】

① 国容:国家的礼仪、法度,重在礼让。国,这里指朝廷。容,指礼仪、法度。
② 军容:军队的礼仪、法度,重在服从。

【译文】

古时候,朝廷的礼制法度不用于军队,军队的规章制度也不用于朝廷。所以,德和义两者就不会互相逾越。

5.兵之胜在于篡卒^①,其勇在于制,其巧在于势,其利^②在于信,其德^③在于道^④,其富在于亟归^⑤,其强在于休民^⑥,其伤在于数战。

《孙膑兵法·篡卒》

【注释】

① 篡卒:即选卒,经过挑选的精兵。篡,借为"选"。
② 利:锐,精锐,这里指军队战斗力强。

③ 德：这里指军队的政治素质。
④ 道：指对军队管理教育有方。
⑤ 亟归：尽快回来，这里指速战速决，早日结束战争。亟（jí 及），急，快速。
⑥ 休民：休整部队。民，这里指士兵。

【译文】

军队要打胜仗，在于挑选精兵。军队作战勇敢，在于组织指挥严密。军队作战巧妙，在于能创造有利的态势。军队战斗力强，在于赏罚必信。军队政治素质好，在于管理教育有方。军队物资供应充裕，在于能速战速归。军队战斗力强，在于能及时休整。军队削弱，在于频繁作战。

6. 使民内畏重刑，则外轻敌。故先王明制度于前，重威刑于后。刑重则内畏，内畏则外坚矣。

《尉缭子·重刑令》

【译文】

使民众在内畏惧重刑，就会对外轻蔑敌人。所以，古代圣王都是首先申明法令制度，然后使用重刑。刑罚重，人们就畏惧内部；畏惧内部的刑罚，就会在对外作战中坚强。

7. 军中之制，五人为伍，伍相保①也；十人为什，什相保也；……夫什伍相结，上下相联，无有不得之奸，无有不揭之罪。父不得以私其子，兄不得以私其弟，而况国人②？聚舍同食，乌能以干令③相私者哉！

《尉缭子·伍制令》

【注释】

① 保：连保，担保。
② 国人：居住在城邑或一国之人，这里指一般没有亲戚关系的人。

③干令：冒犯禁令。干（gān甘），冒犯。

【译文】

军队的制度规定：五人编为一伍，伍内的人互相担保；十人编为一什，什内的人互相担保；……什伍有连保，上下有连坐，就没有不能破获的阴谋，没有不被揭发的罪恶。这样，做父亲的就不敢包庇他的儿子，做兄长的就不敢包庇他的弟弟，更何况没有亲属关系的一般人之间呢？大家都同住同吃在一起，怎么会有冒犯禁令而互相包庇的人呢！

8. 卒畏将甚于敌者，胜；卒畏敌甚于将者，败。所以知胜败者，称①将于敌也。敌与将犹权衡②焉。安静则治，暴疾则乱。

《尉缭子·兵令上》

【注释】

① 称：衡量，比较。
② 权衡：称量物体轻重的器具。权，秤锤。衡，秤杆。

【译文】

士兵畏惧自己的将领超过畏惧敌人，作战就胜利；士兵畏惧敌人超过畏惧自己的将领，作战就失败。之所以能预知战争胜败，就在于衡量将领与敌人（哪一方对士兵的威慑力更大）。敌人与将领的关系，就像称量轻重的权衡一样。将领沉着镇静，军队就井然有序；将领急躁轻率，军队就混乱不堪。

9. 故有罪者不怨上，受赏者无贪心，则列陈①之士，皆轻其死而安难，以要②上事，为③兵之极也。

《管子·七法》

【注释】

① 陈：通"阵"。
② 要（yāo邀）：求，取。

③为：原书作"本"，据郭化若等《管子集校》改。
【译文】
有罪受罚的人不怨恨上级，有功受赏的人不产生贪心，那么临阵作战的将士，就都会不怕牺牲，不避危难，以求为国君立功，这是治军中极重要的问题。

10. 士不选练，卒不服习，起居不精，动静不集①，趋利弗及，避难不毕，前击后解②，与金鼓之指③相失，此不习勒卒④之过也，百不当十。

《汉书》卷四十九，《晁错传》

【注释】
①集：这里指整齐。
②解：通"懈"。
③金鼓之指：击鼓前进、鸣金收兵所指示的行动方向。
④勒卒：统率和指挥部队。勒，约束，统率。

【译文】
军士未经过严格选拔和训练，士兵不适应和熟悉作战情况，日常生活作风拖拉，动作不整齐，遇到有利战机来不及捕捉，碰到危险情况不能及时躲避，前锋已发起攻击，后卫却懈怠松弛，进退行动与将领的指挥意图相违背，这是没有严格训练和约束士卒造成的过错，（这样的士兵）百不顶十。

11. 器械不利，以其卒予敌也；卒不可用，以其将予敌也；将不知兵，以其主予敌也；君不择将，以其国予敌也。四者，兵之至要也。

《汉书》卷四十九，《晁错传》

【译文】
武器不精良，等于把士兵送给敌人；士兵不能打仗，等于把将帅送给敌人；将帅不懂军事，等于把国君送给敌人；国君不选择良将，等于把国家送给敌人。这四个问题是军事上最重要的。

12. 故千人同心，则得千人力；万人异心，则无一人之用。将卒吏民，动静如身，乃可以应敌合战。

《淮南子·兵略训》

【译文】

千人一心，就可以发挥一千人的力量；万人异心，就抵不上一个人使用。军民上下，动静如同一人，才可以应敌交战。

13. 良将之用卒也，同其心，一其力，勇者不得独进，怯者不得独退。

《淮南子·兵略训》

【译文】

优秀的将军指挥部队，在于统一他们的意志，集中他们的力量，使勇敢的人不得突出冒进，怯懦的人不得擅自后退。

14. 军国之要，察众心，施百务。

《黄石公三略·上略》

【译文】

治军治国的重要原则，在于体察民众的思想感情，采取各种各样的措施。

15. 夫用兵之道，在于人和，人和则不劝而自战矣。若将吏相猜，士卒不服，忠谋不用，群下谤议，谗慝[①]互生，虽有汤、武[②]之智，而不能取胜于匹夫，况众人乎？

旧题三国·诸葛亮《将苑·和人》

【注释】

① 谗慝：进谗陷害。谗，谗言，说别人坏话。慝（tè 特），奸邪，邪恶。
② 汤、武：商汤王、周武王。商汤王，商族领袖，灭夏，建立商朝。周武王，周族领袖，联合各族灭商，建立周朝。

【译文】

用兵的原则，在于搞好内部团结。内部团结了，不用激励，部队就能努力作战。如果将吏互相猜疑，士卒不服从命令，忠诚的计谋不被采用，部属公开非议，争相进谗陷害，即使有商汤王、周武王的智慧，也不能战胜普通平民，何况战胜众多的敌人呢？

16. 军中不容冗食①。一夫冗食，二、三人饷之，尚或不足。

宋·沈括《梦溪笔谈》卷十一，《官政一》

【注释】

① 冗食：无事而食。冗，闲散的，多余的。

【译文】

军队里不能容许存在吃闲饭的人。一个人吃闲饭，需要两三个人给他运送军粮，甚至还不够用。

17. 陛下①为社稷②之计，宫中用度皆从贬损，而有司复多置军官，不恤妄费，甚无谓也。或谓军官之众，所以张大声威，臣窃以为不然。不加精选而徒务其多，缓急临敌，其可用乎？

《金史》卷一百九，《完颜素兰传》

【注释】

① 陛下：指金宣宗。

② 社稷：土神和谷神，后用以指代国家。社，土神。稷，谷神。

【译文】

陛下为了国家大计，皇宫里的开支都减少了，可是有关部门又增设军官，不惜浪费，这很没有意义。有人认为，军官众多是为了张大声威，我认为不是这样。如果不加精选，只追求军官数量多，危急时候对付敌人，他们能有用吗？

18. 任将之道固重，然必任之专、信之笃①，而后可以成功。

《明太祖宝训》卷六，《武备》

【注释】

① 笃（dǔ 赌）：忠实，全心全意。

【译文】

选任将帅的原则固然很重要，但必须赋予专断之权，信赖不疑，而后才能取得成功。

19. 以将对兵言，贵乎练心；以兵对敌言，贵乎练气。

明·戚继光《止止堂集·愚愚稿·大学经解》

【译文】

就将领统率士兵来说，应着重培养将领的心智谋略；就士兵对敌作战来说，应着重培养士兵的勇敢气质。

20. 必练将为重，而练兵次之。夫有得彀①之将，而后有入彀之兵。练将譬如治本，本乱而末治者，未之有也。

明·戚继光《纪效新书》（十四卷本）卷十四，《练将篇》题解

【注释】

① 彀（gòu 够）：张满弓弩，引申为弓箭射程所及的范围。这里喻指治

军、作战等规章制度和方法。

【译文】

必须把训练将领放在重要的地位,而把训练士兵放在次要的地位。先有懂得治军、作战法度的将领,而后才能训练出懂得遵守法度的士兵。训练将领就像从根本上解决问题,根本紊乱而能解决好细枝末节问题的,是从来没有的。

评 述

"以治为胜"是著名军事家吴起提出的思想主张,其内容十分广泛,表现在各个方面,诸如上下"同心"的管理教育,"教戒为先"的训练思想,"信赏明罚"的军纪军法,"简募良材"的任人标准,以及"爱卒"、"善俘",等等。以上几个方面的内容,本章分节叙述。这一节着重介绍古代兵家关于治军的一般论述。主要观点是:在政治上,强调要忠于君主,"以要上事"(《管子·七法》),维护统治阶级的利益。在军队内部,强调将帅要与士卒"同其心,一其力","千人同心,则得千人力;万人异心,则无一人之用。将卒吏民,动静如身,乃可以应敌合战"(《淮南子·兵略训》)。为了求得这种"同心"、"同力",那就应"察众心,施百务"(《黄石公三略·上略》),关心士卒的痛痒。古代兵家还认为,严刑峻法是治军的不二法门,无论行军、宿营,还是作战,都要有各种军事法规和战场纪律,所谓"刑重则内畏,内畏则外坚矣"(《尉缭子·重刑令》)。为了控制军队,实行什伍连保连坐制度,以防止出现"干令犯禁者"(同上,《伍制令》)。

应该看到,封建军队内部官兵之间、上下之间,存在根本性的矛盾,往往借助于峻法酷刑,因此不可能得到真正的治理。但不可否认的是,"以治为胜"反映了重视治理、积极治理、多方面治理军队的思想,直至今天依然是有价值的。

例　证

西汉名将周亚夫（？—前143年）以治军严整而享有盛名。汉文帝后元六年（前158年），匈奴大举南犯汉王朝的边境。汉文帝得到警报，除调兵镇守边塞外，为防匈奴骑兵深入腹地，又派军驻屯长安外围，其中周亚夫驻细柳（今陕西咸阳西南）。汉文帝亲自去巡视、慰劳驻防各军。他看到不少军营，车驾、随从都毫无阻拦地穿营而入，无人过问，唯独到细柳营时，只见营门口的官兵顶盔掼甲，手持兵器，戒备森严。先遣官在营门被拦住，以"天子且至"相告，但守门军士回答说："军中闻将军之令，不闻天子之诏。"（《汉书》卷四十，《周亚夫传》，下同）不肯放行。当汉文帝车驾到时，仍然不得进入军营，文帝只好派使者郑重通知周亚夫，周亚夫才传令打开营门。守门军士又对汉文帝的随从说："将军约，军中不得驱驰。"于是，汉文帝一行只好遵照营规，按辔而行。汉文帝事后感慨地称赞周亚夫说："此真将军矣！"从此，周亚夫"细柳接驾"的故事传为严格治军的佳话。

第二节　兵役

1. 乃会万民之卒伍^①而用之：五人为伍，五伍为两，四两为卒，五卒为旅，五旅为师，五师为军，以起军旅，以作田役，以比追胥^②，以令贡赋。

《周礼·地官司徒》

【注释】

① 卒伍：周代军队编制，五人为伍，百人为卒。
② 追胥：侦捕盗贼。追，逐寇。胥，伺捕盗贼。

【译文】

于是把民众按军队序列编组成军：五人为一伍，五伍为一两，四两为一卒，五卒为一旅，五旅为一师，五师为一军。以此组成军队，以此耕田出役，以此追寇捕盗，以此施令征赋。

2. 国中自七尺①以及六十，野自六尺以及六十有五，皆征之。其舍者，国中贵者，贤者，能者，服公事者，老者，疾者，皆舍，以岁时入其书。

《周礼·地官司徒》

【注释】

① 七尺：据《周礼》郑注、贾疏，古时七尺谓年二十，六尺谓年十五。

【译文】

城郭中自二十岁至六十岁的人，郊野十五岁至六十五岁的人，都在征兵范围之内。其中免征的只限于：爵高位显的，德行高尚的，才能出众的，执行公务的，年事已高的，残废有病的，这些都可以免征，每年造具名册上报。

3. 五家为比①，十家为联；五人为伍，十人为联；四闾②为族③，八闾为联，使之相保相受，刑罚庆赏，相及相共。以受邦职，以役国事，以相葬埋。若作民而师田行役，则合其卒伍，简其兵器，以鼓铎旗物帅而至，掌其治令、戒禁、刑罚。

《周礼·地官司徒》

【注释】

① 比：周代地方的基层组织。

② 闾：古代的一种基层组织单位。周制，五比、二十五家为一闾。

③ 族：周代基层单位之一，即四闾百家为一族。这里所选内容，就是族的组织编制和族师（族的长官）的职责。

【译文】

五家为一比,十家相联;五人为一伍,十人相联;四闾为一族,八闾相联,使他们互相担保,互相托付,遭刑受赏,都功罪与共。使他们各有正当的职业,都为国家服役,并互相料理丧葬。若需调动民众进行出征、田猎或行役,就按照军队的编制编组,检阅他们的兵器,用鼓铎、旌旗作指挥,(由族师)率领他们(向乡师)报到,并(由族师)负责管理指挥,掌握各种戒令、刑罚。

4. 若将有军旅、会同①、田役之戒,则受法②于司马③,以作其众庶及马、牛、车、辇,会其车人之卒伍,使皆备旗鼓、兵器,以帅而至。

《周礼·地官司徒》

【注释】

① 会同:诸侯各国君臣的盟会。
② 受法:遵循法令。
③ 司马:周代官名,主管军事。其属又分军司马、舆司马、行司马等。

【译文】

如果将有军旅、会同、田役等事,则按照司马所颁布的法令,征集民众与马、牛、车、辇,按照军队的编制进行编组,要他们备办旗鼓、兵器等,(由各公邑的长官)率领他们前往交给(乡师)。

5. 凡兵,制必先定。制先定,则士不乱;士不乱,则刑乃明。

《尉缭子·制谈》

【译文】

大凡治理军队,必须预先建立各种制度。各种制度建立了,兵士才不致混乱;兵士不混乱,才能纪律严明。

6. 量①吾境内之民，无伍莫能正②矣。经制十万之众，而王必能使之衣③吾衣，食吾食。

《尉缭子·制谈》

【注释】
① 量：估量，衡量。
② 正：通"征"，征调。
③ 衣（yì 义）：穿。

【译文】
估量一下全国民众，不编制成伍是不能征调的。编组成十万大军，国君就必须让他们穿国家的衣服，吃国家的饭。

7. 古之制边县以备敌也，使五家为伍，伍有长；十长一里，里有假士①；四里一连，连有假五百；十连一邑，邑有假候：皆择其邑之贤材有护②，习地形知民心者。居则习民于射法，出则教民于应敌。故卒伍成于内，则军正③定于外。服习以成，勿令迁徙，幼则同游，长则共事。夜战声相知，则足以相救；昼战目相见，则足以相识；欢爱之心，足以相死④。如此而劝以厚赏，威以重罚，则前死不还踵矣。

《汉书》卷四十九，《晁错传》

【注释】
① 假士：同下文的假五百、假候，都是当时的官名。
② 有护：有保护能力。这里指作战勇敢。
③ 军正：军政，即军中有关治军、战备等事宜。正，通"政"。
④ 相死：相互之间为之而死。这里指互相感情深厚，在战斗中都能舍己救人。

【译文】
古代设置边境郡县是为了防备敌人，将五家编为一伍，伍设有伍长；十伍编为一里，里设有假士；四里编为一连，连设有假五百；十连编为一邑，邑设有假候。这些官吏，都分别在伍、里、连、邑中选择德才兼备、作战勇敢、熟悉地形、了解民情的人来担任。平时在乡邑之内，他们就教练民众射箭习武；当有战事的时候，他们就训练民众应敌作战。所以，军事组织编成于乡邑之内，遇有战备之事就能顺利完成。训练成熟之后，不要让人们再迁徙，使他们从小一起游玩，长大一道共事。夜间打仗时彼此声音熟悉，就完全能够互相救援；白天打仗时彼此用眼睛观察，就完全能够互相识别；彼此间的深厚感情，完全能够使他们舍命相救。这样，再加之用厚赏来鼓励，用严刑来约束，他们就会宁愿前进战死也不会后退了。

8. 及李林甫①为相，奏请军皆募人为之，兵不土著，又无宗族，不自重惜，忘身徇利②，祸乱遂生。

《资治通鉴》卷二百三十二，
《唐纪四十八》，德宗贞元二年八月，李泌语。

【注释】

① 李林甫：唐玄宗时奸相，曾奏请京师及边境诸军皆行募兵制。李泌认为募兵制是祸乱之源，主张恢复府兵制。

② 忘身徇利：意谓拼命追求私利。徇（xùn 训），曲从，依从。

【译文】

到了李林甫做宰相的时候，奏请军队都实行募兵制，招募的士兵不是本乡本土人，且在当地又无宗族，他们就不知自重爱惜，拼命追求私利，祸乱就由此而生了。

9. 三代之兵，耕而食，蚕而衣，故劳，劳则善心生。秦汉以来，所谓兵者，皆坐而衣食于县官①，故骄，骄则无所不为。

宋·苏洵《嘉祐集》卷五，《衡论下·兵制》

【注释】

① 县官：官府，朝廷。

【译文】

夏商周三代时的士兵，自己种庄稼而食，自己养蚕而衣，所以都参加劳动。由于劳动，就会产生良好的思想。秦汉以来，所谓当兵的，都不参加劳动，吃穿都由官府供给，所以就骄惰了。骄惰了，就会为所欲为。

10. 三代之时，举①天下之民皆兵也。

宋·苏洵《权书·兵制》

【注释】
① 举：全，整个。

【译文】
夏商周三代时，普天之下的民众都是兵。

11. 兵民之分，自秦汉。

宋·苏洵《权书·兵制》

【译文】
军队从民众之中分离出来，始自秦汉。

12. 今为募兵者，大抵皆偷惰顽猾不能自振之人；为农者，皆朴力①一心听令之人，则缓急②莫如民兵可用。

《宋史》卷一九二，《兵六》引王安石语

【注释】
① 朴力：质朴而尽力。
② 缓急：危急之事。

【译文】
现在招募来的士兵，多是些偷安懒惰、顽劣狡猾不能振奋进取的人；

而农民却都是些朴实尽力、一心听令的人，那么遇有危急之事时，募兵反而不如民兵可用。

13. 臣以谓①募兵与民兵无异，顾②所用将帅如何耳。……有将帅，则不患民兵不为用矣。

《宋史》卷一九二，《兵六》引王安石语

【注释】

① 以谓：以为，认为。
② 顾：但，但看。

【译文】

我认为募兵与民兵没有多大差别，只是要看所任用的将帅怎么样罢了。……有了好的将帅，就不用担心民兵不听使用。

14. 既有保甲①代其役②，即不须募兵。今京师募兵，逃死停放，一季乃数千。但勿招填，即为可减。然今厢军③既少，禁兵④亦不多，臣愿早训练民兵。民兵成，则募兵当减矣。

《宋史》卷一九二，《兵六》引王安石语

【注释】

① 保甲：封建社会通过户籍编制来统治民众的制度。北宋王安石于熙宁三年（1070年）推行保甲法。其法十家为一保，有保长。五十家为一大保，有大保长。十大保为一都保，有正副都保正。家有两丁以上者，选一人做保丁，并自备弓箭，演习武艺战阵。
② 代其役：这里指用保甲制的民兵代替募兵服役。
③ 厢军：即厢兵，宋代诸州的镇兵。驻各州府，主要供各种劳役。
④ 禁兵：又称禁军，一般指皇帝的亲兵，这里指北宋中央部队。

【译文】

　　既然有保甲代替募兵服役，就不须再招募壮丁当兵了。现在京师禁军招募来的士兵，逃跑、死亡、免籍、流放的，一个季度就有几千人。只要不再招募补充，就可以逐渐减少。既然现在厢军很少，禁兵也不多，我希望早些训练民兵。民兵练成了，募兵就应当减下来了。

15. 三代之兵，不待择而精，其故何也？兵出于农，有常数而无常人。国有事，要以一家而备一正卒，如斯而已矣。是故老者得以养，疾病者得以为闲民，而役于官者，莫不皆其壮子弟。故其无事而田猎，则未尝发老弱之民；师行而馈①粮，则未尝食②无用之卒。使之足轻险阻，而手易器械，聪明足以赴旗鼓之节，强锐足以犯死伤之地，千乘之众，而人人足以自捍。故杀人少而成功多，费用省而兵卒强。……及至后世，兵民既分，兵不得复而为民，于是始有老弱之卒。……使老弱不堪之卒拱手而就戮，故有以百万之众，而见屠于数千之兵者。

宋·苏轼《苏东坡全集》卷四十七，《策别十六》

【注释】

①馈（kuì 溃）：运送，供应。

②食（sì 四）：供养。

【译文】

　　夏商周三代时的兵，不用挑选就很精壮，那是什么原因呢？因为兵是从农民中挑选出来的，军队有一定的编制数目而没有常备的兵员。国家有事，只要每家出一名现役兵就可以了。所以老年人能获得赡养，有疾病者得以免征，而服国家兵役的人，无不是那些精壮子弟。因此，平素进行田猎活动，未曾征发过老弱之人；战时兴师补给粮食，未曾养活过无用之兵。使他们脚能翻越险阻，手能熟操兵器，耳目能分辨旗鼓信号，强悍锐猛敢于进攻死伤之地，即使是千军万马，也人人能够各自为战。因此，战时伤亡少而胜利多，平时军费省而军队强。……到了后代，由于兵与民已经分开，当兵的终身为兵而不能再复为民，于是开始有了老弱的士兵。……驱使老弱不堪的士兵去白白送死，因此会有百万大军却被几千敌人打败的情况。

16. 四者（边兵、宿卫兵、大将屯兵、州郡守兵）皆募，而竭国力以养之，是徒知募而供其衣食耳。此所以竭国力而不足以养百万之兵也。

宋·叶适《水心文集》卷五，《兵总论一》

【译文】

边兵、宿卫兵、大将屯兵、州郡守兵，这四种兵都由招募而来，并且耗尽国家财力去养活他们，这是只知道募兵供给衣食罢了。这就是为什么耗尽国家财力却不足以养百万之兵的缘故。

17. 兵之贵选，尚①矣。而时有不同，选难拘一。……天下一家，边腹②无虞，将有章程，兵有额数，饷有限给，其法惟在精。

明·戚继光《纪效新书》（十四卷本）卷一，《束伍篇·原选兵》

【注释】

① 尚：久远。
② 边腹：边疆和内地。

【译文】

重视选拔兵士是由来已久的。但时代有所不同，选拔（的办法）难以拘泥于一种。……现在国家统一，边疆和内地太平无事，将领有一定的规章制度，兵员有一定的数额，粮饷供给有一定的标准，选取士兵的方法只在一个"精"字。

18. 古者，以田赋出兵，故兵农为一。无事则负耒而耕，有事则荷戈而战。何民而非兵，何兵而非民耶？

明·王鸣鹤《登坛必究》卷十六，《辑军制说》

【译文】

古时候，是按照田赋多少征调兵役的，因此兵农合一。平时扛起农具耕田，战时就拿起武器打仗。这样，还有什么民不是兵，什么兵不是民呢？

评　述

兵役制度在我国历史上各个朝代有不同的变化，但总的说来，不外乎征兵制、募兵制、世兵制和乡兵制等几种基本类型。或者是以某一种为主，或者是兼而用之，旨在既保证兵员的数量和质量，又减少国家的财政开支。所以提倡"兵农为一"（明·王鸣鹤《登坛必究》卷十六，《辑军制说》）、"兵出于农"，以期收到"费用省而兵卒强"（宋·苏轼《东坡全集》卷四十七，《策别十六》）的效果。或者是提倡军政相合、"作内政而寓军令"（《管子·小匡》）的什伍制度，认为那样由乡里而军旅，互相熟悉，"相保相受"（《周礼·地官司徒》），"夜战声相知，则足以相救；昼战目相见，则足以相识；欢爱之心，足以相死"（《汉书》卷四十九，《晁错传》）。古人还主张建立"乡兵"、"民兵"之制，兵员从山野务农耕作之人中选取，国家费用支出少，可卫乡邑、保田庐，也可作为正规部队的补充。

兵役制度具有鲜明的时代性和阶级性，与国家的政治、经济、军事制度密切相关。古代兵役制度的变迁受到各种因素的影响，各有其利弊得失，但古人注重选兵质量、军政结合的思想，仍有一定的借鉴意义。

例　证

春秋初期，管仲（？—前645年）任齐国的宰相时，推行"作内政而寓军令"（《管子·小匡》，下同）的兵役制度，其具体做法是："三其国而伍其鄙"，就是把齐国的城乡居民组织和军队的编制结合起来进行编组。例如，把都城分为三部分，建立二十一乡，其中十五个士农之乡建立三军，六个工商之乡分属三军。各级行政单位依次是轨、里、连、乡、帅，而相应的军事组织则是伍、小戎、卒、旅、军。这样，居民平时各从其业，在农闲时进行军事操练。由于人们"少相居，长相游"，彼此熟悉，休戚相关，一旦打起仗来，"夜战其声相闻，足以无乱；昼战其目相见，足以相识；欢欣足以相死"。能居则同乐，死则同哀，守则同固，战则同强，充分保证了作战的胜利。"兵民合一"是一定历史条件下的兵役制度，在当时历史环境下起到了积极作用。

第三节　将帅

一、选将任将

1. 夫将者，国之辅①也，辅周则国必强，辅隙②则国必弱。

《孙子兵法·谋攻篇》

【注释】
① 辅：附于车辐的直木，用以支撑、加固，这里喻为国家的辅佐。
② 隙：裂缝，这里指缺陷。

【译文】
将帅是国家的辅佐，辅助周密得当，国家必定强盛；辅助有缺陷，国家必定衰弱。

2. 故知兵之将，生民之司命①，国家安危之主②也。

《孙子兵法·作战篇》

【注释】
① 司命：命运的主宰者。司，掌管。

② 主：主宰。

【译文】

精通军事的将帅，是掌握民众生死命运的人，是国家安危的主宰者。

3. 将者，智、信、仁、勇、严也。

《孙子兵法·计篇》

【译文】

将，就是将领要有智谋、赏罚有信、爱抚士卒、勇敢果断、明法审令。

4. 将①听吾计，用之必胜，留之；将不听吾计，用之必败，去之。

《孙子兵法·计篇》

【注释】

① 将（jiāng 江）：假如，如果。一说音 jiàng（匠），指将领。

【译文】

如果听从我的计谋，作战一定能胜利，我就留下；如果不听从我的计谋，作战一定失败，我就离开。

5. 夫总文武者，军之将也。……得之国强，去之国亡，是谓良将。

《吴子·论将》

【译文】

文武全才的人，才能担任军队的将领。……得到这样的将领，国家就强盛，失去这样的将领，国家就衰亡，这就叫做良将。

6. 上贵不伐①之士，不伐之士，上之器也。苟不伐则无求，无求则不争。

《司马法·天子之义》

【注释】

① 不伐：不居功自傲。伐，自夸。

【译文】

国君应尊重那些不居功自傲的士人，不居功自傲的士人，是君主所器重的人才。如果不居功就会无所贪求，无所贪求就不会去争名夺利。

7. 将相分职，而各以官名举人①，按名督实。选才考能，令实当其名，名当其实，则得举贤之道也。

《六韬·文韬·举贤》

【注释】

① 以官名举人：依照不同的官位等级举用人才。

【译文】

将相的职责要明确分工，（文官武将）各以不同的官职所应具备的条件选拔人才，按照不同的职务要求督察其实绩。衡量其才能的大小，考核其能力的强弱，做到才副其名，名副其实，这才算掌握了选拔人才的正确原则与方法。

8. 故兵者，国之大事，存亡之道，命在于将。将者，国之辅，先王之所重，故置将不可不察也。

《六韬·龙韬·论将》

【译文】

战争是国家的大事，关系着国家的存亡，而国家的命运就掌握在将帅手中。将帅，是国家的辅佐，为古代圣王所重视，因此，任命将帅是不可不认真考察的。

9. 将有五材①、十过②。……所谓五材者，勇、智、仁、信、忠也。

勇则不可犯，智则不可乱，仁则爱人，信则不欺，忠则无二心。所谓十过者，有勇而轻死者，有急而心速③者，有贪而好利者，有仁而不忍④人者，有智而心怯者，有信而喜信人者，有廉洁而不爱人者，有智而心缓者，有刚毅而自用者，有懦而喜任人者。

《六韬·龙韬·论将》

【注释】

① 五材：五种才德。材，通"才"，才德，才能。

② 十过：十种缺点。过，错误，过失。这里指缺点。

③ 心速：急于求成。

④ 忍：狠心。这里指姑息。

【译文】

将帅应该具备五种才德，避免十种缺点。……所谓五种才德是：勇敢、明智、仁慈、诚信和忠实。勇敢就不可侵犯，明智就不会被扰乱，仁慈就能爱护士众，诚信就不会欺骗别人，忠实就不会有二心。所谓十种缺点是：勇敢而轻于牺牲，暴躁而急于求成，贪婪而追逐私利，仁慈而对人姑息，聪明而胆小怕事，诚信而轻信别人，廉洁而待人刻薄，多谋而优柔寡断，好强而刚愎自用，懦弱而好仰赖别人。

10. 知之①有八征②：一曰问之以言，以观其详；二曰穷之以辞，以观其变；三曰与之间谍，以观其诚；四曰明白显问③，以观其德；五曰使之以财，以观其廉；六曰试之以色，以观其贞；七曰告之以难，以观其勇；八曰醉之以酒，以观其态。八征皆备，则贤不肖别矣。

《六韬·龙韬·选将》

【注释】

① 知之：了解将帅。之，指将帅。

② 征：征兆，迹象。

③ 明白显问：明知故问。

【译文】

了解将帅有八种方法：一是提出问题，看他回答得是否详尽清楚；二是诘难追问，看他能否随机应变；三是用间谍试探，看他是否忠诚；四是明知故问，（看他有无隐瞒），以观其德操；五是用财物考验，看他是否廉洁；六是用女色试探，看他是否贞正；七是赋予他危难的任务，看他是否勇敢；八是使他醉酒，看他能否保持常态。这八种方法都用了，那么这个人是贤还是不贤也就区别清楚了。

11. 置将不善，一败涂地。

《史记》卷八，《高祖本纪》

【译文】

任用将帅不当，作战必将一败涂地。

12. 兵法曰："有必胜之将，无必胜之民。"繇①此观之，安边境，立功名，在于良将，不可不择也。

《汉书》卷四十九，《晁错传》

【注释】

① 繇：通"由"。

【译文】

兵书上说："有必然打胜仗的将军，没有必然打胜仗的民众。"由此看来，要保证边境的安全，建立战功和威名，在于任用优秀的将军，所用将军是不能不加以选择的。

13. 军无适主①，一举可灭②。

《三国志》卷一，《魏书·武帝纪》

【注释】

① 适（dí 笛）主：主要掌管人，这里指军中主帅。

② 这是曹操用兵关中战后讲评中的话。曹操认为，关中十部割据势力聚在一起，虽然人数众多，但是互不统属，反而更容易消灭，所谓"军无适主，一举可灭"。

【译文】

军队没有主帅，就可以一举消灭。

14. 良将之为政也，使人择之，不自举；使法量功，不自度。故能者不可蔽，不能者不可饰，妄誉者不能进也①。

 三国·诸葛亮《诸葛亮集·文集》卷二，《兵要》

【注释】

① 这段话又见诸《韩非子·有度》、《管子·明法》，大意略同，只是《韩非子》、《管子》讲的是君主治国，而此处讲良将为政。

【译文】

好的将领施政，派人选拔人才，不由自己举用；依法衡量功劳，不凭自己揣度。所以能人就不会埋没，无能的人就不会得志，谄媚的人也不可能得到提拔。

15. 克敌之要，在乎将得其人；驭①将之方，在乎操得其柄②。将非其人者，兵虽众不足恃；操失其柄者，将虽材不为用。兵不足恃，与无兵同；将不为用，与无将同。将不能使兵，国不能驭将，非止费财玩寇③之弊，亦有不戢④自焚之灾。

 唐·陆贽《陆宣公奏议》卷一，《奏草·论两河及淮西利害状》

【注释】

① 驭：本指驾驭马匹，引申为统率、控制。

② 柄：权柄。

③ 玩寇：玩忽敌人。玩，玩忽，戏狎。

④ 戢（jí 及）：止息，停止。

【译文】

战胜敌人的关键，在于将领要有合适的人选；驾驭将领的方法，在于把握住控御的权力。将领不是适合的人选，兵力即使众多也不足依仗；控御之权没有掌握好，将领即使有才能也不会为我所用。兵力不足依仗，同没有军队一样；将领不能为国君效力，同没有将领一样。将领不能指挥军队，国君不能指挥将领，不仅会有耗费财力和玩忽敌人的弊病，还会造成因不善控制而自蹈覆灭的灾难。

16. 兵家所利，随其长短而用之也。是以善抚恤者勿频斗，虑其劳疲而无勇也；善保守者勿使进攻，虑其迟缓而不猛也；多方①者勿使与于决事，虑其犹豫也；多勇者勿与谋敌，虑其过轻也。

宋·许洞《虎钤经》卷一，《人用第三》

【注释】

① 多方：学问渊博，这里指考虑问题全面周到。

【译文】

兵家用人的有利做法是：按其不同的长处和短处各尽其用。因此，对于善于安抚体恤的人，不要让他们频繁作战，以免过于疲劳而丧失勇气；对于善于防守的人，不要让他们轻易发起进攻，以免行动迟缓而没有锐气；对于多虑的人，不要让他们参与决断大事，因为他们一般犹豫不决；对于多勇的人，不要让他们参与谋划，因为他们往往过于轻率。

17. 夫大将受任，必先料人，知其材力①之勇怯，艺能之精粗，所使人各当其分，此军之善政也。

宋·曾公亮等《武经总要》前集卷一，《制度一·料兵》

【注释】
① 材力：勇力。
【译文】
大将受任之后，必须首先了解部属，知道他们勇力的强弱，技艺的优劣，使被任用的人都能称职，这才是治军的好举措。

18. 唐及五代至乎国朝①，征伐四方，立功行阵②，其间名将多出军卒。只如西鄙③用兵以来，武将稍可称者往往出于军中。臣故谓只于军中自可求将。

宋·欧阳修《欧阳修全集·奏议集·论军中选将劄子》

【注释】
① 国朝：指宋朝。
② 行阵：作战中的战斗队形，这里指战场。行（háng 航），军队的行列。
③ 西鄙：西边，这里指北宋西北临近西夏的边疆。鄙，边远的地方。
【译文】
自唐朝、五代以至宋朝，南征北伐，在战争中建立功业的，那些名将多数出自士兵。就像西边用兵以来，稍可称道的武将往往都出于军中。因此，我认为，只要在军中选拔将领就可以了。

19. 至治之时，常不忘于武备。用兵之要，在先择于将臣。

宋·欧阳修《欧阳修全集·内制集·
除李端懿宁远军节度使知澶州制》

【译文】
太平盛世，要经常不忘记战备。用兵的关键，在于首先选择好将领。

20. 有贤豪之士，不须限以下位；有智略之人，不必试以弓马；有山林之杰，不可薄其贫贱。

宋·欧阳修《欧阳修全集·居士集·准诏言事上书》

【译文】

对于贤士豪杰，无须因其地位低下而限制他；对于智谋之士，不必用骑马射箭去考核他；对于民间英杰，不可因其贫贱而轻视他。

21. 天下之实才，不可以求之于言语，又不可以较之于武力，独见之于战耳。战不可得而试也，是故见之于治兵。

宋·苏轼《苏东坡全集》卷四十七，《策别十五》

【译文】

选拔天下有真才实学的将领，不能只凭他的言词去衡量，也不能只从他的武艺去考察，唯有看他的战绩如何。然而实战是无法试验的，因此，要从他平时带兵练兵上加以考核。

22. 其择人有四事：一曰身，二曰言，三曰书，四曰判。……武官则受于兵部，……取其躯干雄伟、应对详明、有骁勇材艺及可为统帅者。

宋·郑樵《通志》卷五十八，《选举一》

【译文】

选拔人才有四条标准：一是身材相貌，二是言词谈吐，三是书写文字，四是撰写判词。……武官的选用由兵部主持，……要选择其中身材雄伟、对答明敏、骁勇善战、武艺高强以及能率兵打仗的人。

23. 古者因事设官，量能授职，无清浊之殊①，无内外之别②，无文武之异。

元·马端临《文献通考·自序》

【注释】

① 无清浊之殊：此处可理解为任用官吏时，不因其出身贵贱有所区别。

② 无内外之别：此处可理解为任用官吏时，不应当有远近亲疏的差别。

【译文】

古代因为有各种事务而设置百官，根据各人的才能授以官职。没有出身贵贱的不同，没有远近亲疏的区别，没有文臣武将的差异。

24. 将必择有识、有谋、有仁、有勇者。有识，能察几①于未形；有谋，能制胜于未动；有仁，能得士心；有勇，能摧坚破锐。兼是四者，庶②可成功。

《明太祖宝训》卷六，《武备》

【注释】

① 几：通"机"，关键，此指战机。
② 庶：庶几，差不多。

【译文】

将帅必须要选择有见识、有谋略、有仁德、有勇气的人担任。有见识，能在战机还没有显露时就发现它；有谋略，能在战争还没有进行时就操胜券；有仁德，能得到士兵的拥护；有勇气，能击破敌人的坚固阵地和精锐部队。将帅兼具这四条，就基本可以成名立功了。

25. 国之所恃者兵，兵之所赖者将。将得其人，则兵无不精，兵无不精，则国威自振，而房寇之患自平矣。

《明经世文编》卷三十三，《于忠肃公文集一·建置五团营疏》

【译文】

国家的安全要依靠军队保卫，军队的强大要依赖将帅治理。将帅选拔到合适的人才，军队就不会不精锐；军队精锐，国威就自然大振，而敌寇的侵扰之患就会自然平息了。

26. 然欲识而拔之，其不以远而遗，不以贱而弃，不以仇而疏，不以罪而废。

　　　　　明·丘濬《大学衍义补》卷一百二十九,《严武备·将帅之任》

【译文】

　　要想了解和选拔（良将），就必须做到不因为关系不密切而遗忘他,不因为出身低贱而抛弃他,不因为有私人仇恨而疏远他,不因为曾犯过错误而废弃他。

27. 夫军旅之任,在号令严一,赏罚信果而已。慎择主帅,授钺①分梱②,当听其所为。

　　　　　明·王守仁《王阳明全集》卷十四,《辞免重任乞恩养病疏》

【注释】

　　① 授钺：授予将帅以军队指挥权。钺,大铁斧。古代用斧钺代表军事权力。

　　② 分梱：给予军职。梱,同"阃",郭门门槛,这里指军事职务。

【译文】

　　治军的责任,在于号令严明统一,以及有功必赏有过必罚。慎重地选择主帅,授予他指挥权之后,就应当让他放手去做。

28. 人之才能,自非圣贤,有所长必有所短,有所明必有所蔽。……故曰：用人之仁去其贪,用人之智去其诈,用人之勇去其怒。夫求才于仓卒①艰难之际而必欲拘于规矩绳墨②之中,吾知其必不克矣。

　　　　　明·王守仁《王阳明全集》卷九,《陈言边务疏》

【注释】

　　① 卒：通"猝",突然,仓猝。

② 绳墨：原指木工打直线的工具，这里指准绳、条件。

【译文】

人们的才能，不像圣贤那样完美无缺，有长处就必然会有短处，有明智的时候也会偏见的时候。……因此说：用人宽厚的一面，要防止他贪鄙的一面；用人聪明的一面，要防止他奸诈的一面；用人勇敢的一面，要防止他冲动的一面。在仓猝艰难的时候，却一定要按标准条件刻板地选拔人才，我看必然是办不到的。

29. 任力者劳，任人者逸。善任人者，总其纲①，则万目②张；握其纪③，则万目起。虽治千百万众，何以劳为！

　　　　　　　　　　　　明·何良臣《阵纪》卷二，《众寡》

【注释】

① 纲：提网的总绳，引申为事情的要领和关键。
② 目：网眼，这里指细则，次要的事情。
③ 纪：丝的头绪，这里指主要规程，事情的重要部分。

【译文】

只靠个人力量指挥作战的将领就劳碌，善于任用人才的将领就从容。善于任用人才的将领，就是自己抓住关键问题，从而带动各方面的事情；自己把握中心环节，从而处理好方方面面的事情。这样，即使管理指挥千军万马，又何至于劳碌不堪呢！

30. 全才者有几？夫一人之身，才技有长短，处事亦有工拙。有阵中之勇者，于理国则拙而无用；有宜于国中者，于从军则无用矣。自是任用，皆随其材。

　　　　　　　　　　　　《清太祖武皇帝实录》卷二，乙卯年十一月

【译文】

全才的人世上能有几个？就每一个人来说，才智和技能都有长有短，处理事务也有巧有拙。有的人作战很勇敢，让他去治理国家却拙而无能；有的人适于治理国家，而让他治军就不能胜任。从此以后，在用人上均应根据其才能而定。

评　述

　　专职将帅是社会发展到一定历史阶段的产物。《尉缭子·原官》说："官分文武，王之二术也。"直至战国时代，"军令"系统才由出将入相、将相不分的状况改变为将相分职、文武殊途的任官制度。

　　专职将帅的出现，引起人们的高度重视。古兵书中多有论述，有的还有"论将"、"选将"、"立将"等专篇。《孙子兵法》对将帅的地位和作用作了高度的评价，认为"将者，国之辅也"（《谋攻篇》），"故知兵之将，生民之司命，国家安危之主也"（《作战篇》）。《吴子》认为，将帅"得之国强，去之国亡"（《论将》）。后世兵家也反复强调："用兵之要，在先择于将臣"（宋·欧阳修《欧阳修全集·内制集·除李端懿宁远军节度使知澶州制》），"国之所恃者兵，兵之所赖者将"（《明经世文编》卷三十三，《于忠肃公文集一·建置五团营疏》），等等。因为将帅关系到战争的成败、国家的安危存亡，所以历代统治者对选将任将都提出了严格条件。《孙子兵法》提出了"智、信、仁、勇、严"五条标准，《六韬》提出了"勇、智、仁、信、忠"五种才能。对此，后世兵家虽有不同论列，但不外乎要求德才兼备，文武双全。

　　谚曰："千军易得，一将难求。"选将任将一直是封建统治者十分关注而又十分慎重的一件大事。《六韬》提出的"八征"，反映了选将任将经验的总结。"因事设官，量能授职"（元·马端临《文献通考·自序》），"各以官名举人，按名督实。选才考能，实当其名，名当其实"（《六韬·文韬·举贤》），从实践中考察和任命将帅，无疑是一项行之有效的原则。历史上许多智勇双全的名将都是在实践中脱颖而出的，便是明证。贵族世袭军职，不分良莠，系军之大害。因此，古代兵学家强调选贤任能，"无清浊之殊，无内外之别"(《文献通考·自序》)，"不以远而遗，不以贱而弃，不以仇而疏，不以罪而废"(明·丘濬《大学衍义补》卷一百二十九，《严武备·将帅之任》)，主张任人唯贤，反对任人唯亲。他们还看到，对将帅不要求全责备，人非圣贤，"有所长必有所短，有所明必有所蔽"(明·王守仁《王阳明全集》卷九，《陈言边务疏》)，"全才者有几？……自是任用，皆随其材"(《清太祖武皇帝实录》卷二，乙卯年十一月)，金无足赤，人无完人，关键在于取其所长，避其所短。

例 证

选将任将关系着国家的安危、战争的成败，为历代统治者所重视。汉高祖刘邦就是善于任用将帅的典范。例如，谋士陈平，先事魏，后事楚，皆不受重用，后来听说汉王能用人，才投奔刘邦。刘邦根据周勃、灌婴、魏无知等事先了解的情况，知道此人虽有小节不检点，但确为可用之材，于是拜其为都尉，后为护军中尉，屡立奇功。其他汉初大将韩信、英布等，都是由于刘邦善于用将而叛楚归汉的。刘邦正是依靠这许多名将建立了汉王朝。他曾对群臣说："夫运筹策帷帐之中，决胜于千里之外，吾不如子房。镇国家，抚百姓，给馈饷，不绝粮道，吾不如萧何。连百万之军，战必胜，攻必取，吾不如韩信。此三者，皆人杰也，吾能用之，此吾所以取天下也。"(《史记》卷八，《高祖本纪》)这正是刘邦善于用将的总结。

二、将帅修养

1. 故战道必胜，主①曰无战，必战可也；战道不胜，主曰必战，无战可也。故进不求名，退不避罪，唯人是保②，而利合于主，国之宝也。

《孙子兵法·地形篇》

【注释】

① 主：指国君。

② 唯人是保：只为保全民众和士卒。

【译文】

根据战争规律分析，有必胜的把握，即使国君命令不要打，也可以坚决地打；根据战场规律分析，没有必胜的把握，即使国君命令打，也可以不打。作为一个将帅，应该做到进不谋求战胜的名声，退不回避违君命的罪责，只求保护民众并有利于国君。这样的将帅才称得上是国家宝贵的人才。

2. 故兵有走者，有弛者，有陷者，有崩者，有乱者，有北者。凡此六者，非天之灾，将之过也。夫势均，以一击十，曰走；卒强吏弱，曰弛；吏强卒弱，曰陷；大吏①怒而不服，遇敌怼②而自战，将不知其能，曰崩；将弱不严，教道③不明，吏卒无常④，陈兵⑤纵横，曰乱；将不能料敌，以少合众，以弱击强，兵无选锋⑥，曰北。凡此六者，败之道也，将之至任，不可不察也。

《孙子兵法·地形篇》

【注释】

① 大吏：曹操注："大吏，小将也。"即偏将之类。

② 怼（duì 对）：怨恨。

③ 教道：教育训练的制度和方法。

④ 无常：没有法度规矩。常，常规，法纪。

⑤ 陈兵：指布兵列阵。陈，通"阵"。

⑥ 选锋：从士卒中选拔出来的勇敢善战的先锋队。

【译文】

军队有"走"、"弛"、"陷"、"崩"、"乱"、"北"等六种情况。这六种情况的出现，不是因为天灾，而是由于将帅的过失。凡是地势均等而以一击十的，叫做"走"；兵卒强横而军官软弱的，叫做"弛"；军官横蛮而兵卒懦弱的，叫做"陷";偏将怨怒而不服从,遇到敌人擅自出战,将帅又不了解他们的能力,叫做"崩";将帅懦弱缺少威严,教育训练没有章法,官兵关系混乱紧张,出兵列阵杂乱无章,叫做"乱";将帅不能判断敌情,用劣势兵力去对付优势敌人,用弱兵去打强敌,军中没有经过选拔的先锋部队的,叫做"北"。凡是这六种情况,都是导致失败的原因,是将帅的重大责任,是不可不认真研究的。

3. 故将有五危:必死①,可杀也;必生②,可虏也;忿速③,可侮也;廉洁④,可辱也;爱民,可烦也。凡此五者,将之过也,用兵之灾也。覆军杀将,必以五危,不可不察也。

《孙子兵法·九变篇》

【注释】

① 必死:这里指勇而无谋,只知死打硬拼。必,这里是固执、坚持的意思。

② 必生:一味贪生怕死。

③ 忿速:急躁易怒,一触即跳。

④ 廉洁:廉洁好名,过于自尊。

【译文】

将帅有五种危险的弱点:只知死拼,会被诱杀;一味求生,会被生俘;急躁易怒,则可能中敌人轻侮的奸计;廉洁自爱,则可能陷入敌人污辱的圈套;一味爱民,则可能导致被动烦劳。这五种危险,都是将帅的过错,也是用兵的灾害。军队覆灭,将帅被杀,都必定由这五种危险引起,是不可不认真研究的。

4. 用兵之害,犹豫最大;三军之灾,生于狐疑①。

《吴子·治兵》

【注释】

① 狐疑:狐狸生性多疑,这里指犹豫不决。

【译文】

用兵最大的祸害是将领犹豫不决,军队招致的灾难,往往产生于将领的多疑。

5. 夫总①文武者,军之将也。兼刚柔者,兵之事也。凡人论将,常观于勇。勇之于将,乃数分之一耳。夫勇者必轻合②,轻合而不知利,未可也。故将之所慎者五:一曰理,二曰备,三曰果,四曰戒,五曰约。理者,治众如治寡;备者,出门如见敌;果者,临敌不怀生;戒者,虽克如始战;约者,法令省而不烦。受命而不辞,敌破而后言返,将之礼也。故师出之日,有死之荣,无生之辱。

《吴子·论将》

【注释】

① 总:综合,兼有。
② 轻合:轻率交战。合,交战。

【译文】

文武兼备的人,才能成为军队的将领。刚柔相济的人,才能懂得作战的规律。一般人评论将领,常常着眼于勇敢。其实,勇敢对于将领来说,只不过是应具备的各种条件之一。单凭勇敢的人,必然轻率交战。轻率交战而不考虑利害,这是不可以的。所以,将领特别要慎重的有五点:一是理,二是备,三是果,四是戒,五是约。所谓理,就是管理多数人与管理少数人一样有条理;所谓备,就是军队一出辕门就如同看到敌人一样警惕戒备;所谓果,就是临阵对敌要有不考虑个人生死的果敢战斗精神;所谓戒,就是即使胜利了还如同战斗开始时那样谨慎;所谓约,就是法令简明而不繁琐。接受命令不推辞,打败敌人才请求班师,这都是将领应遵守的礼法规范。所以,将领从出征那一天起,就要有宁可光荣战死,决不忍辱偷生的决心。

6. 凡战,胜则与众分善;若将复战,则重赏罚。若使不胜,取过在己；复战，则誓以居前，无复先术。胜否勿反，是谓正则。

《司马法·严位》

【译文】

大凡作战，胜利了就要归功于大家；如果将要再战，就要更加重视赏罚。如果未能取得胜利，应主动承担过错；再战，要誓师以振奋士气，且自己要身先士卒，不要重复上一次战法。无论胜或不胜都不要违反这些做法，这就是正确的原则。

7. 将者不可以无德，无德则无力，无力则三军之利不得。故德者，兵之手也。①

《孙膑兵法》下编，《将义》

【注释】

① 故德者，兵之手也：《将义》篇以"义"为"兵之首"，"仁"为"兵之腹"，"德"为"兵之手"，"信"为"兵之足"，等等。

【译文】

将帅不能没有好的品德，没有好的品德就缺乏感召力，缺乏感召力，军队就不能取得胜利。因此，品德如同人的手一样重要。

8. 智不足，将兵，自恃①也。勇不足，将兵，自广②也。不知道，数战③不足，将兵，幸也。夫安万乘国④，广万乘王，全万乘之民命者，唯知道。知道者，上知天之道⑤，下知地之理，内得其民之心，外知敌之情，阵则知八阵⑥之经，见胜而战，弗见而诤⑦，此王者之将也。

《孙膑兵法·八阵》

【注释】

① 自恃：这里指盲目自负。
② 自广：这里指盲目自大。

③ 数战：多次作战，这里指实战经验。数（shuò 朔），多次。

④ 万乘国：能够出兵车万乘的大国。乘（shèng 胜），辆，古代指四匹马拉的一辆车。

⑤ 天之道：即天文，指阴阳、四时、日月星辰等天候变化的规律及其对战争的影响。

⑥ 八阵：古代阵法的通称。也有用以指八种不同的阵法，或指一阵八体等。

⑦ 诤：借为"静"，按兵不动。一说，意为进谏。

【译文】

智谋不足的人带兵打仗，是盲目自负。勇气不足的人带兵打仗，是盲目自大。不懂得用兵规律而又缺乏实战经验的人带兵打仗，是希图侥幸。凡是要巩固万乘大国的政权，扩大万乘大国的统治，保护万乘大国民众生命安全的统帅，就必须懂得用兵之道。懂得用兵之道，就是要上知天文，下知地理，内得民心，外知敌情，布阵时懂得八阵的要领，有胜利把握就打，没有胜利把握就不打。这样的统帅，才真正是能够帮助国君安邦定国的良将。

9. 将受命之日忘其家，张军宿野忘其亲，援枹而鼓①忘其身。

《尉缭子·武议》

【注释】

① 援枹而鼓：拿着鼓槌击鼓指挥。援，拿。枹（fú 服），鼓槌。

【译文】

作为将领，接受命令之后，就要忘掉他的家庭；当部署军队在野外宿营时，就要忘掉他的亲属；当挥槌击鼓临阵指挥时，就要忘掉自身的安危。

10. 以天下①之目视，则无不见也；以天下之耳听，则无不闻也；以天下之心虑，则无不知也。辐辏②并进，则明不蔽矣。

《六韬·文韬·大礼》

【注释】

① 天下：原意为全中国、全世界。这里指天下之人。

② 辐辏：形容人或物像车辐集中于车毂一样聚集。辐，车轮上辐条。辏（còu 凑），许多辐条集于毂（轮中心圆木）。

【译文】

能依靠天下人的眼睛去观察，就没有看不清楚的事物；能凭借天下人的耳朵去倾听，就没有听不到的消息；能利用天下人的头脑去考虑，就没有弄不通的道理。四面八方的情况都汇集在一起，就会明察而不受蒙蔽了。

11. 将已受命，……二心①不可以事君，疑志②不可以应敌。

《六韬·龙韬·立将》

【注释】

① 二心：有异心，不忠实。

② 疑志：一说，君主对将帅不放心而有所牵制；一说，将帅犹豫不决。结合《六韬》上文"军不可中御"之意，故从前说。

【译文】

将领接受任务后，……怀有二心就不能忠心耿耿地效命君主，受君主牵制而顾虑重重就不能果敢坚决地对付敌人。

12. 不知战攻之策①，不可以语敌；不能分移②，不可以语奇；不通治乱，不可以语变。故曰：将不仁，则三军不亲；将不勇，则三军不锐；将不智，则三军大疑；将不明，则三军大倾；将不精微，则三军失其机；将不常戒，则三军失其备；将不强力，则三军失其职。

《六韬·龙韬·奇兵》

【注释】

① 策：计策，方略。

② 分移：分散，移动。这里引申为机动的意思。

【译文】

不懂得打仗的方略,就谈不上对敌作战;不善于机动兵力,就谈不上出奇制胜;不通晓治乱,就谈不上随机应变。所以说:将帅不仁爱,军队就不拥护;将帅不勇敢,军队就不勇猛;将帅不机智,军队就会疑惧丛生;将帅不明断,军队就会招致失败;将帅考虑问题不审详,军队就会失掉战机;将帅不经常保持警惕,军队就会疏于戒备;将帅领导不坚强有力,军队就会懈怠失职。

13. 勿以三军为众而轻敌,勿以受命为重而必死,勿以身贵而贱人,勿以独见而违众,勿以辩说为必然。

《六韬·龙韬·立将》

【译文】

不要因为军队众多而轻视敌人,不要因为领受的任务重大而拼于一死,不要因为自己身居高位而轻视别人,不要因一己之见而违众意,不要以能言善辩为必然。

14. 将无虑则谋士去,将无勇则士卒恐,将妄动则军不重,将迁怒则一军惧。《军谶》①曰:"虑也,勇也,将之所重;动也,怒也,将之所用。"此四者,将之明诫也。

《黄石公三略·上略》

【注释】

① 《军谶(chèn 衬)》:相传为古代兵书,已失传。

【译文】

将帅没有深谋远虑,有智谋的人就会离开;将帅不坚强勇敢,士兵就会动摇;将帅轻举妄动,军心就不稳定;将帅迁怒于别人,全军就会恐惧。《军谶》上说:"深谋远虑,坚强勇敢,是将帅应该具备的重要品质;适时而动,当怒则怒,是将帅应该掌握的用兵之道。"这四项,是将帅应该牢记的明诫。

15. 将能清，能静，能平，能整，能受谏，能听讼，能纳人，能采言，能知国俗，能图山川，能表险难，能制军权。

《黄石公三略·上略》

【译文】

将帅要能廉洁，能镇定，能公平，能严整，能接受别人的规谏，能明断是非曲直，能延纳人才，能博采众言，能知道国家的风俗，能研究山川的形势，能明了地形的险阻，能掌握军队的指挥权。

16. 孙子曰："将者，智也、仁也、敬也、信也、勇也、严也。"① 是故智以折敌②，仁以附众，敬以招贤，信以必赏，勇以益气，严以一令。故折敌则能合变③，众附爱则思力战，贤智集则英谋得，赏罚必则士尽力，勇气益则兵势自倍，威令一则惟将所使。必有此六者，乃可折冲④擒敌，辅主安民。

汉·王符《潜夫论·劝将》

【注释】

① 将者，智也、仁也、敬也、信也、勇也、严也：语出《孙子兵法·计篇》，原文为"将者，智、信、仁、勇、严也"。参见本节第一目第3条。

② 折敌：判明敌情。折，疑为"料"字之误。

③ 合变：灵活机动地与敌作战。合，两军交战。变，灵活机变。

④ 折冲：意谓抵御并击退敌人。折，止，挫。冲，冲车，古代用于攻城的战车。

【译文】

孙子说："作为将帅，要机智、仁爱、谨敬、诚信、勇敢、威严。"机智用以判明敌情，仁爱用以团结部属，谨敬用以招纳人才，诚信用以严明赏罚，勇敢用以激励士气，威严用以统一军令。判明敌情，就能灵活机动地与敌作战；受到部属爱戴，部队作战时就勇敢；人才荟集，就会想出卓越的计谋；赏罚严明，士卒就乐于效力；勇气增强，军队的威力就成倍地提高；军令统一，部队就绝对服从将帅的指挥。（将帅）必须具备这六个方面的修养，才可以杀敌立功，辅佐君主安定民众。

17. 三军以将为主，主衰则军无奋意。

《三国志》卷十，《魏书·荀攸传》

【译文】

三军以将帅为主宰，主宰的斗志衰败，军队就失去振作的意志。

18. 将有五善、四欲。五善者，谓善知敌之形势，善知进退之道，善知国之虚实，善知天时人事①，善知山川险阻。四欲者，所谓战欲奇，谋欲密，众欲静，心欲一。

旧题三国·诸葛亮《将苑·将善》

【注释】

① 天时人事：即客观条件和主观条件。天时，指不依人力而转移的客观趋势。人事，指经过主观努力可以实现的事情。

【译文】

将领有五善、四欲。所谓"五善"，就是要善于了解敌情，善于了解进战退守的规律，善于了解国家的虚实，善于了解客观形势和主观条件，善于了解山川险阻等地理情况。所谓"四欲"，就是打仗要出奇，计谋要周密，部队要镇静，意志要统一。

19. 兵者，凶器，将者，危任。是以器刚则缺，任重则危。故善将者，不恃强，不怙势①，宠之而不喜，辱之而不惧，见利不贪，见美不淫，以身殉国，壹意而已。

旧题三国·诸葛亮《将苑·将志》

【注释】

① 怙势：仗势。怙（hù 户），依仗，凭借。

【译文】

武器是杀人的凶器，将帅是危险的职任。因此，武器刚硬就容易折损；责任重大就易出危险。所以善于做将帅的人，不逞强，不仗势，受到荣宠不沾沾自喜，遭受屈辱也不惧怕，看见有利可图不起贪心，遇到美女不加淫乱，唯有以身殉国，一心一意而已。

20. 先之以身，后之以人，则士无不勇矣。

旧题三国·诸葛亮《将苑·厉士》

【译文】

首先以身作则，然后再要求别人，士兵就没有不勇敢作战的。

21. 凡主将之道，知理而后可以举兵，知势而后可以加兵，知节而后可以用兵。知理则不屈，知势则不沮①，知节则不穷。

宋·苏洵《权书·心术》

【注释】

① 沮（jǔ 举）：丧气，颓丧。

【译文】

大凡做统帅的原则是：懂得道理后才可以兴兵，了解形势后才可以攻敌，善于节制后才可以作战。懂得道理就会坚强不屈，了解形势就不会丧失信心，善于节制就会变化无穷。

22. 凡为将之道，要在甘苦共众。如遇危险之地，不可舍众而自全，不可临难而苟免，护卫周旋，同其生死。如此，则三军之士岂忘己哉！法曰："见危难，毋忘其众。"①

宋·佚名《百战奇法·难战》

【注释】

① 见危难，毋忘其众：语出《司马法·定爵》。意思是，当面临危难时，将帅不能只顾自己安危而忘掉部队。

【译文】

大凡作为将帅的原则，关键在于能同部众共甘苦。如果遇到危险情况，不能丢掉部众而保全自己，不能面临危难而苟且偷生，要保护部众，与敌周旋，与部众同生死共患难。这样，全军的将士又怎能忘掉将帅而不管呢！正如兵法所说："遇到危险，不要忘掉部众。"

23. 军士虽有众寡不同，要必皆识之，知其才能勇怯何如，缓急用之，如手足相卫，羽翼相蔽，必无丧失。若但知其名数，不识其能否，猝①临战阵，何以应敌？……能知人，则勇者效力，智者效谋，鲜②有不尽心者。苟一概视之，则勇者退后而智者韬③策矣。

《明太祖宝训》卷五，《谕将士》

【注释】

① 猝（cù 促）：突然，出乎意料。

② 鲜（xiǎn 险）：少。

③ 韬（tāo 滔）：弓或剑的套子，引申为隐藏。

【译文】

（将领所率）官兵虽然有多少的不同，但是必须了解他们，知道他们的才能和勇怯的状况，这样，在关键时使用他们，才能像手足捍卫头目、羽翼蔽护身体一样，必然不会遭受挫折和失败。如果只知道他们的数量，不知道他们的作战能力，当突然临阵之时，怎能应付敌人呢？……能够了解部下，那么勇敢的人就会奋力战斗，聪明的人就会出谋献策，很少会有不尽心尽力的人。如果一概看待而不区分优劣，那么勇敢的人就会退缩不前，聪明的人就会隐藏谋策了。

24. 为将必先智谋，智谋必在用士，故推诚待人，则人为我用，若待之不诚，亦孰①肯尽心效用哉？盖得士者胜，失人者弱。苟不知此，唯力之是尚，何足以制敌！固有竭万夫之力以应敌而不足，有用一人之智以制敌而有余，此用智力之殊②也。

《明太祖宝训》卷五，《谕将士》

【注释】

① 孰：谁。

② 殊：差异，不同。

【译文】

担任将领的人必须首先重视智谋，重视智谋就必须任用谋士，因此，诚恳待人，能人就会为我所用。如果待人不诚恳，又有谁肯尽心效力呢？所以得到谋士的将领必定胜利，失去能人的将领必定被削弱。如果不懂得这一点，只知道崇尚勇力，怎么能制服敌人呢！有的将领竭尽万人之力去应付敌人仍感不足，有的将领只用一人的智谋去制胜敌人却绰绰有余，这就是用智谋和用勇力的不同。

25. 仁者不矜①其功，而智者克成其名，仁智兼全，所向无敌。若乏仁寡智，虽有勇敢之士百万，不足恃也。

《明太祖宝训》卷五，《谕将士》

【注释】

① 矜（jīn 今）：自夸，炫耀。

【译文】

仁德的将领从不炫耀自己的功劳，明智的将领能够成就应有的美名，仁智双全的将领所向无敌。将领如果既缺乏仁德又少智谋，即使统率上百万勇敢的军队，也是靠不住的。

26. 为将之道，勇智贵兼全。弓马便捷，所向无敌，勇也；计算深远，无所遗失，智也。智勇全而后可以建功业，勇而无智，一卒之能耳。

《明太祖宝训》卷四，《谕将帅》

【译文】

作将帅的准则，最可贵的是智勇双全。骑射熟练，所向无敌，是勇敢的表现；计谋筹算深远，周全不失，是智谋的表现。智勇双全，然后才能建功立业，只有勇敢而没有智谋，不过是一个士兵的本领而已。

27. 为将者一有自用之心，士情不问，人人解体；敌情不得，耳目瞽聩①。忘②身败家，可立待矣。

明·戚继光《练兵实纪》卷九，《练将·第十刚愎害》

【注释】

① 瞽（gǔ 谷）聩（kuì 溃）：眼瞎耳聋。
② 忘：通"亡"。

【译文】

做将领的人，一旦有自以为是的心理，就不会过问将士的情况，弄得人心涣散；也得不到敌人的情况，像是眼瞎耳聋一样。这样，家败身亡的灾难就会马上到来。

28. 材艺①之美，必有不二之心，庶成其材。苟有人焉，以不二之心发于事业，昼夜在公，即有一尺之材，必尽一尺之用。至于多才之徒，或巧为身谋，或明习祸福，用之自私，虽良、平②之智，孔明③之术，我何所赖？故曰：有将材而无将心，具将④也。无将心，斯无将德。将德靡⑤而用其材，此世之所以有骄将，有逆臣，有矜怠⑥之行，有盈满之祸，有怏怏之色，不能立功全名，卫国保家，为始终完器矣。

明·戚继光《练兵实纪》杂集卷一，《储练通论上·储将》

【注释】

① 材艺：才艺。材，通"才"，才德，才能。
② 良、平：指张良、陈平，是汉高祖刘邦的重要谋臣。
③ 孔明：即诸葛亮，三国时期著名政治家、军事家，刘备的主要谋士，蜀汉政权的主要创立者之一。
④ 具将：徒具虚名的将领。
⑤ 靡（mǐ米）：无。
⑥ 矜怠：自负怠慢。矜（jīn今），自夸，炫耀。怠，轻慢，怠慢。

【译文】

一个人有了优秀的才能，还必须具备忠诚不二之心，才有希望成为有用的人才。如果有这样的人，以忠诚不二之心对待国家的事业，日日夜夜操劳公务，有一尺之材必然尽到一尺之材的作用。至于有些多才之人，或者巧妙地为个人打算，或者斤斤计较个人的祸福，把才能用于谋取私利，这样的人，即使有张良、陈平那样的智谋，诸葛亮那样的谋略，我又有什么可依赖他们的呢？所以说，有将领的才干，而没有将领应具备的忠心，只不过是徒具虚名的"具将"。没有将领应具备的忠心，就是没有将领所应有的品德。将领没有德而用他的才，这就是为什么世上有骄悍之将，有叛逆之臣，有自负怠慢的行为，有自满遭灾的祸患，有郁郁不乐的神色。这些人不可能建立功勋保全名节，也不可能守卫国家保全家庭，而成为有始有终的完人大器。

29. 兵之有法，如医之有方，必须读习而后得。但敏智之人，自然因而推之，师其意，不泥其迹，乃能百战百胜，卒为名将。盖未有不习一法，不识一字，不经一事，而辄能开阖①变化，运用无穷者。即有之，亦于实阵上经历闻见，日久乃能，否则，吾知其断不能也。

明·戚继光《练兵实纪》卷九，《练将·第十九习兵法》

【注释】

① 开阖：分合。阖（hé合），关闭。

【译文】

用兵打仗有兵法，如同治病有药方一样，必须经过学习，然后才能掌握它。但是聪明的人，自然能够触类旁通，领会它的精神实质而不拘泥于它的表面形式，于是能百战百胜，最终成为名将。没有人能够不学一点兵法，不认识一个字，不经历一次战事，就能（指挥军队）分合变化，对战法运用无穷。即使有这样的人，也是在实战中亲身经历、耳闻目睹，时间长了才能懂得用兵。否则，我认为那是断然不可能的。

30. 善将者，凡于古今名将成败之政，一时山川形势之殊，敌情我军微隐之变，必广询博访，集众思，屈①群策，虽不挠②于非礼③，而转环④于听纳。人之有技，如己有之，即其人不足取，而言可采，略其人而取其言，师其言而不必用其人。

明·戚继光《练兵实纪》卷九，《练将·第十刚愎害》

【注释】

① 屈（jué 决），竭，尽。
② 不挠：不屈服。
③ 非礼：不合陈规旧礼。礼，中国古代等级制下的礼仪法度。
④ 转环：转动圆环，喻便宜迅速。

【译文】

善于统帅军队的人，大凡对于古今名将成败的政绩，当代山川形势的不同，敌情及我军微小隐密的变化，都必定广泛询问，多方察访，集中众人的智慧，竭尽大家的妙策，（要做到这样），只有不受非礼的干扰，而像转动圆环一样不断听取和采纳各种正确的意见才行。别人有的技能如同自己所有，即使这个人（的品行）不足取，而他的言论可以采纳，也应该不问这个人（品行的好坏）而采纳他的言论，照他的言论做而不一定要重用他。

31. 将兵治边寇惟恐不胜，至于治心寇①却弗加意。功名利欲，与心为敌，无异于寇。能剿外寇者，却不能攻心寇，可不省旃②？

心为主将，气为士卒，治心则得良将，治气则得猛卒，理相须③也。善将心者，以意为偏裨④，忠信为甲胄⑤，礼义为干橹⑥，戒慎恐惧，防乎其防。人知治外寇，而不知治心寇。视以礼而色寇远矣，听以礼而声寇远矣。声色之伏也无尽，当于慎独⑦攻起，则无遁寇矣。

明·戚继光《止止堂集·愚愚稿·大学经解》

【注释】

① 心寇：思想上的敌人，即下文讲的功名利欲。

② 省旃：省悟。省（xǐng 醒），觉悟，省悟。旃（zhān 毡），语气助词，相当于"之焉"。

③ 相须：相依，相互配合。

④ 偏裨：偏将和裨将，将佐的通称。裨（pí 皮），裨将，副将。

⑤ 甲胄：铠甲和头盔。

⑥ 干橹：小盾、大盾，也泛指武器。

⑦ 慎独：在独处时也谨慎不苟。

【译文】

率领军队防御边境上的敌人惟恐打不了胜仗，至于防范心中的敌人却不加以注意。功名利欲与心为敌，与战场上的敌人没有区别。能够剿除外部敌人的，却不能攻歼自己心中的敌人，难道不应该省悟吗？心如同主将，气好比士卒，善于治心就能成为良将，善于治气就能得到猛卒，其中的道理是相通的。善于治心的人，以坚强的意志为"偏裨"，以"忠信"为盔甲，以"礼义"为盾牌，谨慎小心，防备又防备。人们只知道抵抗外部敌人，却往往不知道攻歼自己心中的敌人。看，符合"礼"，美色这个敌人就（离你）远了；听，符合"礼"，淫声这个敌人就（离你）远了。淫声和美色这些敌人的潜伏是没有穷尽的，对它们的攻歼应当从"慎独"上做起，（这样）就没有能逃跑的敌人了。

32. 主将必集思广益，而后可以致胜。何者？一己之见有限，众人之智无穷。

明·何汝宾《兵录》卷一,《论将》

【译文】

军队的统帅必须集思广益,然后才可以打胜仗。为什么呢?因为一个人的见识有限,众人的智慧是无穷的。

33. 采访到事,闻善言不可遽①喜,闻恶言不可遽怒。详审斟酌,斯②为有度有识之将也。

明·吴惟顺等《兵镜吴子十三篇》卷四,《将职·将职条略》

【注释】

①遽(jù 据):急,骤然。
②斯:此,这个。

【译文】

了解情况,听到好话不要马上高兴,听到不好听的话不要马上生气。要详细地审察、斟酌,这才是一个有度量、有识见的将领。

34. 然集众谋,必先虚己①,略去势②分,屈降咨询,迩言③不遗,寸长必录。欢然如家人父子手足腹心之相与,唯求靖④寇为急,则庶⑤其乎可也。

明·吴惟顺等《兵镜吴子十三篇》卷四,《将职·将职条略》

【注释】

①虚己:虚心接受别人的意见。
②势:指权力、地位。
③迩言:浅近的话。迩(ěr 尔),近。
④靖:平定。
⑤庶:庶几,差不多。

【译文】

将领要集中众人的智谋，首先要自己虚心，放下架子，不耻下问，即使浅近的意见也不要遗漏，有一点可取的地方就要采纳。大家高高兴兴如同父子兄弟和知心朋友般相处，只以消灭敌人为当务之急，这样就差不多可以集中众人的智慧了。

35. 猛虎之犹豫，不如蜂虿[1]之必螫[2]；孟贲[3]之首鼠[4]，不如妇孺之横奔。故曰："需者，事之贼也。"[5]是以进兵贵果，果而勿矜[6]，果而勿愎[7]，果而勿懈，果而勿葸[8]。果之为言断也。断而敢行，鬼神且避之，天下无坚敌矣。

明·尹宾商《白豪子兵䥣》卷六，《果》

【注释】

[1] 虿（chài 柴_{去声}）：蝎类毒虫。
[2] 螫（zhē 遮）：蜂、蝎等刺人。
[3] 孟贲（bēn 奔）：战国时勇士。
[4] 首鼠：鼠性多疑，出洞时一进一退，不能自决。这里指踌躇，进退不定。
[5] 需者，事之贼也：迟疑不决就要坏事。需，迟疑。贼，伤残，毁坏。语出《左传·哀公十四年》，原文为"需，事之贼也"。
[6] 矜（jīn 今）：自夸，炫耀。
[7] 愎（bì 必）：任性，固执。
[8] 葸（xǐ 洗）：畏缩，胆怯。

【译文】

猛虎如果犹豫不决，还不如蜂虿坚决螫刺；勇士孟贲如果进退不定，还不如妇幼横冲直撞。所以说：迟疑不决是最坏事的。因此，行军作战最重要的是要果敢，果敢而不骄矜，果敢而不固执，果敢而不懈怠，果敢而不畏缩。果敢说的就是决断。既能决断又敢于实施，鬼神尚且躲避，天下就没有坚不可摧的敌军了。

36. 夫兵者，死门①也，不可以生心处之。有自完②之心者，必亡；为退休③之计者，必破；欲保妻子，妻子必虏；欲全家室，家室必灭。

清·唐甄《潜书·五形》

【注释】
① 死门：奇门遁甲根据八卦方位所定的角度之一，死门最凶。这里意为，用兵是凶险的事。
② 自完：保全自己。
③ 退休：退却，停止。

【译文】
战争是凶险的事，不可以用求生的态度来对待它。有保全自己想法的人，必定要死亡；作退却打算的人，必定被打败；想保全妻子儿女，妻子儿女必定被敌人虏获；想保全家庭，家庭必定破灭。

37. 武职虽以骑射娴①熟、人材壮健为要，若不知读书，则不知兵法。

《清圣祖实录》卷二百五十一，康熙五十一年十月癸亥

【注释】
① 娴（xián 贤）：熟悉。

【译文】
武将虽然以骑马射箭熟练、身体健壮为重要条件，但如果不懂得认真读书，就不能掌握用兵之法。

38. 处大事者心定，若张皇①则中无主矣，焉能治事？

清·马慧裕《武备集要》

【注释】
① 张皇：惊慌，慌张。

【译文】

处理（军机）大事的人要沉着冷静，如果惊慌失措，就没有主见了，怎么能处理好军国大事呢？

评　述

将帅修养在古兵法中占有突出的地位，它在内容上、要求上不同于文官修养，必须具备多方面的德才。首先要有"将德"，或称"将道"、"武德"，其核心是忠君报国，舍身为民。其次要有"将才"，关键是要文武兼备，智勇双全。此外，还要注意将帅个人性格上的修养。

关于"将德"，孙子提出"进不求名，退不避罪，唯人是保"（《孙子兵法·地形篇》）。《尉缭子》提出了"三忘"，要求"将受命之日忘其家，张军宿野忘其亲，援枹而鼓忘其身"（《武议》）。诸葛亮所谓"不恃强，不怙势，宠之而不喜，辱之而不惧，见利不贪，见美不淫，以身殉国，壹意而已"（《将苑·将志》），戚继光指出"功名利欲，与心为敌"，进而提出"治心寇"（《止止堂集·愚愚稿·大学经解》）的修养方法，等等，这些都是"将德"的范畴。中国历史上，无数将领以"将德"自律，谱写了诸如舍身取义、精忠报国、马革裹尸之类可歌可泣的篇章。

关于"将才"，其内容也是多方面的。《吴子》提出"总文武"、"兼刚柔"（《论将》）。孙膑要求"上知天之道，下知地之理，内得其民之心，外知敌之情，阵则知八阵之经，见胜而战，弗见而诤"，认为这样的将领才能称为"王者之将"（《孙膑兵法·八阵》）。将帅战时要能打胜仗，平时还要善于带兵。所谓"为将之道，要在甘苦共众"，与三军将士"同其生死"（宋·佚名《百战奇法·难战》）；"勿以身贵而贱人，勿以独见而违众"（《六韬·龙韬·立将》）；"先之以身，后之以人"（《将苑·厉士》），等等。总之，要使部队有组织和团聚力，"欢然如家人父子手足腹心之相与"（明·吴惟顺等《兵镜吴子十三篇》卷四，《将职·将职条略》）。

此外，将帅还要有良好的心理素质。《孙子兵法》说："将军之事，静以幽，正以治。"(《九地篇》)《吴子》提出："故将之所慎者五：一曰理，二曰备，三曰果，四曰戒，五曰约。"(《论将》)《黄石公三略》则说："能清、能静、能平、能整。"(《上略》)这些都是要求将帅具有沉着、镇静、果敢、坚定的心理素质。古人还从反面提出"将败"、"将失"、"将危"、"将过"等，总结将领容易犯的错误，以警后世。

例　证

南宋时期的抗金名将岳飞是一位具备文韬武略的优秀将帅。他"尽忠报国"(《宋史》卷三百六十五，《岳飞传》，下同)，矢志抗金，主张"文臣不要钱，武臣不惜死"；富于韬略，善于用兵，取得郾城之战、颍昌之战等辉煌战绩；治军严明，爱护士卒，注重军纪，提出了"冻死不拆屋，饿死不掳掠"的响亮口号。《宋史》论曰："西汉而下，……求其文武全器、仁智并施如宋岳飞者，一代岂多见哉！"

第四节　训练

一、教戒为先

1. 以不教民战，是谓弃之。

《论语·子路》

【译文】
用未经训练的民众去作战，可以说是白白抛弃他们。

2. 夫人常死其所不能①，败其所不便②。故用兵之法，教戒③为先。一人学战，教成十人；十人学战，教成百人；百人学战，教成千人；

千人学战，教成万人；万人学战，教成三军。

《吴子·治兵》

【注释】

① 不能：不会，这里指没有杀敌技能。
② 不便：不熟练，这里指军事技能不熟练。
③ 教戒：教导和训诫，这里指教育训练。

【译文】

人在战斗中往往牺牲于没有本领，失败于军事技能不熟练。因此，用兵的方法，以教育训练为首要任务。一人学会战斗本领，可以教会十人；十人学会，教会百人；百人学会，教会千人；千人学会，教会万人；万人学会，教会全军。

3. 故虽有明君，士不先教，不可用也。

《司马法·天子之义》

【译文】

所以，即使有贤明的君主，如兵士不事先训练，他们也是不能用来作战的。

4. 凡战，非阵之难，使人可阵难；非使可阵难，使人可用难；非知之难，行之难。

《司马法·严位》

【译文】

大凡作战，不难于布阵，而难于使人很好地布阵；不难于布好阵，而难于使将士掌握阵法；不是难于懂得阵法，而是难于灵活运用阵法。

5.因便而教，准利而行①。教无常②，行无常。两者备施，动乃有功。

《管子·兵法》

【注释】
① 准利而行：以作战是否有利为行动的准则。
② 教无常：教练不固守常法。

【译文】
依照怎样合适就怎样教练的原则去教练，根据怎样有利就怎样行动的准则去行动。教练没有固守的常法，行动也没有刻板的常规。两者都做到了，作战就能成功。

6.然而不教诲，不调一①，则入不可以守，出不可以战。教诲之，调一之，则兵劲城固，敌国不敢婴②也。

《荀子·强国》

【注释】
① 调一：协调，统一。调（diào 掉），安排，处置。
② 婴：通"撄"，触犯，侵犯。

【译文】
（军队）不教育训练，行动不协调统一，就退不能防守，进不能攻战。教育训练了，行动协调统一了，就能兵强马壮、城防巩固，敌国便不敢轻易侵犯了。

7.夫军无习练，百不当一；习而用之，一可当百。

旧题三国·诸葛亮《将苑·习练》

【译文】
军队不经过训练，百不当一；训练后再使用，一可当百。

8.教战时，各认旗鼓，迭相分合，故曰分合为变①，此教战之术尔。教阅②既成，众知吾法，然后如驱群羊，由将所指，孰分奇正之别哉？孙武所谓"形人而我无形"③，此乃奇正之极致。是以素④分者，教阅也；临时制变者，不可胜穷也。

《唐太宗李卫公问对》卷上

【注释】

① 分合为变：语出《孙子兵法·军争篇》。意思是，通过兵力的分散或集中变化战术。参见第四章第八节第3条。

② 教阅：教练检阅。这里指军事训练。

③ 形人而我无形：语出《孙子兵法·虚实篇》。意思是，用"示形"之法，诱使敌人暴露弱点，而把自己的真情隐蔽起来不暴露给敌人。参见第四章第八节第1条。

④ 素：平时。

【译文】

进行军事训练时，要让各个部队能识别指挥的旗帜和鼓声，反复进行分散和集中的演练，因而叫做"分合为变"，这是进行训练的方法。训练完成后，部队学会了奇正变化的战法，尔后就如同驱赶羊群一样，任凭将帅的指挥，谁还能分得清奇兵和正兵的区别呢？这就是孙武所说的"形人而我无形"，是奇正运用的最高境界。因此，平时区分奇兵、正兵是为了训练；战时根据敌情变化灵活运用奇正的方法，是无穷无尽的。

9.教得其道，则士乐为用；教不得法，虽朝督暮责，无益于事矣。

《唐太宗李卫公问对》卷上

【译文】

教育训练能运用正确的方法，士兵就乐于为将所用；教育训练不得法，即使一天到晚地督促检查，也是无济于事的。

10. 故习兵之学，必先由下以及中，由中以及上，则渐而深矣。不然，则垂①空言，徒记诵，不足取也。

《唐太宗李卫公问对》卷下

【注释】

①垂：传布。

【译文】

学习兵法，必须先由初级到中级，再由中级到高级，这样才能循序渐进，由浅入深。不然，只会纸上谈兵，背诵词句，是不值得取法的。

11. 故用兵欲其便，用器欲其利，将校欲其精，士卒欲其教。盖士有未战而震慑者，马有未驰而疲汗者，非人怯马弱，不习之过也。

宋·曾公亮等《武经总要》前集卷二，《制度二》

【译文】

因此，指挥作战希望它便利，使用武器希望它们锋利，选择将校希望他们精锐，带领士兵希望他们训练有素。兵士中有尚未开战便动摇畏惧的，战马中有未经奔驰就疲劳汗流的，这不是人怯马弱，而是平时没有训练到位的过错。

12. 凡欲兴师，必先教战。三军之士，素习离、合、聚、散之法，备谙①坐、作、进、退之令，使之遇敌，视旌麾②以应变，听金鼓③而进退。如此，则战无不胜。法曰："以不教民战，是谓弃之。"④

宋·佚名《百战奇法·教战》

【注释】

①谙（ān 安）：熟悉。

②旌麾：作战指挥的旗帜。旌（jīng 精），用羽毛装饰的旗子，也泛指

旗帜。麾（huī 挥），指挥军队的旗子。

③金鼓：古代作战用以发出信号的器具。鸣金是停止和后退的信号，击鼓是进攻和追击的信号。金，类似钟或锣的金属发声器。

④以不教民战，是谓弃之：语出《论语·子路》。参见本节第1条。

【译文】

凡要出兵打仗，必须首先训练部队。全军将士，平时就要学习疏开、集中、收拢、分散的战法，十分熟悉停止、行动、前进、后退的号令，使他们在遇到敌人的时候，能看到旗帜的变化而变换战法，听从金鼓的声音而前进或后退。做到这样，就能战无不胜。正如兵法所说："用未经训练的民众去作战，可以说是白白抛弃他们。"

13. 御侮之道，莫先于练兵。练兵之要，必分其强弱。故兵法曰："兵无选锋曰北。"① 又曰："兵以治为胜。"② 百万之众不用命，不如万人之斗；万人之众不用命，不如百人之奋，此言兵不贵多，贵乎精。多而不精，莫若少而精。

《明经世文编》卷三十四，
《于忠肃公文集二·宣府军务疏》

【注释】

①兵无选锋曰北：语出《孙子兵法·地形篇》。参见本章第三节第二目第2条。

②兵以治为胜：语出《吴子·治兵》。参见本章第一节第1条。

【译文】

抵御外侮的方法，首先在于练兵。练兵的要点，必须区分其强弱。所以兵法说："军队中没有'选锋'就会打败仗。"又说："军队要靠严格治理才能取胜。"百万之众如果不服从命令，就不如能搏斗的万人之军；万人之众不服从命令，就不如能奋战的百人之军，这是说兵不贵多而贵于精。兵多而不精，还不如兵少而精。

14. 守不忘战，将之任也。训练有备，兵之事也。

　　　　　　明·戚继光等《重订批点类辑练兵诸书》卷三，《练浙兵议》

【译文】

防守而不忘出击，是将领的责任。进行训练而有所防备，是军队的事务。

15. 凡司三军之上者，其责必曰练兵。夫此"练"字，即练丝者将生丝练熟①，以织锦綵②之"练"也。巧匠能练生丝使之熟，而将官乃不能练有知觉之民使之战，不亦愧于练丝者哉？

　　　　　　　　　　　明·戚继光《止止堂集·愚愚稿·大学经解》

【注释】

① 练熟：把生丝煮得柔软洁白。

② 锦綵：彩色丝绸。锦，有彩色花纹的丝织品。綵（cǎi 采），彩色的绸缎。

【译文】

凡是统率三军的将领，他的责任必须是练兵。这个"练"字，就是练丝的工匠将生丝煮成熟丝，用来织成彩色丝绸的"练"。巧匠能把生丝练成熟丝，而将领却不能训练有知觉的民众，使他们能够作战，与练丝的工匠比，岂不感到惭愧吗？

16. 苟能分科督教①，其艺自精，其习相成。艺精习成，犹耳目手足之从心，自然浑化②，无所梗滞矣。

　　　　　　　　　　　　　　　　明·何良臣《阵纪》卷一，《教练》

【注释】

① 分科督教：按科目分别进行监督训练。

② 浑化：浑然一体。

【译文】

如果能按科目分别进行监督训练，技艺就会精通，训练就有成就。技艺精通、训练成功，就像人的耳目手足听从意志支配一样，自然会运用自如而没有任何阻碍了。

17. 夫天下不患无将，不患无兵，所患任将练兵未得其道耳。苟得其道，而武夫非干城①，乌合②非手足者，无之也。

明·王鸣鹤《登坛必究》卷十五，《辑征讨说》

【注释】

① 干城：盾牌和城墙，喻指捍卫国家的将士。干，抵御刀枪的盾牌。城，城池、城墙。

② 乌合：乌鸟聚散无常，这里借指仓猝聚集、战斗力不强的队伍。

【译文】

国家不怕没有将领，也不怕没有士兵，怕的是选任将领和训练部队的方法不当。倘若方法得当，而武将不成为国家的捍卫者，士兵不成为将领的手足，这种情况是不会有的。

18. 南北情形不同，操演兵丁，各随土地①之宜，不可拘泥。

《清圣祖实录》卷一百八十四，康熙三十六年七月壬午

【注释】

① 土地：指部队驻地。

【译文】

南北方情况不一样，训练士兵应采取适合当地情况的方法，不可以拘泥固执，（不知变通）。

19. 夫练习不素①，则技勇之艺疏；节制②不严，则骄惰之兵众。

《清圣祖实录》卷二百五十六，康熙五十二年十月癸未

【注释】
① 素：平时，这里指经常。
② 节制：指挥管辖。

【译文】
不经常训练，武艺就会生疏；不严格管理，骄傲怠惰的士兵就会众多。

20. 欲临敌而有功，宜闲习①之在素。

　　　　　　　　　清·汪绂《戊笈谈兵》卷九，《律臧赋》

【注释】
① 闲：通"娴"，熟练。

【译文】
要做到临敌作战有功，就应该在平时精熟训练。

评　述

古人对于练兵十分重视。《吴子》提出"教戒为先"（《治兵》），《司马法》也说，"士不先教，不可用也"（《天子之义》），都是主张把教育训练放到治军的首要地位。未经训练的乌合之众，毫无战斗力，打起仗来就等于把士兵白白地送给敌人，这就是孔子所说"以不教民战，是谓弃之"（《论语·子路》）。

古人对"训"和"练"有所区分。大要言之，"训"在知忠义，固其心；"练"在知战阵，精技艺。古人认识到，"明耻教战"、同仇敌忾、三军一心，是提高战斗力的重要因素。经过技术、战术的训练，建立精锐之师，则"兵劲城固，敌国不敢婴"（《荀子·强国》）。

古代兵家十分重视军事训练的方法，提倡"教得其道"（《唐太宗李卫公问对》卷上）。所谓教得其道，主要包括三方面的内容：一是循序渐进，由浅入深,"先由下以及中,由中以及上"(《唐太宗李卫公问对》卷下,下同),由单兵到多兵,由小分队到大部队,层层递进。二是训练要切合实战,反对"垂空言,徒记诵"。早在《周礼》中,就记载了利用狩猎进行"如战之阵"的演习。三是采取"一人学战,教成十人;十人学战,教成百人;……万人学战,教成三军"(《吴子·治兵》)之法,先培训骨干,尔后逐步推广。军队教育训练的历史表明,训练内容虽因时而异,但基本原则和方法却有共通之处。

例　证

明朝将领戚继光是我国军事史上最善于训练教育部队的名将。他针对明军将骄兵惰、纪律松弛、不堪使用的状况,提出了一整套治军的主张和原则。同时,他亲自招募精壮,按年龄和身材配发兵器,进行编组训练。他以"岳家军"为榜样教育训练部队,要求将士"正心术"、"立志向"、"习武艺",以"卫国保家"(《练兵实纪》杂集卷一,《储练通论上·储将》)为崇高职责;要求严守纪律,爱护百姓,赏罚严明,做到畏将法、守号令,"如该赏者,即与将领有旧仇新怨,亦要录赏","如犯军令,便是亲子侄,亦要依法施行,决不许报施恩仇(《纪效新书》(十四卷本)卷十一,《胆气篇·公赏罚》)。他还要求将士勇猛杀敌,学会因地、因敌、因情用兵,并创造了适合在东南沿海山地、丘陵、水泽地形上对倭寇流动作战的"鸳鸯阵"。正是由于戚继光继承和发展了"教戒为先"的治军原则,终于锻炼出一支阵容整肃、军纪严明、战斗力较强而又十分精悍的新军——"戚家军"。

二、明耻教战

1. 明耻[①]教战,求杀敌也。

《左传·僖公二十二年》

【注释】

① 明耻：懂得耻辱。

【译文】

使士卒知道耻辱之所在，对他们进行军事训练，目的就是让他们在战斗中勇敢杀敌。

2. 凡制国治军，必教之以礼，励之以义，使有耻也。夫人有耻，在大足以战，在小足以守矣。

《吴子·图国》

【译文】

大凡管理国家治理军队，必须用"礼"教育人们，用"义"激励人们，使人们具有羞耻之心。人们懂得了耻辱，力量强大时能够进攻，力量弱小时能够防守。

3. 民知君之爱其命，惜其死，若此之至，而与之临难，则士以进死为荣，退生为辱矣。

《吴子·图国》

【译文】

民众知道君主爱护他们的生命，怜惜他们的死亡，做到这样无微不至的程度，再叫他们开赴战场，他们就会以前进牺牲为光荣，以退却偷生为耻辱了。

4. 德行者，兵之厚积①也。

《孙膑兵法·篡卒》

【注释】

① 厚积：丰富的储备，这里指德行是军队建设的深厚基础。

【译文】

良好的德行，是军队建设的深厚基础。

5. 人情欲生而恶①死，欲荣而恶辱。死生荣辱之道一②，则三军之士可使一心矣。

《吕氏春秋》卷八，《仲秋纪·论威》

【注释】

① 恶（wù 务）：憎恶。

② 道一：标准统一。《吕氏春秋》以"义"为"万事之纪"，这里的"道一"，就是指用"义"作为死生荣辱的统一标准。

【译文】

人之常情都是渴望生存而憎恶死亡，渴望荣耀而憎恶耻辱。能够将生死和荣辱统一于"义"，那么全军将士的思想和意志就可以统一了。

6. 善用兵者，使之无所顾，有所恃。无所顾，则知死之不足惜；有所恃，则知不至于必败。

宋·苏洵《权书·心术》

【译文】

善于用兵的人，能使士兵奋不顾身而有所依恃。奋不顾身，就是明明知道自己可能牺牲也毫不痛惜；有所依恃，就是坚信我军不至于必败。

7. 夫惟义可以怒士，士以义怒，可与百战。

宋·苏洵《权书·心术》

【译文】

只有"义"才可以激奋将士,将士为"义"所感奋,可以百战不懈。

8. 师不必众也,而效命者克;士无皆勇也,而致死者胜。

宋·何去非《何博士备论·汉光武论》

【译文】

军队不一定数量多就好,但能够效力拼命就会胜敌;士兵也不是全都勇敢,但能够效死作战就会取胜。

9. 凡与敌战,若陷在危亡之地,当激励将士决死而战,不可怀生,则胜。法曰:"兵士甚陷,则不惧。"①

宋·佚名《百战奇法·危战》

【注释】

① 兵士甚陷,则不惧:语出《孙子兵法·九地篇》。

【译文】

凡是和敌人作战,如果处在危险的境地,应当激励将士决一死战,不可抱有侥幸求生的心理,这样就能取得胜利。兵法说:"士卒深陷危地,就无所畏惧。"

10. 盖人莫不重死,惟有以致其勇,则惰者奋、骄者耸①,而死有所不敢避。

宋·辛弃疾《美芹十论·致勇》

【注释】

① 耸:通"悚",耸动,惊动。

【译文】

没有人不重视死，只有设法激发他们的勇气，懒惰的才会奋发，骄矜的才会振作，而不敢回避死亡了。

11. 你们当兵之日，虽刮风下雨，袖手高坐，也少不得你一日三分。这银分毫都是官府征派你地方百姓办纳①来的。你在家那个不是耕种的百姓，你肯思量在家种田时办纳的苦楚艰难，即当思量今日食银②容易，又不用你耕种担作，养了一年，不过望你一二阵杀胜。你不肯杀贼保障他，养你何用？

明·戚继光《纪效新书》（十八卷本）卷四，《谕兵紧要禁令篇》

【注释】

① 办纳：筹措缴纳。
② 食银：拿俸禄银。

【译文】

你们当兵的时候，即使刮风下雨，无事休息，一天也少不了给你三分银子。这银子一分一毫都是官府征派你们地方的老百姓筹措缴纳来的。你们在家哪个不是耕田种地的百姓？你肯想一想在家种地时筹措缴纳税银的苦楚艰难，就应当想一想今天拿俸禄银的容易，又不用你耕田种地肩担手作，养了一年，不过指望你打一两个胜仗。如果你不肯勇杀敌人保卫百姓，那么百姓养你有什么用呢？

12. 善操兵者，必使其气性活泼，或逸而冗①之，或劳而息之，俱无定格。或相②其意态，察其动静而撙节③之。故操手足号令易，而操心性气④难；有形之操易，而不操之操难。

明·戚继光《纪效新书》（十八卷本）卷首，《纪效或问》

【注释】

① 冗（rǒng 茸 上声）：繁忙。

② 相（xiàng 向）：观察。

③ 撙节：抑制，约束。撙（zǔn 尊 上声），限制。

④ 心性气：思想气质。

【译文】

善于练兵的人，必须使士兵保持活泼旺盛的精神，有时太闲暇就使他们忙起来，有时太劳累就让他们休息，这都没有死板的规定。有时观察他们的思想动态，分析他们的行为举止而适当加以约束。因此，手足、号令等军事训练容易，但心、性、气等思想气质的训练困难；有形的训练容易，但无形的训练困难。

13. 善将者，宜何如而练其心气哉？是不外身率①之道而已矣。倡忠义②之理，每身先之，以诚感诚。

明·戚继光《纪效新书》（十四卷本）卷十一，《胆气篇·胆气解》

【注释】

① 身率：自身率先执行，即以身作则。

② 忠义：忠贞节义。

【译文】

善于带兵的将领，应该如何培养兵士的心和气呢？这不外乎坚持以身作则的方法罢了。（将领）提倡忠贞节义的道理，每事自己首先要做到，用自己的一片诚心感动士兵的忠诚。

14. 是心者内气也，气者外心也。故出诸心者为真气，则出于气者为真勇矣。

明·戚继光《纪效新书》（十四卷本）卷十一，《胆气篇·胆气解》

【译文】

所以心是气的内在根本,气是心的外在表现。因此,从心发出的是真正的气,那么从气发出的就是真正的勇敢。

15. 练兵之法,莫先练心。人心齐一,则百万之众即一人之身。将知兵,兵知将,如子弟之卫父兄,手足之捍头目,而常胜在我矣。

明·王鸣鹤《登坛必究》卷十三,《辑教兵说》

【译文】

训练军队的方法,莫过于首先练心。官兵心齐,就是百万之众也会团结得如同一个人一样。将帅了解士兵,士兵了解将帅,官兵关系如同子弟保护父兄、手足捍卫头目一样,如此,常胜之券便操在我手了。

16. 思①临敌之际,成败呼吸,惟前驱②首当其锋,胆勇成列,则心力俱齐,无坚不摧,何敌不克!

清·杨英《先王实录》,南明永历十二年五月初二,郑成功语

【注释】

① 思:这里作语气词。
② 前驱:前导。

【译文】

临战之时,顷刻之间决定胜败,只有先头部队首先抵挡住敌人的前锋,勇士组成坚固的阵列,才能使全军齐心协力,无坚不摧,还有什么样的敌人不会被战胜呢!

评　述

古代兵家一向把"明耻教战"看作军队建设的首要任务。《吴子》说，治军首先要"教之以礼，励之以义，使有耻也"（《图国》）。《孙膑兵法》、《黄石公三略》等都把道、德、仁、义、礼等看作治军的根本。戚继光则明确提出治军先治"本"，练军先练"心"的主张（《练兵实纪》杂集卷一，《储练通论上·练心气》）。

古人所谓"明耻教战"的实质，在于以本阶级的政治观、道德观、生死荣辱观教育部队、激励部队，培养"杀身以成仁"（《论语·卫灵公》）、"舍生而取义"（《孟子·告子上》）的忘我精神，从而增强战斗力，以收"无坚不摧，何敌不克"（清·杨英《先王实录》，南明永历十二年五月初二，郑成功语）之效。

这种"明耻教战"，虽然具有一定的阶级性，但其中包含着为国家为民族的生存英勇献身的精神，是中国历史上形成的优良传统。

例　证

周敬王二十六年（前494年），吴、越夫椒（今江苏吴县西南）一战，越军惨败。为了报仇雪耻，越王勾践卧薪尝胆，励精图治，伺机灭吴。他和大臣范蠡、文种等人，以"明耻教战"激励全国军民。经过"十年生聚"、"十年教训"（《左传·哀公元年》），越国改善了武器装备，扩建了水军，加强了军队训练，加固了城郭，军事实力大大加强，终于实现了灭吴的目的。

三、练武习阵

1. 为表①，百步则一，为三表，又五十步为一表。田之日，司马②建旗于后表之中。群吏以旗物、鼓、铎、镯、铙③，各帅其民而致。

质明，弊旗，诛后至者。乃陈④车徒，如战之陈，皆坐，群吏听誓于陈前，斩牲，以左右徇⑤陈曰："不用命者斩之。"中军以鼙令鼓⑥，鼓人皆三鼓，司马振铎，群吏作旗，车徒皆作，鼓行，鸣镯，车徒皆行，及表乃止。三鼓，摝铎⑦，群吏弊旗，车徒皆坐。又三鼓，振铎，作旗，车徒皆作。鼓进，鸣镯，车骤徒趋，及表乃止。坐作如初，乃鼓，车驰徒走，及表乃止。鼓戒⑧三阕⑨，车三发⑩，徒三刺。乃鼓退，鸣铙，且却，及表乃止。坐作如初，遂以狩田。

《周礼·夏官司马》

【注释】

① 表：标志，标杆。

② 司马：官名，职掌军事。周制，有大司马、军司马、舆司马、行司马等。

③ 鼓、铎（duó夺）、镯（zhuó啄）、铙（náo挠）：均为古代军中乐器。

④ 陈：通"阵"。

⑤ 徇（xùn训）：示众。

⑥ 以鼙令鼓：以小鼓引大鼓，即用鼙鼓发令。鼙（pí皮），军中所击小鼓。

⑦ 摝铎：摇铎，手捂住铎口，发出闷哑之声，以指示停止前进。摝（lù路），振动，摇动。

⑧ 鼓戒：击鼓以警众，以急疾不绝的鼓声命令向敌进攻。

⑨ 阕（què却）：歌曲或词，一首为一阕。这里指三通鼓声。

⑩ 发：指战车上主射者发矢。

【译文】

设立表帜，每间隔一百步设立一个表帜，先设立三个表帜，隔五十步再设立一个表帜。到田猎那天，司马竖立旌旗于最后的表帜与前一个表帜的中间部位。官长们带着旗物、鼓、铎、镯、铙等，各自率领兵众前来报到。天明以后，放下竖立的旗帜，处罚不按时到达的人。于是布列车乘、徒卒，和作战时的阵势一样，命令他们都跪坐，而令官长们站到队伍的前面来接受训示，斩杀牺牲，从左到右遍示队列部伍，告诫说："如果谁不服从命令，斩。"中军之将用鼙鼓发令，持鼓的人击鼓三通，司马鸣铎，官长们举起他们手中的旗帜，车兵和徒卒起立，持鼓的人击鼓，伍长鸣镯，命令他们行进，所有的车兵和徒卒都向前推进，到了第二表的地方就停止。鼓人击鼓三通，振动铎铃，官长们放下旗帜，车兵和步卒都跪坐起来。又击鼓三通，振起铎，举起旗，车兵和徒卒都站起来。击鼓、鸣镯，战车向前急行，步卒快步跟上，到了第三表的地方就停止。再和以前一样跪坐、起立，于是又击鼓命令前进，战车加速奔驰，徒卒跑步跟进，到了前表的地方就停止。响起三通急疾不绝的鼓声，车上的射手连发三次箭，徒卒们进行三次击刺。然后击鼓鸣铙，命令他们暂时后退，到后表的地方就停止。跪坐、起立，仍和以前一样，于是开始举行田猎。

2. 以近待远，以佚①待劳，以饱待饥。圆而方之，坐而起之，行而止之，左而右之，前而后之，分而合之，结而解之。每变皆习，乃授其兵。

《吴子·治兵》

【注释】
① 佚：通"逸"，安闲，安逸。
【译文】
（战法的训练）以近待远，以逸待劳，以饱待饥。（阵法的训练）圆阵变方阵，跪姿变立姿，前进变停止，向左变向右，向前变向后，分散变集中，集合变解散。各种战斗队形变换都练习掌握了，然后才授予士卒兵器。

3. 教战之令，短者持矛戟，长者持弓弩，强者持旌旗，勇者持金鼓，弱者给厮养，智者为谋主。乡里①相比，什伍相保。一鼓整兵，二鼓习阵，三鼓趋食，四鼓严辨，五鼓就行。闻鼓声合，然后举旗。

《吴子·治兵》

【注释】

① 乡里：周代的基层行政单位，一万二千五百家为一乡，二十五家为一里。

【译文】

教练作战的法则，就是身材矮小的使用矛、戟，个头高大的使用弓、弩，身体强壮的擎旗，勇敢顽强的操金、鼓，体质较弱的做杂役勤务，富于智慧的充当谋士。将乡里的人编组在一起，同什同伍的士卒互相作保。第一次击鼓检查整理武器装备，第二次击鼓练习阵法，第三次击鼓迅速吃饭，第四次击鼓急令整理行装，第五次击鼓排列好队形。听到鼓声齐鸣，然后举起令旗（指挥军队行动）。

4. 三官①不缪②，五教③不乱，九章④著明，则危危而无害，穷穷而无难⑤。故能致远以数，纵强以制。三官：一曰鼓，鼓所以任也，所以起也，所以进也；二曰金，金所以坐也，所以退也，所以免也；三曰旗，旗所以立兵也，所以制兵也，所以偃兵也。此之谓三官。有三令⑥而兵法治也。五教：一曰，教其目以形色⑦之旗；二曰，教其耳以号令之数；三曰，教其足以进退之度；四曰，教其手以长短之利；五曰，教其心以赏罚之诚。五教各习，而士负以勇矣。九章：一曰，举日章则昼行；二曰，举月章则夜行；三曰，举龙章则行水；四曰，举虎章则行林；五曰，举鸟章则行陂；六曰，举蛇章则行泽；七曰，举鹊章则行陆；八曰，举狼章则行山；九曰，举韎⑧章则载食而驾。九章既定，而动静不过。

《管子·兵法》

【注释】

① 三官：三种号令工具，即下文所述鼓、金、旗。

② 缪：通"谬"，差错，错误。

③ 五教：五种教练内容，即下文所述对目、耳、足、手、心五者的训练。

④ 九章：九种不同徽章的指挥旗，即下文所述日、月、龙、虎、鸟、蛇、鹊、狼、韟九种旗帜的总称。

⑤ 危危而无害，穷穷而无难：处在极其危险的状况也不会有祸害，陷于极其窘迫的境地也不会有灾难。危危、穷穷，尹知章云："皆重有其事。"指极度危险、极度窘迫。

⑥ 三令：即用鼓、金、旗所表达的三种不同的号令。

⑦ 形色：形态和颜色。

⑧ 韟（gāo 高）：皋鸡。

【译文】

使用三官不发生差错，进行五教不发生混乱，制作的九章都很明显，那么即使处在极其危险的状况也不会有祸害，陷于极其窘迫的境地也不会有灾难。所以能通过谋划使远方的国家前来归顺，能凭借强大的力量制伏敌人。关于三官：第一是鼓，鼓是用来命令战士整装的，是用来命令战士起立的，是用来命令战士前进的；第二是金，金是用来命令战士坐跪的，是用来命令战士后退的，是用来命令战士卸装的；第三是旗，旗是用来命令战士列阵的，是用来节制军队的，是用来命令战士停止战斗的。这就叫做三官。有这三种号令，兵法就能发挥作用了。关于五教：一是用各种不同形状和颜色的旗帜来训练战士的眼睛；二是用各种不同的号令来训练战士的耳朵；三是用各种前进后退的规则来训练战士的腿脚；四是用使用长兵器、短兵器的技巧来训练战士的手；五是用信赏必罚来训练战士的思想。这五种训练都搞熟了，战士就可以凭此而有勇气。关于九章：一是打出太阳旗表示要白天行军；二是打出月亮旗表示要黑夜行军；三是打出龙旗表示要在水上行军；四是打出虎旗表示要在林中行军；五是打出乌鸦旗表示要在坡地行军；六是打出蛇旗表示要在草泽中行军；七是打出喜鹊旗表示要在陆地行军；八是打出狼旗表示要在山中行军；九是打出皋鸡旗表示要把粮食装载起来，驾车出发。这九种指挥旗规定好了，各种行动就都不会产生过错。

5. 凡领三军，有金鼓之节，所以整齐士众者也。将必先明告吏士，申之以三令，以教操兵起居，旌旗指麾之变法。

《六韬·犬韬·教战》

【译文】

统率三军，用金鼓来指挥，这是为了统一军队的行动。将帅必须先明确告诉官兵怎样操练，要反复讲解清楚，训练他们操作兵器，熟悉战斗动作，以及依照各种旗帜的变化而变更行动的方法。

6. 靖曰："臣尝①教士，分为三等：必先结伍法②，伍法既成，授之军校③，此一等也；军校之法，以一为什，以什为百，此一等也；授之裨将④，裨将乃总诸校之队，聚为阵图，此一等也。大将军察此三等之教，于是大阅，稽考⑤制度，分别奇正，誓众行罚。陛下临高观之，无施不可。"

《唐太宗李卫公问对》卷中

【注释】

① 尝：曾经。

② 伍法：古代战术单位的训练方法。周代军制五人为伍，后世相沿，以之为军队编制与训练的基本单位。

③ 军校：军之一部为一校，以十伍或百伍为单位。军，我国古代军队中最大的编制单位，周制以一万二千五百人为一军，后世人数多少不一。

④ 裨（pí 皮）将：副将。

⑤稽（jī 机）考：检查，考核。

【译文】

李靖说："我过去训练军队时分为三个阶段进行：先以五个人编组进行伍法训练，伍法练成后，交由军校训练，这是一个阶段。军校训练的方法，是一伍学成后再教十伍，十伍学成后再教百伍，这又是一个阶段。之后再交由裨将训练，裨将总领各军校的队伍，进行阵法训练，这又是一个阶段。大将军考察这三个阶段的教练，于是进行大阅，检查考核各种制度，区别奇兵和正兵，并告诫官兵，对违抗军令的人给予处罚。然后，陛下就可以登高检阅了，无论怎样指挥都没有做不到的。"

7. 凡事必预备，然后有济①。先时浚②流，临旱免忧。已涸而汲，沃焦③弗及。汝等当闲暇之日，宜练习武艺，不可谓无事便可宴安④也。夫溺于宴安者必至于危亡，安而虑危者乃可以常安。

《明太祖宝训》卷五，《谕将士》

【注释】

① 济：成功。
② 浚（jùn 俊）：疏通，开通。
③ 焦：比喻干燥到极点。
④ 宴安：安逸享乐。宴，安闲。

【译文】

做事必须预先有准备，然后才能成功。事先疏通河流，遇到干旱就不会忧愁。已经干涸再来挖井取水，去浇灌极端干旱的禾苗就来不及了。你们在空闲的日子里，要练习武艺，不可认为无事就安逸享乐。沉溺于安逸享乐的人必然导致危亡，处境安全而能考虑到可能出现危险的人，才可以常保安全。

8. 刃不素①持必致血指，舟不素操必致倾溺，弓马不素习而欲攻战，未有不败者。

《明太祖宝训》卷五，《谕将士》

【注释】
① 素：平时。

【译文】
刀不经常使用，一旦使用必伤手指；船不经常驾驶，一旦航行必然导致倾溺；弓马不经常练习而要攻敌作战，没有不失败的。

9. 上①命诸将于各营外布阵，神机铳居前，马队居后，令军士暇间操习，且谕之曰："阵密则固，锋疏则达，战斗之际，首以铳摧其锋，继以骑冲其坚，敌不足畏。"

《明太宗实录》卷二百六十二

【注释】
① 上：指明成祖朱棣。

【译文】
明成祖朱棣命令诸位将领在各营的外面布设战阵，以神机铳兵排列于阵前，骑兵排列于阵后，命令军士在闲暇时进行操练，并且谕示官兵们说："阵势绵密就坚固，前锋稀疏就畅达，战斗开始后，首先要用火铳摧折敌人的前锋，继而再用骑兵冲击敌人的主力，这样敌人就没有什么可畏惧的了。"

10. 操兵之道，不独执旗走阵于场肆①而后谓之操，虽闲居坐睡嬉戏亦操也。

明·戚继光《纪效新书》（十八卷本）卷首，《纪效或问》

【注释】

① 场肆：练兵的场所。

【译文】

操练的方法，不只是在操场上拿着旗帜奔走才叫做操练，即使闲居、静坐、睡觉、嬉戏等等，也是操练。

11. 所用之器，必长短相杂，刺卫兼合。……则如藤牌宜于少壮便健，狼筅①、长牌②宜于健大雄伟，长枪、短兵宜于精敏有杀气之人，皆当因其材力而授习不同。

明·戚继光《纪效新书》（十八卷本）卷一，《束伍·原授器》

【注释】

① 狼筅（xiǎn 显）：明代抗倭用步兵武器。用连枝毛竹（或铁）制成，长约一丈五六，上端装有利刃。

② 长牌：盾牌之一种。

【译文】

部队使用的武器，必须长短兵器交错使用，用于击刺与用于防卫的要相互配合。……比如藤牌宜于少壮灵便的士兵使用，狼筅、长牌宜于健壮魁伟的士兵使用，长枪、短刀宜于聪明敏捷而有杀敌勇气的士兵使用，都应当根据每个人的能力分别授予技艺和进行练习。

12. 水兵宜习陆战，陆军须惯水情。习惯既便，入舟则知水用，登陆不泥变分①。

明·何良臣《阵纪》卷一，《教练》

【注释】

① 不泥变分：不拘泥于队形的变化与分合。泥，拘泥。变分，指队形的分合变化。

【译文】

水兵应该练习陆战,陆军需要习惯水战。习惯养成,陆军上船就知道水战的运用,水军登陆就不会拘泥于队形的分合变化。

13. 选兵之法,……其要在随材授艺,各当其可,即古器使①之道。

明·王鸣鹤《登坛必究》卷十三,《辑选兵说》

【注释】

① 器使:量材使用。

【译文】

选拔和训练士兵的方法,……其要领在于因材授技,使他们各得其宜,这就是古代量材用人的方法。

14. 千筹百计,总以精兵为根本。若无精兵,虽多得良将无可用,多有奇谋不得用,多造利器莫能用,多结外援弗敢用也。

明·徐光启《徐光启集》卷三,《练兵疏稿一·辽左阽危已甚疏》

【译文】

军事上的千谋百计,总以精锐的部队为根本。如果没有一支精锐的部队,即使有再多的良将也没有用,有再多的奇谋也用不上,制造再多的精锐武器也不能用,结交再多的外援也不敢用。

15. 战胜守固,必藉强兵。欲得强兵,必须坚甲利器,实选实练。

明·徐光启《徐光启集》卷四,《练兵疏稿二·谨申一得以保万全疏》

【译文】

要想打仗胜利、防守坚固,必须依靠强兵。要有强兵,必须盔甲坚固、兵器锋利，扎扎实实地进行选拔和训练。

16. 火器关系武备，甚为紧要，应严加操演，以裨[1]实用。

《清朝文献通考》卷一九二，《兵一四》，引康熙皇帝语

【注释】

① 裨（bì 必）：增添，补助。

【译文】

火器对于武备十分重要，应严加演练，以利于实战。

评 述

在我国漫长的冷兵器时代，技术战术问题集中地表现为练武习阵。练武即练习刀、枪、剑、戟等兵器以及驾御、骑射等技艺，习阵即演习方、圆、曲、直、锐种种阵形的变化。技术决定战术。随着社会生产力的发展，火药和火器的使用，以及军事技术在各方面的进步，作战方式发生了变革，战斗队形也相应发生变化。

如今，方阵作战已成为历史的陈迹，古代兵法所提出的立营、结阵的原则，诸如"薄中厚方"、"刺卫兼合"，等等，都是特定历史条件下的产物，早已不再适用。但是，阵法所体现的有组织地发挥群体力量、车步骑和火器相配合、远兵器和近兵器相协调等原则，以及作战中队形分合进退的变化，各部之间密切协同，等等，迄今仍然具有借鉴价值。

例 证

明代抗倭名将戚继光是练兵习阵的典范。他针对当时"有士卒不练"、"有火器不能用"（《明史》卷二百一十二，《戚继光传》，下同）等弊端，极力倡导"练兵事"，并付诸实践，卓有成效。嘉靖三十八年（1559年），他

亲自招募朴实勇敢的矿工和农民四千多人，根据每个人的不同条件编组、配发兵器，进行严格训练。要求不图人前"美观"，而讲战场"实用"，教练"马战"、"步战"、"鸳鸯阵"等阵法，注意各种兵器的协同配合，即冷兵器"当长以护短，短以救长"，用火铳等则应"火器先发，稍近则步军持拒马器排列而前，间以长枪、狼筅"。这支军队，最后训练成以武艺精、阵法熟、有纪律、听指挥而闻名天下的"戚家军"，驰骋于闽浙抗倭战场，取得了一个又一个胜利。戚继光练兵的方法因人制宜、因时制宜，具有很强的创新性和实用性，他总结练兵方法著成的《纪效新书》、《练兵实纪》等也成为中国古代兵学名著。

第五节　理兵

一、军心士气

1. 三军可夺帅也，匹夫不可夺志也。

《论语·子罕》

【译文】

三军虽众，可以夺走它的统帅，一个普通人，却不能强迫他放弃自己的意志。

2. 有四不和：不和于国，不可以出军；不和于军，不可以出陈[①]；不和于陈，不可以进战；不和于战，不可以决胜。

《吴子·图国》

【注释】

① 陈：通"阵"。

【译文】

有四种不和的情况：国内不和，不可以出动军队；军队不团结，不可以临阵；临阵行动不一致，不可以作战；作战部署不协调，不可能取胜。

3. 凡胜，三军一人，胜。

《司马法·严位》

【译文】

大凡战争的胜利，能做到三军之众协调得像一个人似的，就会胜利。

4. 夫将之所以战者，民①也；民之所以战者，气也。气实②则斗，气夺则走。

《尉缭子·战威》

【注释】

① 民：这里指士兵。
② 气实：士气旺盛。实，充实。

【译文】

将领之所以能打仗，靠的是士兵；士兵之所以能打仗，靠的是士气。士气旺盛就勇于战斗，士气丧失就会败逃。

5. 兵以静固，以抟胜①。力分者弱，心疑者背。夫力弱，故进退不豪，纵敌不擒。将吏士卒，动静一身，心既疑背，则计决而不动，动决而不禁。

《尉缭子·攻权》

【注释】

① 兵以静固，以抟胜：此句宋本作"兵以静胜，国以专胜"。银雀山汉

墓竹简本作"[□□]□固，以抟胜"。考其文意，当以"兵以静固，以抟胜"于义较长，故据简本订补。抟（tuán 团），团结，巩固。这里指集中兵力。

【译文】

军队靠沉着冷静坚固营阵，靠集中兵力争取胜利。兵力分散就会削弱自身的力量，心存疑惑就会造成军心涣散。力量薄弱，进攻退守就没有气势，将会放跑敌人而不得聚歼。将领和士兵，动静举止如同人的身体一样，如果心存疑惑，军心涣散，那么，作战计划即使制定了也不能付诸实施，即使实行起来也不能有效控制。

6. 若此则远近[①]一心，远近一心则众寡同力；众寡同力则战可以必胜，而守可以必固。

《管子·重令》

【注释】

① 远近：关系疏远的和亲近的。

【译文】

这样，关系疏远的和亲近的就会一条心，疏远的和亲近的一条心，则不管兵力多少都会同心协力；兵力或多或少同心协力，那么进攻就一定可以取胜，防守就一定可以牢固。

7. 爪牙五人，主扬威武，激励三军，使冒难攻锐，无所疑虑。

《六韬·龙韬·王翼》

【译文】

爪牙五人，主要职责是宣扬军队威武，激励三军斗志，使他们敢于冒险犯难、冲锋陷阵而无所疑虑。

8.三军一心，则令可使无敌矣。令能无敌者，其兵之于天下也，亦无敌矣。

《吕氏春秋》卷八，《仲秋纪·论威》

【译文】

全军将士上下一心，贯执行军令就会所向无敌。能够做到执行军令所向无敌的，其军队在普天之下也就能所向无敌了。

9.夫民①无常勇，亦无常怯。有气则实，实则勇；无气则虚，虚则怯。怯、勇、虚、实，其由甚微，不可不知。

《吕氏春秋》卷八，《仲秋纪·决胜》

【注释】

① 民：这里指士兵。

【译文】

士兵没有长久不变的勇敢，也没有长久不变的怯懦。士气旺盛战斗力就强，战斗力强就勇敢；士气低落战斗力就弱，战斗力弱就怯懦。（造成部队）怯懦、勇敢、虚弱、坚强的原因非常微妙，不能不了解清楚。

10.战胜之威，民气百倍；败兵之卒，没世①不复。

《汉书》卷四十九，《晁错传》

【注释】

① 没（mò 墨）世：终身，永远。

【译文】

打胜仗后的军威，能使士气提高百倍；打了败仗的士兵，士气就永世不能复振。

11. 故善战者不在少，善守者不在小。胜在得威，败在失气。

《淮南子·兵略训》

【译文】

善于进攻的，不在于军队多少，善于防守的，不在于力量大小。打胜仗在于树立威势，打败仗在于丧失士气。

12. 用兵之法，必先察吾士众，激吾胜气，乃可以击敌焉。

《唐太宗李卫公问对》卷下

【译文】

用兵打仗的原则是，必须首先考察我军将士，激励他们必胜的士气，这样才能去打击敌人。

13. 激人之心，励士之气。发号施令，使人乐闻；兴师动众，使人乐战；交兵接刃，使人乐死。其在以战劝战，以赏劝赏，以士励士。

唐·李筌《神机制敌太白阴经》卷二，《励士篇》

【译文】

激奋人心，鼓励士气。发号施令，使大家乐于听从；出兵征讨，使大家乐于出战；白刃格斗，使大家乐于牺牲。（要做到这样），其法在于以有战功的鼓励没有战功的，以得到奖赏的鼓励没有得到奖赏的，以模范士兵鼓励一般士兵。

14. 夫将之所以战者，兵也；兵之所以战者，气也；气之所以盛者，鼓①也。能作士卒之气，则不可太频，太频则气易衰；不可太远，太远则力易竭。须度②敌人之至六七十步之内，乃可以鼓，令士卒进战。彼衰我盛，败之必矣。法曰："气实则斗，气夺则走。"③

宋·佚名《百战奇法·气战》

【注释】

①鼓：这里作动词。意谓击鼓振作士气。

②度（duó夺）：推测，估量。

③气实则斗，气夺则走：语出《尉缭子·战威》。参见本节本目第4条。

【译文】

将领之所以能够指挥作战，靠的是士兵；士兵之所以能够英勇杀敌，靠的是士气；士气之所以能够旺盛，靠的是击鼓振作。击鼓能振作军心士气，但不可太频繁，太频繁则士气容易衰落；（发起攻击）不可距离过远，过远则体力容易耗竭。必须估量敌人进至距我军六七十步以内时才击鼓，命令部队进攻。敌军士气衰落，而我军士气旺盛，就必然能够打败敌人。正如兵法所说："士气旺盛就勇于战斗，士气丧失就会败逃。"

15.兵之胜负者，气①也。兵士能为胜负，而不能司气②。气有消长，无常盈，在司气者治制之何如耳。凡人之为兵，任是何等壮气，一遇大战后，就或全胜，气必少泄，又复治盛之以再用，庶③气常盈。若一用之而不治，再用则浊④，三用则涸⑤，故无常胜之兵矣。

明·戚继光《纪效新书》（十八卷本）卷首，《纪效或问》

【注释】

①气：士气，即士兵的战斗意志。

②司气：控制士气。司，掌管。

③庶：庶几，差不多。

④浊：混浊，混乱，这里可理解为低落。

⑤ 涸（hé 合）：干涸，枯竭，这里可理解为衰竭、衰落。

【译文】

战争的胜败是由士气决定的。士兵能够打胜仗、败仗，但不能掌握自己的士气。士气有时低有时高，不能经常旺盛，在于掌握士气的（将领）如何治理和控制。凡是当兵的人，不管有多么高的士气，一场大仗打完之后，即使获得全胜，士气也必定有所减弱，又要重新激励，使士气再旺盛起来，以便再战，（这样），士气差不多就能经常保持旺盛了。如果打一仗后不加整治，再次打仗士气就会低落，第三次打仗士气就会衰竭，因而就没有能经常打胜仗的军队了。

16. 君之将①将，与将之将兵同，要当励其无畏之心，而作其敢为之气。

明·王鸣鹤《登坛必究》卷十一，《将权》辑高伯宗《将难》

【注释】

① 将（jiàng 匠）：此处作动词，意谓统御。

【译文】

国君统御将帅，与将帅统率军队一样，关键是激励他们的大无畏精神，振作他们敢作敢为的英勇气概。

17. 兵贵其和，和则一心。兵虽百万，指呼如一。

明·吴惟顺等《兵镜吴子十三篇》卷四，《将职·将职条略》

【译文】

军队最可贵的是团结，团结就能齐心。即使有百万之兵，指挥起来也如同一个人一样。

18. 兵之所以战者，气也，气之所以激者，怒也。方其气勇怒盈，虽童稚有死志。及其气衰怒解①，虽勇士亦无斗心。善用兵者，养其气，蓄其锐，怒时出而用之。有所不战，战必胜矣。

清·王余佑《四囊书》

【注释】

① 解：通"懈"。

【译文】

士兵奋勇作战靠的是士气，激发士气靠的是对敌人的愤恨。当人们勇气旺盛、义愤填膺的时候，即使是幼童也有拼死的决心。等到勇气衰竭、仇恨心淡薄的时候，即使勇士也会失去斗志。善于用兵的人，要培养军队的士气，积蓄其锐气，等到将士义愤填膺的时候再出兵作战。不打则已，要打就必定取得胜利。

19. 为将者不徒在一己奋勇，须平时鼓励士卒，使同心协力，勇于战斗为是。

《清圣祖实录》卷二百三十九，康熙四十八年十月己酉

【译文】

做将领的不能仅仅自己一个人奋勇争先，还要在平时鼓励士卒，使他们同心协力，在战斗中英勇顽强，这才是正确的。

评　述

"军心士气"是军队的精神素质，在战斗中居于重要地位。对此，古人很重视，兵书中常有"励士"、"延气"、"齐威"、"气战"等专论。所谓"民之所以战者，气也。气实则斗，气夺则走"（《尉缭子·战威》），"胜在得威，败在失气"（《淮南子·兵略训》），说明士气的高低对战争胜负有着直接的影响。因此，古人也把"激人之心，励士之气"（唐·李筌《神机制

敌太白阴经》卷二,《励士篇》)作为提高战斗力的一项重要措施。

军心士气表现为战斗意志和牺牲精神,即所谓"要当励其无畏之心,而作其敢为之气"(明·王鸣鹤《登坛必究》卷十一,《将权》辑高伯宗《将难》)。至于怎样激励士气,古代兵书大致讲了三种方法:一是同仇敌忾,誓师出征。"善用兵者,养其气,蓄其锐,怒时出而用之"(清·王余佑《四囊书》)。义愤填膺,可以振作士气,增强战斗力。早在夏商周三代的甘之战、鸣条之战、牧野之战中就有誓师的记载。二是"以战劝战",鼓励立功。所谓"发号施令,使人乐闻;兴师动众,使人乐战;交兵接刃,使人乐死。其在以战劝战,以赏劝赏,以士励士"(《神机制敌太白阴经》卷二,《励士篇》),认为用英雄人物的事迹鼓励士气,能收到好的效果。三是以身作则,身先士卒。"三军以将为主,主衰则军无奋意"(《三国志》卷十,《魏书·荀攸传》),为将者"必先察吾士众,激吾胜气"(《唐太宗李卫公问对》卷下),尤其在士气低落时,更要看"司气者治制之何如耳"(明·戚继光《纪效新书》(十八卷本)卷首,《纪效或问》)。认为只有将帅处处表率,才能做到"远近一心"、"众寡同力"(《管子·重令》)。

从根本上说,"师直为壮曲为老"(《左传·僖公二十八年》),只有进步的正义的战争,军队才具有旺盛的、持久的士气。所以,军心士气是与社会政治制度与战争的政治性质紧密联系的。

例 证

周赧王三十一年(前284),燕、秦、韩、赵、魏等五国组成联军伐齐,齐国仅剩下莒(今山东莒县)和即墨(今山东平度东南)两座孤城,齐国危在旦夕。齐将田单坚守即墨。他在组织军民加强防务的同时,积极开展激励民心士气的工作。他身先士卒,"坐则织蒉(编织草器),立则仗锸(锹)"(《资治通鉴》卷四,《周纪四》,周赧王三十六年),还将族人、妻妾编入军营参加守城,把吃的东西全部拿出来分给士兵,同大家甘苦与共,从而极大地鼓舞了民心士气。发起反攻之前,他又诱使敌人行暴,以激发军民同仇敌忾之心。最后，巧用"火牛阵"破敌，一举收复全部失地。

二、和军爱兵

1. 居同乐，行同和，死同哀，是故守则同固，战则同强。

《国语》卷六，《齐语》

【译文】

士卒在家同安乐，行动同步调，死丧同哀伤，因此，在防御作战中能共同固守阵地，在进攻作战中能共同发挥强大力量。

2. 视卒如婴儿，故可与之赴深溪；视卒如爱子，故可与之俱死。厚①而不能使，爱而不能令②，乱而不能治，譬若骄子，不可用也。

《孙子兵法·地形篇》

【注释】

① 厚：厚养，优待。
② 令：令使，调遣。

【译文】

将帅对待士卒能像婴儿一样，士卒就可以跟随将帅赴难蹈险；将帅对待士卒像对待自己的爱子一样，士卒就可以与将帅同生共死。但是，对士卒如果过分厚养而不能使用，一味溺爱而不能调遣，违反了纪律也不能惩治，那就好比被娇惯坏了的孩子一样，是不能用来打仗的。

3. 夫勤劳之师，将必先己。暑不张盖①，寒不重衣，险必下步，军井成而后饮，军食熟而后饭，军垒成而后舍，劳逸必以身同之。

如此，师虽久而不老不弊。

《尉缭子·战威》

【注释】

① 盖：遮阳御雨之具，古称伞为"盖"。

【译文】

勤勉耐劳的军队，将领必然首先严格要求自己。酷暑不张伞，严寒不多加衣服，路险难行一定下马步行，全军水井挖成之后才饮水，全军饭做熟了再吃饭，全军营寨筑好了再住下，劳苦安逸都与士兵相同。这样，部队即使久战在外，也不会士气低落，疲惫衰竭。

4. 士未坐①而勿坐，士未食而勿食，寒暑必同。如此，则士众必尽死力。

《六韬·龙韬·立将》

【注释】

① 坐：古人席地而坐，双膝跪地，把臀部靠在脚后跟上，这里引申为休息的意思。

【译文】

士卒没有休息不要先休息，士卒没有吃饭不要先吃饭，要做到同士卒冷热与共。这样，士卒必然能尽死力作战。

5. 与众同好靡①不成，与众同恶靡不倾。

《黄石公三略·上略》

【注释】

① 靡（mǐ 米）：无，没有。

【译文】

好部众之所好，没有做不成的事；恶部众之所恶，就没有打不垮的敌人。

6. 夫将帅者，必与士卒同滋味①而共安危，敌乃可加。……与之安，与之危，故其众可合而不可离，可用而不可疲，以其恩素蓄，谋素合也。故曰，蓄恩不倦，以一取万②。

《黄石公三略·上略》

【注释】

① 同滋味：饮食相同，引申为同甘共苦。
② 以一取万：据《武经七书汇解·纂序》，意为"一人之恩，蓄之不倦，而万人自归之也"，即一个将领能争取到千千万万个士兵的拥护。

【译文】

做将帅的，必须与士卒同甘苦而共安危，这样才能率领部队对敌作战。……将帅能与士卒同生共死，部队就能紧密团结而不会离散，就能连续作战而不怕疲劳，这是将帅平时在士兵中久积恩德、上下思想一致的结果。所以说，将帅不断地对士卒施以恩惠，就能赢得千千万万士兵的拥护。

7. 孤①所以能常以少兵敌众者，常念增战士，忽余事。是以往者有鼓吹②而使步行，为战士爱③马也；不乐多署吏④，为战士爱粮也。

宋·李昉等《太平御览》卷五百六十七，引曹操《鼓吹令》

【注释】

① 孤：封建时代侯王谦称。曹操进爵为魏王，所以自称"孤"。
② 鼓吹：军中演奏鼓吹乐的乐队。东汉允许边将和万人将军拥有鼓吹乐队。该乐是用鼓、钲、箫、笳等乐器进行合奏，以壮军威。

③ 爱：吝惜。

④ 署吏：任用官吏。吏，低级的官员。

【译文】

我之所以能够经常以少量的军队抵抗众多的敌军，就在于时时想着增益战士，而不看重其余的事情。因此，从前我有鼓吹乐队就让他们步行，是为战士吝惜战马；也不喜欢多设置官吏，是为战士吝惜军粮。

8. 凡将先有爱结于士，然后可以严刑也。若爱未加而独用峻法，鲜克济①焉。

《唐太宗李卫公问对》卷中

【注释】

① 鲜克济：很少能获得成功。鲜（xiǎn），很少。克，能够。济，成功。

【译文】

将帅首先要爱护士兵，然后才可以实施严厉的刑法。如果对士兵不加爱护，而单单施用严刑酷法，是很少能够获得成功的。

9. 夫将者，心也；兵者，体也。心不专一，则体不安；将不诚信，则卒不勇。古之善将者，必以其身先之。

唐·武则天《臣轨》卷下，《良将章》

【译文】

将帅如同人的心，士兵如同人的身体。人心不能全神贯注，身体就会乱动不安；将帅不以诚信待兵，士兵就不会英勇杀敌。古代好的将帅，必然身先士卒，做出表率。

10. 夫将者，君之所恃；兵者，将之所恃也。故君欲立功者，必推心于将；将之求胜者，先致爱于兵。夫爱兵之道，务逸乐之，务丰厚之；不役力以为己，不贪财以殉私；内守廉平①，外存忧恤②。

唐·武则天《臣轨》卷下，《良将章》

【注释】

① 廉平：廉洁公平。

② 忧恤：关心体察。

【译文】

将帅是国君所依靠的栋材，士兵是将帅所依靠的力量。所以，国君要建功立业，必须推心置腹地对待将帅；将帅要取得胜利，首先要致其慈爱于士兵。爱兵之法，务必给他们以安乐的环境和优厚的待遇；不可役使兵力为己干事，不可贪图钱财中饱私囊；对己要恪守廉洁公正之心，对人要施以体察爱护之实。

11. 凡与敌战，士卒宁进死而不肯退生者，皆将恩惠使然也。三军知在上之人爱我如子之至，则我之爱上也如父之极。故陷危亡之地，而无不愿死以报上之德。法曰："视民如爱子，故可与之俱死。"①

宋·佚名《百战奇法·爱战》

【注释】

① 视民如爱子，故可与之俱死：语出《孙子兵法·地形篇》，原文为"视卒如爱子，故可与之俱死"。参见本节本目第 2 条。

【译文】

凡与敌作战，士卒宁愿冒着死亡危险而前进，也不愿为了求生而后退，都是将帅平日对他们施恩行惠的结果。全军士卒都知道将帅爱护自己像爱护子女那样周到，那么自己爱戴将帅也像爱戴父母那样至诚。所以，即使陷入危亡的境地，也没有人不甘心情愿牺牲生命来报效将帅的恩德。正如兵法所说："将帅对待士卒如同自己的爱子一样，士卒就可以与将帅同生共死。"

12.将贵能取胜,尤贵得众心。是必谋以先①之,仁以统之;是必赏罚明,仁恩洽;而又寒暑与均,劳逸与齐,饥渴与同,安危与共。则万人惟一心,何敌不摧,何战不克哉!

明·郭伟《百子金丹》卷四,《武编·人和类》

【注释】

① 先:这里可理解为引导。

【译文】

将帅贵在能打胜仗,尤其贵在获得广大士兵的拥护。这就必须用智谋引导士兵,用仁爱统率部队;这就必须赏功罚罪,仁恩融洽;又要做到与士兵同寒共暖,同劳共逸,同饥共渴,同安共危。这样就能万众一心,还有什么样的敌人不能消灭,什么样的仗不能打胜呢?

13.军中固当严纪律,而恩德不可偏废。

《元史》卷一百二十七,《伯颜传》

【译文】

在军队中固然应当严明军纪,但是施以恩德也不能偏废。

14.驭①众之道,固须部伍整肃,进退以律,然必将帅抚士卒,如父兄于子弟,则士卒附将帅,亦如手足之捍头目。上下一心,乃克有济②。

《明太宗宝训》卷四,《谕将帅》

【注释】

① 驭:本指驾驭马匹,引申为统率、控制。

② 济:成功。

【译文】

统率部众的方法，固然必须做到部队整齐严肃，进退严守纪律，然而还必须要将帅爱抚士兵如父兄爱护子弟一般，那么士兵亲附将帅也就如同手足捍卫头目一样。上下一心，就能战胜敌人，取得成功。

15. 为将虽有智勇，必资①士卒乃能成功。古之名将皆以恤士为本，平日抚恤得其心，临敌之际必得其死力。若素不能恤，徒②以威驭之，缓急未必得用。

《明宣宗宝训》卷四，《谕将帅》

【注释】
① 资：借助，凭借。
② 徒：只，但。

【译文】

作为将帅即使有智有勇，但是还必须凭借士卒才能成功。古代名将都把抚恤士卒当作根本，平时能抚恤士卒，得到士卒的真心拥护，临敌作战时就一定能使士卒拼死战斗。如果平时不能抚恤士卒，只靠威严的命令统领士卒，遇到紧急情况不一定能够获得士卒的效命。

16. 为将者，须将所守疆域时时放在心上。军士有疾病、患难、颠连①无告②之事，时时访问，随其所闻，即时处之。

明·戚继光《练兵实纪》卷九，《练将·第十七勤职业》

【注释】
① 颠连：困顿，苦难。
② 无告：指有苦楚而又无处诉说。

【译文】

作为将领，必须把防守的地区时时放在心上。士兵遇有疾病、困难、穷苦无处诉说等事时，应时时察访询问，随时听到，随时处理。

17. 主将常察士卒饥饱劳逸、强弱勇怯、材技动静之情，使之依如父母，则和气生。气和则心齐，兵虽百万，指呼如一人。

明·戚继光《练兵实纪》卷二，《练胆气·第二循士情》

【译文】

主将经常察看士兵饥饱劳逸，强弱勇怯，才能技艺和行动情况，使士兵依赖主将就像依赖父母一样，（军队）就会形成和睦融洽的气氛。有了和睦融洽的气氛就会齐心协力，军队即使有百万之众，指挥起来也如同一个人一样。

18. 所谓身先士卒者，非独临阵身先，件件苦处要当身先；所谓同滋味者，非独患难时同滋味，平处时亦要同滋味。

明·戚继光《纪效新书》（十八卷本）卷首，《纪效或问》

【译文】

所谓身先士卒，不仅打仗时要以身当先，件件苦处都要以身当先；所谓同甘苦，不仅患难时同甘苦，日常生活也要同甘苦。

19. 凡为主将者（主将非大将之谓也，一队之中队长为主将，一哨之中哨长为主将，以上仿此），至诚①待下。平居②之时，视其疾病，察其好恶，实心爱之，真如父子一家。又谆谆忠义之辞，感召乎众。入操之时，虚心公念，犯必不赦，至亲不私，必信必果。出征之日，同其甘苦，身先矢石。临财之际，均分义让。如此则无欲，无欲则刚明③正直，足以使人。

明·戚继光《练兵实纪》杂集卷二，《储练通论下·原感召》

【注释】

① 至诚：极为诚恳，诚心诚意。

② 平居：平日，平时。

③ 刚明：坚强严明。

【译文】

凡是做主将的（主将并不是指大将，一队之中，队长就是主将；一哨之中，哨长就是主将，以上各级也仿照此例），要诚心诚意对待下属。平时要探望士卒的疾病，观察他们的好恶，真心实意地爱护他们，真像父子一家人一样。又要以忠义之理谆谆教导他们，感化他们。进行操练的时候，不抱成见，出以公心，对违犯军纪的人决不赦免，对最亲近的人也不徇私情，必须说到做到。在出征打仗的日子里，要与士卒同甘共苦，亲冒矢石，身先士卒。缴获到战利品时，要同士卒平均分配并以情义相让。这样就没有私欲，没有私欲就会坚强严明正直，完全可以指挥好下属。

20. 古之良将，贤者，礼而禄之；勇者，赏而劝①之；饥者，给食而饲之；寒者，解衣而衣之；有难，则以身先之；有功，则以身后之；伤者，泣而抚之；死者，哀而葬之；军井未汲②，将不言渴；军米未炊，将不言饥；军火未燃，将不言寒；军幕未拽，将不言热③；夏不操扇，冬不披裘，雨不张盖④，财不私己，劳必共众。凡以拊循⑤士卒而致其死命也。

明·尹宾商《白豪子兵䪨》卷一，《煦》

【注释】

① 劝：勉励，奖励。

② 汲（jí 及）：从井中取水。

③ 军幕未拽，将不言热：据《黄石公三略》所引之《军谶》，此句为"军幕未办，将不言倦"。拽（yè 夜），拉。

④ 盖：遮阳御雨之具，古称伞为"盖"。

⑤拊循：抚慰，安抚。

【译文】

古时的良将，对士兵中才能和品德都好的，以礼相待并且提拔他；对勇敢的，给以奖赏并且勉励他；对挨饿的，供给食物让他吃饱；对挨冻的，解下自己的衣服给他穿上；遇危难就挺身当先，叙功绩就谦让居后；对受伤的，以痛惜的心情抚慰他；对牺牲的，以悲伤的心情安葬他；水没有从井中取来，将领不说口渴；饭未做好，将领不说饥饿；军中未生火取暖，将领不说寒冷；帐幕尚未拉起，将领不说炎热。夏天不用扇子，冬天不穿皮衣，雨天不打伞，钱财不入私囊，与兵众同劳共苦。所有这些，都是为了安抚士兵而使其忘我作战。

评　述

"和军爱兵"是部队内部上下团结、关系融洽的反映，是军队建设的一个重要方面。中国古代兵学家主张："将帅抚士卒，如父兄于子弟，则士卒附将帅，亦如手足之捍头目"（《明太宗宝训》卷四，《谕将帅》），"三军知在上之人爱我如子之至，则我之爱上也如父之极（宋·佚名《百战奇法·爱战》）"。

"和军"与"爱兵"，关键在于"爱兵"。因此，古人特别强调将帅要树立"视卒如婴儿"、"视卒如爱子"（《孙子兵法·地形篇》）的爱兵观念。他们认为，将帅只有树立了"以恤士为本"（《明宣宗宝训》卷四，《谕将帅》）的爱兵观念，才能身体力行，进一步掌握"爱兵之道"。

所谓"爱兵之道"，一是强调"上下一心"（《明太宗宝训》卷四，《谕将帅》），政治思想上一致，"与众同好"、"与众同恶"（《黄石公三略·上略》）。二是要求日常生活上的一致，例如"寒暑与均，劳逸与齐，饥渴与同"（明·郭伟《百子金丹》卷四，《武编·人和类》），"非独患难时同滋味，平处时亦要同滋味"（明·戚继光《纪效新书》（十八卷本）卷首，《纪效或问》），等等。三是强调生死与共，在战场上要做到与士兵"安危与共"（《百子金丹》卷四，《武编·人和类》），遇有危难"则以身先之"（明·尹宾商《白豪子兵䲹》卷一，《煦》）。四是贵在平时养成，只有平日抚恤"得其心"，才能做到临战之际"得其死力"（《明宣宗宝训》卷四，《谕将帅》）。

"和军爱兵"思想既符合人情之理，又合乎治军作战一般规律，是中国古代兵家的卓越见解，但是，在等级森严的封建军队中，真正能够做到"和军爱兵"的将领却是凤毛麟角。唯其难能，尤显可贵。

例　证

战国初期著名军事家吴起是善于治军的代表，他十分注意军队内部的团结，在魏国防守西河（今陕西省大荔县以东地区）时，"与士卒最下者同衣食，卧不设席，行不骑乘，亲裹赢粮，与士卒分劳苦"（《史记》卷六十五，《孙子吴起列传》），深得士兵的拥戴。

据《韩非子·外储说左上》记载，魏文侯十八年（前408年），吴起协助乐羊进攻中山国时，看到一个士兵创伤化脓。他亲自"跪而自吮其脓"。颇有意味的是，这个伤兵的母亲得知此事后失声哭泣，旁人问其故，这位母亲说："吴子吮此子父之创，而杀于泾水之战，战不旋踵而死；今又吮之，安知是子何战而死，是以哭之矣。"（汉·刘向《说苑·复恩》）

这个故事既道出了"和军爱兵"在战争中的重要性，又深刻地道出了封建军队爱兵的阶级实质及其局限。

三、信赏明罚

1. 为政者不赏私劳，不罚私怨。

《左传·昭公五年》

【译文】

执政的人不奖赏对自己有私功的人，不惩罚对自己有私怨的人。

2. 赏不逾时，欲民速得为善之利也；罚不迁列①，欲民速睹为不善之害也。大捷不赏，上下皆不伐②善。上苟不伐善，则不骄矣；下苟不伐善，必亡等③矣。上下不伐善若此，让之至也。大败不诛，上下皆以不善在己。上苟以不善在己，必悔其过；下苟以不善在己，必远其罪。上下分恶④若此，让之至也。

《司马法·天子之义》

【注释】

① 不迁列：不移动行列。这里指就地处罚。
② 伐：自夸。
③ 亡等：没有等级之分。亡，通"无"。
④ 分恶：分担过错。

【译文】

奖赏不拖延时日，为的是使士卒迅速得到做好事的益处；惩罚不离开现场，为的是使士卒很快看到做坏事的害处。大胜之后不行赏，上下都不会争夸自己的功劳。上级如果不夸功，就不会产生骄傲情绪；下级如果不争功，则没有功劳大小的等级之分。上下级都不争功，可谓谦让到了极致。大败之后不诛戮，上下级都会认为错误在自己。上级如果认为错误在自己，必然下决心改正错误；下级如果认为错误在自己，必然下决心不再犯错误。上下级都争着分担错误，也称得上是极好的谦让风气了。

3. 圣人之为国也，壹赏，壹刑，壹教。壹赏则兵无敌，壹刑则令行，壹教则下听上。

《商君书·赏刑》

【译文】

圣人治理国家，要统一赏赐，统一刑罚，统一教育。统一赏赐，军队就所向无敌；统一刑罚，政令就能贯彻执行；统一政教，下级就会服从上级。

4. 夫民力尽而爵随之，功立而赏随之。人君能使其民信于此如明日月，则兵无敌矣。

《商君书·错法》

【译文】

民众尽了力，爵位就随之而授予；立了功，赏赐就随之而给予。国君能够使民众相信这一点像看得见日月一般，那么，军队就能无敌于天下。

5. 行赏而兵强者，爵禄之谓也。爵禄者，兵之实①也。是故人君之出爵禄也，道②明。道明则国日强，道幽③则国日削。故爵禄之所道，存亡之机也。

《商君书·错法》

【注释】

① 实：实质。这里指爵禄关系到军队建设问题的实质。
② 道：这里指因功以爵禄行赏的原则。
③ 幽：暗。这里指爵禄行赏的原则昏乱不公。

【译文】

因功行赏会使军队强大，这就是所谓爵禄的作用。实行爵禄制度，是军队建设的一个实质性问题。因此，国君以爵禄赏赐军功，其原则必须公道分明。原则公道分明，国家就会日益强大；原则不公道分明，国家就会日益削弱。赏赐爵禄所遵循的原则，乃是关系国家存亡的关键。

6. 功①赏明,则民竞于功。为国而能使其民尽力以竞于功,则兵必强矣。

《商君书·错法》

【注释】
① 功:功劳,这里特指战功。

【译文】
依战功而行赏分明,民众就会受到鼓励而争立战功。治理国家而能够使民众都竭尽全力争立战功,其军队就必然强大。

7. 民勇,则赏之以其所欲①;民怯,则杀之以其所恶②。故怯民使之以刑则勇,勇民使之以赏则死③。怯民勇,勇民死,国无敌者必王。

《商君书·说民》

【注释】
① 所欲:所喜欢的。
② 所恶(wù 务):所厌恶的。
③ 死:死战,即不怕牺牲,拼命战斗。

【译文】
民众勇敢,就用他们所喜欢的东西赏赐他们;民众怯弱,就用他们所厌恶的东西惩罚他们。所以,对怯弱的人使用刑罚,他就会勇敢起来;对勇敢的人使用赏赐,他就会拼命作战。怯弱的人勇敢起来,勇敢的人肯于拼命,国家就会无敌,必然能称王于天下。

8. 赏未行,罚未用,而民听令者,其令,民之所能行也。赏高罚下,而民不听其令者,其令,民之所不能行也。

《孙膑兵法》下编,《奇正》

【译文】

奖赏尚未施行,刑罚尚未动用,而士兵们却能听从命令,这样的命令,是士兵们所能办到的。厚赏已经高悬,严刑已经下达,而士兵们却不肯听从命令,这样的命令,是士兵们所无法办到的。

9. 赏不逾日,罚不还面①。

《孙膑兵法》下编,《[将德]》

【注释】

① 还面:转脸。

【译文】

论功行赏不超过当天,有罪施罚不等待转脸,(当面迅速处理)。

10. 令已布而赏不从,则是使民不劝勉、不行制①、不死节。民不劝勉、不行制、不死节,则战不胜而守不固。战不胜而守不固,则国不安矣。

《管子·法法》

【注释】

① 制:这里指军令。

【译文】

法令已经公布而又不依令论功行赏,就等于叫民众不相互鼓励、不执行军令、不勇于牺牲。民众不相互鼓励、不执行军令、不勇于牺牲,就战不能胜,守不能固。战不胜而守不固,国家就不安全了。

11. 夫尚贤使能,赏有功,罚有罪,非独一人为之也,彼先王之道也,一人①之本也,善善恶恶②之应③也。治必由之,古今一也。

《荀子·强国》

【注释】

① 一人：统一人们的思想和行动。一，这里作动词，统一，齐一。

② 善善恶恶：爱善厌恶。前一个"善"字作动词，赞许，爱惜。前一个"恶（wù 务）"字作动词，憎恨，讨厌。

③ 应：恰当。

【译文】

崇尚和任用贤能人士，奖赏有功，惩罚有罪，不单单是一个人所做的，它是古代圣王留传下来的（治国治军）的原则，是统一人们思想和行动的根本措施，是奖善罚恶的恰当手段。治国治军必须经由此路，这一点古今是一样的。

12. 将以诛大为威，以赏小为明，以罚审①为禁止而令行。故杀一人而三军震者，杀之；赏一人而万人说②者，赏之。杀贵大，赏贵小。杀及当路贵重之臣③，是刑上极也；赏及牛竖④、马洗⑤厩养⑥之徒，是赏下通也。刑上极，赏下通，是将威之所行也。

《六韬·龙韬·将威》

【注释】

① 罚审：惩罚严明。审，详明，这里是严明的意思。

② 说：通"悦"。

③ 当路贵重之臣：指担任要职、掌握朝政、位尊人重的权臣。

④ 牛竖：牛僮。竖，旧称未成年的童仆，引申为卑贱的人。

⑤ 马洗：洗马夫。

⑥ 厩养：饲养牲口的兵卒。厩（jiù 就），马棚，泛指牲口棚。

【译文】

主将以诛杀地位高的人来树立威信，以奖赏地位低的人来体现明察，以惩罚严明来做到令行禁止。因此，诛杀一人能使全军震惊的，就杀掉他；奖赏一人能使万人欢悦的，就奖赏他。诛杀，要着重诛杀地位高的人；

奖赏，要着重赏赐地位低的人。诛杀那些有权有势的人物，表示刑罚的运用能及于最上层；奖赏到牛僮、马夫这些饲养人员身上，表示赏赐能达到最下层。刑罚能及于最上层，赏赐能达到最下层，这就说明主将的威权已立并能推行了。

13. 罚不讳强大，赏不私亲近。

《战国策·秦策一》

【译文】
惩罚有罪者不避忌权势大的人，奖赏有功者不偏私与自己亲近的人。

14. 赏誉薄而谩①者，下不用也；赏誉厚而信者，下轻死。

《韩非子·内储说上七术》

【注释】
① 谩（mán 瞒）：欺骗。

【译文】
赏赐褒扬少而又说话不算数的，臣民就不会为君主尽心尽力；赏赐褒扬多而又守信用的，臣民就是牺牲性命也在所不辞。

15. 明于治之数①，则国虽小，富；赏罚敬②信，民虽寡，强。赏罚无度，国虽大，兵弱者，地非其地，民非其民也。无地无民，尧、舜不能以王，三代不能以强。

《韩非子·饰邪》

【注释】
① 数：道数，方法。
② 敬：严肃，慎重。

【译文】

明白治国的方法,那么国家即使小,也能变富;赏罚慎重而守信用,民众即使少,也能强大。赏罚没有标准,国家即使大,军队却弱小,可以说那土地已不是他的土地,民众也已不是他的民众。没有土地,没有民众,即使尧、舜也不能称王,即使是夏、商、周也强大不起来。

16. 军以赏为表,以罚为里。赏罚明,则将威行。

《黄石公三略·上略》

【译文】

军队以奖赏为表征,以惩罚为实质。赏罚严明,将帅的威权才能推行。

17. 小功不赏则大功不立;小怨不赦则大怨必生。赏不服人、罚不甘心者,叛;赏及无功、罚及无罪者,酷①。

旧题汉·黄石公著,宋·张商英注《素书·遵义章》

【注释】

① 酷:痛恨。

【译文】

对小功不予奖赏,大功就不会出现;对小怨不予赦免,大怨就必然发生。奖赏而不能令人信服,惩罚而不能令人甘心,就会发生反叛;奖赏无功的人,惩罚无罪的人,就会产生痛恨。

18. 自命将征行①,但赏功而不罚罪②,非国典③也。其令诸将出征,败军者抵罪,失利者免官爵。

《三国志》卷一,《魏书·武帝纪》

【注释】

① 征行：发兵出征。

② 但赏功而不罚罪：只赏功不罚罪。本条是曹操在官渡之战胜利后发布的严肃军纪的命令。此前，曹操外临强敌，内部不稳，对于将领作战，只讲赏赐，不论处罚。官渡之战后，曹操成为北方最大势力，决心对败军执行纪律。

③ 国典：国家典章制度。

【译文】

自从任命将领外出作战以来，只赏赐战功而不惩罚罪行，这是不符合国家常规制度的。今后诸将出征，打了败仗的要治罪，战争失利的要免去官爵。

19.赏罚不在重，在必行；不在数，在必当。

清·汪宗沂辑《卫公兵法》上卷，《将务兵谋》

【译文】

赏功罚罪不在于重赏重罚，而在于必须执行；也不在于频繁实施，而在于必须得当。

20.善无微而不赞①，恶无纤而不贬②，斯③乃励众劝功之要术。

清·汪宗沂辑《卫公兵法》上卷，《将务兵谋》

【注释】

① 赞：本指赞赏，这里可作"奖赏"理解。

② 贬：本指贬斥，这里可作"责罚"理解。

③ 斯：此，这个。

【译文】

凡属善行，不因其微小而不给予奖赏；凡属恶行，也不因其微小而不予以责罚。这是激励部众争立战功的重要措施。

21. 驭众而不用赏罚，则善恶相混，而能否莫殊；用之而不当功过，则奸妄宠荣，而忠实摈抑①。夫如是，若聪明可炫②，律度③无章，则用与不用，其弊一也。

唐·陆贽《陆宣公奏议》卷九，
《中书奏议三·论缘边守备事宜状》

【注释】

① 摈抑：排斥和贬抑。摈（bìn 鬓），排斥，抛弃。
② 炫：夸耀，卖弄。
③ 律度：法度，法制。

【译文】

统率军队而不实行赏罚制度，就会善恶不分，优劣无别；实施奖惩而与功过不相当，就会使邪恶妄为之徒受到宠爱和荣耀，忠诚老实之人反受排斥和压制。如果是这样，聪明可卖弄，法度将紊乱，那么，无论奖惩实施与否，产生的弊病都是一样的。

22. 赏以懋庸①，名②以彰行③。赏乖④其庸，则忠实之效废；名浮于行，则渎冒⑤之弊兴。一足以挠国权，一足以乱风俗。授受之际，岂容易哉！

唐·陆贽《陆宣公奏议》卷六，
《奏草六·兴元论中官及朝官赐名定难功臣状》

【注释】

① 懋庸：勉励功劳。懋（mào 茂），勉励。庸，功劳。
② 名：荣誉称号。
③ 彰行：表彰好行为。
④ 乖：违背，背离。
⑤ 渎冒：失职冒功。渎（dú 读），轻漫，亏失。

【译文】

奖赏是用来勉励功劳的，荣誉称号是用以表彰德行的。奖赏不合其功绩，就丧失了激发忠实的效用；荣誉称号不符其德行，就会产生失职冒功的弊病。这样，一方面足以削弱国家的权威，一方面又足以败坏社会风气。所以，要处理好授奖和得奖之间的关系，并不是那么容易的事情！

23. 凡战，使士卒遇敌敢进而不敢退，退一寸者，必惩之以重刑，故可以取胜也。法曰："罚不迁列。"①

宋·佚名《百战奇法·罚战》

【注释】

① 罚不迁列：语出《司马法·天子之义》。参见本节本目第2条。

【译文】

凡在作战中，要使士卒遇到敌人勇于前进而不敢后退，有后退一步的，必定用重刑惩处他，这样就可以取得胜利。正如兵法所说："惩罚要当场执行。"

24. 凡高城深池，矢石繁下，士卒争先登，白刃始合，士卒争先赴者，必诱之以重赏，则敌无不克焉。法曰："重赏之下，必有勇夫。"①

宋·佚名《百战奇法·赏战》

【注释】

① 重赏之下，必有勇夫：语出《黄石公三略·上略》。

【译文】

凡在攻打坚城固垒的作战中，当敌人的箭矢和礌石纷纷落下时，要使士卒冒矢石而争先登城，当白刃相接展开肉搏之时，要使士卒冒着危险而争先赴战，必须诱之以重赏，这样就没有攻不克的城池。正如兵法所说：

"重赏之下，一定会有勇士出现。"

25. 凡与敌战，士卒蹈万死一生之地，而无悔惧之心者，皆信令使然也。上好信以任诚，则下用情而无疑，故战无不胜。法曰："信则不欺。"①

宋·佚名《百战奇法·信战》

【注释】

① 信则不欺：语出《六韬·龙韬·论将》。参见本章第三节第一目第9条。

【译文】

凡与敌人作战时，士兵之所以踏上万死一生的险地，而无后悔害怕的心理，都是由于将帅平时以诚信相待，才促使他们这样做的。做将帅的讲求信用并能推心置腹地对待士兵，那么，士兵就会竭尽全力地服从指挥而不怀疑动摇。因此，打起仗来就没有不胜利的。正如兵法所说："诚信就不会欺骗别人。"

26. 赏罚者，国之大权。人君操赏罚之权以御天下，一本于至公。故有功者虽所憎必赏，有罪者虽所爱必罚。……不以小嫌而妨大政，不以私意而害至公，庶①有以服天下之心。

《明太祖宝训》卷五，《赏罚》

【注释】

① 庶：庶几，差不多。

【译文】

赏罚之事是国家的大权。国君掌握赏罚大权以统治国家，一切赏罚都要本于大公无私的精神，所以，对有功劳的人，即使憎恶也必须奖赏，对有罪过的人，即使喜爱也必须惩罚。……不因小的嫌隙而妨害大政方针，不因个人意愿而损害大公，这样就差不多可以使天下人心归服了。

27. 若功在前罪在后者，赏其功罚其罪。过在前功在后者，宥①其过赏其功。

《明太宗宝训》卷三，《明赏罚》

【注释】

① 宥（yòu 又）：宽恕，赦罪。

【译文】

如果一个人立功在前犯罪在后，就奖赏他的功劳惩罚他的罪过。如果一个人的过失在前功劳在后，就赦免其过失而奖赏他的功劳。

28. 赏罚者，至公之道也。赏当人心，则众劝①于善；罚当人心，则众惩于恶。善为政者，不以赏私亲，不以罚私怨。

《明太宗宝训》卷三，《明赏罚》

【注释】

① 劝：提倡，勉励。

【译文】

赏罚的原则就是大公无私。奖赏同人们的心愿一致，大家就向善行人学习；惩罚同人们的看法相同，大家就以作恶为戒。善于当政的人，不会用奖赏的权利去赏亲友，也不会用惩罚的权利去泄私愤。

29. 兵必以威济①，此万世不易之纲②也。所以救威令之必行而保无变者，恩③也。不然，人将怨法而不畏法矣。人必以恩结，此自天子至于庶人，一道也。然能使恩之不亵④而终能济事者，威也。不然，人将恃恩而不感恩矣。兵之用胜，以气也。苟无威，则气决不作；苟无恩，则威决不行。故恩如形而威如影。形动则影即动，形偃⑤则影亦偃，形大则影亦大，形小则影即小。孰能为无影之形，则可以恩而去威；孰能为无形之影，则可以威而胜恩。恩，其舟也；威，乃舟之舵也。

明·戚继光《止止堂集·愚愚稿·大学经解》

【注释】

① 济：成功。

② 纲：纲纪，引申为事物的规律、法则。

③ 恩：恩惠，恩德。

④ 亵：轻慢。

⑤ 偃（yǎn 眼）：停止，消失。

【译文】

治军作战必须运用威严的手段才能成功，这是永远不会改变的法则。用来辅助威令必行并保证不会发生变故的手段是恩德。如果没有恩德，人们将怨恨军法而不畏惧军法。人与人之间必须以恩德结交，从皇帝到平民都是一样的道理。然而能够使恩德不被轻慢并终于成事的手段则是威严。如果没有威严，人们会依仗恩德而不感激恩德。用兵打仗，夺取胜利靠的是士气。如果没有威严，士气就决不会振作起来；如果没有恩德，威严就决不能得以施行。所以，恩德就像形体，而威严就像影子。形体移动，影子就随着移动；形体消失，影子也就消失；形体大，影子也大；形体小，影子也就小。有谁能够使形体没有影子，那么他可以只讲恩德而不要威严；有谁能使影子离开形体，那么他可以施加威严而少予恩德。恩德，就像船；威严，就像船的舵。

30. 凡赏罚，军中要柄①。如该赏者，即与将领有旧仇新怨，亦要录赏，患难亦须扶持；如犯军令，便是亲子侄，亦要依法施行，决不许报施恩仇。

明·戚继光《纪效新书》（十四卷本）卷十一，《胆气篇·公赏罚》

【注释】

① 要柄：重要权力。柄，权柄。

【译文】

大凡奖励和惩罚是军队中的重要权力。如果是应该奖励的，即便是与将领有旧仇新怨，也要录功授奖，遭遇患难也必须给予扶持；如果违犯军令，即便是亲子侄也要依法施行，决不许借机施恩或报仇。

31. 夫赏不专在金帛之惠，罚不专在斧钺①之威。有赏千金而不劝者，有不费数金而感深挟纩②者，有赏一人而万人喜者，有斩首于前而不畏于后者，有言语之威而畏如刀锯③，罚止数人而万人知惧者。此盖有机④。机何物也，情也，理也。理兴于心，情通于理。赏之以众情所喜，罚之以众情所恶。或申明晓谕，耳提面命⑤，务俾⑥人人知其所以赏与罚之故。感心发则玩心消，畏心生则怨心止。

明·戚继光《练兵实纪》卷九，《练将·第二十四明恩威》

【注释】

① 斧钺：古代军法用以行刑的工具，也泛指刑戮。

② 挟纩（kuàng 矿）：穿上丝棉衣服。比喻受人抚慰，感到温暖。

③ 刀锯：古代的刑具，喻指刑罚。

④ 机：事物的枢要、关键。

⑤ 耳提面命：形容教诲殷勤恳切。

⑥ 俾（bǐ 比）：使。

【译文】

奖赏不是专靠金钱财物的恩惠，惩罚也不是专靠刑戮的威力。有赏至千金却不起劝勉作用的，有不费多少金钱就能使人深感温暖的，有奖励一人而万人受到鼓舞的，有前头斩首而后边却不害怕的，有严厉的批评如同刑罚那样可怕，只惩罚几个人就使万人感到畏惧的。这里有一个关键。关键是什么？就是感情、道理。道理产生于心，感情与道理相通。众人感情上喜欢的给以奖励，众人感情上厌恶的给以惩罚。或者明确告知，恳切教诲，务必使人人都知道奖励和惩罚的原因。这样，感激的心情出现了，玩忽的心理就消失了；畏惧的心理产生了，埋怨的情绪就止息了。

32. 若赏及无功，罚加无罪，行赏于人而心怨恨，加罚于人而心不甘者，下将叛背也。

明·何良臣《阵纪》卷一，《赏罚》

【译文】

如果奖赏没有功劳的人，惩罚没有罪过的人，奖赏了而群情怨恨，惩罚了而众心不服，那部下就要叛离了。

33. 克城破敌之后，功罪皆当其实。有罪者即至亲不贳①，必以法治；有功者即仇敌不遗，必加升赏。

《清太祖武皇帝实录》卷二，乙卯年十一月

【注释】

① 贳（shì 世）：赦免，宽大。

【译文】

攻取城池、战败敌人之后，赏功罚罪都必须与实际情况相符。有罪的，即使是至亲好友也不宽大，必须按军法惩治；有功的，即使是私仇怨敌也不遗漏，必须加以提升和奖赏。

评 述

军队中实行赏罚，由来已久。据文字记载，至迟在夏启讨伐有扈氏的甘之战中，就提到"用命，赏于祖；弗用命，戮于社。予则孥戮汝"（《尚书·甘誓》）。在奴隶制时代，赏罚只是激励士气的一种措施，并因世卿世禄贵族军制，受"礼不下庶人，刑不上大夫"（《礼记·曲礼上》）的影响。随着奴隶制的解体及封建生产关系的产生，赏罚就成为新兴地主阶级奖励军功的一项重要政策，他们不仅利用这项政策提高军队的战斗力，更重要的是，利用这一政策打击奴隶主世卿世禄制度，为新兴地主阶级培养自己的军官队伍。这样，军队底层的士兵也就有了争取更高社会地位的途径，即所谓"猛将必起于卒伍"。于是，在春秋战国之际，赏罚就被赋予了新的内容。

这些新的内容主要表现在以下方面：一是主张赏小罚大，提倡"以诛大为威"，要敢于惩罚那些权贵；"以赏小为明"，要奖赏到那些地位低下的士卒，即所谓"刑上极"、"赏下通"（《六韬·龙韬·将威》）。二是提倡不徇私情，要求"赏不私亲近"（《战国策·秦策一》），亦不避仇，王子犯法，与庶民同罪。三是注意信赏明罚，要"尚贤使能，赏有功，罚有罪"（《荀子·强国》），认为"赏誉薄而谩者，下不用也；赏誉厚而信者，下轻死"（《韩非子·内储说上七术》），"若赏及无功，罚加无罪，行赏于人而心怨恨，加罚于人而心不甘者，下将叛背也"（明·何良臣《阵纪》卷一，《赏罚》）。四是强调赏不逾时，罚不迁列，让兵士即时即地看到功罪的利害。这些措施的目的在于，鼓励将士争立战功，形成以新兴封建主为骨干并兼及庶人工商的军官队伍，打破少数奴隶主贵族对军权的垄断。

先秦兵家的这些思想反映了军队建设的客观要求，为历代统治者所承袭，成为治军理政的重要原则。

例　证

古代兵学家论赏罚，十分强调罚必贵大，这样才可以收到"杀一人而三军震"（《六韬·龙韬·将威》）的效果。司马穰苴斩庄贾的故事便是一个著名的史例。

周景王十四年（前531年），晋、燕两国侵犯齐国，齐军连连败北。齐景公任命司马穰苴为将军，带兵迎敌，又派权臣庄贾为监军。司马穰苴与庄贾约定：次日中午在军营相会，点军出发。

司马穰苴提前到达军营，竖起计时木表并用铜壶滴漏，等待庄贾到来。可是，骄横位尊的庄贾全不把平民出身的司马穰苴放在眼里，竟然赴为他饯行的宴会去了。中午一到，司马穰苴见庄贾未能如期相会，便撤去漏表，检阅军队，部署任务，准备出发。直到傍晚，庄贾才姗姗来迟。司马穰苴问明情由后，当即按照军法处斩。景公闻讯，派使者持节命令赦免庄贾。司马穰苴以"将在军，君令有所不受"驳回，并且斩了使者仆从，砍断使者车厢的木柱，杀死车左的挽马，以示军威严峻。司马穰苴杀庄贾，树立了将威，也教育了全军将士，大军出动，获胜而还（以上见《史记》卷六十四，《司马穰苴列传》）。

四、严明军纪

1. 师出以律，失律凶①也。

《周易·师》

【注释】
① 凶：不吉利，这里指打败仗。
【译文】
兴师出战必须以严明的纪律整饬部队，部队失去纪律就会打败仗。

2. 严明之事，臣不能悉。……夫发号布令而人乐闻，兴师动众而人乐战，交兵接刃而人乐死。此三者，人主之所恃也。

《吴子·励士》

【译文】
严明刑赏的事，我不能详尽地说明。……发布命令而人们乐意听从，出兵打仗而军队乐意参战，临阵杀敌而将士乐意效命。这三条，才是君主所要依靠的。

3. 任其上令，则治之所由生也。若进止不度，饮食不适，马疲人倦而不解舍①，所以不任其上令。上令既废，以居则乱，以战则败。

《吴子·治兵》

【注释】
① 解舍：指人解甲、马卸鞍，宿营休息。舍（shè 社），止宿，休息。

【译文】
（使士卒）服从上级命令，是治理好军队的根本所在。如果行进停止没有节度，饮食不能适时，马疲人乏而不能宿营休息，那么（士卒）就不会听从上级的命令了。上级的命令既然行不通，这样的军队驻守就会混乱，出战就会失败。

4. 从命为士上赏①，犯命为士上戮②，故勇力不相犯。

《司马法·天子之义》

【注释】
① 上赏：最高的奖赏。
② 上戮：最重的惩罚。戮，诛杀，处死。

【译文】
对执行命令的人给予优厚的奖赏，对违抗命令的人给予严厉的惩处，这样，有胆勇气力的人就不敢违犯命令了。

5. 闻鼓声而进，闻金声而退，顺命为上，有功次之。令不进而进，犹令不退而退也，其罪惟均。

《荀子·议兵》

【译文】

听到鼓声就进攻，听到金声就撤退，以服从命令为第一，争立战功为其次。命令不准前进而偏要前进，如同命令不准后退而偏要后退一样，所犯的罪过是相同的。

6. 凡诛，非诛其百姓也，诛其乱百姓者也。

《荀子·议兵》

【译文】

（战争中的）一切杀戮，都不是杀敌国的百姓，而是杀敌国内祸乱百姓的人。

7. 不杀老弱，不猎①禾稼，服者不禽②，格③者不舍④，奔命者⑤不获⑥。

《荀子·议兵》

【注释】

① 猎：通"躐"，践踏。
② 禽：通"擒"，捉拿，逮捕。
③ 格：格斗，顽抗。
④ 舍：本指放弃，这里可作"释放"或"宽恕"理解。
⑤ 奔命者：谓奔走来归其命者，即投诚的人。
⑥ 获：虏获。

【译文】

不杀害老弱，不践踏庄稼，降服的不逮捕，顽抗的不宽恕，投诚来归的不以俘虏对待。

8. 古之至兵①，民之重令也，重乎天下，贵乎天子。其藏于民心，捷于肌肤②也，深痛执固③，不可摇荡，物莫之能动。若此，则敌胡④足胜矣！故曰：其令强者其敌弱，其令信⑤者其敌诎⑥。先胜之于此，则必胜之于彼矣。

《吕氏春秋》卷八，《仲秋纪·论威》

【注释】

① 至兵：至上之兵，即最好的军队。

② 捷于肌肤：迅速落实到行动上。意谓军队对军令的贯彻执行，就像肌肤被触动那样，反应灵敏迅速。一说，捷，通"接"。

③ 深痛执固：感受深刻而牢记不忘。

④ 胡：何。

⑤ 信：通"伸"，这里指军令通行无阻。

⑥ 诎（qū 区）：屈服，折服。

【译文】

古代最好的军队，士兵对军令的重视，看得比国家还重要，比天子还尊贵。军令深入士兵的心中，迅速落实到行动上，（对此，士兵都）感受深刻而牢记不忘，不会被动摇，也没有什么能够改变。做到这样，那么敌人怎么会不被我们战胜呢？所以说：军令强而有力的，敌人就会脆弱；军令畅行无阻的，敌人就会屈服。能首先在执行军令上取得胜利，就一定会在战场上战胜敌人。

9.《军谶》①曰："将之所以为威者，号令也。战之所以全胜者，军政也。士之所以轻战者，用命也。"故将无还令，赏罚必信，如天如地，乃可御②人。士卒用命，乃可越境。

《黄石公三略·上略》

【注释】

①《军谶（chèn 衬）》：相传为古代兵书，已失传。

② 御：驾驭，控制。

【译文】

《军谶》上说："将帅之所以有威严，是由于号令严明。作战之所以获得全胜，是由于军政修明。士卒之所以不怕打仗，是由于听从命令。"因此，将帅命令不可更改，奖赏惩罚言必有信，如同天地运转那样不可移易，这才可以统率军队。士卒听从命令，才可以出境作战。

10. 杀人者死，伤人者偿创①。

《后汉书》卷十一，《刘盆子列传》

【注释】

① 偿创：抵偿伤人之罪。创（chuāng 窗），创伤。

【译文】

杀人的要处死刑，伤人的要抵偿伤人之罪。

11. 有制之兵，无能之将，不可以败；无制之兵，有能之将，不可以胜。

三国·诸葛亮《诸葛亮集·文集》卷二，《兵要》

【译文】

纪律严明的军队，即使将领无才能，也不可战败；纪律松弛的军队，即使将领有才能，也不能取胜。

12. 吏士虽破敌，滥行杀戮，发冢墓，焚庐室，践稼穑，伐树木者，皆斩之。

清·汪宗沂辑《卫公兵法》上卷，《将务兵谋》

【译文】

官兵即使击败敌人打了胜仗,如有随意杀害无辜、挖掘坟墓、焚烧房屋、践踏禾苗、滥砍树木的,一律处以死刑。

13. 农事将兴,可遣分谕典兵之官,无纵军士动扰人民,以废农业。

《金史》卷二,《太祖本纪》

【译文】

农事将要开始,要派人谕令各处统兵将领,不准放纵士卒扰乱民众,妨碍农业生产。

14. 遇战时,号令其下,骑者骑,步者步,回顾者斩,所以每战必胜也。

旧题宋·宇文懋昭《大金国志》卷二十七,《粘罕传》

【译文】

在作战时,号令部属,骑兵发挥骑兵作用,步兵发挥步兵作用,有临阵后退者处斩,所以每战必胜。

15. 冻死不拆①屋,饿死不卤②掠。

《宋史》卷三百六十五,《岳飞传》

【注释】

① 拆:本义折断,引申为损失、侵占等。
② 卤:通"掳",掠夺。

【译文】

宁可冻死也不能侵占民宅,宁可饿死也不能抢掠粮食。

16. 军旅之事，以仁为本，以威为用。申明号令，不可姑息。号令明，则士有励心；姑息行，则人怀怠志。士心励，虽少必济；人志怠，虽众弗克。所谓仁者，非姑息；所谓威者，非杀伐。仁以抚众，威以振旅，则鲜①有不克。

《明太祖宝训》卷五，《谕将士》

【注释】

① 鲜（xiǎn 显）：很少。

【译文】

治理军队的事，以仁爱为根本，以威令为表现。要申明号令，不可以姑息放松。号令严明，士兵就有自励上进之心；姑息放松，士兵就心怀懈怠消沉之志。士兵有自励上进之心，人数即使少也必能成功；士兵心怀懈怠消沉之志，人数即使多也不能战胜敌人。所谓仁爱，并不是姑息放松；所谓威令，并不是滥施杀伐。以仁爱安抚部众，用威令振奋军队，那么，就很少有不能战胜的敌人了。

17. 师行之际，须严部伍，明分数①，一②众心，审进退之机，适通变之宜，使战必胜，攻必取。

《明太祖宝训》卷五，《谕将士》

【注释】

① 分数：指军队的组织编制。

② 一：统一，齐一。

【译文】

军队出征作战之时，必须严格整理队伍，明确组织编制，统一兵众意志，审察进退的时机，适应情况而通达权变之宜，使部队战则必胜，攻则必取。

18. 军士行伍^①不可不整,进不可无节。虽营庐舍,亦必部伍严整,遇有调发,易于呼名,不致失次。……临敌之时,亦如前法,居则部伍不乱,行则进退有节。加之将有智谋,不战则已,战则必胜。

《明太祖宝训》卷五,《谕将士》

【注释】

① 行(háng杭)伍:原意为古代军队的一种编制,二十五人为一行,五人为一伍,引申为士兵的队伍排列。

【译文】

军队的编制队列不可不整齐,进退不可无节制。即使是在营区宿营,部队也必须严肃整齐,这样一旦奉命出发,才便于点名集合,不致乱了次序。……临敌作战,也要像前面所说的那样,驻扎时部队不混乱,行进时进退有秩序,加上将领有才智计谋,(这样的军队),不作战便罢,要作战就必然胜利。

19. 师行须预严纪律,申号令,衣甲必鲜明,兵器必锋利,军容必整肃,毋纵士卒扰百姓。

《明宣宗宝训》卷四,《谕将帅》

【译文】

军队出征作战必须预先严格纪律,申明号令,军衣铠甲必须鲜明,兵器必须锋利,军容必须整肃,不准放纵士兵扰乱百姓。

20. 古云:"民为邦本。"^①虽取民之中,必存爱民之意。其约束禁条,不啻^②三令五申。

清·杨英《先王实录》,
南明永历十三年四月二十七日

【注释】

① 民为邦本：民众是国家的根本。邦，国。语出《尚书·五子之歌》，原文为"民惟邦本"。

② 啻（chì 赤）：仅，只。

【译文】

古人说："民众是国家的根本。"即使（军用粮秣）取自百姓之中，也必须常存爱民的思想，有关军纪的禁令规条，要不厌三令五申。

21. 凡行兵若无纪律，断①不能成事②。前南方用兵时，不扰民者皆克成功；凡扰民之兵无一成功者。

《清圣祖实录》卷一百六十五，康熙三十三年十月甲寅

【注释】

① 断：绝对，一定。

② 成事：成功，这里指战胜敌人。

【译文】

凡是用兵作战，若没有纪律，绝对不可能战胜敌人。以前南方用兵时，不骚扰百姓的部队都能克捷成功；凡骚扰百姓的部队没有一支能打胜仗。

22. 古云："受降严于受敌。"①……若受降不严，彼有疑畏而我多骄玩，设有不虞，变起仓猝，莫之能御矣。

清·严如熤《三省边防备览》卷十，《受降备兵略》

【注释】

① 受敌：接受敌人的挑战，即与敌作战。

【译文】

古人说："接受敌人的投降比与敌人作战更要严加戒备"。……如果受

降时不严加戒备，敌人就会产生怀疑和畏惧心理，而我军又骄傲和漫不经心，假使发生意外，事变产生在仓猝之间，那就无法控制了。

评　述

严明军纪是军队战斗力强弱的一个重要因素。早在《周易》中就有"师出以律，失律凶"（《师》）之说，把纪律视为取得胜利的保证。诸葛亮有句名言："有制之兵，无能之将，不可以败；无制之兵，有能之将，不可以胜。"（《诸葛亮集·文集》卷二，《兵要》）认为军纪严明、训练有素的军队才能有坚强的战斗力。古人还说，"师行须预严纪律"（《明宣宗宝训》卷四，《谕将帅》），"凡行兵若无纪律，断不能成事"（《清圣祖实录》卷一百六十五，康熙三十三年十月甲寅），把严明军纪放在治军的首要地位。

所谓严明军纪，古人谈到了三方面的内容：

一是政治纪律。首先是要爱民，"爱民者强，不爱民者弱"（《荀子·议兵》），"虽取民之中，必存爱民之意"（清·杨英《先王实录》，南明永历十三年四月二十七日）。认识到军队如果脱离民众，就难以生存。还要求不扰民，严令"毋纵士卒扰百姓"（《明宣宗宝训》卷四，《谕将帅》），"不杀老弱，不猎禾稼"（《荀子·议兵》），对滥行杀戮、掘冢墓、焚庐舍、践稼穑、伐树木的士兵，严加惩处。南宋抗金名将岳飞响亮地提出"冻死不拆屋，饿死不卤掠"（《宋史》卷三百六十五，《岳飞传》）的治军主张。

二是军事纪律。这就是要求做到令行禁止，《吴子》把"任其上令"看作严明军纪的根本，指出"若法令不严，赏罚不信，金之不止，鼓之不进，虽有百万，何益于用"（《治兵》）。《司马法》也说："从命为士上赏，犯命为士上戮。"（《天子之义》）"犯命"者戮，就是"严"；"从命"者赏，就是"明"。只有这样，军队才能做到"居则部伍不乱，行则进退有节"（《明太祖宝训》卷五，《谕将士》，下同）。

三是养成教育方面的纪律。一支军队，不仅要衣甲鲜明，军容整肃，还须"严部伍，明分数"，即使在营区内，"亦必部伍严整"。这样，一旦遇有调发,才"易于呼名,不致失次"。

　　古代兵学家提出的这些严明军纪的主张,无疑是值得肯定的。但是,封建军队毕竟是地主阶级的统治工具,军民之间、官兵之间都有深刻的矛盾,因此,其军纪从本质上说不是建立在自觉执行的基础上,而是以严酷打骂、刑杀等惩罚手段来维持的,对于这一点,我们需要有清醒的认识。

例　证

　　"关羽走麦城"是妇孺皆知的历史故事,而迫使关羽兵败麦城的原因,固然在于吕蒙白衣溯江、奇袭荆州的成功,同时,吕蒙所率吴军军纪严明也是重要因素之一。

　　吕蒙进入荆州之后,抚慰关羽及蜀军将士家属,对城中百姓,也"约令军中不得干历人家,有所求取"(《三国志》卷五十四,《吴书·吕蒙传》,下同)。一天,一个士兵擅自拿取老百姓的一顶斗笠遮护铠甲。吕蒙认为这是违犯军令,尽管这个士兵与他是同乡,仍然"垂泪斩之"。这一事件,影响很大,收到了"军中震惊,道不拾遗"的效果。

　　吕蒙在荆州城中,还"旦暮使亲近存恤耆老,问所不足,疾病者给医药,饥寒者赐衣粮"。这一系列行动,起到了使蜀军"吏士无斗心"的作用。

五、恤民善俘

　　1. 今日之事,……尚桓桓①,如虎如貔②,如熊如罴③,于商郊④。弗迓⑤克奔,以役西土⑥。

《尚书·牧誓》

【注释】

①桓桓:威武的样子。

② 貔（pí 皮）：一种猛兽，属豹类。
③ 罴（pí 皮）：熊的一种，即棕熊，又叫马熊。
④ 商郊：指商都朝歌郊外之牧野（今河南淇县以南卫河以北地区）。
⑤ 迓（yà 亚）：迎接，这里指迎敌。
⑥ 以役西土：使他们为周国所役使。役，役使。西土，因周在殷商之西，故以"西土"指代周国。

【译文】

今天这场战斗，……要威武雄壮，像虎、貔、熊、罴那样勇猛，于殷商国都的郊外大战一场。不要杀掉殷商军队中前来投降的人，以便使这些人为我们周国服务。

2. 叛而伐之，服而舍之，德刑成矣。

《左传·宣公十二年》

【译文】

对背叛者进行讨伐，对已降者就放过它，德和刑都树立起来了。

3. 故杀敌者，怒也；取敌之利者，货①也。车战得车十乘②以上，赏其先得者，而更其旌旗③，车杂④而乘之，卒善⑤而养之，是谓胜敌而益强。

《孙子兵法·作战篇》

【注释】

① 货：财货，这里指用财货赏赐士兵，激发其斗志。
② 乘（shèng 胜）：辆，古代指四匹马拉的一辆车。
③ 更其旌旗：指拔去敌军旗帜，换上我军旗帜。
④ 杂：掺杂，混合。
⑤ 善：善待。银雀山汉墓竹简本作"共"，掺杂、混合之意。

【译文】

要使士兵奋勇杀敌，就要激起他们的同仇敌忾之心；要想夺取敌人战利品，就要用财物赏赐士兵。所以在车战中，缴获敌战车十辆以上的，就赏赐其中首先夺得战车的人，并更换战车上的旌旗，将其混合编入己方车队之中，对俘虏的士兵要予以优待。这就叫做战胜敌人而使自己越加强大。

4. 凡攻敌围城之道①，城邑既破，各入其宫②，御其禄秩③，收其器物。军之所至，无刊④其木、发⑤其屋、取其粟、杀其六畜、燔⑥其积聚，示民无残心。其有请降，许而安之。

《吴子·应变》

【注释】

① 道：原则。

② 各入其宫：分别接管其各种机关。入，纳，这里作"接管"解。宫，官府。

③ 御其禄秩：控制各级官吏。御，驾驭，控制。禄，俸禄。秩，职位。

④ 刊：砍伐。

⑤ 发：拆毁。

⑥ 燔（fán 凡）：烧毁。

【译文】

大凡攻围敌人城邑的原则是：破城之后，分别接管其各种机关，控制其各级官吏，接收其物资器材。军队所到之处，不准砍伐树木、拆毁房屋、擅取粮食、宰杀牲畜、焚烧积聚的财物，以表示对百姓无残害之心。敌人有请求投降的，要允许并安抚他们。

5. 入罪人①之地，无暴神祇②，无行田猎，无毁土功③，无燔墙屋，无伐林木，无取六畜、禾黍、器械。见其老幼，奉归勿伤。虽遇壮者，不校④勿敌。敌若伤之，医药归之。

《司马法·仁本》

【注释】

① 罪人：此处指敌人。

② 无暴神祇：不要破坏神像。暴，损害，破坏。神祇（qí 其），地神，这里泛指神像。

③ 土功：建筑物。

④ 校（jiào 较）：较量，抵抗。

【译文】

进入敌国地区，不要破坏其神像，不要进行打猎，不要破坏建筑物，不要焚烧房屋，不要砍伐树木，不要擅取牲畜、粮食、器械等。遇见老人和小孩，要好好地护送回家，不得伤害他们。即使遇见强壮的人，只要他们不进行抵抗，就不应以敌人对待。对负伤的敌人，应当给予医药，释放他们回去。

6. 其所生得①，皆加营护，不令兵士干扰侵侮。将家属来者，使就料视。若亡其妻子者，即给衣粮，厚加慰劳，发遣令还。或有感慕相携而归者。

《三国志》卷五十八，《吴书·陆逊传》

【注释】

① 生得：俘虏。

【译文】

凡是俘虏都加以保护，不准士兵扰害和欺侮他们。有带家属来的，让他们就便照料。有失去妻室儿女的，供给衣食，多加抚慰，遣送他们回家。有些人感念仰慕，相伴来归顺。

7. 凡得生口[①]，无问逆顺，皆不辄杀，以招来者[②]。渐以诱问敌情，亦不可纵逸，防为间谍。

宋·曾公亮等《武经总要》前集卷十五，《制度·行军约束》

【注释】

① 生口：指俘虏。

② 来者：指前来归降者。

【译文】

凡是抓到的俘虏，不管他是反抗的还是顺从的，一律不准杀掉，以便用他们争取更多来投诚的人。从他们口中逐渐地诱导询问敌情，但又不可把他们放跑，防止他们成为间谍。

8. 元恶[①]不可不诛，胁从不可不抚。

明·佚名《草庐经略》卷七，《招抚》

【注释】

① 元恶：元凶，罪魁祸首。

【译文】

对于罪魁祸首，不可不从严镇压，而对于胁从的人，不可不进行安抚。

9. 俘获之人，勿去其衣服，勿淫其妇妾，勿离异其匹偶。拒战而死者，听之。若归顺者，慎勿轻加诛戮。

《清通典》卷七十五，《兵八·军令》引努尔哈赤语

【译文】

对待俘虏，不准剥掉其衣服，不准奸淫其妻妾，不准离散其夫妻。顽抗而战死的，任其自便。如果是归顺我军的，切勿轻易杀害他们。

评 述

"恤民善俘"是一项重要的军事政策,对于争取战争的胜利有重要意义。古代兵学家主张,军队进入敌境,"无暴神祇,无行田猎,无毁土功,无燔墙屋,无伐林木,无取六畜、禾黍、器械。见其老幼,奉归勿伤"(《司马法·仁本》),以"示民无残心"(《吴子·应变》)。对于敌人则要区别对待,"元恶不可不诛,协从不可不抚"(明·佚名《草庐经略》卷七,《招抚》),认为"叛而伐之,服而舍之,德刑成矣"(《左传·宣公十二年》)。

"善俘"主要表现为:一是医治伤残俘虏,"敌若伤之,医药归之"(《司马法·仁本》)。二是不要虐待俘虏,"俘获之人,勿去其衣服,勿淫其妇妾,勿离异其匹偶"(《清通典》卷七十五,《兵八·军令》引努尔哈赤语)。每战"凡得生口,无问逆顺,皆不辄杀"(宋·曾公亮等《武经总要》前集卷十五,《制度·行军约束》)。三是妥善安置俘虏,对"归顺"、"请降"之人,"许而安之"(《吴子·应变》),愿回家者"发遣令还"(《三国志》卷五十八,《吴书·陆逊传》);对敌军军官可根据不同情况,"御其禄秩"(《吴子·应变》),有的还可用以策反。

"恤民善俘"的军事政策,其根本目的在于争取民心,保护劳动力并为自己所用,利用敌俘补充自己的军队,也就是孙子所说的"胜敌而益强"(《孙子兵法·作战篇》)。

例 证

"恤民善俘"是历代兵家所注意实行的重要政策。晋元帝太兴三年(320年),东晋名将祖逖率军攻取谯国、陈留后进至雍丘,准备继续进攻盘踞在黄河南北的刘曜、石勒。他在出师前十分重视感化敌区百姓,宽待俘虏。他"爱人下士,虽疏交贱隶,皆恩礼遇之"(《晋书》卷六十二,《祖逖传》，下同），对捕获的石勒降卒皆厚待遣归，因此敌区军民"咸感逖恩德"而"归附者甚多"。祖逖对有子作人质在石勒部的坞主及家属采取宽大政策，允其两面归属，使其深受感动而常主动向祖逖禀报军情。祖逖又"躬自俭约，劝督农桑，克己务施，不畜资产，子弟耕耘，负担樵薪，又收葬枯骨，为之祭醊"，使中原百姓感激涕零，有歌谣说："幸哉遗黎免俘虏，三辰既朗遇慈父。玄酒忘劳甘瓠脯，何以咏恩歌且舞。"祖逖的"善俘"政策深得人心，为顺利收复黄河南北大片失地创造了有利条件。

第七章 后勤篇

第一节 以粮为先

1. 故军争①为利,军争为危。举军②而争利,则不及;委军③而争利,则辎重④捐。……是故军无辎重则亡,无粮食则亡,无委积⑤则亡。

《孙子兵法·军争篇》

【注释】
① 军争:指两军争夺先机制胜条件。
② 举军:全军带着装备辎重。举,全。
③ 委军:丢下重装备和辎重。委,舍弃。
④ 辎重:军用器械、粮草、营帐、服装等物资的统称。
⑤ 委积:物资储备。

【译文】
所以,军争既有有利的一面,也有危险的一面。如果全军带着装备辎重去争利,就不能及时到达预定地域;如果放下重装备和辎重去争利,装备辎重就会损失。……因此,军队没有辎重就不能生存,没有粮食就不能生存,没有物资就不能生存。

2. 马、牛、车、兵、佚①、饱,力也。

《司马法·定爵》

【注释】

① 佚：通"逸"，安逸，这里指休整得好。

【译文】

马、牛、战车、兵器、休整、饱食，都是战斗力。

3. 睭忌①之兵，则薄②其前，噪其旁，深沟高垒而难其粮。

《孙膑兵法》下编，《五名五恭》

【注释】

① 睭忌：贪婪狡猾。睭（diāo叼），《说文解字》："目熟视也，读若雕。"忌，畏惧，狡猾多疑。

② 薄：逼近。

【译文】

对于贪婪狡猾的军队，就逼近它的正面，在它的翼侧喧哗，深挖壕沟，高垒营墙，使它的军粮补给困难。

4. 地之守在城，城之守在兵，兵之守在人，人之守在粟。

《管子·权修》

【译文】

国土的守卫在于有城池，城池的守卫在于有军队，军队的守卫在于有百姓，百姓的守卫在于有粮食。

5. 公①曰："攻取之数何如？"管子对曰："毁其备，散其积，夺之食，则无固城矣。"

《管子·小问》

【注释】

①公：指齐桓公。

【译文】

齐桓公问："攻取敌人的方法该是怎样的呢？"管子答道："摧毁它的防御设施，分散它的物资储备，夺取它的粮食草料，那么它就没有坚固的城池了。"

6. 太公①曰：骑有十胜九败。武王②曰：十胜奈何？太公曰：……敌人无险阻保固③，深入长驱，绝其粮道，敌人必饥。

《六韬·犬韬·战骑》

【注释】

①太公：姜尚，辅佐周武王灭商，有太公之称。相传《六韬》为其所撰。

②武王：周武王姬发，以周族领袖联合各族，率军东攻，灭商建立周王朝。

③保固：固守。

【译文】

太公说：骑兵有十胜九败。武王问：十胜怎么样？太公说：……敌人没有险阻可守，长驱直入，切断它的粮道，敌人就必然挨饿。

7. 兵不如者，勿与挑战，粟不如者，勿与持久。

《史记》卷七十，《张仪列传》

【译文】

兵器不如敌人的，不要向敌人挑战；粮食不如敌人的，不要与敌人久战。

8. 神农①之教曰："有石城十仞②，汤池③百步，带甲百万，而亡④粟，弗能守也。"

《汉书》卷二十四上，《食货志上》引晁错语

【注释】

① 神农：即神农氏，传说中的古代帝王炎帝。
② 仞（rèn 任）：古代八尺（一说七尺）为一仞。
③ 汤池：护城河。以汤喻沸热不可接近，指防守严密的城池。汤，开水。
④ 亡：通"无"。

【译文】

神农氏的教导说："有十仞高的石头城，一百步宽的护城河，上百万的武装部队，然而没有粮食，也是无法坚守的。"

9. 粮谷，军之要最。

《三国志》卷六十四，《吴书·诸葛恪传》注引《江表传》诸葛亮语

【译文】

粮食是军队最紧要的物资。

10. 臣镇所绾河西①，爰②在边表③，常惧不虞。平地积谷，实难守护。兵人散居，无所依恃。脱有妖奸④，必致狼狈。虽欲自固，无以得全。今求造城储谷，置兵备守。

《魏书》卷三十八，《刁雍传》

【注释】

① 臣镇所绾河西：臣指刁雍，当时任薄骨律镇（治所在今宁夏灵武

南）镇将。绾（wǎn晚），系，控扼。河西，北朝时泛指今山西吕梁山以西的黄河东西两岸地区。

② 爰（yuán元）：句首语气词。

③ 边表：边境上。表，表面。

④ 脱有妖奸：如果有妖人奸人。脱，倘若。

【译文】

我镇守的地方控扼河西，位于边境上，经常担心发生意料不到的事。平原地带储备粮谷，实在难以守护。兵士和居民分散居住，没有依托。假如有妖人奸人骚扰，必然狼狈不堪。即使想固守，也不能得以保全。现在请求修建城堡储存粮食，配置兵力进行防守。

11. 上①尝问颎②取陈之策，颎曰："江北地寒，田收差③晚，江南土热，水田早熟。量彼收获之际，微征士马，声言掩袭。彼必屯兵御守，足得废其农时。彼既聚兵，我便解甲，再三若此，贼以为常。后更集兵，彼必不信，犹豫之顷④，我乃济师⑤，登陆而战，兵气益倍。又江南土薄，舍多竹茅，所有储积，皆非地窖。密遣行人⑥，因风纵火，待彼修立，复更烧之。不出数年，自可财力俱尽。"上行其策，由是陈人益敝。

《隋书》卷四十一，《高颎传》

【注释】

① 上：指隋文帝杨坚。

② 颎（jiǒng炯）：高颎，隋朝大臣。灭陈前，提出灭陈方略，为隋文帝所采纳。灭陈之战，任元帅长史，主持军事。

③ 差：稍微，比较。

④ 顷：很短的时间。

⑤ 济师：军队渡水，这里指渡过长江。

⑥ 行人：使者的通称，这里指间谍。

【译文】

隋文帝曾向高颎问询取陈之策,高颎说:"长江以北,地气寒凉,农田的收获比较晚。长江以南,地气温暖,水田作物成熟较早。估计敌人收获之时,少量征调兵马,扬言要发动袭击。敌人一定会屯兵守御,这样就会使他们耽误收获的农时。等敌人集合起部队,我军就解甲休兵。如此再三,敌人就会习以为常了。然后,我们再聚集兵力,敌人一定不信我会真的进攻,趁他们犹豫之时,我军迅速渡江,登陆作战,士气会更加高涨。再者,长江以南土层薄,房屋多为茅竹搭建,粮食等所有物资的储藏,也都不用地窖。可以秘密派遣间谍,趁着风势放火,(烧毁他们的房屋和物资)。等敌人重新修建起来,再派人去烧。这样反反复复,用不了几年,敌人的财物和力量都会耗尽。"隋文帝采纳了高颎的计策,从此陈国人日益疲敝。

12. 夫屯兵守土,以备寇戎。至而无粮,守必不固矣。遇寇不守,则如勿屯。

唐·陆贽《陆宣公奏议》卷八,
《中书奏议二·请减京东水运收脚价于缘边州镇储蓄军粮事宜状》

【译文】

(沿边)屯驻军队守卫国土,用来防备外敌入侵。屯军到来而无粮食储备,防守一定不会牢固。遇到敌人而不能坚守,那就如同没有屯驻兵力一样。

13. 国家不可一日无兵,兵不可一日无食。

《金史》卷一百九,《完颜素兰传》

【译文】

国家不能一天没有军队,军队不能一天没有粮食。

14. 用兵制胜，以粮为先。

宋·辛弃疾《美芹十论·屯田》

【译文】

用兵取胜，以粮食为首要条件。

15. 凡与敌垒相对持，两兵①胜负未决，有粮则胜。若我之粮道，必须严加守护，恐为敌人所抄。若敌人饷道，可分遣锐兵以绝之。敌既无粮，其兵必走，击之则胜。法曰："军无粮食则亡。"②

宋·佚名《百战奇法·粮战》

【注释】

① 两兵：指敌对双方的军队。
② 军无粮食则亡：语出《孙子兵法·军争篇》，原文无"军"字。参见本节第1条。

【译文】

凡与敌人对垒相持，双方胜负尚未分晓的时候，谁有粮食，谁就能坚持到最后胜利。如是我军的运粮道路，必须严密防护，恐怕被敌人抄袭；如是敌人的运粮道路，可以分遣精锐部队切断它。敌人既然没有粮食，军队必然退走，乘此进击，就能取得胜利。正如兵法所说："军队没有粮食就不能生存。"

16. 凡敌人远来，粮食不继，敌饥我饱，可坚壁不战，持久以敝之，绝其粮道。彼退走，密遣奇兵，邀其归路，纵兵追击，破之必矣。法曰："以饱待饥。"①

宋·佚名《百战奇法·饱战》

【注释】

① 以饱待饥：语出《孙子兵法·军争篇》。参见第四章第十节第4条。

【译文】

凡是敌人远道来攻，粮秣接济不上，在敌饥我饱的形势下，我可坚守阵地不同敌人决战，采取持久防御以疲弊敌人，断绝敌人的粮秣运输线。敌人如果退走，就秘密派遣奇兵，截断它的归路，而以主力纵兵追击，定能击破敌人。正如兵法所说："用饱食的部队等待饥饿的敌人。"

17. 当师之未出也，必先计其食；及粮之已行也，又首严接应。故日日虞匮①，时时备劫，守必重兵，运必勇将。敌有可乘，必因其饷。

明·庄应会《经武要略》正集卷二十二，《军资》

【注释】

① 虞匮：担心匮乏。虞，忧虑，戒备。匮（kuì 愧），缺乏，贫困。

【译文】

在军队未出发时候，一定要先筹算粮食；及至粮食已经开始运输，又首先要严密接应。所以，天天要预防粮食缺乏，时时要防备敌人劫夺，保护粮食一定要用重兵，押运粮食一定要派勇将。如敌人有可乘之隙，一定要夺其粮饷。

18. 夫粮饷之道，系吾军咽喉，存亡通塞，成败攸关。长虑却顾①，岂容急缓？我入敌境，敌若善兵，或以游兵②往来，抄掠吾食；或以偏师塞险，截我后途；或以奇兵，出我不意，焚吾积聚。有一于此，为敌所制。故凡粮食转运之径，庾廪③充溢之所，远其斥堠④，守以精兵。敌若潜来，自应无患。且寇虽善袭，必不漫尝。防守既严，阴图自寝，"上兵伐谋"⑤，是之谓也。

明·佚名《草庐经略》卷三，《谨粮道》

【注释】

① 长虑却顾：经常考虑并且关注。长，经常。顾，关心。
② 游兵：这里指执行流动作战任务的部队。
③ 庾廪：粮仓。庾（yǔ雨），露天谷仓。廪（lǐn凛），不露天米仓。
④ 斥堠（hòu后）：又作"斥候"，侦察，候望，这里指侦察人员。
⑤ 上兵伐谋：用兵的上策是挫败敌人的谋略。语出《孙子兵法·谋攻篇》。参见第三章第五节第1条。

【译文】

粮食运输线，是我军的咽喉。它的存在和失去，畅通和阻塞，关系我军成败。（对它要）经常考虑并且关注，怎么容许怠慢呢？我军进入敌境，敌人如果善于作战，就会或者用游兵往来，抢掠我军粮食；或者分兵一部，堵塞险要，截断我军后路；或者使用奇兵，出乎我军意料，烧毁我军储备。只要有一件得手，我军就受制于敌人。所以，凡运送粮食的道路，粮仓屯聚的地方，要远派侦察，用精锐部队防护。敌人如果秘密前来，也自然不会出现问题。而且敌寇即使善于偷袭，也一定不会随随便便地尝试。防守既然严密，暗地里的图谋自然消弭。（孙子说）"上兵伐谋"，就是指的这种情况。

19. 三军之事，莫重于食矣。必士有含哺鼓腹①之乐，而后有折冲②御侮之勇，而不然者，不战自溃矣。夫人一日不再食则饥，不以时而食亦饥，况以数十万之众，所费既奢，千里馈③粮，又非旦夕可至，嗷嗷待哺，安能俟西江之水而苏涸辙之鱼④乎！

明·佚名《草庐经略》卷三，《粮饷》

【注释】

① 含哺鼓腹：口含食物，饱食挺腹。形容人过着安乐的生活。这里指饱食无忧。典出《庄子·马蹄》。哺，在口中咀嚼的食物。

②折冲：使敌人战车后撤，即抗击敌军。冲，冲车，古代用于攻城的战车。

③馈（kuì 溃）：运送，供应。

④俟西江之水而苏涸辙之鱼：等待西江之水来复苏干涸的车辙里的鱼，比喻远水不救近急。典出《庄子·外物》。西江，从西边来的大江，即长江今四川境内段，又泛指长江。苏，使苏醒。

【译文】

全军的事情，没有比粮食更重要的了。一定要让士兵有饱食无忧的乐趣，然后才会有抗击敌军、抵御外侮的勇敢。否则就不战自溃了。人一天不吃两顿饭就饿，不按时吃饭也饿。何况拿数十万部队来说，费用已经非常高，从千里外运粮，又不是一时可以运到，饥饿时候众声哀号求食，哪里等得到取回西江水来，再救活干涸车沟里快渴死的鱼呢！

20. 军无粮食则亡，从古已然。敌之食足，我能使之不足，而后敌可乘①也。策②宜抄其委输③，断其粮道，焚其庾廪④，芟⑤其田亩。

明·佚名《草庐经略》卷十，《饥敌》

【注释】

①乘：欺凌，打击。

②策：计策。

③委输：委积之转输，即物资的转运。

④庾廪：粮仓。庾（yǔ 雨），露天谷仓。廪（lǐn 凛），不露天米仓。

⑤芟（shān 删）：割草，除去。

【译文】

军队没有粮食就不能生存，从古以来就是如此。敌人粮食充足，我能让它不足，然后敌人就可以打击了。应该采取的计策是，劫掠它转运的物资，切断它的粮食运输线，烧毁它的粮仓，毁坏它的庄稼。

21. 久守则须屯田，进击则谨粮道，深入则必因粮于敌，古今之定理也。

明·佚名《草庐经略》卷三，《粮饷》

【译文】

军队长期守备就必须屯田，实施进攻就要小心保护粮道，深入敌境必须从敌区获取粮秣，这是古今确定不移的道理。

22. 筹粮之法，大约岁计者宜屯，月计者宜运，日计者宜流[①]。给行千里则运流兼，转徙无常则运流兼，迫急不及铛[②]釜则用干糇[③]。……食者，民之天，兵之命，必谋之者不竭，运之者必继，护之者惟周，用之者常节。

清·揭暄《兵法百言·法篇·粮》

【注释】

① 流：求。这里指就地筹集。
② 铛（chēng 撑）：一种铁锅，底平而浅，多用于烙饼炒菜。
③ 干糇（hóu 喉）：干粮。

【译文】

筹集粮食的办法，大约用粮按年度计算的宜于屯田，按月计算的宜于转运，按日计算的宜于就地筹集。对远在千里之外的补给，就采取转运和就地筹集相结合的办法，行止不定的也采取转运和就地筹集相结合的办法，急迫来不及埋锅做饭的就食用干粮。……粮食是民之天、兵之命，一定要做到筹粮人不让粮源干涸，运粮人保证前后相继，护粮人护送周全，用粮人经常节约。

23. 守城赖民，养民赖食。……贼寇临城之日，四方援兵集此，避难百姓萃此，万口待哺，急于常时。一或不备，无虑外攻，内变先起。历观往牒①，见有兵精将勇，城高池深，但坐②无食自破者，十居八九。……食为民天，乃守城第一要务也。

旧题清·惠麓酒民编《洴澼百金方》卷一，《预备第一·粟宜备》

【注释】

① 牒（dié 迭）：古代书写用的木（竹）片，泛指书籍。

② 坐：因为。

【译文】

守卫城池依赖百姓，养育百姓依赖粮食。……敌军兵临城下的时候，四方援军集中在这里，避难百姓聚集在这里，成千上万的人等着进食，比平常时候更急迫。或许有一处没准备到，不等考虑外敌进攻，内部变乱就会先爆发。遍观史书记载，有兵精将勇、城高池深，只因粮食用尽而不攻自破的，占到十分之八九。……食为民天，这是守城第一要紧的事。

24. 军无粮则气馁，而不能战，故对垒久持，绝粮道为第一义①。

清·倪恒《历朝兵机汇纂·祖逖》清人徐芳声评语

【注释】

① 义：合理的事，该做的事。

【译文】

军队没有粮食就失掉勇气，不能战斗，所以两军对垒久持不下时，切断敌人粮道便是第一位的事。

评　述

古代后勤，在保障内容上，主要是粮食和物资。但是"用兵制胜，以粮为先"（宋·辛弃疾《美芹十论·屯田》），论重要性，粮食保障应该占第一位。有粮，才有战斗力，才能保持士气。军"无粮食则亡"（《孙子兵法·军争篇》），"师行常饱，而敌忾不销"（明·戚继光《练兵实纪》杂集卷六，《车步骑营阵解·辎重营解》），"必士有含哺鼓腹之乐，而后有折冲御侮之勇，而不然者，不战自溃矣"（明·佚名《草庐经略》卷三，《粮饷》）。总之，粮食保障极端重要，关系军队的生死存亡。

古代兵家还具体分析了作战中粮食保障的作用。对进攻的军队来说，异地作战，运输线长，守军一旦坚壁清野，攻者野无所掠，退无所归，处境将极其危殆。对于防御者，特别是陷入重围之军来说，"人之守在粟"（《管子·权修》），粮足是守卫的基本条件。一旦断粮，即使"有石城十仞，汤池百步，带甲百万，而亡粟，弗能守也"（《汉书》卷二十四上，《食货志第四上》引晁错语），"历观往牒，见有兵精将勇，城高池深，但坐无食自破者，十居八九。……食为民天，乃守城第一要务也"（旧题清·惠麓酒民编《洴澼澼百金方》卷一，《预备第一·粟宜备》）。在这些情况下，粮食保障成为决定攻守成败的头等因素，战争也在一定意义上成了粮食之战。

对于古代粮食保障这种特殊地位，兵家多次做了精辟总结，指出："粮谷，军之要最"（《三国志》卷六十四，《吴书·诸葛恪传》注引《江表传》诸葛亮语），"兵不可一日无食"（《金史》卷一百九，《完颜素兰传》），"三军之事，莫重于食"（《草庐经略》卷三，《粮饷》），军队饱食才有战斗力。可以说，"以粮为先"的重粮思想，是兵家一个基本观点，构成了中国古代后勤观的一大特色。

由于粮饷的重要性，对粮饷运输线的保卫和争夺往往成为胜败攸关的重要行动。对粮饷之道加以保护，称为"谨粮道"；对它加以破坏，叫做"断敌粮道"。前者属于后勤防卫，后者则是粮战法。

例　证

"用兵制胜，以粮为先"（宋·辛弃疾《美芹十论·屯田》），打仗首先要具备粮食保障。不仅战术上是这样，战略上也是如此。

东汉末年，董卓专权，群雄割据。战乱、灾荒连年不断，到处严重缺粮，呈现"白骨露于野，千里无鸡鸣"的一派惨状。各路豪强每每由于缺粮难以立足，以至不攻自破。袁绍在黄河以北，军人吃桑葚；袁术在江淮，士兵只能找蒲赢之类的东西充饥。

曹操洞察到粮食对战争胜负具有重要战略意义，在稍稍安定之后，于建安元年（196年）采纳枣祗、韩浩建议，招募流民，屯田许下，当年收获谷物上百万斛。于是州郡有条件的各置田官，搞粮食生产。由于粮食问题得到优先解决，曹操就赢得了用兵的有利前提条件，终于扫平群雄，统一北方。

第二节　无委积则亡

1. 遗人[①]，掌邦之委积。……凡宾客[②]、会同[③]、师役，掌其道路之委积[④]。凡国野[⑤]之道，十里有庐[⑥]，庐有饮食；三十里有宿[⑦]，宿有路室[⑧]，路室有委[⑦]；五十里有市[⑨]，市有候馆[⑩]，候馆有积。凡委积之事，巡而比之[⑪]，以时颁之。

《周礼·地官司徒》

【注释】

① 遗（wèi 未）人：周代官名，地官之属，掌管施予、抚恤之事，所以用馈遗为名。

②宾客：诸侯客使。

③会同：诸侯各国君臣的盟会。

④委积：物资储备。国家物资税收的余财，留作救灾、养老、外交和战争等项之用。少量的叫做"委"，大量的叫做"积"。

⑤国野：泛指城郊。国，国都，城邑。野，郊原，田野。周代，鄙邑、都邑亦称野。

⑥庐：郊野接待宾客的房屋。

⑦宿：住所，专供宾客止宿的场所。

⑧路室：宿中的客舍。

⑨市：城镇。

⑩候馆：接待行旅、宾客食宿的馆舍。

⑪巡而比之：巡行校比。

【译文】

遗人，掌管邦国的委积。……凡有宾客、会同、师役等事，掌管分理设置在道路上的委积。凡城郭至近郊的道路上，每十里有庐，庐置备饮食；三十里有宿，宿设有路室，路室储藏有物资；五十里有市，市设置有候馆，候馆储藏有大量物资。凡是有关物资储备的事情，巡行校比，随时督导，以免缺乏。

2. 委人①，掌敛野之赋，敛薪刍，……军旅，共②其委积薪刍③，凡疏材④，共野委⑤兵器⑥，与其野囿⑦财用。凡军旅之宾客馆焉⑧。

《周礼·地官司徒》

【注释】

①委人：周代官名，地官之属，掌管郊野的征赋和祭祀、宾客、丧事、客军的供应。

②共：通"供"。

③委积薪刍：委积当中有牲牢（作祭品用的牲畜）、米禾（粮食）、薪

刍（柴草）等等，委人只供应其中的薪刍。

④疏材：百草根实中可以食用的东西，如菱角、鸡头、榛子、栗子一类食物。一说，"疏"指蔬菜。疏材可以补充粮食的不足。

⑤野委：郊野馆舍中囤聚的物资。古代郊野道路上，十里有庐，三十里有宿，庐宿有饮食、薪刍等物资。

⑥兵器：兵器甲杖。

⑦野圉：郊野上园圉里的物资。圉（yòu 又），畜养禽兽的园地。

⑧军旅之宾客：指诸侯协助周天子进行征讨派来的客军。

【译文】

委人，掌管征收郊野的贡赋，收取薪柴干草，……对军队，供应那些委积中的薪柴干草以及果实根实，供应郊野庐宿中存放的储备物资和兵器装备，以及位于郊野的园圉中的物资。凡客军都招待住在那里。

3. 仓人，掌粟入之藏，辨九谷之物，以待邦用。……凡国之大事①，共②道路之谷积③、食饮之具④。

《周礼·地官司徒》

【注释】

①国之大事：指祭祀和战争，这里指战争。

②共：通"供"。

③谷积：粮食储积。

④具：置备。

【译文】

仓人，掌管粮食收入的储藏，区分各种粮食的种类，以备国家使用。……凡国家有战争这类大事，供应军队沿途所需的粮食储积和饮食的置备。

4. 凡守城之法：石有积①，樵薪②有积，菅③茅有积，萑苇④有积，木有积，炭有积，沙有积，松柏有积，蓬艾⑤有积，麻脂⑥有积，金铁⑦有积，粟米有积。井灶有处。

《墨子·旗帜》

【注释】

① 积：积蓄，储备。

② 樵薪：樵，木柴。薪，柴。

③ 菅（jiān 尖）：一种多年生的草。

④ 藿（huán 环）苇：两种芦苇类植物。

⑤ 蓬（péng 朋）艾：蓬草和艾草。蓬，又叫飞蓬。

⑥ 麻脂：大麻的脂油。麻，古代专指大麻，籽可榨油，做引火物，制油漆。

⑦ 金铁：泛指铜铁等金属。

【译文】

大凡防守城池的原则是：礧石要有储备，木柴要有储备，茅草要有储备，芦苇要有储备，木材要有储备，木炭要有储备，沙子要有储备，松柏要有储备，蓬蒿艾草要有储备，麻脂要有储备，金属要有储备，粮谷要有储备。水井炉灶要有一定地方。

5. 积①弗如，勿与持久。

《孙膑兵法》下编，《[五度九夺]》

【注释】

① 积：委积，指粮草等物资储备。

【译文】

物资储备不如敌人，不要同敌人持久作战。

6. 城小而守固者，有委①也；卒寡而兵强者，有义也。夫守而无委,战而无义,天下无能以固且强者。

《孙膑兵法·见威王》

【注释】

① 委:委积,即物资储备。

【译文】

城小而防守坚固,是因为有物资储备;兵少而军队战斗力很强,是因为有正义。防守而无物资储备,进行战争而非正义,天下谁也无法使其防守坚固而又战斗力强大。

7. 故先王专于兵有五焉:委积不多,则士不行;赏禄不厚,则民不劝;武士不选,则众不强;备用不便,则力不壮;刑赏不中,则众不畏。务此五者,静①能守其所固,动②能成其所欲。

《尉缭子·战威》

【注释】

① 静:安定不动,这里指防御。
② 动:行动,动作,这里指进攻。

【译文】

所以,古代圣王在军事上特别注重五个问题:物资储备不多,士兵就难以行动;赏赐和爵禄不优厚,民众就受不到鼓励;武士不经过选拔,部队就不会坚强;武器装备不便使用,战斗力就不强大;赏罚不当,部队就不畏服。致力于解决这五方面问题,防御就能使阵地坚固,进攻就能达到预期的目的。

8. 量土地肥硗①而立邑,建城称地②,以城称人,以人称粟。三相称,则内可以固守,外可以战胜。

《尉缭子·兵谈》

【注释】

① 硗（qiāo 敲）：坚硬而贫瘠的土地。
② 称地：与土地情况相适应。称（chèn 衬），适合，适应。

【译文】

要衡量土地的肥瘠来建立城邑，城邑的兴建要与土地的情况相适应，城邑的大小要与人口的多少相适应，人口的多少要与粮食的产量相适应。三个方面都相适应了，那么，对内可以固守国土，对外可以战胜敌人。

9. 有蓄积则久而不匮①。

《管子·七法》

【注释】

① 匮（kuì 愧）：缺乏，不足。

【译文】

有足够的储备，持久作战就不会缺乏物资。

10. 通粮①四人，主②度③饮食、备蓄积、通粮道、致五谷，令三军不困乏。……法算④二人，主计会⑤三军营壁、粮食、财用⑥出入。

《六韬·龙韬·王翼》

【注释】

① 通粮：古代军职，掌管军中粮食供应。
② 主：主管。
③ 度（duó 夺）：计量。
④ 法算：古代军职，掌管账目。
⑤ 计会（kuài 快）：算账。
⑥ 财用：物资费用。

【译文】

通粮四人,主管计划给养、完备储存、沟通粮道、筹集五谷,保障全军供给不发生困难。……法算二人,主管计算全军营垒、粮食和物资费用的收支。

11. 深沟高垒,积粮多者,所以持久也。

《六韬·龙韬·奇兵》

【译文】

深挖壕沟,高筑壁垒,多储粮食,是为了持久作战。

12. 军无辎重,则举动皆阙①。

唐·李筌《神机制敌太白阴经》卷四,《军装篇》

【注释】

① 阙:通"缺"。

【译文】

军队没有辎重,行动就会缺乏保障。

13. 旧法:人持干粮三斗,可用数旬。若班师在道,去境犹远,储贮乏绝,即须拣择羸①瘦牛马应卒②,以充军食,庶全人力,不致为贼困逼。

宋·曾公亮等《武经总要》前集卷五,《赍粮》

【注释】

① 羸(léi雷):瘦弱。
② 卒:通"猝",突然。

【译文】

旧法：每人带干粮三斗，就能用上几十天。如果在班师路上，离国境还很远，备用粮食空乏，那就必须挑选瘦弱牛马应急，充做军食，以期保全人力，不至于被敌人逼迫而困顿。

14. 高筑墙，广积粮，缓称王。

《明史》卷一百三十六，《朱升传》

【译文】

高筑城墙，广积米粮，暂缓称王。

15. 师行粮从，军事所先。迩来敌每入犯，官军并无辎重。……近该题①奉钦依新创辎重营三座，每座大车八十辆，每辆骡八头，……每车载米豆烘②炒一十二石五斗，每营可供一万人马三日之食，各于出门之日再自带干粮二三日。计敌出入，亦足用矣。故师行常饱，而敌忾不销③，全赖于此。

明·戚继光《练兵实纪》杂集卷六，
《车步骑营阵解·辎重营解》

【注释】

① 题：明代臣下关于兵刑钱粮、地方民务的公事上奏，由官员用印具题，称为题本。

② 烘：传本作"烘"，或作"煤"，疑系"烘"之形误，故改。

③ 敌忾不销：对敌人的愤恨不衰减。忾（kài 慨去声），愤恨，愤怒。销，解除，消减。

【译文】

部队行军，粮食跟随，这是军事行动的前提。近来敌人每每进犯，官军并没有辎重跟随。……最近那个题本，已奉钦命依允新创设辎重营三座，每座大车八十辆，每辆车骡八头，……每辆大车运载米、豆等烘炒之物十二石五斗，每营可以供应一万人马三天食用，各人在出门时再自带两三天的干粮。估计敌人进退的时间，也足够用了。所以，部队行军经常饱食，对敌人的愤恨不衰减，全赖这项措施。

16. 必队①设火头②行锅，负之以随军。身带干粮赍裹③，备之以炊爨④。兵有营壁器具⑤，立之以相持，宿饱⑥于野，庶为有制。

明·戚继光《纪效新书》（十八卷本）卷首，
《任临观请创立兵营公移》

【注释】

①队：戚继光军队的基层单位。每队编制十二人：队长一人，士兵十人，伙夫一人。

②火头：伙夫，炊事员。

③赍裹：背包，粮袋。赍（jī 机），旅行人携带的衣食等物。

④炊爨（cuàn 窜）：烧火做饭。

⑤营壁器具：野外扎营时使用的器材、物品，如布城、拒马、蒺藜等。

⑥宿饱：隔夜有余饱。宿，隔夜。

【译文】

必须每队编制有炊事员、行军锅，背着锅随部队行动。士兵身带干粮、米袋，用来做饭。部队配有扎营的器材、物品，能建立营阵同敌人相持，在野外隔夜仍有余饱，这差不多才算是有良好的制度。

17. 城守莫要于积粮，积粮莫便于自积。盖输①之于官，虽颗粒亦有难色；贮之于家，虽崇墉②谁不乐从？

旧题清·惠麓酒民编《洴澼百金方》
卷二《积贮第二·官督私藏》

【注释】

① 输：缴纳。

② 墉（yōng庸）：城墙。

【译文】

城邑防御没有比储备粮食更重要的，储备粮食没有比自己储备更便利的。因为人情之常，给官府缴粮，纵然一颗一粒，也面有难色；为自家储备，即使堆成高城，谁不乐于相从呢？

评　述

我国在周代就有委积制度，对物资进行储备。后勤工作要做到有备无患，必须进行储备。储备情况如何，在很大程度上影响着战争的进程和结局。

古代兵家认为，有储备，战争中才能保证足够的供应，攻守进退、一切奇谋妙计才有现实的物质基础。他们说："有蓄积则久而不匮"（《管子·七法》），"深沟高垒，积粮多者，所以持久也"（《六韬·龙韬·奇兵》），认为，建城立邑只要做到城邑大小与人口多少、粮食产供相适应，就能"内可以固守，外可以战胜"（《尉缭子·兵谈》）。

相反，没有良好的储备，一切就落了空，军队将陷入很被动、很危险的处境。他们说，在作战中，军"无辎重则亡，无粮食则亡，无委积则亡"（《孙子兵法·军争篇》），"夫守而无委，战而无义，天下无能以固且强者"（《孙膑兵法·见威王》）。在军队建设上，"委积不多，则士不行"（《尉缭子·战威》）。

战争储备有多种方式。一是以必要的物资随同机动，作为应急储备。这可以通过随军携带来解决。"旧法：人持干粮三斗，可用数旬"（宋·曾公亮等《武经总要》前集卷五，《赍粮》），明代将领戚继光要求部队"身带干粮赍裹，备之以炊爨"（明·戚继光《纪效新书》（十八卷本）卷首，《任临观请创立兵营公移》），他还提出建立专门的辎重车营。这些主张和做法，同今天军事后勤中的移动储备是类似的。

二是在行军沿线或其他要点设立仓库，储备战备物资。例如周代设有健全的委积制度，在周天子王畿之内，沿行军线设置委积。一旦国家遇到战争，就可沿途对军队实施补给。补给项目包括各类粮食、辅助食物果实根实、薪柴干草、野圃产物以及其他军需物资，"凡委积之事，巡而比之，以时颁之"（《周礼·地官司徒》）。

此外，古代兵家还主张，如果长期作战或防守，并且作战地区和后方比较固定，可以设置屯田，以屯垦方式储备粮草物资。

例　证

南宋末年，京湖地区战略要地襄樊受到蒙军长期围困。在权臣误国、外援不至的情况下，襄樊作为孤城却坚守五年之久，正是因为得力于雄厚的物资储备。

襄樊宋军事先储备了兵器、粮草等物资。被包围之后，又想方设法进行物资的补运和生产。围城初期，南宋朝廷趁江水上涨机会，曾送衣送粮进城。更重要的是，由于修襄樊城时预先圈进部分耕地，城中军民见缝插针地种粮，每年新打的粮食足够军民三个月食用。为了减缓物资的消耗，制订口粮标准，精打细算，节约用粮。在武器装备方面，城内三个作坊加紧打造兵器。因此，尽管蒙军不断加紧围困，切断了所有粮道，可是直到最后，城里还有少量存储，所缺的主要是盐、柴、布、帛等。

第三节　以通为利

1. 国之贫于师者远输[①]，远输则百姓贫。

《孙子兵法·作战篇》

【注释】

① 远输：远道运输。

【译文】

国家之所以因军队出动而贫困，就是由于远道运输，远道运输，百姓就贫穷。

2.《军谶》①曰：……千里馈②粮，民有饥色；樵苏后爨③，师不宿饱。夫运粮百里④，无一年之食；二百里，无二年之食；三百里，无三年之食，是谓国虚。国虚则民贫，民贫则上下不亲。敌攻其外，民盗⑤其内，是谓必溃。

《黄石公三略·上略》

【注释】

①《军谶（chèn 衬）》：相传为古代兵书，已失传。

② 馈（kuì 溃）：运送，供应。

③ 樵苏后爨：临时砍柴做饭。樵，打柴。苏，取草。爨（cuàn 窜），烧火做饭。

④ 百里：此处和下文"二百里"、"三百里"中的"百"，一作"千"。

⑤ 盗：偷窃或抢劫，这里指民众反叛。

【译文】

《军谶》说：……从千里以外运送粮食，民众就有饥饿的气色；现打柴草以后才生火做饭，军队就不能隔夜仍有余饱。运粮上百里，说明国家缺一年的粮；运粮二百里，说明国家缺两年的粮；运粮三百里，说明国家缺三年的粮，这就是国家空虚的表现。国家空虚，民众就贫穷；民众贫穷，上下就不亲睦。敌人从外部进攻，民众在内部造反，这样就必然瓦解。

3. 六斛四斗为钟①。计千里转运，二十钟而致一钟于军中也。……石者，一百二十斤也。转输②之法，费二十石得一石，……

言远费也。

《十一家注孙子·作战篇》曹操注

【注释】

①六斛（hú 胡）四斗为钟：斛、斗、钟，都是容量单位，古代以十斗为一斛，后又以五斗为一斛。一钟为六斛四斗，是春秋时齐国公室的公量，之后又有八斛及十斛一钟之制。

②转输：指对军队物资的运输供应。

【译文】

六斛四斗相当于一钟。以千里运输计算，花费二十钟送到军中一钟。……一石，相当于一百二十斤。按照运输的一般方法，花费二十石实际才得一石，……这是说远道运输耗费太大。

4. 臣①谓汉得天下，由张良借箸之谋②，萧何漕挽之功③也。

《唐太宗李卫公问对》卷下

【注释】

①臣：李靖自称。

②张良借箸之谋：楚汉战争中，有人劝刘邦复立六国后代以孤立项羽。刘邦吃饭时候，张良借用刘邦的筷子为其筹划，分析其中利害，使刘邦打消了复立六国后代的念头。箸（zhù 住），筷子。

③萧何漕挽之功：楚汉战争中，萧何以丞相身份留守关中，不断由水路陆路输送粮饷供应前线。刘邦虽然多次失利，但凭借后方源源不断的物资保障，终于战胜强敌项羽。漕，水道运粮。挽，牵引，这里指用车运粮。

【译文】

我认为，汉家取得天下，是由于张良的"借箸之谋"和萧何后勤运输的功劳。

5.运粮不但多费,而势难行远①。

宋·沈括《梦溪笔谈》卷十一,《官政一》

【注释】

① 运粮不但多费,而势难行远:据《梦溪笔谈》概算:一卒用粮由一伕运,可供应18天,如果包括往返,只能供应9天。改由两伕运,可供应26天,来回为13天。由三伕运,供应31天,来回为16天。一卒由三伕供应,就到了极限。如果起兵10万,辎重兵占去3万,只有7万人用于驻守和战斗。为了保障供给,须动用民伕30万,此外再难增加补给人员了。完全靠己方运粮供应,大军难以深入敌国腹地。

【译文】

靠运粮不但增多开支,而且军队势将难以深入很远。

6.运粮之法,人负六斗,此以总数率①之也。其间队长不负,樵汲②减半,所余皆均在众夫。更有死亡疾病者,所负之米又以均之。则人所负,常不啻③六斗矣。

宋·沈括《梦溪笔谈》卷十一,《官政一》

【注释】

① 率(lǜ律):计算。
② 樵汲:指运粮队伍中负责做打柴取水等勤务的人。樵,打柴。汲(jí及),取水。
③ 啻(chì赤):只,仅。

【译文】

运粮的成法,每人背驮粮食六斗,这是拿总数来计算的。其中队长不驮粮,打柴取水的勤杂人员驮粮减半,多出来的粮食都平摊给众民伕。更有(半路)死了和生病的,他们背驮的粮米又拿来平摊。那么每人实际背驮的,常常不止六斗了。

7. 若以畜乘①运之，则驼负三石，马、骡一石五斗，驴一石。比之人运，虽负多而费寡，然刍牧②不时，畜多瘦死。一畜死，则并所负弃之。较之人负，利害相半。

宋·沈括《梦溪笔谈》卷十一，《官政一》

【注释】

① 乘（shèng 胜）：这里作名词，指车。

② 刍牧：割草放牧。

【译文】

如果用牲口车运粮，那么每头骆驼驮三石，马、骡子一石五斗，驴一石。比起用人运粮，虽然驮的多，费用少，可是打草放牧不能按时，牲口大多饿瘦、死亡。一头牲口死掉，就要连它负驮的粮食也一齐丢下。比起用人背驮，利弊各占一半。

8. 转饷给军，以通为利也。

宋·辛弃疾《美芹十论·屯田》

【译文】

转运粮饷，补给军队，以粮道畅通最为有利。

9. 海宁①一境，不通舟楫②，军粮唯可陆运。……其陆运之方，每人行十步③，三十六人可行一里，三百六十人可行一十里，三千六百人可行一百里。每人负米四斗，以夹布囊盛之，用印封识④，人不息肩，米不著地⑤，排列成行，日行五百回，计路二十八里，轻行一十四里，重行一十四里，日可运米二百石。每运给米一升，可供二万人。此百里一日运粮之术也。

《元史》卷一百八十八，《董抟霄传》

【注释】

①海宁：州名。元至元中置，辖境相当今江苏连云港、新沂、滨海部分地区。明洪武初改为海州。

②楫（jí及）：船桨。

③步：古代举足两次为一步。

④封识：封缄并加标识。识，通"志"，标记。

⑤著地：即"着（zhaó）地"，挨到地面。

【译文】

海宁州全境之内，不通舟船，军粮只能靠陆路运输。……陆路运输的方法：每人走十步，三十六人可走一里，三百六十人可走十里，三千六百人可走一百里。每人背米四斗，用夹布口袋盛米，用印加封做标记，人不歇肩，米不着地，排列成行，每天走五百个来回，共计路程二十八里，其中轻身空手走十四里，背米负重走十四里，（三千六百人）每天可运米二百石。每运一次，（向军中每人）补给米一升，可供给二万人食用。这就是百里一天运粮的方法。

评 述

"转饷给军，以通为利"，是说要搞好转输，以军事交通线畅通最为有利。古代出兵远征，人马未动，粮草就得靠转输先行，以维系出征或戍边部队的物资保障。那时的转输，全靠人力和畜力，加之道路条件又极差，便分外艰巨。远征出师，转输的耗费往往成倍增加。战线愈长，转输愈难，后勤供应难以保障。因此，自孙子以来，历代兵学家无不指出千里馈粮的严重弊病：

军事上受的制约太大。"千里馈粮"，"糜费居多"，人伕牛马食用等途中损耗极大。按孙子的说法，"食敌一钟，当吾二十钟；芑秆一石，当吾二十石"（《孙子兵法·作战篇》）。这也就相当于说，如果从国内运粮草，运二十钟粮食，实得一钟；二十石芑秆，实得一石。部队"势难行远"

(宋·沈括《梦溪笔谈》卷十一,《官政一》),进攻纵深大受限制。

经济上往往造成国虚民贫的局面。国家保障远征部队一份粮食,就得投入二十倍的粮食,负担沉重;动员的民伕畜力,数量之庞大,往往几倍于出征部队,严重荒废农业生产。所以孙子说"国之贫于师者远输"(《孙子兵法·作战篇》),经济、财政很容易因此陷入绝境。

政治上带来人心离散、政权不稳的后果。"国虚则民贫,民贫则上下不亲。敌攻其外,民盗其内,是谓必溃"(《黄石公三略·上略》),人心一失,大乱往往就发生。

尽管如此,战争不能没有转输。为了缓解转输所造成的矛盾,孙子提出因粮于敌、以战养战的主张。汉唐以后又采取军屯、民屯、商屯等屯田制度,以解决军队供给。但是,转输仍是不可取代的。特别是在荒漠草原作战,长途转输更是须臾不可或缺。明成祖进军漠北,出兵后进展顺利,重要原因是战前长途转输及时、周密;后来不能乘胜追歼,重要原因正在于路途遥远,粮食运不上来。

在发展运输供应的手段上,除陆路运输之外,便是加强漕运。从历史记载上看,至迟在春秋末年,吴王夫差修筑的邗沟,便是用于军事的漕运。古人论漕运的便利,是"一日行三百余里",而又"不费牛马之力"(《史记》卷七十,《张仪列传》)。

历史表明,战争愈是向前发展,军队对运输的依赖性愈大。随着战争节奏的加快,战斗的进程和结局将更加依赖及时的运输保障。

例 证

军需转输,有善于进行和不善于进行之别。善于运输的,运道畅通,军队大受裨益。如萧何在楚汉战争中,留守关中,通过水陆运输,源源不断地向前线汉军供应军粮和兵员。事后论功行赏,萧何功最高,位次第一。刘邦对他的评价是,运输及时,供应不绝,保全了关中,多次挽救了屡陷狼狈处境的刘邦,其功胜过攻城略地、身带七十处创伤的曹参。不善于运输的，尝到的却是灾难性的苦果。如秦始皇远征匈奴，征发壮丁前往防守新辟疆土，为此驱使天下百姓飞速运送粮草，从山东沿海诸郡起程，中途耗费惊人，大概花费三十钟，只能运到一石。百姓疲困，孤寡老弱得不到供养，运道上死者相望，从此天下骚动，秦朝很快覆亡。

以上两个例子说明，同样是转输，搞得好的得天下，搞得不好的失天下。转输不仅关乎战争失败，而且关乎国家存亡。

第四节　因粮于敌

1. 善用兵者，役不再籍，粮不三载，取用于国，因粮于敌①，故军食可足也。

《孙子兵法·作战篇》

【注释】

① 取用于国，因粮于敌：曹操《孙子注》："兵甲战具，取用国中，粮食因敌也。"用，器用，这里指兵甲战具等武器装备。因，依，借助，借敌方粮草以助我用兵。

【译文】

善于用兵的人，兵员不两次征集，粮草不多次运送，武器装备从国内取用，粮秣从敌区获取，军队粮食就可以足用啦。

2. 故智将务食于敌。食敌一钟①，当吾二十钟；䓖②秆一石③，当吾二十石。

《孙子兵法·作战篇》

【注释】

① 钟：春秋时容量单位，公量一钟为六百四十升，家量一钟为一千升。

② 萁：通"萁"，豆秸，切碎用作饲料。

③ 石（dàn 旦）：容量单位，十斗为一石。

【译文】

所以，聪明的将帅务求就食于敌国。在敌区取食粮食一钟，抵得上从本国运输二十钟；用草料一石，抵得上从本国运输二十石。

3. 凡师行，因粮于敌，最为急务。

宋·沈括《梦溪笔谈·官政一》

【译文】

大凡军队出动，从敌区获取粮秣，是最紧要的事情。

4. 古之名将，内必屯田以自足，外必因粮于敌。

《宋史》卷三百七十五，《李邴传》

【译文】

古代的名将，对内必定用屯田来自给自足，对外必定从敌区获取粮秣。

5. 凡兴兵征讨，深入敌地，刍粮乏阙①，必须分兵抄掠。据其仓廪，夺其蓄积，以继军饷，则胜。法曰："因粮于敌，故军食可足也。"②

宋·佚名《百战奇法·饥战》

【注释】

① 刍粮乏阙：粮草缺乏。刍，喂牲口的草。阙，通"缺"。

② 因粮于敌，故军食可足也：语出《孙子兵法·作战篇》。参见本节

第 1 条。

【译文】

大凡起兵征讨，深入敌区，粮秣缺乏，必须分兵搜劫。占有敌人的粮仓，夺取它的积蓄，以使我军军饷得到接济，就能胜利。正如兵法所说："粮食从敌区获取，军队粮食就可以足用啦。"

6. 车营①抵海、盖②，当借辽粮，食③辽人新附者。而敌人粮多在开、铁④，如欲因粮，必用新附辽人黠⑤慧有胆略者数十人，由开、铁附近一带设法购运，立局收存。或有来归短发辽人，能通敌语，与敌有识者相勾结，因出奇兵以劫之，更妙。是在相机而行。

明·孙承宗《车营百八叩答说合编·第四十四答》

【注释】

① 车营：明代中期将配备有火器的战车同步、骑、辎重等兵种合编而成的新型营阵，具有较强的火力和较好的机动性能。

② 海、盖：海州卫（治今辽宁海城）、盖州卫（治今辽宁盖州）。

③ 食：以……为食，这里指依靠……供给粮食。

④ 开、铁：开原（治今辽宁开原老城）、铁岭卫（治今辽宁铁岭）

⑤ 黠（xiá 侠）：聪明而狡猾。

【译文】

车营行至海州、盖州时，应当借助辽东的粮食，依靠当地新归附的辽人供给。敌人的粮食多贮藏在开原、铁岭一带，要想从敌区获取粮食，一定要用新归附辽人中聪明有胆略的几十人，从开原、铁岭一带设法购买和运输，设立粮局收存。或者有来归附的短发辽人，能通晓敌人语言，同敌人中有识之士相互勾连串通，因而派出奇兵劫粮，就更妙。这事全在于相机而行。

7. 兵法有之："得敌一钟，当吾二十钟；得敌一石，当吾二十石。"①夫敌一何以当吾二十也？盖飞挽②远饷，糜费居多，未若因粮于敌，悉为实用，况深入重地③，馈运不通！恃敌饶野，为我悬饵④，分众掠地，取其秋谷；破地降邑，取其仓粮。或德盛而恩深，民咸馈献；或以权而济事，抄获为资。三军足食，谨养勿劳，伺隙出奇，乘机疾战，谋施不测，志在必取，无务淹久。此智将也。

明·佚名《草庐经略》卷三，《因粮于敌》

【注释】

① 得敌一钟，当吾二十钟；得敌一石，当吾二十石：语出《孙子兵法·作战篇》。"得敌一钟"，原文作"食敌一钟"；"得敌一石"，原文作"萁秆一石"。参见本节第2条。

② 飞挽：急速运送。挽，牵引，这里指用车运送。

③ 重地：深入敌区，越过许多城邑，离本国甚远的地区。

④ 为我悬饵：意思是说，田野里那些禾谷，不过是我悬赏士卒进行抄掠的钓饵。

【译文】

兵法上有这样的话："得敌人粮食一钟，抵得上从本国运输二十钟；得敌人草料一石，抵得上从本国运输二十石。"敌人的一钟一石，为什么抵得上从本国运输的二十钟二十石呢？因为急速远途运输，浪费占多数，不像粮草从敌区获取，能全部用于军需，何况深入敌人重地，补给运输线阻截不通呢！依靠敌人丰饶的田野，作为我悬赏的钓饵，分兵掠夺土地，割取敌人秋谷；占领敌人城邑，夺取敌人粮仓。或者广施恩德，民众都自动赠送、奉献食物；或者以权宜之计成事，以掠夺缴获充作军资。全军粮食充足，注意休整，养精蓄锐，伺隙出奇，乘机速战，巧施计谋，出其不意，坚决攻取，不要久拖不决。这样做，就是聪明的将帅。

8. 若夫因粮于敌，与无而示有，虚而示盈，运断围久，索百物为饲者，间可救一时，非可常恃。

清·揭暄《兵法百言·法篇·粮》

【译文】

至于说到粮秣从敌区获取，以及无粮佯装有粮，粮空佯装粮满，粮运断绝，围困已久，寻找一切东西充饥这些做法，间或能救一时之急，却并非可以长期依靠的。

评　述

"因粮于敌"是《孙子兵法》提出的一条重要原则，是古代作战尤其深入敌区作战时解决给养难题的重要方法。历代兵学家和名将大都主张"务食于敌"，认为"凡师行，因粮于敌最为急务"（宋·沈括《梦溪笔谈·官政一》）。

所谓因粮于敌，一是征集，例如"民咸馈献"（明·佚名《草庐经略》卷三，《因粮于敌》），或从敌区"设法购运"（明·孙承宗《车本营百八叩答说合编·第四十四答》）；二是缴获，"破地降邑，取其仓粮"（《草庐经略》卷三，《因粮于敌》）；三是抄掠，或"掠于饶野，三军足食"（《孙子兵法·九地篇》），或"分众掠地，取其秋谷"（《草庐经略》卷三，《因粮于敌》）。抄掠，实质上就是抢掠，这办法显然是不足取的封建糟粕。

"因粮于敌"的思想，孙子倡导于前，兵家鼓吹于后。但是其局限性也是明显的，诸如在荒漠草原作战，或遇到敌方坚壁清野，便无粮可因，或可因之粮不多。所以《兵法百言》就认为，因粮于敌"间可救一时，非可常恃也"（《法篇·粮》）。另一方面，"因粮于敌"虽然也有征集、采购等方式，但更主要的还是抢掠，是对当地百姓的残酷掠夺，对于实现战争的政治目的形成一定的阻碍。

例　证

因粮于敌，史例颇多。有取食敌人境内庄稼的。东晋刘裕伐南燕，五月间，军过大岘山，南燕遗留的庄稼遍野，刘裕喜不自胜。粮食补给完全可以就地解决，于是全部停止后方江淮的漕运。

有缴获敌军粮储的。唐刺史朱泚镇守边境三十年，每次征讨敌人，不带干粮，取之于敌。又如后赵建立者石勒攻东晋受挫，回军北行，一路所过，都坚壁清野，军队士卒被迫互相杀食。后来过黄河，大破汲郡向冰，缴获全部粮草物资储备，奄奄待毙的军队气势为之一变，顺利实现北据魏、冀的作战计划。

还有攻占敌仓、壮大声势的。隋朝末年河南、山东大水，饿殍遍野。起义军李密派徐世勣攻占隋王朝黎阳仓，开仓任凭百姓就食，十天之内，招募到兵卒二十万人，武安等五郡相继投降，起义军窦建德等部也派使者表示愿意归附。

第五节　军械

1. 司兵①，掌五兵②五盾③，各辨其物与其等，以待军事。及授兵，从司马之法④以颁之；及其受兵输⑤，亦如之；及其用兵⑥，亦如之。……军事，建车之五兵，会同⑦亦如之。

《周礼·夏官司马》

【注释】

① 司兵：周代官名，夏官司马之属，主管兵器。

② 五兵：军队装备的一组兵器，分为车兵五兵与步兵五兵。

③ 五盾：干、橹等防御性兵器。

④ 司马之法：军事条令、法规。司马，官名，西周开始设置，掌管军政和军赋。

⑤ 兵输：兵器的缴纳，指战事结束后，有司收缴兵器交给司兵，以便由他收藏起来。

⑥用兵：依郑玄注，指用于补给守卫之处的兵器。

⑦会同：诸侯各国君臣的盟会。

【译文】

司兵，掌管车战所用"五兵"和"五盾"，各自区分它们的类别和等次，以准备军事上的需要。及至补给兵器的时候，就按照司马的法令来颁发；等到受理兵器上缴的时候，也照上述办法办理；等到用来补给守卫方面所用兵器的时候，也照上述办法办理。……有军旅上的事务，就配备战车所用的五种兵器，盟会的时候，也用这种办法。

2. 司弓矢①，掌六弓②、四弩③、八矢④之法，辨其名物，而掌其守藏与出入。

《周礼·夏官司马》

【注释】

① 司弓矢：周代官名，夏官司马之属，掌管弓弩箭支。

② 六弓：王弓、弧弓、夹弓、庾弓、唐弓、大弓六类弓。其中王弓是强弓，夹弓、庾弓是弱弓，唐弓、大弓是中弓，各有用途。

③ 四弩：夹弩、庾弩、唐弩、大弩四类弩。

④ 八矢：枉矢、絜矢、杀矢、鍭矢、矰矢、茀矢、恒矢、痹矢八类矢。

【译文】

司弓矢，掌管六类弓、四类弩、八类箭的规格，辨别这些弓箭的名称和实物，掌管它们的储藏以及供给和回收。

3. 桓公问曰："夫军令则寄诸内政矣，齐国寡甲兵，为之若何？"管子对曰："轻过①而移诸甲兵。"桓公曰："为之若何？"管子对曰："制重罪②赎以犀甲一戟，轻罪③赎以鞼盾④一戟，小罪谪以金分⑤，……美金⑥以铸剑戟，试诸狗马；恶金以铸锄、夷、斤、斸⑦，试诸壤土。"甲兵大足。

《国语》卷六,《齐语》

【注释】

① 轻过:减轻罪过,即减轻刑罚。

② 重罪:死刑之类的罪。

③ 轻罪:刖(砍掉脚)、劓(割掉鼻子)之类的罪。

④ 鞼盾:用绣革装饰的盾牌。鞼(guì 桂),有花纹的皮革。

⑤ 小罪谪以金分:不入五刑的小罪以罚金抵罪。小罪,不入五刑的罪。谪,罚罪。金分,即金钱。

⑥ 美金:指铜。

⑦ 恶金以铸锄、夷、斤、斸:用铁铸造锄、夷、斤、斸等。恶金,指铁。夷,锄类农具。斤,斧头。斸(zhú 竹),大锄。

【译文】

齐桓公问道:"军事组织已经寄寓在各级行政单位了,可是齐国缺少兵器装备,该怎么解决这个问题呢?"管仲答道:"减轻刑罚,改为让罪人交纳兵器装备来赎罪。"桓公说:"那怎么做呢?"管仲答道:"处置重罪,交纳犀皮甲和一支戟来赎罪,轻罪交纳鞼盾和一支戟来赎罪,小罪交纳相应分量金属来赎罪,……罚来的铜用来铸造剑戟,在狗马身上试验;罚来的铁用来铸造锄、夷、斧、大锄,在土壤上试用。"于是(齐国)极大地充实了军备。

4. 有人①而无甲兵而无食,谓之与祸居。

《管子·揆度》

【注释】

① 人:指士卒。

【译文】

有士卒,却没有甲胄兵器,没有粮食,叫做与灾祸同居。

5. 公曰："请问战胜之器。"管子对曰："选天下之豪杰，致①天下之精材，来②天下之良工，则有战胜之器矣。"……公曰："致天下之精材若何？"管子对曰："五而六之③，九而十之，不可为数④。"公曰："来工若何？"管子对曰："三倍⑤，不远千里。"

《管子·小问》

【注释】

① 致：罗致。

② 来：招徕。

③ 五而六之：值五酬六，高价收购。

④ 不可为数：不可胜计。数（shǔ 署），计算。

⑤ 三倍：指付给工匠三倍的高额酬金。

【译文】

齐桓公说："请问作战获胜的器械（怎样得到）？"管子答道："选取天下豪杰之士，收集天下上等材料，招徕天下能工巧匠，就有作战获胜的器械了。"……桓公说："收集天下上等材料，该怎么去做？"管子答道："值五酬六，值九酬十，（上等材料）就多得数不过来。"桓公说："招徕工匠，该怎么去做？"管子答道："工价出三倍，（工匠）就会不远千里而来。"

6. 故凡兵有大论①，必先论其器，……故曰器滥恶②不利者，以其士予人也。

《管子·参患》

【注释】

① 大论：犹言大讲究。

② 滥恶：粗劣，破烂。

【译文】

所以，大凡军事问题有大讲究，一定要先讲究武器装备，……所以说武器装备粗劣，无异于拿军队给敌人送礼。

7. 兵不完利，与无操者同实①；甲②不坚密，与俴③者同实；弩不可以及远，与短兵同实；射而不能中，与无矢者同实；中而不能入，与无镞者同实；将徒人与俴者④，短兵待远矢，与坐而待死者同实。

《管子·参患》

【注释】
① 同实：同一实际内容。
② 甲：皮甲。先秦主要用皮革制甲，战国后期开始用铁制造，改称铠。到汉代，发展为铠为主，甲为辅。及至唐宋，不分质料，甲、铠混称。
③ 俴（jiàn贱）：不着铠甲，只穿单衣。
④ 将徒人与俴者：句末原有"同实"两字，据郭沫若等《管子集校》考证，属于衍文，从之。徒人，未经训练的白徒。

【译文】
兵器不完好锋利，和赤手空拳的实际上相同；皮甲不坚固紧密，和单衣无甲的实际上相同；弩不能射到远处，和短兵器实际上相同；箭射出去不能命中，和没有箭的实际上相同；箭射中而不能穿透，和没有箭头的实际上相同；率领未经训练的白徒和单衣无甲的士卒，用短兵器抵御远箭，和坐着等死实际上相同。

8. 教器备利①，则有制②也。

《管子·兵法》

【注释】
① 教器备利：即教备器利，意思是训练有素，兵器锋利。
② 制：制伏。

【译文】

教育训练有素,兵器锋利,就具有制伏敌人的力量。

9. 胜而不死者,教器备利,而敌不敢校①也。

《管子·兵法》

【注释】

① 校（jiào 叫）：对抗，较量。

【译文】

打了胜仗而没有伤亡，是因为教育训练有素，兵器锋利，敌人不敢抵抗。

10. 成器不课①不用,不试不藏。

《管子·七法》

【注释】

① 课：检查，考核。

【译文】

制成的兵器不经检查不得使用，不经试验不得储藏。

11. 武王问太公曰：天下安定，国家无事，战攻之具，可无修乎？守御之备，可无设乎？太公曰：战攻守御之具，尽在于人事①，耒耜②者，其行马③蒺藜④也；马牛车舆者，其营垒蔽橹⑤也；锄耰⑥之具，其矛戟也；蓑薛⑦簦笠⑧者，其甲胄⑨干楯⑩也；镢⑪锸⑫斧锯杵臼，其攻城器也；牛马，所以转输粮用也；鸡犬，其伺候⑬也。……春秋治城郭，修沟渠，其堑垒也。故用兵之具，尽在于人事也。

《六韬·龙韬·农器》

【注释】

① 人事：这里指百姓日常生产生活。

② 耒（lěi 磊）耜（sì 四）：古代耕地翻土的农具，其柄叫耒，其铲叫耜。

③ 行马：营垒周围用木架成的防敌障碍物。

④ 蒺藜：荆棘和人工制造的棘状物，是用于阻滞敌军行动的障碍器材。

⑤ 蔽橹：用作屏蔽的大盾牌。橹，大盾牌。

⑥ 耰（yōu 优）：一种农具，像大木榔头，用来捣碎土块，平整土地。

⑦ 蓑（suō）薛：防雨蓑衣。

⑧ 簦（dēng 登）笠：伞和斗笠。

⑨ 甲胄：皮甲和头盔。

⑩ 干楯：盾牌。干，盾。楯（dùn 盾），大盾牌。

⑪ 钁（jué 决）：大锄。

⑫ 锸（chā 插）：锹。

⑬ 伺候：候望。

【译文】

武王问太公说：天下安定，国家没有战事，攻战器具，可以不要整治吗？防守设备，可以不措置吗？太公说：战攻守御的器具，全都在人们的生产生活之中。农家的耒耜，就是兵家用做障碍物的行马、蒺藜；农家的马车、牛车，就是兵家营垒外的遮挡屏障；农家的锄和耰，就是兵家的矛戟；农家的蓑衣伞笠，就是兵家的皮甲头盔；农家的大锄、锹、斧、锯、杵、臼，就是兵家的攻城战具；农家的牛马，是兵家用以运输供应粮食和器物的；农家的鸡狗，是兵家报晓报警的。……春秋两季，农家修理城郭、整治沟渠，如同是兵家修治壁垒和壕沟。所以说，用兵的器械，全都在人们的日常生产生活之中。

12. 凡三军有大事①，莫不习用器械。攻城围邑，则有轒辒②、临③、冲④；视城中，则有云梯⑤、飞楼⑥；三军行止，则有武冲⑦、大橹⑧前后拒守；绝道遮街，则有材士、强弩卫其两傍；设营垒，则有天罗⑨、武落⑩、行马、蒺藜；昼则登云梯远望，立五色旌旗；夜则设云火万炬，击雷鼓，振鼙铎⑪，吹鸣笳⑫；越沟堑，则有飞桥⑬、转关⑭、辘轳⑮、钼铻⑯；济大水，则有天潢、飞江；逆波上流，则有浮海、绝江。⑰三军用备，主将何忧！

《六韬·虎韬·军略》

【注释】

① 大事：指战争。古代认为国家大事，唯有祭祀与战争。

② 轒（fén 坟）辒（wēn 温）：古代填壕车，可用以掩蔽士卒在敌矢石下实施土木作业，克服壕沟障碍。

③ 临：在水陆进攻防御中可以居高临下战斗的各种军械的通称。这里指攻城的临车。

④ 冲：冲车，攻城器械，便于从旁冲突。

⑤ 云梯：攻城器械。用来攀登城墙，因为高"可依云而立"，故称"云梯"，也用于侦察敌情。

⑥ 飞楼：车上设置望楼，以居高侦察敌情。

⑦ 武冲：用于攻击的一种大型战车。

⑧ 大橹：大盾牌。

⑨ 天罗：张挂起来的网。

⑩ 武落：遮护营垒的竹篱或绳索连结的木桩。

⑪ 铎：大铃。

⑫ 鸣笳（jiā 加）：响笛。

⑬ 飞桥：用于跨越沟堑的一种制式桥梁。

⑭ 转关：越沟堑时用的旋转器。

⑮ 辘轳：越沟堑时用的升降器。

⑯ 钼（jǔ 举）铻（yǔ 雨）：越沟堑时用的梳篦状机具。

⑰天潢、飞江、浮海、绝江：均为渡河器材。前两者适用于过大河，后二者适用于逆流上行。

【译文】

凡全军面临战争大事，没有不反复练习所用军械的。如果围攻城邑，就有轒辒、临车和冲车等攻城器械；察看城中，就有云梯、飞楼等瞭望器械；全军前进和驻止，就有战车武冲和大盾牌在前后掩护；断绝街道交通，就有勇士、强弩警卫两旁；设置营垒，就有张挂的天罗、四周的武落、营垒外的障碍物行马、蒺藜；白天攀登云梯远望敌情，建立五彩旌旗；夜间就点燃成千上万的火炬，擂起大鼓，敲击小鼓，摇动大铃，吹响笳笛；跨越沟堑，就有飞桥、转关、辘轳、钼铻等保障部队通过的桥具；渡大河，就有天潢、飞江等渡河器材；逆流而上，就有浮海、绝江等渡河器材。全军军械完备，主将还愁什么呢！

13. 兵不完利，与空手同；甲不坚密，与袒裼①同；弩不可以及远，与短兵同；射不能中，与亡②矢同；中不能入，与亡镞同。此将不省③兵之祸也，五不当一。

《汉书》卷四十九，《晁错传》

【注释】

① 袒裼：脱去上衣，露出内衣。袒（tǎn 忐），裸露。裼（xī 锡），皮衣上所加的罩衣。

② 亡：通"无"。

③ 省（xǐng 醒）：省悟，知觉，引申为明白、懂得。

【译文】

武器不精良锋利，和赤手空拳一样；铠甲不坚实精密，和不穿外衣一样；弓弩射不远，和短兵器一样；射箭不能射中目标，和没有箭一样；射中目标而不能穿入，和没有箭头一样。这都是将领不懂得武器重要性造成的恶果，这样的部队五不当一。

14.荆轲①怀数年之谋而事不就者,尺八②匕首不足恃也。秦王惮于不意,列③断贲、育④,介⑤七尺之利也。使专诸⑥空拳,不免于为擒;要离⑦无水,不能遂其功。世言强楚劲郑,有犀兕之甲、棠溪之铤⑧也,内据金城,外任利兵,是以威行诸夏⑨,强服敌国。

汉·桓宽编《盐铁论》卷九,《论勇》

【注释】

① 荆轲:战国末年刺客,卫国人,以献地图为名,为燕太子丹刺秦王嬴政,图穷而匕首现,刺不中,被秦王砍下左腿,而后被杀。

② 尺八:一尺八寸。秦尺比今尺短。

③ 列:通"裂"。

④ 贲(bēn 奔)、育:即孟贲、夏育,战国时卫国两位勇士。传说孟贲能生拔牛角,夏育能力举千钧。

⑤ 介:助。

⑥ 专诸:春秋时吴国刺客。为帮助吴公子光(即阖闾)自立,受伍子胥推荐,把匕首藏在鱼肚中进献,刺杀吴王僚,自己也当场被杀。

⑦ 要离:春秋时吴国刺客。为帮助吴王阖闾除去后患,自断右手,进献破吴计策,取得在卫国的庆忌(吴王僚的儿子)信任,借同舟渡江之机,刺杀庆忌,然后自杀。

⑧ 棠溪之铤:锻造棠溪利剑的铜铁。棠溪,古地名,今河南西平以西,以出产利剑闻名。铤(dìng 定),未经冶铸的铜铁。

⑨ 诸夏:古代中原地区。又指周代分封的诸侯国,因为它们基本上分布在中原。

【译文】

荆轲怀着多年蓄谋而大事不成,是因为短短的匕首不足以依赖。秦王尽管事出意外很害怕,却能砍断这一孟贲、夏育般勇士的(肢体),无非凭借长剑的锐利。假使专诸行刺时赤手空拳,免不了被擒;要离行刺时不凭借江水,也不能成就功业。世人称说强大的楚国、强劲的郑国,原因是它们拥有犀皮甲、锻造棠溪利剑的铜铁，内据守坚固城池，外凭仗锐利兵器，因此威震华夏诸侯，以强力慑服敌国。

15. 贼已至城下，方复求军。临难铸兵，岂及马腹①！

《梁书》卷十二，《韦叡传》

【注释】

① 岂及马腹：是对古语"不及马腹"的活用。《左传·宣公十五年》："古人有言曰：'虽鞭之长，不及马腹'。"意思是说，马鞭纵使很长，也够不着马肚子。这里喻指力不能及，无济于事。

【译文】

敌人已经兵临城下，才请求援军。大难临头，才铸造兵器，难道还来得及吗！

16. 卒既选成，随授以营伍之制矣，必给以器械为爪牙①。大概有二：不过远近②之分也。远多近少者，合刃③则致败；近多远少者，未接而气夺。远近不兼授，则虽众亦寡。

明·戚继光《纪效新书》（十四卷本）卷三《手足篇·授器解》

【注释】

① 爪牙：鸟兽的爪和牙，用于攻击和防卫。
② 远近：指远战武器和近战武器。
③ 合刃：短兵相接，交锋。

【译文】

兵士选好以后，随即把他们按营伍编制起来，必须发给武器作为防御和进攻的工具。武器大体有两种：不过是杀伤距离远近的区分罢了。远多近少的，短兵相接就要招致失败；近多远少的，还没接战士气就丧失了。

远近武器不同时配发,那么即使兵力众多,也(因难以配合发挥而)显得寡少。

17. 即^①有精器而无精兵以用之,是谓徒费;有精兵而无精器以助之,是谓徒强。须兵士立得脚跟定^②,则拽柴以败荆^③,况精器乎!

明·戚继光《纪效新书》(十四卷本)卷三,《手足篇·神器解》

【注释】

① 即:如果。

② 立得脚跟定:脚跟站得稳,不退缩,比喻勇敢。

③ 拽柴以败荆:比喻通过伪装退却来击败敌军。典出《左传·僖公二十八年》。晋楚城濮之战中,晋下军主将栾枝见楚右军已溃退,便在阵后让战车拖着枯枝扬起尘土伪装撤走而诱敌,楚军不察实情,贸然追击,孤立突出,遭到晋中军横击和上军夹击,于是左军又被击溃。荆,楚国别称。

【译文】

倘若有精良的武器而没有精锐的士兵去使用它,这叫白费;有精锐的士兵而没有精良的武器去帮助他,这叫虚强。兵士应该站稳脚跟,坚定勇敢,那么拽柴就能用来败荆,何况有精良的武器呢!

18. 用兵之日,一器不精,即戕^①一卒之命。必须造器之时即镌官匠^②姓名,送营试验。不堪,坐名^③鞭贯^④。临敌误事,必斩以徇^⑤。治军器,用军法,理或宜然。

旧题清·惠麓酒民编《洴澼百金方》卷四,《制器第四·用法重》

【注释】

① 戕(qiāng枪):残害。

② 官匠：在官府中服役或劳作的工匠。

③ 坐名：定罪名。坐，定罪。

④ 鞭贯：鞭笞、贯耳两种刑罚。

⑤ 徇（xùn 训）：示众。

【译文】

用兵的时候，一件兵器不精，就会葬送一名士卒的生命。必须在制造军器的时候就刻上官匠姓名，送到营中试验。如果不堪使用，就定罪名并施以鞭笞、贯耳等刑罚。临敌误事，必定斩首示众。制造军器，就用军法，道理就该这样。

评　述

古人深知"工欲善其事，必先利其器"的道理，在军事上则讲究军械之利。《管子》说"兵有大论，必先论其器"（《参患》）。"论其器"，应该说包括军械的筹措、储备、补给以及生产、质量检验等各个方面。

军械筹措，是筹集已有军械的组织工作。军械筹措战时如何进行，《孙子兵法》提出"取用于国"（《孙子兵法·作战篇》）的原则，这说明各国军械形制不同，必须从国内解决，也可以看出当时军械的筹措属于国家管理体制。军械筹措平时如何进行，古人提出生产工具与攻守战具相结合的思想，主张寓军械于农。《六韬》说："战攻守御之具，尽在于人事"（《龙韬·农器》），平时用作农具，战时充当军械。此外，春秋初期齐国大政治家管仲还提出，允许罪犯用缴纳甲兵代替刑罚，使齐国由缺乏甲兵一变而为"甲兵大足"（《国语》卷六，《齐语》）。

关于军械的储备与补给，古人很重视，也有定制。那就是军械储存，由国家设立武库。《周礼》记载的内府，是储藏优质军械的仓库；《大明会典》记载的皇家戌字库，也负责储藏堪用军器。军械补给，则由设置的专门机构和官员负责。周代已经有司兵、司弓矢等主管兵器的官吏。遇到战争，配备"五兵"等军械，战后加以回收保管。补给制度后来日益完密，如明代"遇军职衙门关支，仍须计较可否，果系应合关人数，即便奏闻，照依军法定律支给"（《大明会典·工部·军器军装》）。

对于军械生产，古人首重质量。有的提出"教器备利"（《管子·兵法》，下同），把军械质量同教育训练有素相提并论，认为质量好，就"有制"，"敌不敢校"。有的指出，"用兵之日，一器不精，即戕一卒之命"（旧题清·惠麓酒民编《洴澼百金方》卷四，《制器第四·用法重》）。为了生产精良的军械，《管子》提出，"选天下之豪杰，致天下之精材，来天下之良工"（《小问》），不惜用高价收购精品材料，出几倍的高工价罗致良工巧匠。

对生产出来的军械，古代兵家还主张实行质量检查和试验。《周礼》司兵"各辨其物与其等"（《夏官司马第四》，下同），司弓矢"掌六弓、四弩、八矢之法，辨其名物"，管仲提出的"美金以铸剑戟，试诸狗马"（《国语》卷六，《齐语》），反映了早期的质量检验情况。后来，南北朝时期大夏赫连勃勃，为追求筑城质量竟然不惜实行酷法。明嘉靖年间提出，由工、兵部派员会同试验后再由科道官查验，哪一关通不过，制造者都得承担责任。明末清初兵书《洴澼百金方》要求"治军器，用军法"，"必须造器之时，即镌官匠姓名，送营试验。不堪，坐名鞭贯。临敌误事，必斩以徇"（《制器第四·用法重》）。

现代战争中，由于武器装备日趋复杂精密，军械勤务的地位和作用更为突出。"兵欲善其事，必先利其器"，这是永远值得吸取的经验。

例　证

三国时期军事家诸葛亮对先进兵器的研制、生产用力很勤，成效显著。诸葛亮对最具威力的弩抓得很紧。蜀国革新后的连弩，箭用铁制，箭长八寸，一弩十箭齐发，被誉为"神弩"。当时，弩以西蜀的名称最多，品种、规格最全。对于其他兵器,诸葛亮也十分重视。他曾经想铸刀,不得其人,发现西曹掾蒲元富于"巧思",便调去前线附近斜谷口,随军铸刀三千口。蒲元派人专程回成都取蜀江优质水淬火,刀成送检。诸葛亮派人在竹筒里装满铁珠,举刀试验,竹断珠裂,应手而下,当世称绝,号称"神刀"。至于相传为诸葛亮发明的木牛流马,解决了山地粮食运输的难题,为蜀汉北伐创造了条件,更成为中国古代军械制造史上的一段佳话。

附：引用书目

（按书名笔画为序）

《十一家注孙子》　　　　　《玉海》
《三国志》　　　　　　　　《古今图书集成》
《三省边防备览》　　　　　《左氏兵法测要》
《于清端公政书》　　　　　《左传》
《大明会典》　　　　　　　《戊笈谈兵》
《大金国志》　　　　　　　《旧唐书》
《大学衍义补辑要》　　　　《史记》
《卫公兵法》　　　　　　　《白豪子兵䥥》
《元史》　　　　　　　　　《册府元龟》
《王阳明全集》　　　　　　《汉书》
《火攻备要》　　　　　　　《司马法》
《车营百八叩答说合编》　　《辽史》
《太平御览》　　　　　　　《四囊书》
《长短经》　　　　　　　　《老子》
《历朝兵机汇纂》　　　　　《权书》
《止止堂集》　　　　　　　《西隐文稿》
《中庸》　　　　　　　　　《百子金丹》
《六韬》　　　　　　　　　《百战奇法》
《文献通考》　　　　　　　《臣轨》
《邓析子》　　　　　　　　《吕氏春秋》
《孔子家语》　　　　　　　《先王实录》
《水心文集》　　　　　　　《后汉书》

《守城录》
《论语》
《阵纪》
《防虏车铳议》
《孙子兵法》
《孙膑兵法》
《纪效新书》（十八卷本）
《纪效新书》（十四卷本）
《苏东坡全集》
《李忠定公辅政本末》
《李觏集》
《投笔肤谈》
《吴子》
《吴越春秋》
《何博士备论》
《兵法百言》
《兵录》
《兵镜吴子十三篇》
《兵镜或问》
《宋史》
《陆宣公奏议》
《武库益智录》
《武经总要》
《武备秘书》
《武备集要》
《武备辑要》
《武侯新书》
《武编》

《欧阳修全集》
《虎钤经》
《尚书》
《美芹十论》
《明太宗宝训》
《明太宗实录》
《明太祖宝训》
《明史》
《明经世文编》
《明英宗实录》
《明宣宗宝训》
《明宣宗实录》
《国语》
《岳忠武王文集》
《金史》
《周礼》
《周易》
《练兵实纪》
《经法》
《经武要略》
《孟子》
《草庐经略》
《荀子》
《战国策》
《重订批点类辑练兵诸书》
《清通典》
《鬼谷子》
《帝范》

附：引用书目　621

《洴澼百金方》
《将苑》
《神机制敌太白阴经》
《神器谱或问》
《素书》
《盐铁论》
《晋书》
《贾谊集》
《晏子春秋》
《徐光启集》
《唐太宗李卫公问对》
《资治通鉴》
《诸葛亮集》
《读史方舆纪要》
《通志》
《通典》
《梦溪笔谈》
《硃批谕旨》
《银雀山汉墓竹简·孙子兵法》
《银雀山汉墓竹简·守法守令等十三篇》
《银雀山汉墓竹简·孙膑兵法》
《逸周书》
《商君书》
《清太宗实录》
《清太祖武皇帝实录》

《清六朝御制文集》
《清圣祖实录》
《清朝文献通考》
《淮南子》
《梁书》
《黄石公三略》
《尉缭子》
《续资治通鉴长编》
《韩非子》
《隋书》
《黑鞑事略》
《登坛必究》
《筹海图编》
《靖海纪事》
《新唐书》
《新疆识略》
《嘉祐集》
《鹖冠子》
《管子》
《翠微先生北征录》
《墨子》
《稼轩诗文钞存》
《潜书》
《潜夫论》
《魏书》

图书在版编目（CIP）数据

中国兵法名言选编 / 吴如嵩主编 . —— 北京：商务印书馆，2023

ISBN 978－7－100－22732－2

Ⅰ.①中⋯　Ⅱ.①吴⋯　Ⅲ.①兵法—中国—古代—通俗读物　Ⅳ.①E892.2－49

中国国家版本馆 CIP 数据核字（2023）第 128076 号

权利保留，侵权必究。

中国兵法名言选编
吴如嵩　主编

商　务　印　书　馆　出　版
（北京王府井大街36号　邮政编码100710）
商　务　印　书　馆　发　行
北京顶佳世纪印刷有限公司印刷
ISBN 978－7－100－22732－2

2023年10月第1版	开本 710×1000　1/16
2023年10月北京第1次印刷	印张 40

定价：118.00元